READER'S DIGEST

KINDER LEXIKON

Reader's Digest

DEUTSCHLAND • SCHWEIZ • ÖSTERREICH

Dieses Lexikon wurde von ca. 300 Kindern
im Unterricht getestet.
An dieser Stelle danken wir allen im Anhang
aufgeführten Schülerinnen, Schülern,
Lehrerinnen und Lehrern für ihre Unterstützung.

Chefredakteurin: Dr. Beate Varnhorn
Projektleitung: Anke Braun
Redaktion: Hertha Beuschel-Menze, Anke Braun, Inge Weißgerber
Autorenteam: Hertha Beuschel-Menze (Leitung),
Helga Grimm, Ingbert Grimm, Frohmut Menze,
Dr. Klaus Hartmut Wiebel
Konzeption: Inge Weißgerber
Zeichnungen: Petra Dorkenwald, Rita Reiser
Bildredaktion: Thekla Sielemann, Stephanie Grote
Covergestaltung: Peter Waitschies, Reader's Digest
Datenaufbereitung, Layout und Satz:
Petra Dorkenwald, München
Reproduktion: PixelArt & Composing, München
Herstellung: Marcel Hellmund
Druck und Bindung:
MOHN Media · Mohndruck GmbH, Gütersloh

Autorisierte Sonderausgabe 2007 für Reader's Digest – Deutschland, Schweiz, Österreich
Verlag Das Beste GmbH – Stuttgart, Zürich, Wien
www.readersdigest.de

ISBN: 978-3-89915-416-0

VORWORT

Es gibt Leute, die, wenn sie eine Frage nicht beantworten können, nur sagen: »Ich weiß nicht!«, und dabei lassen sie es dann bewenden. Das ist schade, sie verpassen etwas. Denn Fragen, bei denen ich denke »Das müsste ich eigentlich wissen!« oder »Das würde ich auch gern wissen!«, erzeugen bei mir einen sportlichen Ehrgeiz. Dann werde ich neugierig, dann will ich es rauskriegen. Und genau das macht ja einen solchen Spaß: das Rauskriegen! Das Suchen, das Nachdenken, das Kombinieren und Knobeln. Und dann: das Finden der Antwort! Oder die Erkenntnis: »Aha, so also hängt das zusammen!«

Am Anfang jeder Erfindung und Entdeckung steht eines: die Neugier. Schließlich hätten wir noch immer keine Toilettenspülung, wenn nicht Archimedes und Heron vor über 2000 Jahren neugierig gewesen wären! Allerdings war es damals einfacher als heute, neugierig zu sein: Es gab sehr viele Fragen und wenig Antworten darauf. Das Wissen war überschaubar, es gab noch Universalgenies, die über fast alles Bescheid wussten. Heute muss aber jeder normale Teenager schon mehr wissen als ein Universitätsprofessor im Mittelalter, denn das Wissen der Menschheit hat sich seitdem in rasender Geschwindigkeit vermehrt. Alle fünf Jahre verdoppelt es sich jetzt – ein einzelner Mensch kann also gar nicht mehr den Überblick behalten. Muss er auch nicht. Mein Physiklehrer sagte immer: »Man muss nicht alles wissen – man muss nur wissen, wo's steht!«

Nun – hier steht's, in diesem Lexikon! Jedenfalls habt ihr eine gute Chance, das zu finden, was ihr sucht, denn es gibt im Bertelsmann Kinderlexikon nicht nur 1200 *Stichwörter im A-Z-Teil*, sondern noch viele *Überblicksartikel*, die interessante Themen ganz speziell behandeln. Außerdem findet ihr noch jede Menge *Infoboxen* – das sind Tabellen, Geschichten und – was mich besonders freut – Experimente und Bastelvorschläge.

Natürlich kann man sich Antworten auf viele Fragen auch aus dem Internet holen – wenn man sie findet. Und einen Computer hat und ein Modem und viel Geld für's Telefonieren. Sicher – man kann dann stundenlang herumsurfen, aber wer sagt denn, dass das nur im Internet möglich ist? Was sind denn die vielen Querverweise im Lexikon anderes als »Links«, die einen weiterleiten zu noch mehr Information – und manchmal auch zu ganz neuen Erkenntnissen, nach denen man gar nicht gesucht hatte.

Ich lese auch dann regelmäßig im Lexikon, wenn ich nichts Besonderes suche. Einfach so. Ich schlage es dann irgendwo auf und fange an zu lesen – ein Gefühl, wie beim Öffnen einer Wundertüte! Immer wieder was Neues, Interessantes. Über viele Dinge bin ich so gestolpert, von denen ich gar nicht wusste, dass es sie gibt! Die lege ich dann erst mal irgendwo im Hinterkopf ab – später kommt bestimmt der Moment, wo ich sie brauche: dann habe ich genügend »Links« im Gehirn und weiß, warum etwas so ist und nicht anders. Oder wie etwas funktioniert.

Aber jetzt genug der Vorrede – stürzt euch in das Abenteuer Wissen! Ich wünsche euch viel Spaß dabei!

Euer »Löwenzahn« – Peter Lustig

Berlin, im Mai 1999

WIE BENUTZE ICH MEIN LEXIKON?

Liebe Leserin, lieber Leser,

dieses Lexikon kann dir helfen, Dinge und Begriffe kennen zu lernen. Du kannst vieles über die Welt von heute erfahren und Antworten auf viele deiner Fragen über die Menschen, die Umwelt, die Natur, die Technik, die Geschichte, die Kunst und die Kultur finden. Wenn du etwas nachsehen willst, brauchst du nur das Stichwort unter dem entsprechenden Buchstaben zu suchen. Denn der Inhalt dieses Lexikons ist nach Stichwörtern geordnet. Und diese wiederum stehen in genauer Reihenfolge nach dem Abc. Es ist also wichtig, dass du das Abc genau kennst – deshalb üb' schön fleißig: ABCDEF... aber auch in Dreierschritten ABC, BCD, CDE, EFG ... das hilft beim Suchen. Es soll dir aber auch Spaß machen, einfach nur in dem Lexikon zu blättern und zu schmökern. Darum haben wir uns eine Menge einfallen lassen. Die Nummern, die jetzt hier vorne stehen, findest du auf den Beispielseiten in der Mitte wieder. Sie zeigen dir, wovon wir gerade sprechen.

1 WEIN W

2 **Wein:** Weintrauben werden im Herbst gepflückt. Man nennt das *Lese.* Anschließend werden die Trauben zerquetscht, das ergibt Saft. Den lässt man in Fässern oder Tanks gären: Hefepilze nehmen den Zucker aus dem Saft auf und gewinnen daraus Energie zum Leben. Dabei entsteht 7 → Alkohol. Es gibt Weißwein, Rotwein, Rosé und Schaumwein (Sekt).

Weizen: Schon in der Steinzeit sammelten die Menschen Gräser, zermahlten die Samen und backten aus dem Mehl Brot. Bald begannen sie Getreide zu züchten: Sie säten Grassamen aus und pflegten die Sprösslinge. Durch Auslese züchtete man immer größere Körner. Dabei entstanden Getreidesorten wie z. B. *Weizen, Gerste* und *Hafer.* Weizenmehl eignet sich am besten für Brot und Gebäck. 6

334

3 **Wellensittich:** Dieser Verwandte der Papageien stammt aus der australischen Steppe. Ursprünglich war der Vogel grün mit einer wellenförmigen Zeichnung auf seinen Federn. Diesen *Wellen* verdankt er seinen Namen. Heute gibt es viele Züchtungen in unterschiedlichen Farben.

4

Kann der Wellensittich sprechen?

Wellensittiche sind als Haustiere so beliebt, weil man sie züchten und zähmen kann und weil sie anhänglich und sprachbegabt sind. Werden sie als Einzelvogel aufgezogen, lernen sie ganze Sätze nachzusprechen und Melodien nachzupfeifen. Allerdings wissen sie nicht, was sie sagen.

Weltall → S. 335. 5

Weltkriege nennt man so, weil viele Staaten auf der ganzen Welt gegeneinan-

Fortsetzung auf S. 336

1 Der **große Buchstabe** am oberen Rand der Buchseite ist der Anfangsbuchstabe der Stichwörter auf dieser Seite. Auf einer linken Buchseite steht darüber das erste Stichwort dieser Seite, auf einer rechten Buchseite das letzte Stichwort der Seite. Dies hilft dir beim Suchen.

2 Die **Stichwörter** sind fett gedruckt und stehen ein bisschen vor. Sie sind in alphabetischer Reihenfolge geordnet. Die Wörter mit Umlauten (ä, ö, ü) werden dabei wie Wörter mit a, o und u eingeordnet. In dem Lexikontext wird das Stichwort erklärt.

3 Viele Texte werden durch **Bilder** – Fotos oder anschauliche Zeichnungen – ergänzt. Sie geben zusätzliche Erklärungen und erleichtern das Verstehen. Du solltest sie dir deshalb genau ansehen!

4 Zu einigen Stichwörtern gibt es **Infokästen**. Hier kannst du noch etwas erfahren, was die Erklärung ergänzt und vervollständigt! Es gibt vier Arten von Infokästen:

Das ist eine **Kinderfrage**. Sie bringt immer interessante Informationen: Hättest du gewusst, warum Spinnen auf ihrem Netz nicht festkleben? Na, dann schau schnell nach!

An diesen Zeichen erkennst du **Erzähltexte**. Sie bringen dir unterhaltsame kleine Geschichten, gerade so viel, dass das Lesen noch Spaß macht.

Das **Superwissen** hält ein paar besondere Infos für dich bereit: Rekorde oder auch Unglaubliches. Da bist du anderen immer eine Nasenlänge voraus!

5 WELTALL

Weltall, Weltraum, Universum oder Kosmos nennt man den ganzen Bereich der Welt einschließlich der Erde. Dazu gehören alle Himmelskörper und der Raum zwischen ihnen.

Mit dem Urknall fing alles an
Wissenschaftler nehmen an, dass es ursprünglich vor 20 Milliarden Jahren einen mächtigen *Urknall* (oder *Big Bang*) gab. Danach gab es nur winzige Elementarteilchen, viel kleiner als → Atome, und ungeheure Energien. Zusammen bildeten sie den Weltraum. Etwa 1 Million Jahre später könnten sich erste → Gase gebildet haben. Es entstand Wasserstoffgas. Dieses verdichtete sich während ein paar weiteren Millionen Jahren zu riesigen wolkigen Gebilden.

Die Galaxien
Vor vielleicht 15 Milliarden Jahren entstanden aus den Gasteilchen immer dichtere Gebiete, die *Galaxien*. Auch innerhalb der Galaxien verdichtete sich das Gas immer mehr zu riesigen glühenden Gaskugeln: den *Sternen*. Eine solche Galaxie ist das Milchstraßen-System, zu dem viele selbst leuchtende Sterne und → Planeten gehören. Einer dieser Sterne ist unsere Sonne mit ihren neun Planeten. Dazu gehört unsere Erde mit dem Mond als → Satellit.

Hat das Weltall ein Ende?
Weitere Galaxien befinden sich weit auseinander im Weltraum verteilt. Man weiß heute, dass sich die Galaxien immer weiter voneinander entfernen. Das bedeutet, dass sich der Weltraum weiter ausdehnt. Die meisten Wissenschaftler nehmen dennoch an, dass der Weltraum nicht unendlich ist. Sie vermuten, dass er irgendwann oder irgendwo zu Ende ist. Doch bis heute ist das nicht eindeutig geklärt.

Die **Experimente** sind was ganz Besonderes! Die hat Hochschullehrer Klaus Wiebel mit vielen Kindern eures Alters erfunden und ausprobiert. Sie funktionieren garantiert und bringen dir verblüffende Einsichten. Probier sie alle aus, nimm deine Freunde dazu und vielleicht könnt ihr das auch alles mal in der Schule vorführen.

5 Die Themen, die zu kompliziert und zu lang geworden wären für ein Stichwort, haben wir auf einer oder zwei Seiten zusammengefasst. Das sind die **Überblicksartikel** mit ausführlichen Informationen und vielen Bildern. An der Stelle, an der das Stichwort stehen sollte, findest du dann so einen Hinweis: **Weltall** → S.335. Dann findest du den Überblicksartikel auf den genannten Seiten.

6 Es gibt nur wenige **Abkürzungen**: z. B. = zum Beispiel; °C = Grad Celsius, cm = Zentimeter, m = Meter, km = Kilometer, km/h = Kilometer pro Stunde, g = Gramm, kg = Kilogramm.

7 In vielen Texten findest du diesen **Pfeil** »→«. Er zeigt dir, dass es zu dem dahinter stehenden Wort ein eigenes Stichwort gibt. Wenn du dort nachschlägst, erhältst du mehr Informationen zum Thema oder findest die Erklärung des Wortes, falls du seine Bedeutung nicht kennst.

Darf ich vorstellen? Das ist **Papiti**, unser Lexikopard. Dieser wissensdurstige kleine Kerl begleitet dich durch das ganze Buch. Neugierig wie er ist, möchte er immer alles selber ausprobieren: Wie lang das ist, wie schwer das ist, ob man da was dran drehen kann ...? Und so weiter. Er zeigt dir, dass es hier vielleicht auch für dich etwas zu tun gibt: Kannst du dir zum Beispiel vorstellen, dass der Elefant täglich 200 Kilogramm frisst? Was das bedeutet, weißt du erst, wenn du ein Kilogramm abgewogen hast und dir das 200-mal vorstellst!

Also, mach's ihm nach, probier alles aus! Wir wünschen dir viel Spaß dabei!

Die Autoren und die Redaktion

A

Die Wanderung der Aale

Aale sind silberglänzende Fische, die aussehen wie Schlangen. Sie kommen alle aus dem Sargassomeer vor der Ostküste → Amerikas. Wenn sie die Mündungen der europäischen Flüsse erreichen, sind sie drei Jahre alt und fast so durchsichtig wie Glas. Deshalb heißen sie auch GLASAALE. Nun wandern sie die Flüsse hinauf. Erst hier im Süßwasser beginnen sie, Nahrung aufzunehmen. Am Ende dieser Wanderung leben die Aale auf dem Grund der Seen und Bäche. Die Weibchen werden 100–150 cm lang, die Männchen 50 cm. Nach etwa 10 Jahren schwimmen die Aale wieder in das Sargassomeer zurück. Auf dem 6000 km langen Weg leben sie von ihrem angefressenen Fett. Am Ziel ihrer Reise legen sie Eier und sterben.

Aal: Der Aal ist ein sehr beliebter Speisefisch, obwohl sein Blut ein starkes Gift enthält! Wenn man ihn aber kocht oder räuchert, kann man ihn gefahrlos essen.

Aas: Wenn in der Wildnis ein Tier stirbt, kommt niemand um seinen toten Körper zu begraben. Es beginnt zu verwesen, das heißt, das Fleisch verfault. Dabei entwickelt sich ein Gestank, der Aasfresser anzieht. Hyänen, Schakale, Geier und Aaskäfer sind solche Aasfresser, die von dem Fleisch toter Tiere leben. Sie verhindern dadurch, dass sich Krankheiten ausbreiten.

Abendland: Stell dir vor, du lebst vor 2000 Jahren in Rom. Für dich ist natürlich das Mittelmeer die Mitte der Welt. Abends geht die Sonne im Westen unter und du

nennst die Länder, die in dieser Richtung liegen, *Abendland*. Damit meinst du alle Länder Westeuropas wie Deutschland, Österreich, Schweiz, Italien, Frankreich, Spanien. Man nennt das Abendland auch *Okzident*. Die Länder, die in der Richtung liegen, wo die Sonne morgens aufgeht, im Osten, nennst du *Morgenland*. Statt Morgenland sagt man auch ➔ *Orient*.

Aberglaube: Glaubst du, dass dir nichts passieren kann, wenn du ein vierblättriges Kleeblatt in der Tasche hast? Fasst du einen Schornsteinfeger an, wenn du einem begegnest? Bringt dir eine schwarze Katze von links Unglück? Dann bist du wohl abergläubisch und solltest wissen, dass das alles Unsinn ist! Aber viele, auch erwachsene Menschen, glauben an solche Zauberkräfte. Wenn du mal in einem Hotel übernachtest, schau nach, ob es die Zimmernummer 13 gibt. Oder im Flugzeug den Sitzplatz 13! Du wirst dich wundern!

Abgase nennt man die Schadstoffe, die zum Beispiel von Fabriken in die Luft abgegeben werden.

Abgase: Bei allen Verbrennungsvorgängen entstehen Abgase. Flugzeuge, Autos, Heizungsanlagen und Fabriken produzieren riesige Mengen giftiger Schadstoffe, die in die Luft abgegeben werden. Die Luftverschmutzung ist in der Umgebung von manchen Städten dieser Welt so groß, dass man manchmal nur mit einer Atemschutzmaske durch den ➔ Smog gehen kann. Man versucht, durch Filteranlagen Schmutzteilchen und giftige Gase aus den Abgasen zu entfernen, um so die Umwelt zu schützen.

Abgeordnete sind von den Bürgern gewählt. Sie gehören meistens Parteien an, damit man eine Vorstellung bekommt, wie sie denken und handeln. Sie sind die Stellvertreter der Bürger im ➔ Parlament und sollen im Sinne der Bürger entscheiden. Abgeordnete gibt es zum Beispiel in der Gemeinde, das sind die *Stadträte*, in den Bundesländern, im Staat und auch in Europa. Die Abgeordneten beraten gemeinsam und stimmen am Ende ab.

Abitur: Das Abitur (man nennt es auch Matura) macht man normalerweise am Ende der dreizehnten Klasse des Gymnasiums und der Gesamtschule. Wenn man diese Abschlussprüfung bestanden hat, kann man an der Universität studieren, damit man später Berufe ausüben darf wie z. B. Lehrer oder Arzt. Nach der Hauptschule oder der Realschule kann man auch über andere Schulen einen Abschluss erlangen, der zum Studium berechtigt.

Abstimmung: Oft müssen mehrere Menschen eine gemeinsame Entscheidung treffen. Sie sind aber unterschiedlicher Meinung. Das kann in einer Schulklasse sein, im Gemeinderat oder im → Bundestag. Deshalb diskutieren sie zunächst ausführlich über das Thema und dann stimmen sie ab: öffentlich durch Handheben – Wer ist dafür? Wer ist dagegen? Wer enthält sich der Stimme? – oder geheim auf einem Zettel. Die Mehrheit entscheidet!

Abwasser ist Wasser, das von Menschen in Wohnungen oder Fabriken benutzt wurde. Oft ist es so verschmutzt, dass es nicht in Bäche, Flüsse oder Seen zurückfließen darf. Es wird über die Kanalisation in

→ Kläranlagen geleitet. Dort wird es in verschiedenen Stationen gereinigt. Früher reichte die natürliche Selbstreinigung der Flüsse und Seen aus: Im Wasser lebende Bakterien, Algen, Pilze und andere kleine Lebewesen verzehrten viele Schmutzteilchen und lebten davon.

Ackerbau → Bauernhof.

Adel: Heute ist der Adelstitel nur noch ein Teil des Namens. Das kann zum Beispiel so klingen: *Freifrau von Tucher zu Simmelsdorf* oder *Hoimar von Ditfurth*. Das hat jedoch keine Bedeutung mehr, denn heute sind alle Menschen nach dem Gesetz gleich. Aber früher, noch bis vor 90 Jahren etwa, hatte der Adel mehr Rechte als normale Bürger oder Bauern. Und das konnte man am Namen und am → Wappen erkennen.

Ader: 1. Bei Menschen und Tieren sind Adern Leitungen im Körper, die Blut transportieren: *Arterien* verteilen mit dem Blut Sauerstoff und Nährstoffe im Körper. *Venen* bringen Kohlendioxid und Abfallstoffe, die im Körper entstehen, mit Blut zurück. Kapillaren sind Verbindungsröhrchen zwischen Arterien und Venen. Durch ihre dünnen Wände werden Nährstoffe im Körper verteilt und Abfallstoffe aufgenommen. **2.** Elektriker nennen einzelne Drähte eines Kabels *Adern*. **3.** Kleine, mit Mineralen gefüllte Gänge im Gestein nennt man auch so, z. B. *Goldadern*.

Adler: 1. Der Adler ist das Wappentier der Bundesrepublik Deutschland. Auch andere Staaten haben ihn als Wappentier, zum Beispiel die USA und Polen. **2.** Der Adler gilt als König der Lüfte. Der größte dieser Greifvögel ist der Steinadler. Seine ausgebreteten Flügel erreichen eine Spannweite von 2,20 Metern. Der majestätische Vogel hat besonders gute Augen und kann seine Beutetiere aus großer Höhe erspähen. Er stürzt sich zielsicher auf sein Opfer und packt es mit seinen scharfen Krallen.

Adlerhorst

adoptieren: Manche Ehepaare, die kein eigenes Kind bekommen können oder wollen, adoptieren ein Kind, das keine Eltern hat. Man nennt das *Adoption*. Das adoptierte Kind trägt dann denselben Familiennamen wie seine neuen Eltern und hat dieselben Rechte wie ein leiblich geborenes Kind. Oder: Wenn z. B. in einer Familie ein Kind nur das leibliche Kind der Mutter ist, kann der Ehemann der Mutter das Kind auch adoptieren. Wenn das Kind über 14 Jahre alt ist, kann es ohne seine Zustimmung nicht adoptiert werden, ist es unter 14, muss ein gesetzlicher Vertreter zustimmen. Das Vormundschaftsgericht muss die Adoption bestätigen.

Advent ist lateinischer Abstammung und bedeutet *Ankunft*. Gemeint ist die Ankunft Christi. Die Adventszeit beginnt vier Sonntage vor Weihnachten. Christen wollen in dieser Zeit still werden, sich auf Weihnachten vorbereiten. Deshalb zünden sie z. B. abends am Adventskranz die Kerzen an. Auch St. Nikolaus ist ein Brauch, der mit Advent verbunden ist.

Affe: Die meisten Affen leben auf den Bäumen in den wärmeren Zonen unserer Erde. Durch ihre Greifarme und -füße sind sie gewandte Kletterer. Manche Affenarten leben sogar fast ausschließlich in den hohen Baumwipfeln, denn dort finden sie immer genug zu fressen, und die Höhe bietet einen guten Schutz vor Feinden. Sie ernähren sich von Früchten, Blättern, Insekten und Vögeln. Der größte Vertreter der Affen ist der *Gorilla*. Er kann 300 kg schwer werden und frisst bis zu 26 kg Blätter am Tag.

Ein kleiner Orang-Utan

Afrika ➔ S. 12/13.

Ägypten ➔ Altertum.

Ahorn: Der Ahorn ist ein Laubbaum, den es auf der nördlichen Erdhalbkugel in rund 120 Arten gibt. Die Blätter haben 5 bis 7

Bergahorn

Blüte

Spitzahorn

Blüte

lappenartige Enden, die bei den verschiedenen Arten mal runder, mal spitzer sind. Die Blattkanten haben Zähnchen. Seine Doppelfrüchte sehen aus wie Propeller und fliegen auch so. Teilt man sie und spaltet sie am dicken Ende, so lassen sie sich als Nasenhorn ankleben. Am bekanntesten sind bei uns der buschige Feldahorn, der Spitzahorn und der Bergahorn.

Aids ist eine schwere Krankheit, die bisher noch nicht heilbar ist. Sie wird durch ein ➔ Virus, das HI-Virus, ausgelöst. Wenn Krankheitserreger in unseren Körper eindringen, werden sie von bestimmten ➔ Zellen, den Abwehrzellen, erkannt und unschädlich gemacht. Die Aidsviren zerstören diese Zellen. Man hat nun keine Abwehrstoffe mehr, nicht einmal gegen harmlose Krankheiten wie Husten oder Schnupfen, so dass eine einfache Erkältung bereits zum Tod führen kann.
Die Aidsviren befinden sich in den Körperflüssigkeiten, also im Blut, im Speichel und in der Samen- und Scheidenflüssigkeit. Man kann sich aber nur anstecken, wenn das Virus in das eigene Blut gelangt.

Akrobat ist ein griechisches Wort und bedeutet eigentlich *der auf den Fußspitzen Gehende*. Heute versteht man darunter aber viel mehr: Ein Akrobat tritt im Zirkus auf oder im Fernsehen. Er beherrscht seinen Körper: Er kann jonglieren oder balancieren, seinen Körper verbiegen oder mit anderen zusammen Menschenpyramiden bauen oder auch alles zusammen. Er braucht Kraft, Geschicklichkeit und vor allem eisernes Training!

Algen: Die Algen sind eine große Pflanzenfamilie mit vielerlei Arten. Fast alle leben im Wasser. Es gibt Grünalgen, Rotalgen und Braunalgen. Alle enthalten Blattgrün. Manchmal wird es von anderen Farbstoffen übertönt. Ganz winzige Algen bestehen nur aus einer Zelle. Andere bilden

Fortsetzung auf S. 14

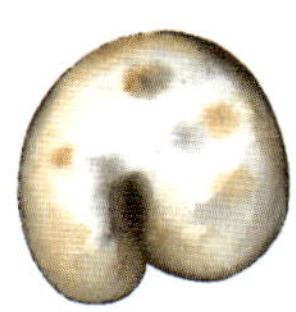

Noctiluca scimti (Dinoflagellat)

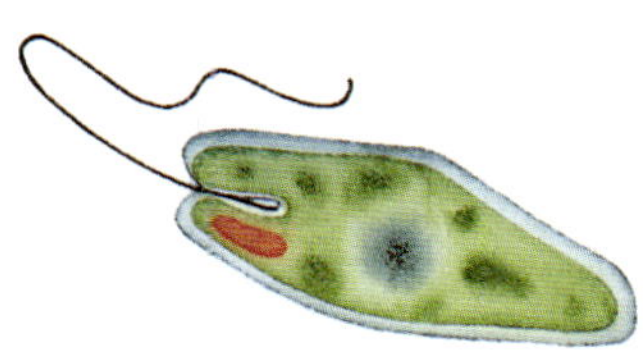

Euclena (Augentierchen/Geißelalge)

Afrika auf dem Globus

Afrika ist der zweitgrößte Erdteil. Er ist 84-mal so groß wie Deutschland. Er reicht vom ➔ Äquator genauso weit nach Norden wie nach Süden. Im Westen grenzt Afrika an den Atlantik, im Süden und Osten an den Indischen Ozean und im Norden an das ➔ Mittelmeer. Im Nordosten ist es durch das Rote Meer von Arabien getrennt, das zu ➔ Asien gehört. Vom nördlichen KAP BLANCO in Tunesien bis zum südafrikanischen KAP DER GUTEN HOFFNUNG sind es rund 8 000 km, vom *Kap Verde* im Westen Senegals zum KAP GUARDAFUI an der Ostspitze Somalias sind es rund 7600 km.

Afrikas Klima, Pflanzen und Tiere

Nahe am ➔ Äquator ist es das ganze Jahr feucht und heiß. Dichte Regenwälder bedecken das Land. Hier leben Affen, Eidechsen, Elefanten, Flusspferde, Krokodile, Papageien, Schlangen, viele Wasservögel und Insekten. Es wachsen Bananen, Kakao, Kautschuk und Kaffee. Nördlich und südlich vom Äquator gibt es Feuchtsavannen mit hoch bewachsenen Grasflächen. Weiter nach Norden und Süden kommt man zur Trockensavanne. Der *Serengeti Nationalpark* gehört dazu. Giraffen, Antilopen, Zebras, Büffel, Elefanten, Nashörner, Löwen, Leoparden, Hyänen und Schakale, Heuschrecken und Termiten leben da. Nordafrika ist das Wüstenland. In der größten Wüste der Erde, der *Sahara*, regnet es sehr selten. Wasser gibt es nur in wenigen Oasen. Man erkennt sie von weitem an den Dattelpalmen, die dort wachsen.

Afrikas Bewohner

Wegen der Hautfarbe seiner Ureinwohner wird Afrika auch der *Schwarze Erdteil* genannt. Das ist nur zum Teil richtig: In Afrika leben heute über 900 Millionen Menschen. Sie gehören über 500 verschiedenen Volksstämmen an, die sehr unterschiedlich aussehen. Im Norden leben hellhäutige Menschen, wie z. B. die Araber, ➔ Beduinen, Ägypter, Abessinier und die Tuareg, die als Nomaden in der Sahara leben. Rund drei Viertel der Afrikaner haben aber eine braune bis schwarze Hautfarbe. Im Inneren des tropischen Regenwaldes leben die kupferfarbenen Pygmäen. Das sind kleinwüchsige Menschen, von denen einige Stämme noch so ähnlich leben wie die Steinzeitmenschen. Südlich des Äquators sind sehr kräftige dunkelhäutige Menschen, wie z. B. die Bantu, zu Hause. Klein sind auch die Buschleute und die Khoikhoin, die in südlichen Savannengebieten leben.

Länder der Dritten Welt

Die meisten Länder Afrikas zählen zur Dritten Welt. Wir denken dabei an Armut und Not. Viele Probleme gibt es, weil die Menschen unter schweren Bedingungen leben müssen: Hitze, Dauerregen oder dauernde Trockenheit, karge Böden, auf denen wenig wächst. Andere Probleme kommen daher, dass fast ganz Afrika 300 Jahre lang von Europäern erobert und beherrscht wurde. Europäer teilten Afrika in *Kolonien* auf und beuteten es aus. Sie brachten Bodenschätze und Früchte wie Kakao, Tee, Kaffee, Bananen, Kokosnüsse und Baumwolle nach Europa. Die Afrikaner mussten für die Europäer und Amerikaner arbeiten und wurden sogar als ➔ Sklaven gefangen und verkauft. Als die fremden Herrscher endlich gingen, begannen Kriege zwischen den sehr unterschiedlichen Volksstämmen.

Afrikas Rekorde:

Größte Wüste der Erde:
Sahara (8 700 000 km^2)
Längster Fluss der Erde:
Nil (6 671 km)
Höchster Berg Afrikas:
Kilimandscharo (5 895 m)
Größter See Afrikas:
Victoria-See (69 484 km^2)
Größte Stadt Afrikas:
Kairo (etwa 9,6 Millionen Einwohner)

Pecliastrum duplex
(Grünalge)

Asterionella glacialis
(Kieselalge)

große verschlungene Formen. Sie dienen Tieren als Nahrung. Manche Arten züchtet man auch als Nahrung für Menschen.

Alibi: Das Wort *Alibi* kommt aus dem Lateinischen und bedeutet *anderswo*. Man hat dieses Wort ins Deutsche übernommen und benutzt es häufig vor Gericht. Wird z. B. jemand verdächtigt, am Montagabend um 17 Uhr eine Scheibe eingeworfen zu haben, braucht er ein Alibi. Er muss beweisen, dass er zu dieser Zeit an einem anderen Ort war, wo er gesehen wurde. Mit einem solchen Alibi kommt er als Täter nicht in Frage.

Alkohol: Reiner Alkohol ist eine farblose Flüssigkeit. Sie ist leicht entflammbar und siedet bereits bei 79 °C, nicht erst bei 100 °C wie Wasser. Bier, Wein und Schnaps enthalten Alkohol. Er wird auch anderweitig verwendet, z. B. in der Medizin.

Allah: Ungefähr jeder zehnte Mensch auf der Erde nennt seinen Gott *Allah*. Die Angehörigen des ➔ Islam glauben dem Propheten Mohammed, dass Allah der einzige Gott ist, dass er die Welt erschaffen hat und dass er am Tag des Gerichts über die Menschen richten wird. Deshalb gebührt ihm die Ergebung (= Islam) der Menschen.

Allergie: Immer mehr Menschen haben eine Allergie. Sie bekommen juckende Hautausschläge, entzündete Augen, einen Schnupfen oder sie leiden sogar unter Atemnot und Übelkeit. Es gibt viele Dinge, die Allergien auslösen: z. B. Tierhaare, Hausstaub, Pollen von Gräsern und Bäumen, bestimmte Nahrungs- und Putzmittel oder Medikamente. Durch verschiedene Tests kann der Arzt die Ursachen feststellen. Dann weiß der Betroffene, welche Stoffe er meiden muss.

Wie wirkt Alkohol?

Wenn man z. B. einen Wein trinkt, braucht der Alkohol im Wein nicht erst verdaut zu werden. Er wird sofort von Magen und Darm in den Blutkreislauf aufgenommen. Und schon wirkt der Alkohol im Gehirn: Man wird unbesorgt, Regeln und Verbote werden unwichtig. Man kann nicht mehr gerade gehen und schon gar nicht ein Fahrzeug benutzen, auch kein Fahrrad.
Die Reue kommt erst, wenn man wieder nüchtern ist. Alkoholgenuss kann süchtig machen. Wer viel und regelmäßig Alkohol trinkt, kann sehr krank werden. Schwangere sollten auf keinen Fall Alkohol trinken, weil das Kind missgebildet werden kann.

Die Zugspitze

Alpen: Die Alpen sind das mächtigste Hochgebirge Europas. Es verbindet die Länder Frankreich, Schweiz, Liechtenstein, Österreich, Deutschland, Italien und Slowenien. Die Alpen sind rund 1 200 km lang und bis zu 300 km breit. Der Montblanc in Frankreich ist der höchste Gipfel (4 807 m). Der höchste Gipfel der Schweiz ist die Dufourspitze (4 634 m). Der höchste Berg Österreichs ist der Großglockner (3 797 m), der höchste deutsche Gipfel ist die Zugspitze (2 962 m).

Alphabet: Im Griechischen heißen die ersten beiden Buchstaben *alpha* und *beta*. Daher kommt der Name *Alphabet* für die Reihenfolge der Buchstaben einer Schrift. Im Deutschen sagt man auch das Abc. Das deutsche Abc hat 26 Buchstaben (dazu kommen die Umlaute *ä*, *ö*, *ü* und das *ß*). Andere Sprachen haben unterschiedlich viele Zeichen in ihrem Alphabet. Die griechische Schrift hat 24 Buchstaben, die russische Schrift hat 33. Menschen, die weder lesen noch schreiben können, nennt man *Analphabeten*. Auch in Deutschland gibt es etwa 4 Millionen Analphabeten.

Das griechische Alphabet

Buchstabe	Name	Lautwert
Α, α	Alpha	a
Β, β	Beta	b
Γ, γ	Gamma	g
Δ, δ	Delta	d
Ε, ε	Epsilon	e
Ζ, ζ	Zeta	z
Η, η	Eta	e̲
Θ, ϑ	Theta	th
Ι, ι	Jota	i
Κ, κ	Kappa	k
Λ, λ	Lambda	l
Μ, μ	My	m
Ν, ν	Ny	n
Ξ, ξ	Xi	x
Ο, ο	Omikron	ọ
Π, π	Pi	p
Ρ, ρ	Rho	r
Σ, σ, ς	Sigma	s
Τ, τ	Tau	t
Υ, υ	Ypsilon	y
Φ, φ	Phi	ph
Χ, χ	Chi	ch
Ψ, ψ	Psi	ps
Ω, ω	Omega	o̲

Altar: Das ist der Tisch für den Gottesdienst. Da er in allen Religionen als Ort der Nähe Gottes gilt, ist er oft geschmückt und kunstvoll gestaltet.

Alter → Wenn man alt wird, S. 16.

Altertum ist die Zeit, in der die Menschen begannen, große Städte zu errichten (z. B. Babylon, heute eine Ruinenstadt im Irak) und sich zu Staaten zusammenzu-

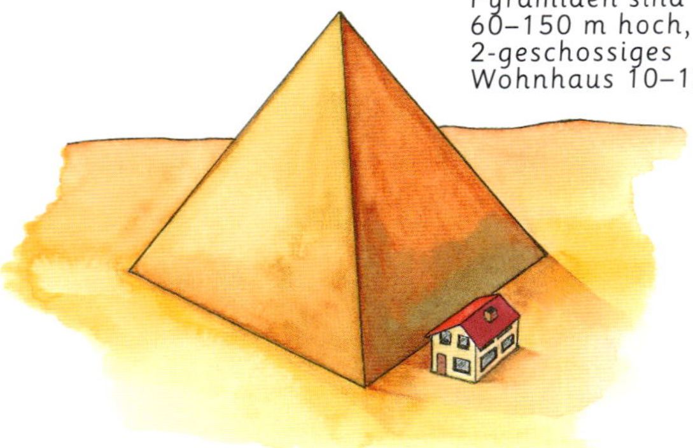

Zum Vergleich: Pyramiden sind 60–150 m hoch, ein 2-geschossiges Wohnhaus 10–12 m.

schließen. Zu den Großreichen des Altertums zählen auch die Ägypter, und noch heute bewundern wir ihre Pyramiden und ihre Schrift. Alle Staaten des Altertums waren Sklavenstaaten. Eine kleine Schicht von Menschen herrschte über eine große Anzahl rechtloser Menschen. Das Altertum begann vor etwa 5000 Jahren und endete etwa 500 Jahre nach dem Beginn unserer Zeitrechnung mit dem Zusammenbruch des Römischen Reiches.

Aluminium ist ein silbrig glänzendes Leichtmetall. Es ist viel leichter als → Eisen: Ein gleich großer Eisenklotz wiegt fast dreimal so viel. Aluminium ist das meistverbreitete Metall der Erde. Es wird aus rötlicher Tonerde gewonnen, aus der man den Stoff Bauxit bekommt. Daraus wird Aluminium hergestellt.

Amazonas: Der Amazonas ist etwa 6 437 km lang und nach dem → Nil der zweitlängste Fluss der Erde. Durch seine Wassermenge ist er der mächtigste Strom. In ihm und seinen 1 100 Nebenflüssen fließt ein Fünftel des gesamten Süßwassers der Erde. Im Amazonasgebiet liegt ein Drittel der gesamten Waldfläche der Erde, die mit prächtigen Lianen und → Orchideen überwuchert ist.

Wenn man alt wird

Alle Lebewesen werden geboren und sterben, wenn sie ihr Alter erreicht haben. Pflanzen können über tausend Jahre alt werden (Olivenbäume), Tiere bis zu 200 Jahren (Schildkröten), Menschen bis zu 100 Jahren. Wenn Menschen alt werden, lassen ihre Kräfte nach. Früher wurden Menschen bei ihren Kindern alt. Zunächst konnten sie noch im Haus helfen und die kleinen Kinder betreuen, später brauchten sie selbst Hilfe. Weil heute in den meisten Familien beide Elternteile berufstätig sind, kann sich auch keiner um die alten Menschen kümmern. Deshalb gibt es Altenheime und Seniorenheime, in denen Altenpflegerinnen und -pfleger diese Aufgabe übernehmen.

Der Verlauf des Amazonas

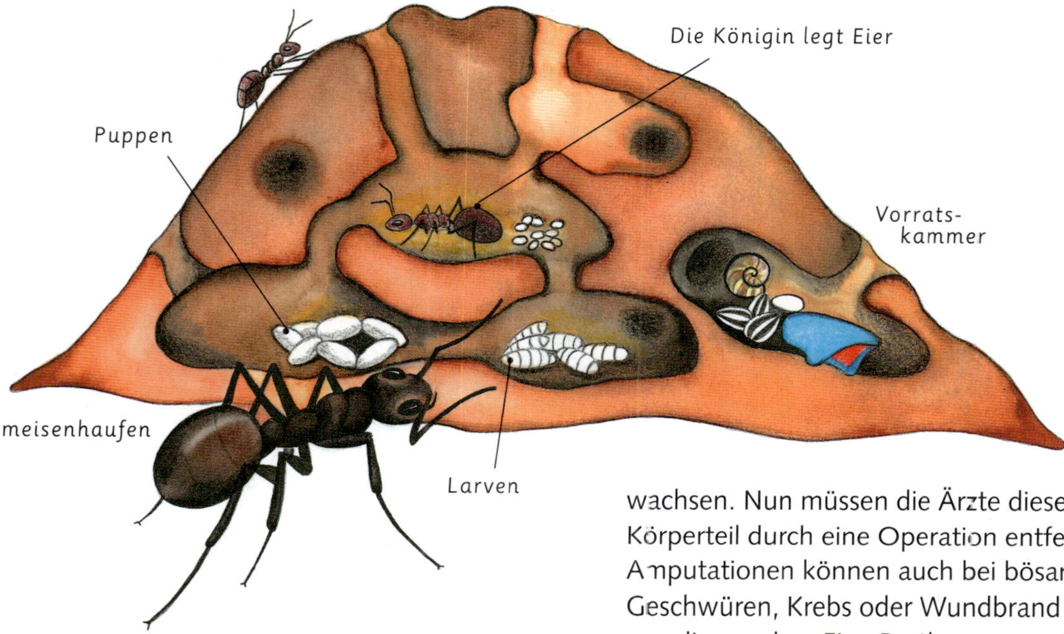

Ameise: Ameisen leben in großen Gruppen zusammen, den Ameisenstaaten. Ameisen haben verschiedene Aufgaben: Die *Königinnen* paaren sich auf dem Hochzeitsflug mit den Männchen. Danach werfen sie ihre Flügel ab, beginnen mit dem Nestbau und legen Eier. Aus diesen Eiern werden → Larven und → Puppen. Viele *Arbeiterinnen* kümmern sich um die Brutpflege. Die *Soldaten* bewachen das Nest. In einem Ameisenhaufen gibt es viele Nester und Gänge. Der größte Teil davon liegt unter der Erde. Wenn eine Ameise angegriffen wird, spritzt sie aus ihrem Hinterleib ein Gift: die Ameisensäure.

Amerika → S.18/19.

Amputation: Nach einem schweren Unfall oder durch eine Schussverletzung kann ein Körperteil so stark zertrümmert sein, dass die Knochenteile nicht mehr zusammenwachsen. Nun müssen die Ärzte diesen Körperteil durch eine Operation entfernen. Amputationen können auch bei bösartigen Geschwüren, Krebs oder Wundbrand notwendig werden. Eine Prothese muss dann den verlorenen Körperteil ersetzen.

Amsel: Hell und klar klingt das Lied der Amsel. Das schwarz gefiederte Männchen mit dem gelben Schnabel kennt viele Strophen. Es lockt damit das dunkelbraune Weibchen an. Die Amseln bauen seit etwa 100 Jahren ihre Nester auch in den Wohngebieten der Menschen und überwintern da. Zwei- bis dreimal im Jahr brüten sie ihre Eier aus. Amseln leben von Würmern und Beeren.

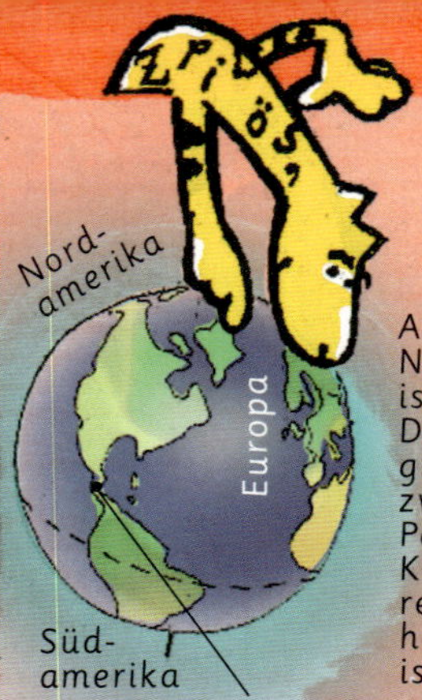

Amerika auf dem Globus

Amerika besteht aus 2 Erdteilen: Nord- und Südamerika. Dazwischen ist die Landbrücke Mittelamerika. Der ganze Erdteil ist 118-mal so groß wie Deutschland. Amerika liegt zwischen dem Atlantischen und dem Pazifischen Ozean. Es hat alle Klimazonen der Erde: Im Norden reicht es bis ans eisige Polarmeer heran, um den → Äquator ist es tropisch heiß, ganz im Süden ist es wieder kühl. Dazwischen gibt es GEMÄSSIGTE ZONEN mit Temperaturen wie bei uns. Eine riesige Gebirgskette zieht sich im Westen von Norden nach Süden.

Die Natur in Nordamerika

In Nordamerika heißt die Gebirgskette *Rocky Mountains*. Dort kommt noch der gewaltige Grislibär vor. Im Norden Alaskas sind Polarfuchs, Eisbär, Biber und Wolf nach Amerika eingewandert, als es noch die Landverbindung mit → Asien gab. Waschbär, Stinktier und Truthahn sind amerikanische Ureinwohner. Aus den Rocky Mountains fließen große Flüsse wie Mississippi und Missouri nach Osten durch weite → Prärien. Indianer jagten dort früher wilde Büffel. Heute sind dort große Weidegebiete mit Millionen von Rindern und in weiten Teilen riesige Weizenfelder.

Tiere in Mittelamerika

Mittelamerika hat eine eigene Tierwelt. Der Alligator, das amerikanische Krokodil, lebt am Golf von Mexiko. Dort findet man auch die Wasserschweine Pekari, Klapperschlangen und Eselshasen.

Die Natur in Südamerika

In Südamerika heißt die Gebirgskette *Anden*. In diesen Bergen entspringt der *Amazonas* mit seinen Nebenflüssen. Hier lebt auch der Riesengeier Kondor. In den Urwäldern Südamerikas leben viele Affenarten, die Riesenschlange Anakonda, der Ozelot und der Jaguar. Es gibt Papageien und nur hier kommen die winzigen Kolibris vor. Die Kleinkamele Lama und Alpaka werden in Herden gezüchtet. Ganz im Süden wird es schon wieder kalt wegen der Nähe zum ➔ Südpol. Dort leben Pinguine.

Die Entdeckung Amerikas

Vor rund 1 000 Jahren wurde Amerika von den Wikingern entdeckt, aber in Europa vergaß man das wieder. 1492 wollte Kolumbus um die Erde herum von Europa nach Indien fahren. Er wusste nicht, dass ein Erdteil dazwischen lag. Als er am 12. Oktober 1492 Land sah, glaubte er, er sei in Indien. Die Einwohner nannte er deshalb *Indios* oder ➔ Indianer. Erst später erkannte der italienische Seefahrer Amerigo Vespucci, dass dies ein neuer Erdteil war. Er schrieb darüber und danach nannte man den Erdteil *Amerika*.

Die Einwohner Amerikas

Spanier und Portugiesen eroberten Mittel- und Südamerika. Sie zerstörten die heiligen Stätten der Indios, zwangen sie, sich zum Christentum zu bekennen, oder ermordeten sie, wenn sie das nicht wollten. Später bildeten sich viele einzelne Staaten, z. B. Mexiko, Brasilien, Argentinien und viele andere. Dort spricht man heute Spanisch oder Portugiesisch. Nordamerika wurde von Frankreich und England erobert. Die Einwanderer aus Europa nahmen das Land in Besitz und beuteten es aus. Die Indianer wurden dabei fast ausgerottet. Nur wenige konnten in kleinen Gebieten überleben, die man *Reservate* nennt. So entstanden Kanada, wo man Englisch oder Französisch, und die USA, wo man Englisch spricht. In den USA leben heute überwiegend Weiße und etwa 13% Schwarze, die Nachfahren der in vergangenen Jahrhunderten als Sklaven ins Land gebrachten Afrikaner.

Amerikas Rekorde:

Höchster Vulkan der Erde:
Chimborazo in Ecuador (6 310 m)
Höchster Wasserfall der Erde:
Angelfall in Venezuela (978 m)
Größter Fluss Südamerikas:
Amazonas (6 437 km)
Größter Fluss Nordamerikas:
Mississippi mit Missouri (6 420 km)
Höchster Berg Südamerikas:
Aconcagua (6 960 m)
Höchster Berg Nordamerikas:
Mount McKinley (6 198 m)
Größter See Amerikas:
Oberer See (USA/Kanada)
(82 103 km²)

Ananas: Die Ananas kommt aus warmen, tropischen Ländern, aus Zentralamerika, Brasilien, Hawaii oder Indien. Die Schale dieser schmackhaften Frucht ist rau und schuppig. Das gelbe Fruchtfleisch ist saftig und schmeckt sehr aromatisch.

Anden: Die Anden sind ein mächtiges Faltengebirge an der Westküste Südamerikas. In dem gesunden Höhenklima lebte vor Kolumbus' Zeit das Volk der Inka. Weil man dort Spanisch spricht, heißt das Gebirge eigentlich *Cordilleras de los Andes*. Von Trinidad im Norden reicht es über 7000 km bis zum Kap Hoorn im Süden Argentiniens. Der *Aconcagua* in Argentinien ist mit 6 960 m der höchste Gipfel.

Andersen, Hans Christian: Der dänische Dichter Hans Christian Andersen hat viele schöne Märchen geschrieben. Zu den bekanntesten gehören: *Des Kaisers neue Kleider*, *Das hässliche Entlein*, *Das kleine Mädchen mit den Schwefelhölzchen* und *Der Schweinehirt*. Der Dichter wurde im Jahr 1805 als Sohn eines Schuhmachers geboren. Viele Jahre lang lebte er in Kopenhagen. Dort ist er 1875 gestorben.

Angst ist ein unangenehmes Gefühl. Manchmal weiß man gar nicht richtig, wovor man sich fürchtet. Manchmal ist Angst unbegründet und hindert einen am Glücklichsein: Angst vor einer Klassenarbeit z. B. schadet mehr, als dass sie nützt! Manchmal ist Angst aber auch sinnvoll und erinnert einen daran, vorsichtig zu sein: Du solltest wirklich Angst davor haben, ohne Helm zu jemandem aufs Moped zu steigen!

Animationsfilm: Sicher hast du schon einmal von den Filmen *Toy Story* oder *Himmel und Huhn* gehört. Diese Filme sind besondere Animationsfilme, denn alle Figuren, Bilder und Bewegungsabläufe wurden komplett am Computer hergestellt. Allgemein versteht man unter einem Animationsfilm einen Trickfilm, der aus unbeweglichen Bildern bewegte Bilder macht. Dazu werden Zeichnungen (➔ Zeichentrickfilm) oder Modelle (z. B. Knetfiguren) so fotografiert, dass Bewegungs-

Des Kaisers neue Kleider

abläufe entstehen. Die einzelnen Bilder werden dann zu einem Film zusammengesetzt.

Ansteckung: In der Natur gibt es viele winzig kleine Lebewesen wie z. B. Bakterien und Viren. Wenn diese in den Körper kommen, können sie Krankheiten auslösen. Das Grippevirus verursacht die Krankheit *Grippe*. Die Krankheitserreger können über die Atmung, durch Berühren, durch Aufnahme mit der Nahrung, durch eine offene Wunde oder durch Austausch von Körperflüssigkeiten in den Körper kommen. Das nennt man dann *Ansteckung* oder auch *Infektion*.

Antarktis ➔ Südpol.

Antenne: Fernseh- und Radiosender wandeln Bilder und Töne in elektromagnetische Wellen um. Sie strahlen diese von einer starken Sendeantenne ab. Diese Wellen breiten sich mit Lichtgeschwindigkeit aus und können fast alles durchdringen. Treffen sie auf eine Empfangsantenne, so entstehen dort elektrische Signale. Fernsehapparat oder Radio wandeln diese wieder in Bilder und Töne um. Wellen, die von sehr weit her kommen, werden in einer Art Hohlspiegel gebündelt, der Satellitenantenne.

Antilope: Antilopen leben in den Steppen von ➔ Afrika und ➔ Asien. Es gibt 75 verschiedene Arten dieser Huftiere. Alle tragen sie Hörner und sind Wiederkäuer (wie die Kühe). Sie haben lange Beine und können sehr hoch und weit springen. Gazellen sind jedoch sehr viel zierlicher als zum Beispiel die Kuhantilopen. Antilopen wurden vermutlich schon vor 10 000 Jahren als ➔ Haustiere gehalten, bevor Rinder und Ziegen an ihre Stelle traten.

Apfel: In allen warmen, aber nicht zu heißen Gebieten von Amerika, Australien und Europa ist der Apfelbaum der wichtigste Obstbaum. Es gibt viele Apfelsorten: große und kleine, gelbe, rote und grüne, saftige, süße oder auch säuerliche: in Europa gibt es etwa 1600 Sorten, auf der ganzen Welt fast 20 000. Schon sehr früh haben die Menschen Äpfel gegessen. Man hat Apfelkerne in alten Pfahlbausiedlungen aus der Jungsteinzeit und der Bronzezeit gefunden.

Äpfel am Zweig

Apfelblüte

Apfelsine und *Orange* ist dasselbe: eine Zitrusfrucht, die etwa ab Weihnachten geerntet wird. Schon die Chinesen kannten sie. In Europa wurde sie erst im sechzehnten Jahrhundert bekannt, als sie von dem portugiesischen Seefahrer João de Castro aus Hinterindien mitgebracht wurde. Die Apfelsine wächst an einem Baum, der kräftige Stacheln hat. Sie wird in Europa vor allem in den Mittelmeerländern angepflanzt. Aus den Blüten kann man Duftöle für teure Parfüme gewinnen.

Apostel werden die zwölf Sendboten genannt, die Jesus aus einer Schar seiner Anhänger auswählte. Ihre Aufgabe war es, das Evangelium (= die gute Botschaft) zu verkünden.

Apotheke: Wer Medikamente braucht, kauft sie in einer Apotheke. Der Arzt schreibt den Namen des benötigten Arzneimittels auf ein *Rezept*. Dieses muss dann dem Apotheker vorgelegt werden. Er holt das Medikament aus seinen Lagerbeständen oder lässt es ganz schnell anliefern. In seltenen Fällen mischt er eine Arznei in seinem Labor auch selbst zusammen. Im Mittelalter haben die Apotheker aus Kräutern, Wurzeln, Rinden, tierischen und chemischen Stoffen alle Medikamente selbst hergestellt.

Aprikose → Obst.

Aquarium: Um sich Fische und Wasserpflanzen zu Hause halten zu können, braucht man ein Aquarium. Man unterscheidet zwischen Süßwasseraquarien für Fische aus Seen, Bächen und Flüssen und Salzwasseraquarien für Meerestiere. Ein Aquarium besteht aus einem großen Glasbecken, einer Sauerstoffpumpe, damit die Fische atmen können, und aus einem Thermostat mit einer Wasserheizung. Außerdem braucht man einen Wasserfilter und Kies oder Sand am Grund, damit die Wasserpflanzen Halt finden.

Je größer das Aquarium, desto wohler fühlen sich die Fische.

Äquator: Der Äquator ist eine gedachte Linie um die dickste Stelle der Erdkugel herum. Er teilt die Erde in 2 gleiche Hälften, die Nordhalbkugel und die Südhalbkugel. Der Äquator ist also vom Nordpol gleich weit entfernt wie vom Südpol. Misst man den Erdumfang am Äquator entlang, so erhält man eine Strecke von 40077 km. In der Nähe des Äquators ist es das ganze Jahr über sehr heiß, weil dort das Sonnenlicht immer fast senkrecht auftrifft.

Arbeit: Sie gehört zum Leben. Wir arbeiten, um Waren herzustellen, die wir Menschen benötigen (Nahrungsmittel) oder die uns Freude machen (Inliner). Arbeit kann auch eine Dienstleistung sein (Arzt, Friseur, Lehrer). Waren oder Dienstleistungen werden von dem bezahlt, der sie haben will.

Architekt: Wer ein Haus bauen will, lässt sich von einem Architekten die Pläne entwerfen und zeichnen. *Architekt* ist ein griechisches Wort und bedeutet: *Baumeister* oder *Oberzimmermann*. Nach seinen Zeichnungen bauen die Handwerker dann das Haus. Immer wieder muss der Architekt die Baustelle besuchen und überprüfen, ob alle Arbeiten ordentlich ausgeführt werden und ob sie den Bauvorschriften entsprechen.

Arena: Die Arena ist der Kampfplatz in einem Amphitheater, wie es die Römer bauten. Das ist ein großer ovaler Platz, um den rundherum Sitzreihen aufsteigen. Unten in der Arena ließ man Kriegsgefangene gegeneinander oder gegen hungrige wilde Tiere um ihr Leben kämpfen. Heute nennt man auch große Sportkampfbahnen in einem Stadion oder den Vorführplatz im Zirkus Arena.

Arktis → Nordpol.

Armut: In vielen Ländern unserer Erde leben Menschen in bitterer Armut. Es fehlt ihnen an Nahrung und Kleidung, viele haben auch keine Wohnung. Sie finden keine Arbeit und können ihre Kinder nicht in Schulen schicken, so dass auch diese später keinen Beruf erlernen können. Auch bei uns in Deutschland leben viele Menschen unter der Armutsgrenze. Besonders Alte und Leute ohne Berufsausbildung sind betroffen.

Arterie → Ader.

Arzt: Der Arzt oder die Ärztin hat im Medizinstudium alles über den menschlichen Körper, seine Erkrankungen und die Mög-

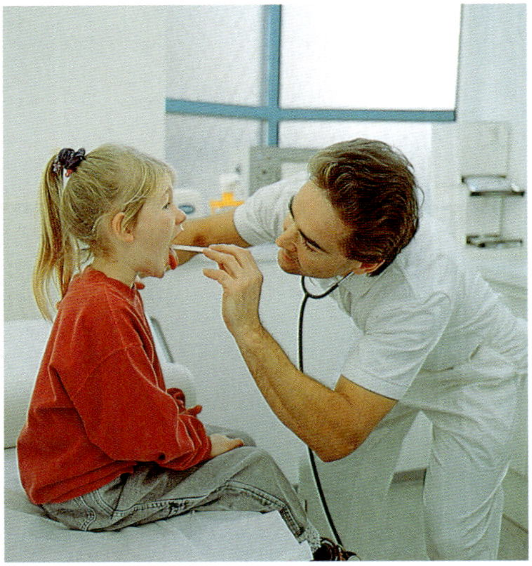

lichkeiten der Heilung gelernt. Nach einer Lehrzeit in einem Krankenhaus können junge Ärzte ihre eigene Praxis aufmachen. Manche sind Allgemeinmediziner, das heißt, sie untersuchen Patienten und behandeln sie oder verweisen sie an Fachärzte. Das sind solche Ärzte, die sich auf ein bestimmtes Gebiet spezialisieren, wie z. B. Augenarzt oder Zahnarzt.

Asien ➔ S. 26/27.

Asterix ➔ Comic.

Asthma: Wer an Asthma leidet, bekommt krampfartige Anfälle, bei denen das Atmen schwerfällt. Oft kommen diese Anfälle von einer ➔ Allergie gegen Staub, Bettfedern oder Tierhaare. Auch große Aufregung kann einen Asthma-Anfall hervorrufen. Wenn ein Teil des Herzens überlastet ist und deshalb nicht mehr genug Sauerstoff im Körper verteilt wird, nennt man das *Herzasthma*.

Astrologie ist Sterndeutekunst. Sie will aus dem Lauf der Sterne die Zukunft erkennen können. Astrologen beschäftigen sich damit. Sie stellen auch *Horoskope* auf, in denen sie Ratschläge geben, wie man sich in nächster Zeit verhalten soll. Sie behaupten auch, Glück oder Unglück von Menschen vorhersagen zu können, die in einer bestimmten Zeit Geburtstag haben. Manche Menschen halten das für ➔ Aberglauben.

Astronaut: Ein Astronaut ist das Gleiche wie ein Kosmonaut: Er ist ein Weltraumfahrer. Einer der bekanntesten Astronauten ist der Amerikaner Neil Armstrong. Er betrat 1969 als erster Mensch den Mond. Unter den russischen Kosmonauten wurde Jurij Gagarin besonders berühmt. Er umkreiste 1961 als erster Mensch in einem Raumschiff die Erde.

Astronomie: Die Astronomie oder Sternkunde erforscht das ➔ Weltall. Sie beschäftigt sich mit der ➔ Sonne und ihren ➔ Planeten und auch mit den anderen Sternen. Sie beobachtet

astronomisches Fernrohr

und berechnet, woraus sie bestehen und wie sie sich bewegen. Dazu benutzt sie astronomische Instrumente. Ganz wichtig sind dabei große ➔ Fernrohre. Ein berühmter Astronom war Nikolaus Kopernikus (1473–1543). Er konnte beweisen, dass die Erde um die Sonne kreist. Nicht umgekehrt, wie man früher glaubte.

Asyl, Asylanten: In manchen Ländern werden die ➔ Menschenrechte nicht geachtet. Die Menschen werden dort z. B. wegen ihrer Meinung oder ihres Glaubens verfolgt, gefangen genommen und sogar gefoltert oder umgebracht. Deshalb fliehen viele Menschen aus ihren Heimatländern und bitten in anderen Staaten um Schutz und Zuflucht und die Erlaubnis, dort wohnen und arbeiten zu dürfen. Sie bitten um Asyl und werden somit Asylanten in diesem Land.

Atheist bedeutet auf Griechisch *ohne Gott*. So nennen sich Menschen, die nicht glauben, dass es einen Gott gibt, der die Welt erschaffen hat. Es gibt aber auch Religionen, die nicht an Gott glauben, zum Beispiel der ➔ Buddhismus.

Atlantik: Der Atlantik heißt eigentlich *Atlantischer Ozean*. Er ist der zweitgrößte ➔ Ozean der Erde (der größte ist der *Pazifische Ozean* mit 179 Millionen km²). Er ist mit Nebenmeeren 106 Millionen km² groß und seine größte Tiefe ist 9 219 m. Der Atlantik trennt Nord- und Südamerika von Europa und Afrika ab.

Warum tragen Astronauten Schutzanzüge?

Auf der Erde ist unser Körper von der schützenden ➔ Atmosphäre umgeben. Sie ist ein Filter gegen schädliche Teile des Sonnenlichts. Sie drückt auch stets gewaltig rundum auf unseren Kcrper. Im Weltraum gibt es keine Atmosphäre. Der Astronaut würde im Sonnenlicht verstrahlt und verbrannt. Außerdem würde ihn der Druck seiner Körperzellen von innen auseinandertreiben. Der Schutzanzug ersetzt also die schützende Atmosphäre.

ASIEN

Asien auf dem Globus
Asien ist der größte Erdteil. Er ist 124-mal so groß wie Deutschland. Ein Drittel der Landfläche unserer Erde gehört zu Asien.

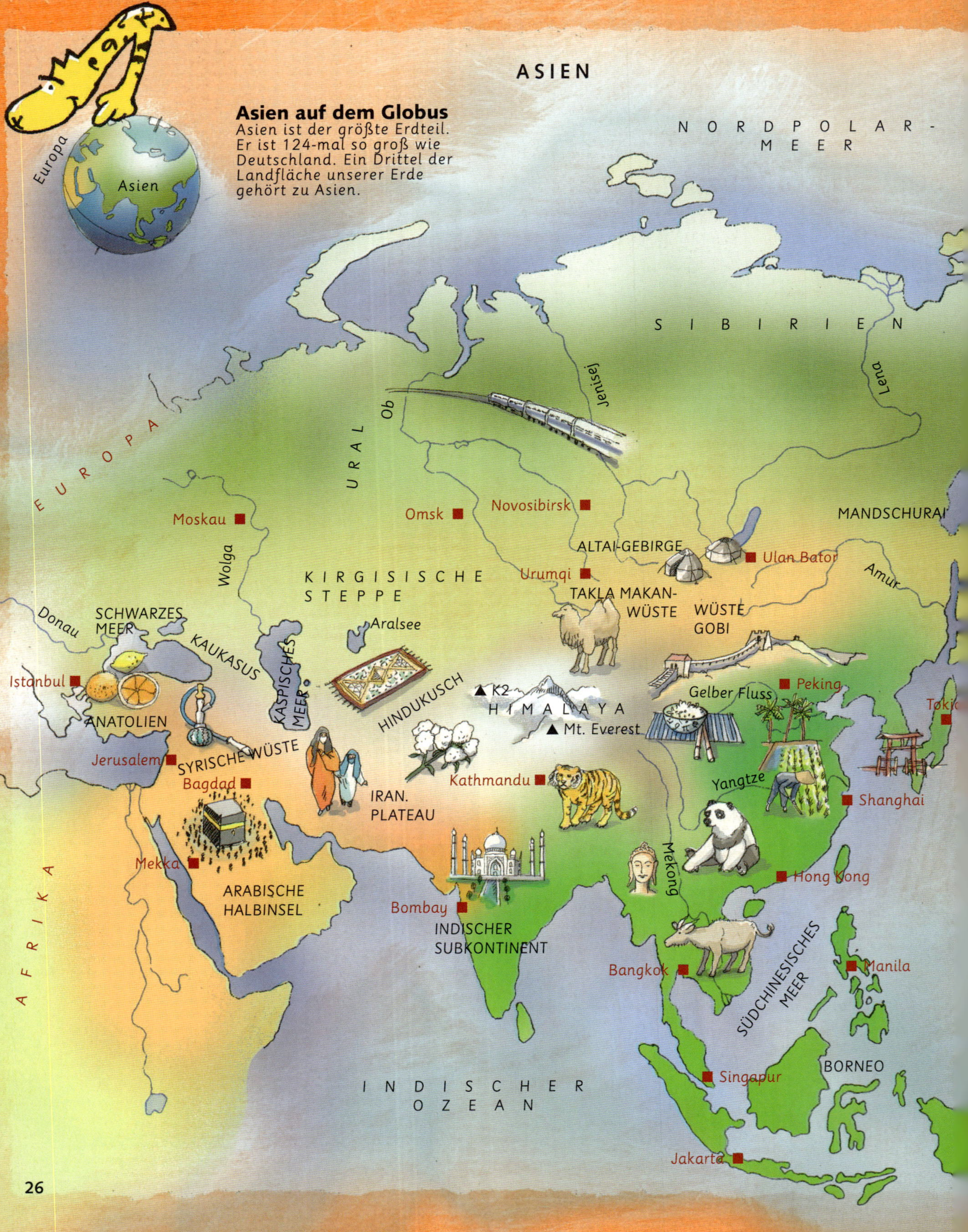

Von der gesamten Erdoberfläche bedeckt Asien rund ein Zwölftel. Es ist mehr als viermal so groß wie ➔ Europa. Europa und Asien hängen zusammen. Das Uralgebirge und der Uralfluss bilden Asiens Grenze nach Westen zu Europa. Im Osten grenzt Asien an den Pazifischen Ozean. Im Norden von Asien liegt das nördliche Eismeer. Im Süden endet Asien am Roten Meer und am Indischen Ozean. Von der Lenamündung im Nordosten bis Singapur im Süden sind es etwa 8 600 km. Vom Ural im Westen Asiens bis Wladiwostok im Osten fliegt man sogar 11 000 km weit.

Erdteil der Gegensätze

Asien hat die größten Unterschiede zwischen Kälte und Hitze. Bei Oimjakon im ostsibirischen Gebirgsland gab es im Januar schon –78 °C. Im Sand der arabischen Wüste wurden dagegen schon +78 °C gemessen. Der regenreichste Ort der Erde heißt Cherapunji in Assam. Würde das Wasser nicht abfließen, so stünde es nach einem Jahr dort bis zu 17 m hoch! In den Hochländern Innerasiens stünde es dann gerade mal 20 cm hoch. In Asien liegt das ➔ Himalaya-Gebirge mit dem höchsten Gipfel der Erde, dem ➔ Mount Everest (8846 m). Der tiefste Punkt der Erde ist der Wasserspiegel des Toten Meeres in Kleinasien. Er liegt 395 m unter dem Meeresspiegel.

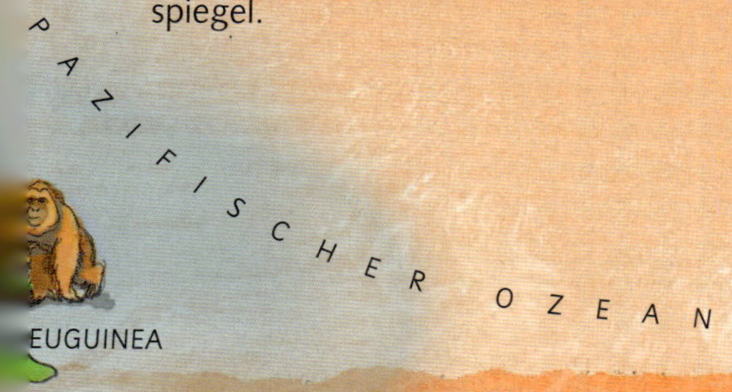

Tiere in Asien

Ein so großer Erdteil mit so unterschiedlichen Klimazonen hat auch eine ganz unterschiedliche Tierwelt. Im Norden leben z. B. Ren, Biber und der Kranichvogel. In Mittelasien trifft man das Trampeltier und den Yak an. Im südlichen China knabbert der Pandabär seine Bambussprossen und im indischen Dschungel wird der Elefant zur Arbeit abgerichtet. Durch die Urwälder der südasiatischen Inseln hangelt sich der riesige Menschenaffe Orang-Utan.

Mehr Menschen als irgendwo anders

In Asien lebt mehr als die Hälfte der Menschheit. Aber die Menschen sind sehr ungleich verteilt. Es gibt riesige menschenleere Gebiete im russischen Sibirien im Norden und in den Steppen mitten in Asien. Dafür sind Indien, Westchina und die japanische Hauptinsel mit Tokio sehr dicht besiedelt. Die beiden volkreichsten Länder der Welt sind China und Indien. Beide haben über 1 Milliarde Einwohner. In Südwestasien leben hauptsächlich hellhäutige Menschen, und auch in Nordasien, weil das Land von Russland aus bevölkert wurde. In Zentralasien und im Osten ist die Heimat der Mongolen, Chinesen, Koreaner und Japaner mit gelblicher Hautfarbe. Ein eigenes Aussehen haben die Völker Indiens und die Malaien in der Inselwelt im Südosten. Sie haben hell- oder mittelbraune Haut und meist ganz schwarze Haare. Nirgendwo gibt es auf einem Erdteil so viele Sprachen. Allein in Indien spricht man 18 Hauptsprachen und 100 andere Sprachen. Im Kaukasusgebirge sprechen 25 Völker unterschiedliche Sprachen!

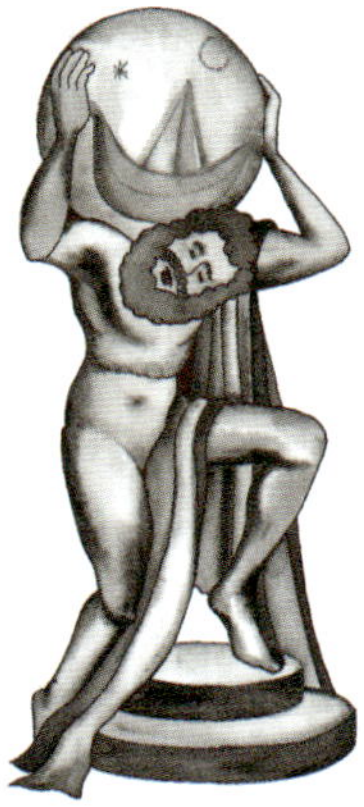

Atlas ist in der griechischen Sage ein Riese, auf dessen Schultern der Himmel liegt! Er soll versteinert worden sein zum Atlasgebirge. Das Atlasgebirge gibt es wirklich in Nordafrika. Heute nennt man ein Buch mit vielen Landkarten Atlas. Ein Weltatlas enthält Karten von allen Teilen und Ländern der Erde. Ein Straßenatlas zeigt Landkarten mit Autostraßen von bestimmten Gebieten.

atmen, Atmung: Unser Körper braucht zum Leben ständig ➔ Energie. Die bekommt er, wenn Nährstoffe aus dem Essen mit Luft innen im Körper verbrannt werden. Man nennt das *innere Atmung*. Dazu nimmt der Körper Luft von außen auf, hauptsächlich mit der Lunge. Die ➔ Atmosphäre drückt Luft durch Nase und Mund in die Lunge, wenn der Brustraum um die Lunge vergrößert wird. Das geschieht hauptsächlich durch das Zwerchfell zwischen Brust- und Bauchraum. Das heißt *äußere Atmung*.

Atmosphäre: 1. Rund um die Erde ist eine Gashülle. Die nennt man Atmosphäre. Sie besteht aus einem Gemisch verschiedener Gase, z. B. Stickstoff, ➔ Sauerstoff, ➔ Kohlendioxid. Nach außen hin wird die Hülle immer dünner. Nur im unteren Bereich bis etwa 8 km über der Erde ist genügend Sauerstoff zum Atmen für den Menschen enthalten. In den unteren 17 km über der Erde findet das Wetter statt.

Experiment: Atmung

Schneide einer großen Plastikflasche den Boden ab. Diese ist der Brustraum. Spanne die obere Hälfte eines halbierten Luftballons darüber und klebe sie mit Klebeband am Rand fest. Das ist das Zwerchfell.
Der Ballonnippel ist in der Mitte, er wird zugeknotet. Durch den Flaschenhals steckst du 2 Röhrchen (Kulihülsen). An denen ist innen je 1 Luftballon dicht befestigt (mit Faden und Klebeband!). Sie sind die Lungenflügel. Dichte nun die Röhrchen mit Knete im Flaschenhals ab. Ziehst du am ZWERCHFELL, wird der BRUSTRAUM größer. Luft strömt in die Ballon-LUNGEN, sie werden dicker!

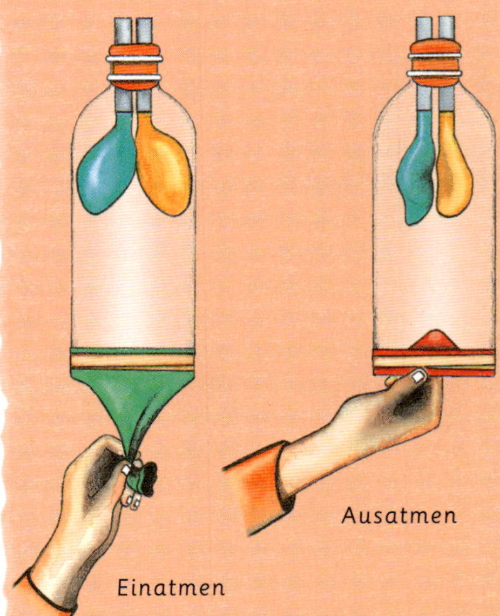

2. Atmosphäre heißt auch die Stimmung zwischen Menschen. In guter Atmosphäre ist man freundlich zueinander.

Atom: Mit einem Supersupermikroskop könnte man sehen, dass Reinstoffe (Eisen, Gold …) aus kleinsten Teilchen bestehen. Die Griechen nannten dies schon vor 2500 Jahren *atomos* und meinten damit *unteilbar*. Erst in unserem Jahrhundert stellte man fest, dass ein Atom aus noch viel kleineren Teilchen besteht. Man kann sogar Atome spalten und daraus sehr viel Energie gewinnen. Die ➔ Kernenergie treibt Elektrizitätswerke und Atom-U-Boote an. Bei einer Atombombe verläuft die Spaltung explosionsartig in ganz kurzer Zeit.

So sieht eine Atombombenexplosion aus. Das Gebilde nennt man Atompilz.

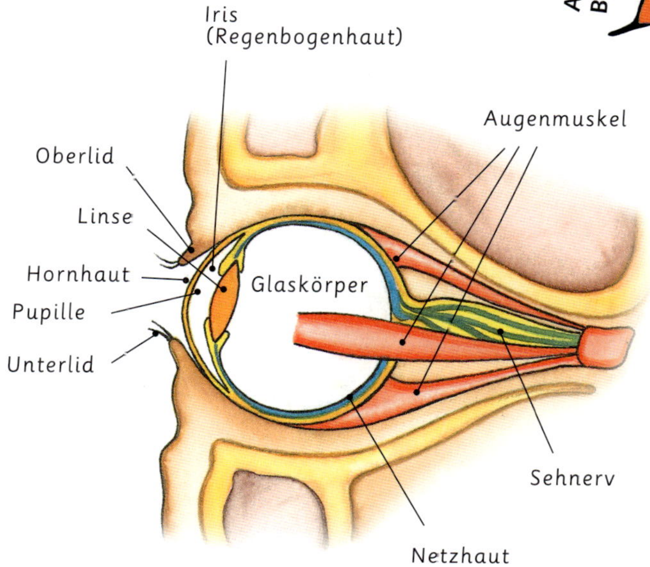

Auge: Das Auge ist das Sinnesorgan, mit dem wir Licht aufnehmen. Aus diesem Licht entstehen in unserem Augapfel Bilder. Augenmuskeln bewegen ihn, Augenlid und Tränendrüsen schützen ihn. Durch die unterschiedlich gefärbte Regenbogenhaut (= Iris) kommt das Licht zu einem Loch, der Pupille. Die regelt, wie viel Licht wir aufnehmen. Dann dringt das Licht durch eine Linse auf die Netzhaut. Dort entsteht dann ein Bild (➔ Brille). Die Sehnerven leiten das Bild weiter zum Gehirn.

ausgestorbene Tiere: Alle Tiere und Menschen auf der Welt haben sich aus anderen Arten entwickelt, die heute schon ausgestorben sind. Die bekanntesten ausgestorbenen Tierarten sind die ➔ Dinosaurier. Seit die Menschen angefangen haben, die Erde gewaltig zu verändern, sterben immer mehr Tier- und Pflanzenarten aus. Noch nie in der Geschichte der Erde war die Zahl aussterbender Tierarten so groß wie in der Gegenwart.

Auster: Sie ist eine Muschel mit einer sehr dicken, harten Schale. Sie lebt von ➔ Plankton. Weil die Auster gern gegessen wird, wird sie auch gezüchtet. Legt man ihr ein Sandkorn zwischen die Schalen, kann daraus eine ➔ Perle entstehen.

Australien ➔ S. 31.

Auto ➔ S. 32/33.

Autogramm: Wenn bei einem Musikfest ein bekannter Sänger auftritt, bitten Fans ihn um ein Autogramm, das heißt um eine eigenhändige Unterschrift. Auch Sportler, Filmschauspieler und Schriftsteller werden um Autogramme gebeten. Leute, die Autogramme sammeln, nennt man Autogrammjäger.

Automat: Ein Automat ist eine ➔ Maschine, die ohne menschliches Eingreifen eine Arbeit verrichtet. Automaten begegnen uns in vielen Formen, z. B. Kaugummiautomaten, Computer oder sogar Automaten, die Autos zusammenbauen.

Autor: Ein Autor schreibt Texte und Bücher. Niemand darf seine Schriftstücke veröffentlichen, ohne den Namen des Autors zu nennen. Auch den Verfasser von Musikstücken nennt man *Autor*.

Azteken: Im Laufe des 13. Jahrhunderts wanderten die Azteken in das heutige Mexiko ein und bauten ein hoch entwickeltes Reich auf. Sie besaßen schon früh Kenntnisse über Astronomie, Schrift und Medizin und errichteten faszinierende Bauwerke. Aber um 1519 wurden die Azteken von den spanischen Eroberern unterworfen und ihr Reich zerfiel. Fast alle Schriften der Azteken wurden auf Anordnung der Kirche verbrannt.

Tempelanlage der Azteken

AUSTRALIEN

Australien auf dem Globus

Australien ist der kleinste von Menschen bewohnte Erdteil. Er ist 22-mal so groß wie Deutschland. Er liegt als einziger Kontinent ganz südlich des ➔ Äquators. Von ➔ Europa aus liegt er fast entgegengesetzt auf dem Erdball. Mit dem Schiff würde man 6 bis 8 Wochen brauchen, um die etwa 23 000 km nach Australien zu fahren. Man kann Australien auch als größte Insel der Erde ansehen. Sie liegt zwischen dem Indischen und dem Pazifischen Ozean.

Wetter, Pflanzen und Tiere

Das Klima in Australien ist ungefähr so wie in Nordafrika. Im Inneren der Rieseninsel gibt es im Sommer wochenlange Hitzewellen mit über +45°C. Bei uns ist es dann gerade Winter. Nur im Nordosten regnet es reichlich. Im Inneren und im Westen regnet es selten und die Hitze lässt das Wasser rasch verdunsten. Da gibt es weder Felder noch Weiden.

Die Eukalyptusbäume sind die häufigsten Bäume Australiens, weil sie Wasser auch aus tiefen Bodenschichten holen können. Wald ist selten. Öfter findet man Buschland oder Grassteppen. Noch merkwürdiger ist die Tierwelt. Beuteltiere sind hier zu Hause. Die bekanntesten sind Känguru und Koalabär. Schnabeltier und Ameisenigel legen Eier und säugen dann ihre ausgeschlüpften Jungen.

Die Ureinwohner Australiens

Als die ersten Europäer im 17. Jahrhundert nach Australien kamen, trafen sie auf die dunkelhäutigen *Aborigines*. Sie lebten noch wie bei uns die Steinzeitmenschen. Sie jagten mit Speeren und dem Bumerang. Heute leben etwa 400 000 Ureinwohner in eigenen Gebieten, die man *Reservate* nennt.

Der erste »Selbstbeweger«

Auto ist eigentlich die Abkürzung für *Automobil*, das heißt *Selbstbeweger*. Carl Benz (1844 – 1929) und Gottlieb Daimler (1834 – 1900) hatten es gleichzeitig, im Jahr 1886, geschafft: Sie bauten jeder ein Fahrzeug, das nicht mehr von Pferden gezogen werden musste. Es brauchte auch keine Schienen wie die schweren Dampflokomotiven, die es schon vorher gab. Der Benz-Motorwagen war noch ein Dreirad. Viele Leute hielten ihn anfangs für Zauberspuk. Er fuhr 12 km in der Stunde, das heißt, schneller als die Postkutschen. Er hatte einen Verbrennungsmotor mit einer halben Pferdestärke. Man verglich Motoren damals mit Pferden, weil diese die wichtigsten Zugtiere waren. Solche Motoren treiben heute Rasenmäher an!

Was ein Auto bewegt

Um ohne Pferde zu fahren, braucht das Auto einen Motor. Die meisten Autos haben Verbrennungsmotoren. Es gibt aber auch Elektroautos, die mit Batterien angetrieben werden. Im Verbrennungsmotor wird immer wieder ein Gemisch aus Benzin und Luft durch Funken entzündet. Das gibt kleine Explosionen, die in einem ganz dichten Zylinder erfolgen. Dadurch wird im Zylinder ein Kolben auf und ab bewegt. Dieses Auf und Ab wird über Stangen auf eine Kurbelwelle übertragen. Diese Kurbelwelle dreht sich ganz rasch. Über das Getriebe wird diese Drehung auf die Räder übertragen. Mit dem Getriebe kann man verschiedene Geschwindigkeiten wählen. Es wird mit der Kupplung und der Gangschaltung betätigt. Gestartet wird der Motor von einem kleinen Elektromotor, dem Anlasser. Der bekommt seine Energie von der ➔ Batterie. Die Räder sind heute nicht mehr aus Holz mit Eisenreifen. Luftgefüllte Gummireifen machen das Fahren sicherer und bequemer.

Was das Auto sonst noch braucht

Für die sichere Fahrt braucht das Auto auch Bremsen an allen Rädern und eine Lenkung für die Vorderräder. Die heutigen Konstrukteure arbeiten immer weiter daran, dass Bremsen gut halten und nicht blockieren. Denn dann rutschen die Räder, und das Auto kann nicht mehr gelenkt werden. Auch die Lenkung geht immer leichter durch *Servolenkung*. Man braucht keine Riesenmuskeln mehr, um das Lenkrad zu drehen.

Das erste vierrädrige Automobil. Daimler »Kutschwagen«, 1886.

Der erste Motor-Omnibus der Welt. Benz Hotelwagen, 1895.

Das erste Auto vom Fließband. Ford T »Tin Lizzy«, 1908.

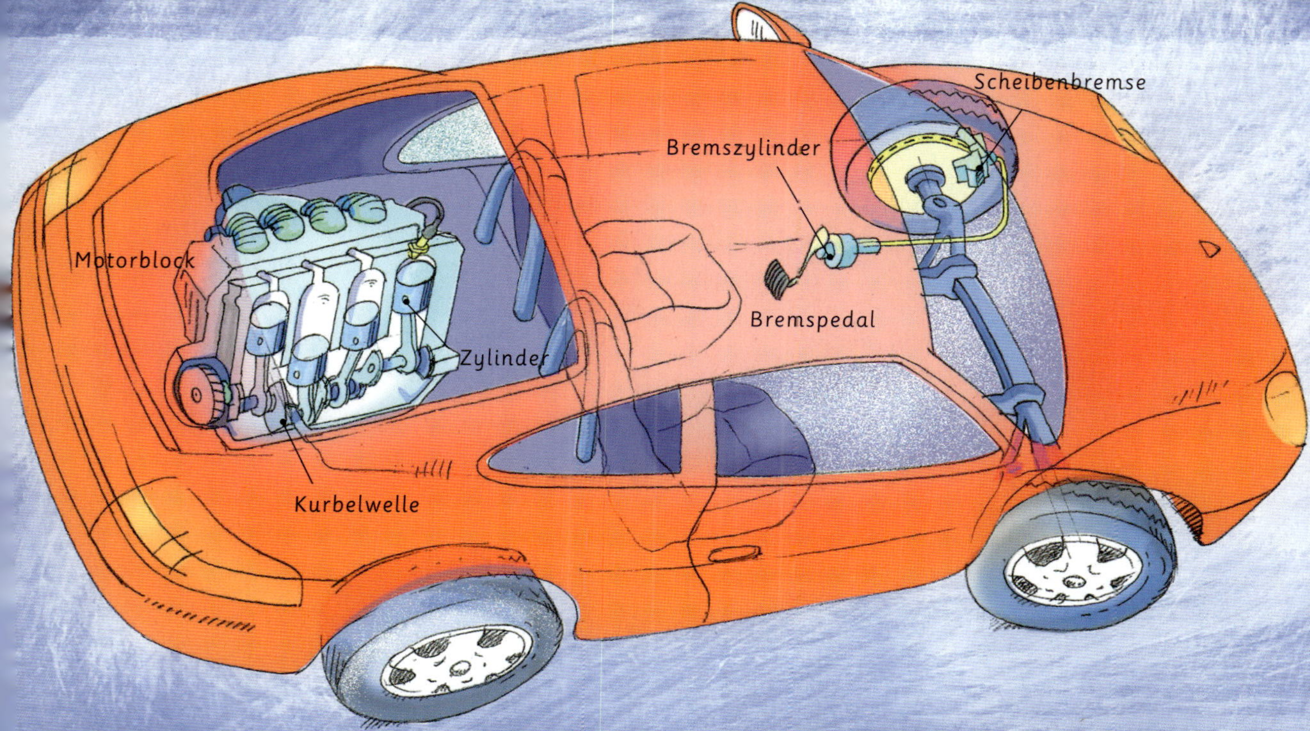

Sicherheit für die Autofahrer

Die Karosserie ist das Gehäuse, in dem die Autofahrer sitzen. Viele Erfindungen haben das Fahren sicherer gemacht. Stellen, die bei einem Unfall zerknittern, nennt man *Knautschzonen*. Sie sorgen dafür, dass der Stoß bei einem Aufprall nicht ganz auf den Körper der Menschen wirkt. Gurte verhindern, dass man durch die Fensterscheiben fliegt. Auch der *Airbag* schützt den Körper bei Unfällen.

Autos machen auch Probleme

Inzwischen gibt es Millionen von Autos. Damit sie fahren können, wird immer mehr Landschaft in Straßen und Autobahnen umgewandelt. Außerdem pusten Millionen von Autos ihre schädlichen Abgase in die Luft. Diese Abgase verändern unser Klima und sind eine von vielen Ursachen für erhöhte Ozonwerte (➔ Ozon) und ➔ sauren Regen. Der lässt unsere Bäume sterben, die wir für gesunde Luft brauchen. Ein Auto, das öfter mal stehen bleibt, ist das umweltfreundlichste Auto.

B

Baby → S. 35.

Bachstelze: Eine kleine Bachstelze trippelt flink um eine Pfütze. Hin und wieder wippt der kleine Singvogel mit seinem langen Schwanz. Er ist grau mit schwarzen Federn an Kopf und Brust. Manchmal folgt die Bachstelze einem Bauern auf dem Feld und pickt → Insekten auf, die beim Pflügen an die Erdoberfläche kommen.

Bagger nennt man Maschinen zum Abbau oder Transport von Erde oder Steinen. Es gibt viele verschiedene Arten, die entweder mit Riesenlöffeln, Schaufeln oder Eimerketten das Material aufnehmen. Die meisten sind selbst fahrbar auf Rädern oder Raupenketten. Für das Ausbaggern von Flüssen oder zur Kiesgewinnung aus Seen gibt es auch Schwimmbagger. Sie sind auf Kähne gebaut.

Bakterien gibt es schon viel länger als den Menschen. Man kann sie seit zweieinhalb Milliarden Jahren nachweisen! Sie sind eine Gruppe winziger einzelliger Lebewesen. Weil sie keinen richtigen Zellkern bilden, zählen sie weder zu den Pflanzen noch zu den Tieren. Bakterien können sich sehr schnell vermehren: Sie teilen sich. Es gibt Bakterien, die gut für uns sind, und solche, die uns schaden. Die nützlichen helfen bei der Verdauung im Darm oder machen aus Milch Käse oder Jogurt. Schädliche Bakterien lösen schlimme Krankheiten aus: Tuberkulose, Pest, Ruhr, Typhus oder Lepra. Aus anderen Bakterien gewinnt man Medizin.

Ein Löffelbagger auf Rädern

BABY

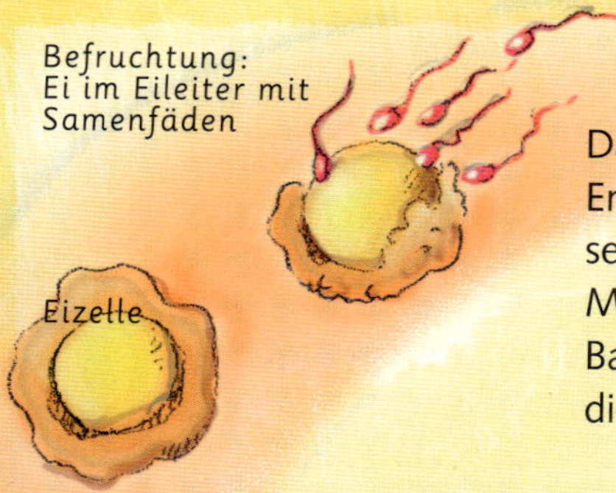

Das Wort Baby kommt aus dem Englischen und bedeutet *kleines Kind*. Vor seiner Geburt wächst es innerhalb von neun Monaten oder ungefähr 266 Tagen im Bauch seiner Mutter heran. Man nennt diese Zeit *Schwangerschaft*.

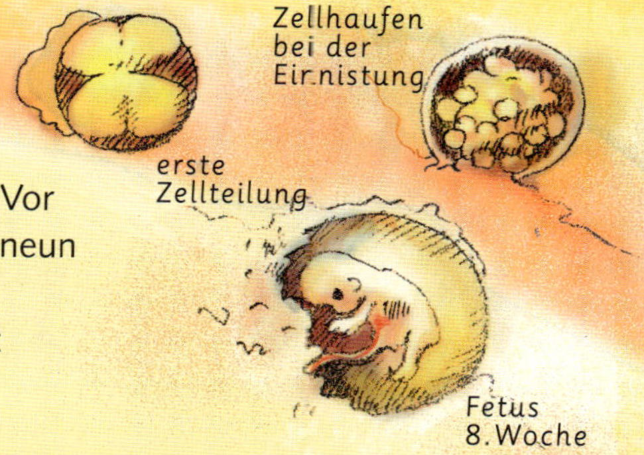

Das geschieht, wenn eine Frau ein Baby bekommt:

In einem ihrer beiden Eierstöcke entwickelt sich innerhalb eines Monats eine Eizelle. Wenn sie reif ist, verschmilzt sie auf dem Weg zur Gebärmutter mit einer Samenzelle des Vaters. Dies nennt man auch ➔ Befruchtung.

Die Gebärmutter ist eine dehnbare Muskelhöhle, die mit dem Kind wächst, so dass es sich gut geschützt und warm entwickeln kann. Ein Wasserpolster, das Fruchtwasser, fängt sogar Stöße ab. Über die Nabelschnur wird das kleine Kind, das man zuerst *Embryo*, aber nach drei Monaten *Fetus* oder *Fötus* nennt, mit Nahrung und Sauerstoff versorgt. Alkohol, Medikamente und Zigaretten, die die Mutter in dieser Zeit zu sich nimmt, können deshalb das Kind schwer schädigen, es fehlen dann z. B. Arme oder Beine. Über diese Nabelschnur werden aber auch alle Abfallstoffe aus dem Körper des Kindes zurücktransportiert und von der Mutter ausgeschieden.

In den ersten drei Monaten der Schwangerschaft bildet sich aus der befruchteten Eizelle durch ständige Teilung zuerst ein kleiner Zellhaufen. Nach und nach kann man dann den Kopf, den Körper und die Arme und Beine erkennen. Nun wächst der Fetus, bis er die Geburtsgröße von etwa 52 cm erreicht hat.

Das Kind kann in dieser Zeit aber schon Geräusche und Musik hören. Es lutscht am Daumen und trinkt Fruchtwasser. Vor der Geburt spürt die Frau starke Schmerzen, die man auch *Wehen* nennt. Das Baby wird dabei durch den Geburtsweg und die Scheide gepresst. Ein Arzt oder eine Hebamme helfen dabei. Sobald sie die Nabelschnur durchgeschnitten haben, beginnt das Baby selber zu atmen.

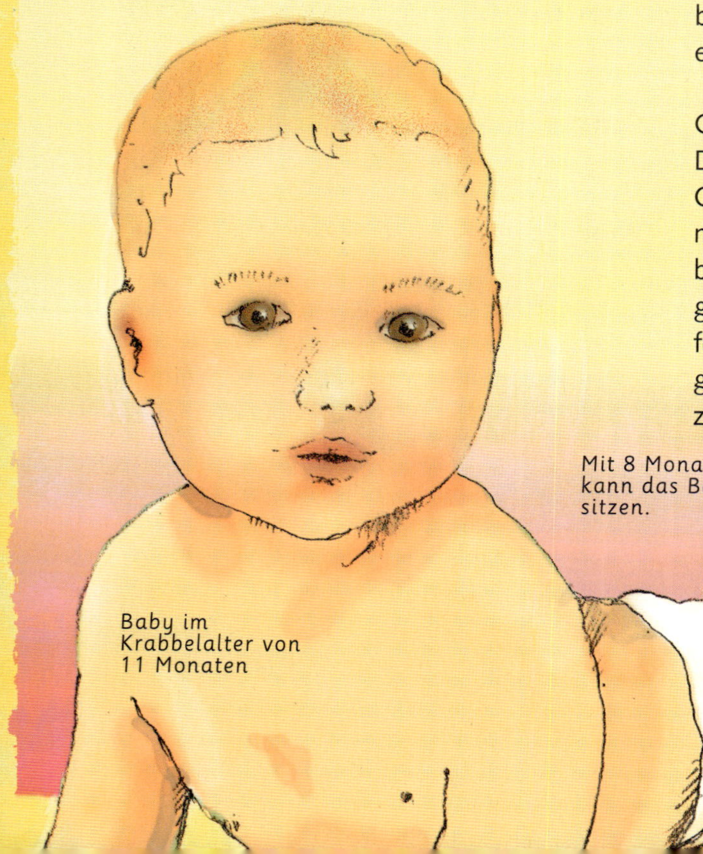

Baby im Krabbelalter von 11 Monaten

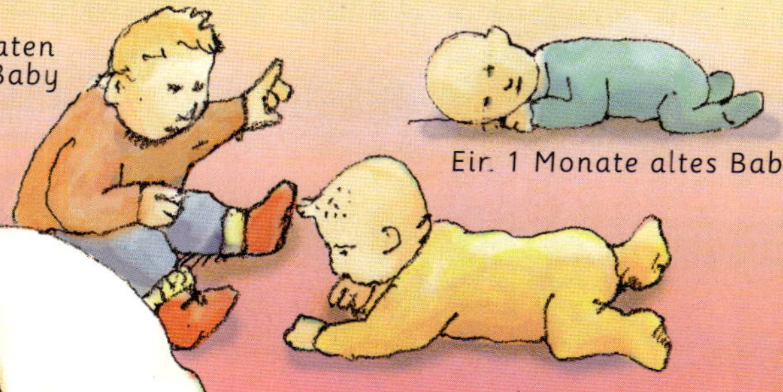

Mit 8 Monaten kann das Baby sitzen.

Ein 1 Monate altes Baby

Mit 3 Monaten beginnt das Baby, den Kopf zu heben.

Ballett nennt man den künstlerischen, anmutigen Tanz, der eine musikalisch erzählte Geschichte begleitet. Um einzeln oder in der Gruppe Ballett tanzen zu können, muss man jahrelang hart trainieren. *Ballerina* nennt man die Tänzerin eines Balletts. Die erste und meistens auch beste Tänzerin ist die *Primaballerina*.

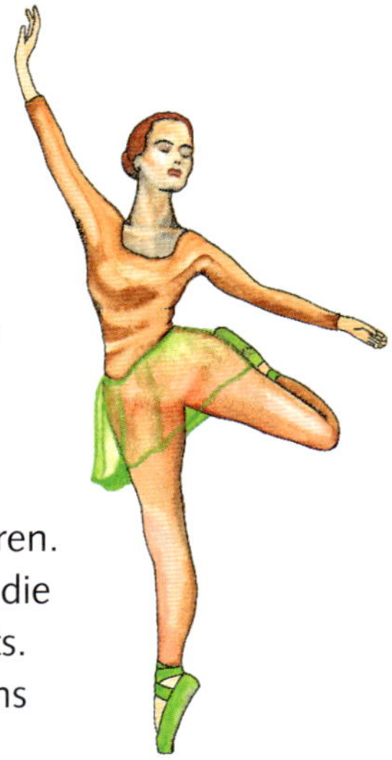

Ballon: Das erste Gerät, mit dem ein Mensch fliegen konnte, war ein Ballon. Die Brüder Montgolfier starteten 1783 den ersten *Heißluftballon*. Ein Ballon voll heißer Luft ist leichter als derselbe Ballon voll kalter Luft. Deshalb kann ein Heißluftballon schweben und sogar noch Lasten mitnehmen. Auch einige andere Gase eignen sich dafür, Ballons schweben zu lassen. *Freiballons* lassen sich vom Wind treiben. *Fesselballons* werden von langen Leinen festgehalten. Auch *Zeppelin*-Luftschiffe sind eine Art Ballon.

Die Montgolfiere, der erste Heißluftballon, startet.

Bambus ist eine wichtige tropische Nutzpflanze. Die jungen Triebe werden als Gemüse gegessen und der Bambuszucker wird zu einer Medizin verarbeitet. Das Holz dient zur Papiergewinnung, es wird aber auch als Bauholz für Häuser, Stege und Möbel verwendet. Aus Bambusrohr stellt man Stöcke und Angeln her und aus den dünneren Zweigen und Blättern Matten, Hüte und Körbe. Obwohl der Bambus zu den Gräsern gehört, wird er bis zu 40 m hoch. Es gibt Arten, die an einem Tag bis zu 1 m wachsen! Das kann man sogar hören.

Banane → Warum ist die Banane krumm?

Bank: Sparkassen und Banken handeln mit Geld. Wer einer Bank Geld gibt, bekommt dafür Zinsen. Wer sich von einer Bank Geld leiht, muss Zinsen bezahlen. Für diese Geldgeschäfte braucht man ein Konto. Das ist eine Nummer, bei der man nachsehen kann, ob man noch Geld guthat (Guthaben) oder ob man der Bank Geld schuldet (Schulden). Ein Konto, auf das oft eingezahlt und von dem oft Geld abgehoben wird, nennt man *Girokonto*. Lässt man Geld für längere Zeit auf der Bank, so nimmt man ein *Sparkonto*. Guthaben kann man mit einer Kreditkarte oder einem Scheck oder einer Überweisung abbuchen oder direkt am Bankschalter abheben. Das kann man auch von zu Hause aus erledigen, mit dem Computer über die Telefonleitung.

Bär: Der Bär mit seinem zottigen braunen Pelz ist ein Raubtier. Vor etwa 130 Jahren wurden die letzten frei lebenden Braunbären in Deutschland erlegt. Heute findet man sie in Europa nur noch in wenigen, nicht so dicht besiedelten Ländern. Sie

ernähren sich von kleinen Säugetieren, Würmern und Schnecken, aber auch von Beeren, Wurzeln und Pilzen. Honig mögen sie besonders gerne. Im Winter ruhen die Braunbären in ihrer Höhle. Dort werden auch, meist im Januar, die Jungen geboren. Noch größer als der Braunbär (2,20 m lang) ist der nordamerikanische Grislibär (2,50 m) und der gelblich weiße Eisbär (2,80 m). Der Eisbär ist ein sehr guter Schwimmer und Fischjäger, der in den nördlichen Polarländern lebt.

Warum ist die Banane krumm?

Aus der Mitte der Bananenstaude mit ihren riesigen ovalen Blättern wächst zunächst eine sehr große, dunkle Blüte. Sie ist so schwer, dass sich der Stängel nach unten biegt. Aus den weiblichen Blüten entwickeln sich 80 bis 100 Früchte. Diese stehen dicht nebeneinander kreisförmig um den Stängel. Eine Reihe kommt aus der anderen hervor. Nun wachsen die kleinen grünen Früchte nicht nach unten, sondern biegen sich schräg nach oben heraus, dem Licht entgegen.

Experiment: Barometer

Spanne über ein Marmeladenglas den unteren Teil eines aufgeschnittenen Luftballons. Am Rand musst du diese Gummihaut ganz dicht und fest verschnüren. Mit 2 Klümpchen weichem Kaugummi klebst du nun einen Trinkhalm von der Mitte der Gummihaut über den Rand nach außen. Stelle diese Dose mit Zeiger in einen aufgeschnittenen Schuhkarton. Auf dessen Innenseite zeichnest du eine Zahlenskala von TIEF bis HOCH. Steigt der Luftdruck, steigt auch dein Barometerzeiger.

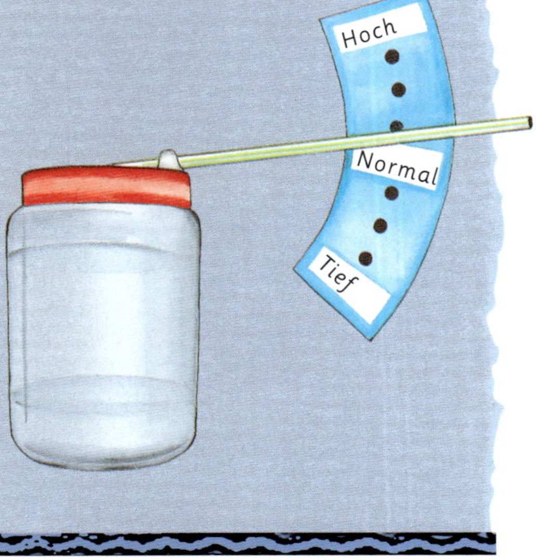

Barometer: Das ist ein Gerät zum Messen des → Luftdrucks. Der Luftdruck presst im Inneren des Gerätes eine kleine Blechdose zusammen, mal mehr, mal weniger. Daran ist ein Zeiger befestigt, der sich über eine Skala bewegt. Hoher Luftdruck presst die Dose zusammen, der Zeiger steigt und wir erwarten schönes Wetter. Bei tiefem Luftdruck ist es umgekehrt.

Basketball ist ein amerikanisches Korbballspiel. *Basket* ist das englische Wort für Korb. Zwei Mannschaften mit je fünf Spielern versuchen, den Ball möglichst oft in den Korb der anderen Mannschaft zu werfen oder zu *dunken* (das spricht man *danken*, es ist englisch und bedeutet *hineinstopfen*). Da der Korb 3,05 m hoch hängt, sind besonders große Spieler im Vorteil.

Batterie nennt man mehrere miteinander verbundene Zellen. Darin ist → Energie gespeichert. Die Zellen bestehen aus verschiedenen Materialien, die chemisch miteinander reagieren. Dabei werden die Materialien nach und nach umgewandelt und es wird elektrische Energie frei. So kann ein Strom fließen. Mit dem kann man Radios oder Taschenlampen betreiben oder Automotoren starten. Sind die Materialien ganz umgewandelt, ist die Batterie verbraucht. Manche kann man wieder aufladen, die nennt man *Akkumulatoren* oder *Akkus*.

Bauernhof → S. 40/41.

Baum: Bäume sind die Riesen der Pflanzenwelt. Wurzeln halten sie im Boden und versorgen sie mit Wasser und Nährstoffen. Sie haben einen Stamm und eine Krone. Von außen nach innen hat der Stamm diese Schichten: Die *Borke* schützt den Baum. Der *Bast* enthält viele Versorgungsleitungen. Das *Kambium* lässt nach innen Holz wachsen und nach außen frischen Bast. Im *Splintholz* sind die Wasserleitungen. Das harte Holz ganz innen heißt *Kernholz*.

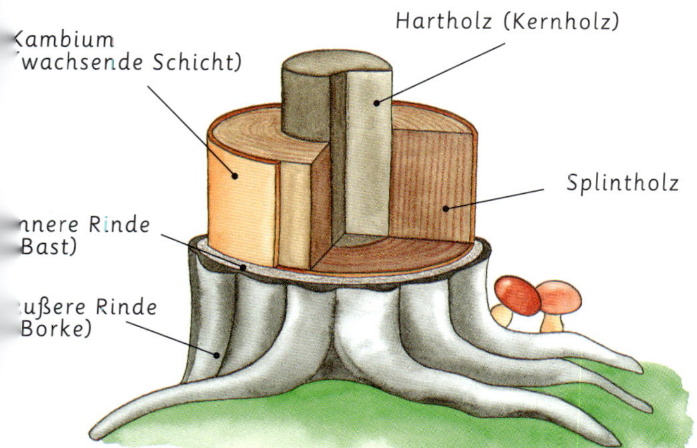

Baum-Rekorde

Der höchste Baum der Welt ist ein Mammutbaum in Kalifornien (USA) mit 112,8 m.
Der älteste Baum der Welt ist eine Borstenkiefer in Kalifornien (USA). Sie ist rund 5 000 Jahre alt.
Eine 2 000 Jahre alte Eibe im Allgäu ist Deutschlands ältester Baum.
Eine 1 100-jährige Zirbelkiefer im Kanton Wallis ist der älteste Baum der Schweiz.
In Neuseeland steht der einsamste Baum der Welt: Sein Nachbarbaum ist 220 km von ihm entfernt.

Das ist der Arbeitsplatz des Landwirts. Hier produziert er Lebensmittel: Getreide, Gemüse oder Obst, Feldfrüchte wie Kartoffeln oder Rüben oder er hält Tiere für Fleisch, Milch, Eier …

So war es früher

Viele Jahrhunderte lang funktionierte der Bauernhof im Einklang mit der Natur. Der Landwirt baute Getreide für seine Familie und die Menschen in seiner Umgebung an und Futter für das Vieh. Mit dem Mist der Tiere düngte er seine Felder und gab diesen damit die Stoffe wieder, die der Boden notwendig braucht. Er wechselte beim Getreideanbau die Felder oder baute auch einmal keine Nutzpflanze an, damit sich der Boden erholen konnte. Die Tierhaltung war vielfältig: Hühner, Gänse, Enten und Schweine, Schafe, Ziegen, Kühe, Pferde.

Freilandtierhaltung

So ist es heute

So eine Landwirtschaft ist arbeitsaufwändig und daher teuer. Aber ihre Produkte sind auch schmackhafter und gesünder. Bauern, die immer noch diese Form der traditionellen Landwirtschaft betreiben, schließen sich in Verbänden (= Gruppen) zusammen und garantieren für die Gesundheit ihrer Produkte und für die Nichtbelastung der Natur.

Menschliche Arbeitskraft ist teuer geworden, deshalb kann kein Landwirt heute mehr auf die Hilfe von Maschinen verzichten: riesige Traktoren mit Zusatzgeräten – Pflug, Egge, Balkenmäher, Heuwender, Ballenpresse – und Mähdrescher.

Die Haltung von Hühnern in Legebatterien ist nicht artgerecht. Hühner möchten am Boden scharren!

Der moderne Landwirt ist gezwungen, sich zu spezialisieren, das heißt: Er stellt heute meistens entweder Gemüse oder Getreide oder Fleisch oder Eier oder Milch her. In den Ställen stehen Hunderte und Tausende von Tieren. Auf riesigen Ackerflächen lässt Kunstdünger alles schneller und kräftiger wachsen. Pflanzengifte verhindern, dass die Pflanzen krank werden. Beides vergiftet aber nach und nach Böden und Grundwasser. Produkte aus diesen Betrieben sind billiger, rechnet man aber die Kosten dazu, die z. B. für die Reinigung des Grundwassers benötigt werden, damit wir sauberes Trinkwasser haben, dann erkennt man, dass eine Landwirtschaft im Einklang mit der Natur vernünftiger ist.

Baumwolle: In vielen warmen Ländern der Erde wird auf großen Plantagen Baumwolle angepflanzt. Die Fruchtkapseln hängen an den 2 m bis 2,50 m hohen Baumwollsträuchern. Wenn sie reif sind, platzen sie auf und die Samenhaare und Samen quellen heraus. Nun werden die Früchte mit der Hand oder mit Maschinen geerntet. Aus den Samen gewinnt man Öl, die Haare, die 1 cm bis 5 cm lang sind, werden versponnen und zu Baumwollstoffen verwebt.

Beatles: Die Beatles waren die beliebteste Popgruppe eurer Eltern und Großeltern. So berühmt waren die Engländer, dass sie sogar von Königin Elizabeth einen Orden bekamen.

Becken: 1. Becken nennt man den Teil des Knochengerüstes, auf dem man sitzt. Es ist die Verbindung von Wirbelsäule und Beinen. Die Bauchorgane, z. B. Darm, Gebärmutter, liegen geschützt im Becken. **2.** Bei diesem musikalischen Schlaginstrument werden zwei dünne, leicht gewölbte Metallteller aufeinandergeschlagen. **3.** Ein Kessel, eine Wanne oder eine Absenkung im Gelände nennt man so.

Beduinen: Das arabische Wort für Beduinen bedeutet *Wüstenwanderer*. Beduinenstämme leben in den ➔ Steppen am Rand der ➔ Wüste. Sie haben aber keinen festen Wohnplatz, sondern ziehen mit ihren Zelten und Viehherden von einem Weide- und Wasserplatz zum nächsten. Beduinen sind also ➔ Nomaden.

Beeren: Früchte, deren Fruchtwand saftig und fleischig wird und meistens zahlreiche Samen umschließt. Wir bezeichnen viele Früchte als Beeren, die eigentlich keine sind. Himbeeren und Brombeeren sind zum Beispiel Steinfrüchte, die Erdbeere ist eine Sammelnuss. Echte Beeren sind Stachelbeeren, Johannisbeeren und Heidelbeeren. Auch Gurken, Tomaten, Bananen und Apfelsinen gehören zu den Beeren.

Befruchtung nennt man die Vereinigung einer männlichen mit einer weiblichen Geschlechtszelle bei Pflanzen (➔ Bestäubung), Tieren und Menschen. Auf diese Weise werden die Erbanlagen in den Geschlechtszellen neu gemischt und eine neue Generation entsteht. Beim Menschen ist das so: Die männliche Samenzelle befruchtet die weibliche Eizelle. Diese neu entstandene Zelle teilt sich immer wieder: ein Embryo wächst heran (➔ Baby). Die

Andy ist behindert

Andy ist ein freundlicher Junge. Er braucht etwas länger und gezielte Hilfe, um sprechen, lesen, schreiben und rechnen zu lernen. Er ist ein Mensch mit einer angeborenen Lernbehinderung. Man nennt sie DOWN-SYNDROM.
Andy geht in eine besondere Schule, in der er lernt, Dinge selbständig zu tun. Er findet dort auch Freunde, die wie er irgendeine Behinderung haben. Mit ihnen arbeitet und lernt er, aber sie spielen auch zusammen, machen Ausflüge und haben genauso viel Spaß wie du.
Es gibt auch Menschen mit körperlicher Behinderung, durch einen Unfall oder durch Geburt.
Manche Menschen haben körperliche und geistige Behinderungen.
Menschen ohne Behinderung helfen ihnen dabei, ihr Leben selbständig zu führen.

Natur sorgt dafür, dass die Befruchtung stattfindet. Beim Menschen durch gegenseitige sexuelle Anziehung (→ Sexualität).

Behinderte → Andy ist behindert.

Benzin wird ursprünglich aus Harz vom indonesischen *Benzoebaum* gewonnen. Heute stellt man es aus Erdöl her.
Es ist eine farblose Flüssigkeit aus einem Gemisch von Kohlenwasserstoffen. Es verdunstet sehr leicht und bildet mit Luft hochexplosive Dämpfe. Deshalb wird es als Treibstoff in Auto- und Flugzeugmotoren verwendet. Waschbenzin dient auch als Lösungs- und Reinigungsmittel oder zur Desinfektion.

Berge sind Erhebungen aus einer Landschaft. Sie entstehen entweder durch Aufschüttungen von → Vulkanen oder durch das Falten von Gesteinsmassen. Manchmal bleiben sie auch stehen, nachdem rundherum die Landschaft durch Stürme und Regen abgetragen wurde. → Die höchsten Berge, S. 44.

Faltung der Gesteinsschichten

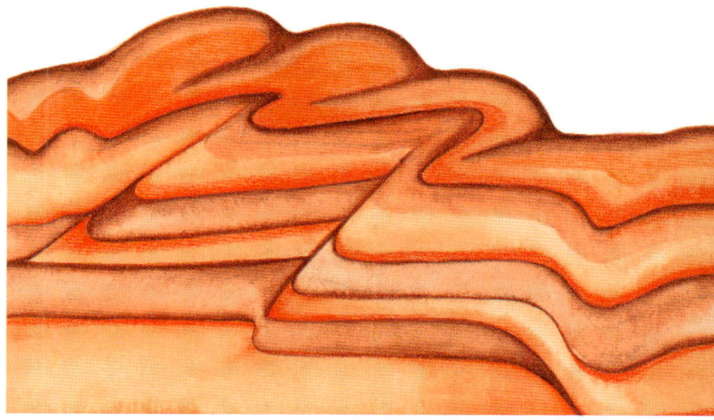

Die höchsten Berge:

Asien: Mount Everest (Himalaya)	8 846 m
Südamerika: Aconcagua (Anden)	6 960 m
Nordamerika: Mt. McKinley (Rocky Mountains)	6 198 m
Afrika: Kibo (Kilimandscharo)	5 895 m
Antarktis: Mount Vinson	5 140 m
Australien / Ozeanien: Jaya (Neuguinea)	5 029 m
Frankreich: Montblanc (Alpen)	4 807 m
Schweiz: Dufourspitze (Alpen)	4 634 m
Österreich: Großglockner (Alpen)	3 797 m
Spanien: Mulhacén (Sierra Nevada)	3 478 m
Deutschland: Zugspitze (Alpen)	2 962 m

Bergwerk: Betriebe, in denen man Bodenschätze abbaut, nennt man Bergwerke. Ursprünglich hat man Gänge in Berge getrieben, um dort ➔ Silber, ➔ Gold, Erze oder ➔ Edelsteine zu finden. Später wurden auch Schächte oder Gruben in die Tiefe der Erde gegraben, um Kohle oder metallhaltige Gesteine (Erze) herauszuholen. Deshalb heißen Bergwerke manchmal auch *Gruben*.

Berlin ist die Hauptstadt Deutschlands. Es ist auch die größte deutsche Stadt mit 3 400 000 Einwohnern. Außerdem ist es ein eigenes Bundesland. Berlin hat eine Fläche von 891 Quadratkilometern (km²) und

Das Wappentier von Berlin ist ein Bär.

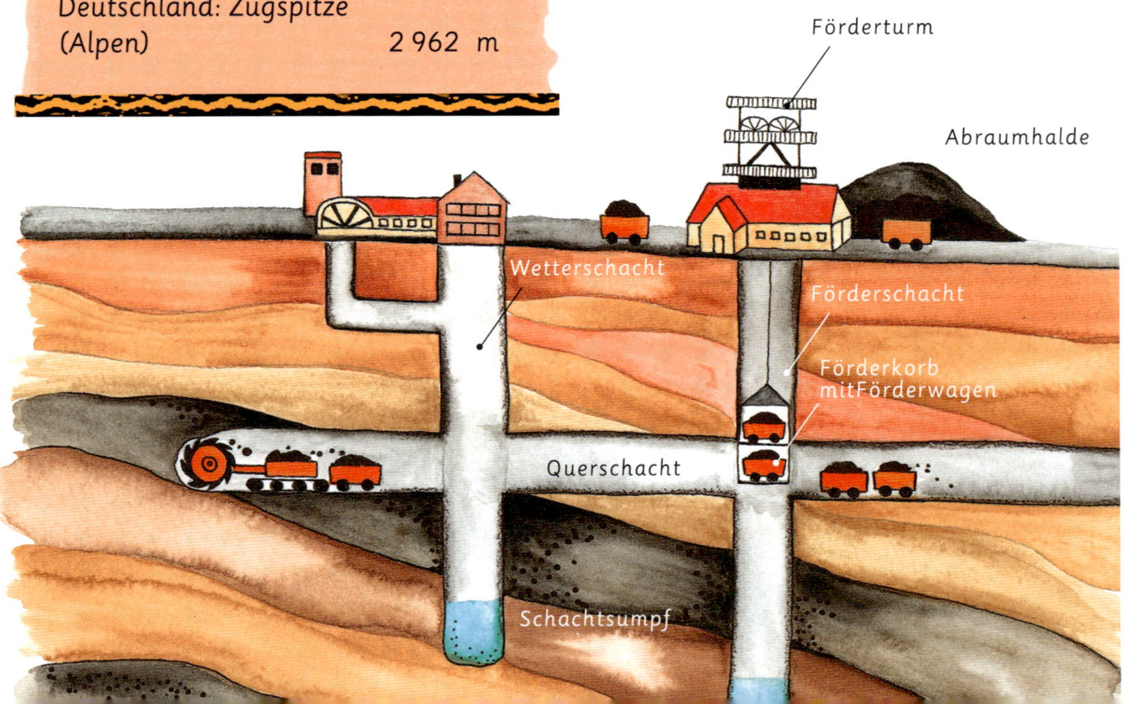

liegt wie eine Insel im Bundesland Brandenburg. Nach dem 2. Weltkrieg wurde die Stadt geteilt. 1961 ließ die ostdeutsche Regierung um den Westteil der Stadt eine Mauer errichten und trennte so ihre eigene Bevölkerung von Westberlin ab. 1989 musste die ostdeutsche Regierung die Mauer wieder öffnen. Bald darauf wurde Deutschland wiedervereinigt.

Berufe: Manche Berufe sind schon viele Tausend Jahre alt wie z. B. der Landwirt, viele sind neu wie z. B. der Programmierer für Computerspiele. Für die meisten Berufe brauchst du eine Berufsausbildung oder ein Studium. Mit dem Beruf verdienst du das Geld für dein Leben.

Bestäubung: Damit sich ➔ Blumen, Bäume, Gemüse fortpflanzen können, muss der *Blütenstaub*, man nennt ihn auch *Pollen*, auf die *Narbe* einer Pflanze übertragen werden. Also: die männlichen Zellen auf die weiblichen. Das geschieht durch Wind, Wasser oder durch Insekten, an deren Körperhaaren sich der Blütenstaub festsetzt und so transportiert wird. Manche Blüten bestäuben sich selbst, manche werden von fremden Blüten bestäubt.

Beton besteht aus Zement, Sand und Kies. Diese Stoffe werden mit Wasser zu einem Brei gemischt. Man kann den Beton dann in beliebige Formen gießen. Beim Trocknen erhärtet die Mischung zu einem festen Kunststein.

Beuteltier ➔ Känguru.

Bibel: Man nennt sie auch das *Buch der Bücher* oder *die Heilige Schrift* der Christen. In ihr findest du zum Beispiel die Zehn Gebote, nach denen sich die Menschen richten sollen. Die Bibel besteht aus zwei Teilen. Dem *Alten Testament* mit Geschichten aus der Zeit vor Christus und dem *Neuen Testament* mit Geschichten aus dem Leben ➔ Jesu und der ➔ Apostel. Die Bibel ist eines der am weitesten verbreiteten Bücher der Welt und ist heute in über 400 Sprachen übersetzt.

Biber: Das größte Nagetier, das im nördlichen ➔ Europa lebt, ist der Biber. Er ist 1 m lang und wiegt bis zu 30 kg. Als Nahrung dienen ihm Rinden und andere Pflanzenteile. Der Biber hat ein schönes Fell, nur sein abgeplatteter Schwanz ist unbehaart. Er braucht ihn beim Schwimmen als Ruder. Zwischen den Zehen der Hinterbeine hat er Schwimmhäute. Beim Tauchen kann er die Nasen- und Ohröffnungen schließen. Er lebt in seiner Biberburg, deren Eingänge immer unter Wasser liegen.

Der Biber baut an seiner Burg.

Damit der Wasserstand nicht zu weit absinkt, baut er Staudämme. Dazu nagt er Baumstämme rundherum so stark an, bis sie umfallen und ins Wasser stürzen.

Bibliothek: So nennt man eine Sammlung von Büchern. In öffentlichen Bibliotheken kannst du Bücher ausleihen. Bei der Auswahl hilft dir die Bibliothekarin oder der Bibliothekar. Die Bücher sind nach Sachgruppen geordnet – z. B. Kinderbücher, Unterhaltungsliteratur, wissenschaftliche Bücher – und innerhalb der Gruppen alphabetisch. Oft kannst du auch in einem Computer der Bibliothek nachsehen, welche Bücher vorhanden sind. Seltene und wichtige Bücher kann man auch über das ➔ Internet ausleihen und sie sich zuschicken lassen.

Biene: Bienen leben in Völkern zusammen. In einem Bienenstock gibt es eine *Königin*, mehrere *Drohnen* (= männliche Bienen) und bis zu 70 000 *Arbeiterinnen*. Die Arbeiterinnen verbringen die ersten drei Monate im Stock. Sie reinigen und bauen die Waben aus Wachs, wärmen und füttern die Brut. Eine Zeit lang arbeiten sie auch als *Soldaten*: Sie bewachen den Bienenstock. Nach drei Monaten fliegen sie aus, sammeln Nektar und Pollen (➔ Bestäubung) und verarbeiten diese zu Honig. Um 1 kg Honig zu gewinnen, müssen 75 000 Blüten besucht werden. Ihr Sammelgebiet liegt in einem Umkreis von 2 km zum Stock. Finden sie wenig Blüten, kann ein Flug auf 10 km ausgedehnt werden. Auf ihren Flügen orientieren sich die Bienen an der Landschaft, sie können aber auch die Sonne als ➔ Kompass benutzen.

Die Sprache der Bienen

Bienen fliegen oft weit, um Nektar und Pollen zu sammeln. Deshalb ist es sinnvoll, wenn sie ihren Mitbewohnerinnen zeigen, wo es eine reiche Nahrungsquelle gibt. Die Biene, die Nahrung gefunden hat, zeigt das den anderen durch einen Tanz: Tanzt sie z. B. auf der nach unten hängenden Wabe eine Acht und schwänzelt dabei genau von unten nach oben, dann liegt die Futterquelle in Richtung der Sonne. Je nachdem, wie sie von dieser Linie abweicht, weicht auch der Futterplatz von der Sonnenrichtung ab. Am Tempo des Schwänzelns können die anderen die Entfernung ablesen.

Bier: Schon in frühesten Zeiten haben die Menschen überall auf der Erde Bier gebraut. Bei uns in Deutschland darf das alkoholische Getränk nur aus Gerste, Hopfen und Wasser bestehen, das nennt man *Reinheitsgebot*. Beim Bierbrauen wird die Gerste in Wasser eingeweicht. Sie keimt und verwandelt sich in Malz. Es wird mit Wasser vermischt und gekocht. Der Hopfen macht dabei das Bier bitter. Nun muss das Bier noch gären (➔ Gärung).

Biologie: Die Biologie ist die Wissenschaft von allem Lebenden. Sie befasst sich mit den Pflanzen, den Tieren und den Menschen. Dabei wendet sie auch Methoden anderer Naturwissenschaften und der Mathematik an: Experimentieren, Mikroskopieren, Berechnungen anstellen. Sie erforscht die Lebenserscheinungen in allen ihren Formen und versucht, Naturgesetze zu finden.

Birke: Es gibt viele Arten von Birken. Sie wachsen auf Sand oder auf Moorböden (➔ Moor). Erkennen kann man sie an ihrer weiß-dunklen Rinde. Die Blüten der Birke nennt man *Kätzchen*. Sie werden durch den Wind bestäubt und bilden sich zu Früchten, die aussehen wie kleine, runde Nüsse.

Birne ➔ Obst.

Bischof: Er ist der oberste Geistliche von christlichen Gemeinden und der Vorgesetzte der Pfarrer. Der katholische Bischof wird vom Papst ernannt und vertritt ihn in seinem Bezirk. Man erkennt ihn an seiner Amtstracht. Zu ihr gehören der Bischofsstab und der Bischofshut.

Bischofsstab

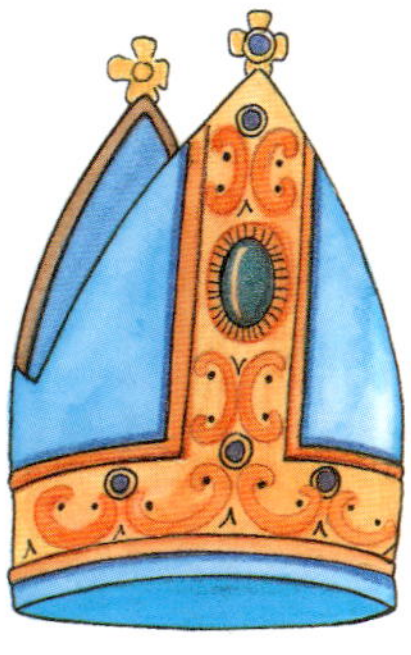

Bischofshut

Blatt: Die Blätter sind wichtige Organe der Pflanzen. An Blättern verdunstet das Wasser, das die Wurzeln aufnehmen. Dabei werden die Nährstoffe mit dem Wasser durch die ganze Pflanze transportiert. Außerdem werden im Blatt aus Wasser, ➔ Kohlendioxid und dem Sonnenlicht Kohlenhydrate (lies hierzu nach unter ➔ Essen und Trinken) und ➔ Sauerstoff gebildet. Der Vorgang heißt *Fotosynthese* und ist Voraussetzung für alles Leben.

Warum verfärben sich Blätter im Herbst?

In Blättern sind große Mengen des Blattgrüns (= Chlorophyll) enthalten. Das verdeckt rote Farbstoffe und den gelblichen Farbstoff Karotin, der auch die Möhre färbt. Damit gefrierendes Wasser im Winter die Pflanzen nicht sprengen kann, leiten sie kein Wasser mehr in die Blätter. Die bilden dann kein Blattgrün mehr und werden welk. Fehlt das Blattgrün, so werden die anderen Farben sichtbar. Manche Pflanzen brauchen diesen Winterschutz nicht. Sie sind IMMERGRÜN.

Blei ist ein Schwermetall. Ein Würfel von 10 cm Kantenlänge wiegt über 11 kg! Es ist sehr dehnbar und so weich, dass man es mit der Schere schneiden kann. Frisch

geschnitten glänzt es stark silbrig. Es wird dann schnell matt und blaugrau, weil es sich an der Oberfläche mit → Sauerstoff verbindet. Weil Blei Röntgenstrahlen nicht durchlässt, verwendet man es beim Strahlenschutz. Bleistaub ist sehr giftig. Deshalb darf es heute nicht mehr zum Benzin gemischt werden.

Blinddarm nennt man den sackartigen Darmteil an der Mündung des Dünndarms in den Dickdarm. Er liegt in der rechten unteren Bauchseite. Der kleine Anhang am Blinddarm, der wie ein Wurm aussieht, entzündet sich manchmal und muss dann mit einer kleinen ungefährlichen Operation entfernt werden.

Blindheit: Menschen sind blind, wenn sie fast nichts oder gar nichts sehen können. Das kann von Geburt an so sein oder durch Krankheit oder Unfall. Blinde müssen sich auf ihren Tastsinn oder Gehörsinn verlassen. An einer gelben Armbinde kann man sie erkennen. Mit einem weißen Stock ertasten sie Hindernisse. Manche lassen sich auch von einem Blindenhund führen. Der französische Blindenlehrer Louis *Braille* erfand 1825 für sie die Blindenschrift, die man mit Fingerspitzen ertasten kann.

Blindschleiche: Die Blindschleiche sieht aus wie eine Schlange und bewegt sich auch so. Aber sie gehört zu der Familie der Echsen. Bei Gefahr kann sie wie eine Eidechse ihren Schwanz abwerfen. Im Gegensatz zu Schlangen hat sie Augenlider. Sie legt auch keine Eier, sondern bringt lebendige Junge zur Welt. Zu ihrer Nahrung gehören Regenwürmer und Nacktschnecken. Blindschleichen leben in Gebüschen, an Waldrändern und in Gärten. Sie überwintern in Winterstarre (→ Winterschlaf).

Blindenschrift

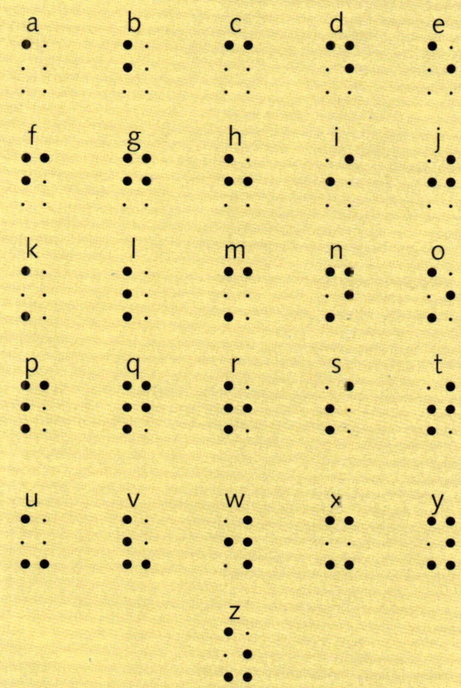

Das Braille-Alphabet: Die dicken Punkte kann der Blinde fühlen. In Büchern und Zeitschriften für Blinde sind sie erhöht.

Blitz → Gewitter.

Blumen → S. 50.

BLUMEN

Fast überall auf der Erde begegnet man Blumen in Weiß, Gelb, Rosa bis tief Blauviolett. Man meint damit die Blüten von Pflanzen, die Samen tragen. Fällt ein reifer Samen in eine fruchtbare Erde, so kann eine neue Pflanze entstehen, die wieder Blüten bildet.

Die Blüten sind Teile des Stängels mit umgebildeten Blättern. Sie erfüllen bei vielen Pflanzen eine wichtige Aufgabe bei der Fortpflanzung und Vermehrung. Die Staubblätter und Fruchtblätter sind für die Fortpflanzung unbedingt notwendig. In den Staubbeuteln der *Staubblätter* wird der Blütenstaub oder *Pollen* gebildet. Sind die Pollen reif, öffnet sich der Staubbeutel und sie fallen heraus. Ein Pollenkorn kann man erst unter dem ➔ Mikroskop gut sehen. Ganz im Inneren einer Blüte befindet sich das Fruchtblatt oder der Stempel. Er gliedert sich in *Fruchtknoten*, *Griffel* und *Narbe*. Im Innern des Fruchtknotens ist die Samenanlage, aus der entsteht später der Samen.

Durch die Farbe und den Duft der Blüten werden ➔ Bienen, ➔ Hummeln und ➔ Käfer angelockt, um sich von den Pollen und dem zuckersüßen Blütensaft, dem *Nektar*, zu ernähren. Dabei bringen sie von anderen gleichartigen Blüten (z. B. immer von Apfelblüte zu Apfelblüte) Pollen mit. Diesen Vorgang nennt man ➔ Bestäubung. Aus den Pollen wachsen Pollenschläuche bis in die Samenanlage des Fruchtknotens. Durch den Schlauch rutschen Samenzellen zu den Eizellen und befruchten sie. Nun kann sich ein neuer Samen entwickeln.

Pollenkörner sind winzig und für uns oft nur als Staub sichtbar.

Blut: Ein erwachsener Mensch hat 5 bis 6 Liter von dieser lebenswichtigen Flüssigkeit. Mehr als die Hälfte des Blutes ist das wässerige, gelbliche Blutplasma und der Rest sind die roten und weißen Blutkörperchen und die Blutplättchen. Zu den wichtigsten Aufgaben des Blutes gehört es, die → Zellen mit → Sauerstoff und Hormonen zu versorgen und giftige Abfallstoffe zur Lunge und den Nieren zu transportieren. Außerdem verteilt es die Wärme im Körper und wehrt Krankheitserreger ab.

Blüte → Blumen.

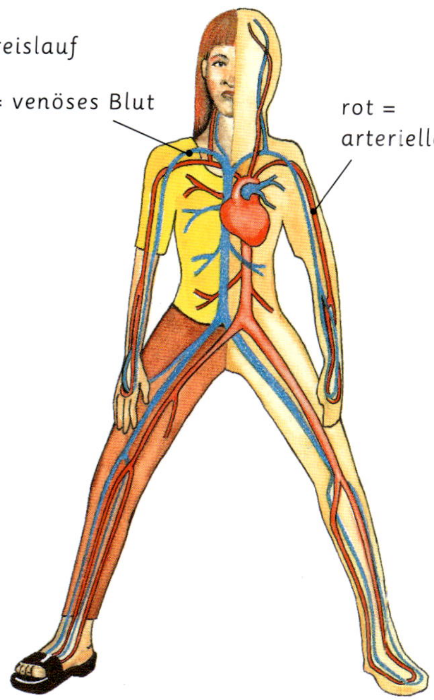

Blutkreislauf: Das → Blut wird vom Herzen ununterbrochen gleichmäßig durch den Körper des Menschen gepumpt. Wenn das → Herz sich zusammenzieht, presst es das Blut in Adern, die von ihm wegführen und sich dann im ganzen Körper verzweigen. Wenn der Herzmuskel dann wieder erschlafft, wird das Blut wieder angezogen. Es strömt nun durch → Adern (Venen), die zu ihm hinfließen, zurück. Man kann diese Wellenbewegung am Handgelenk als → Puls fühlen.

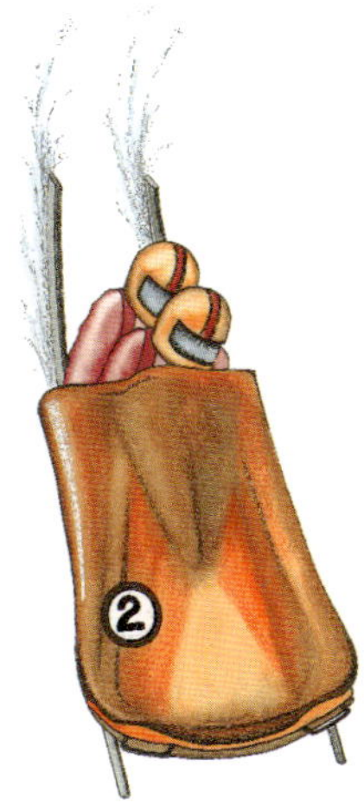

Bob: Ein lenkbarer Rennschlitten heißt *Bob*. Er hat vorn zwei kurze Kufen, die mit einem Lenker schwenkbar sind. Hinten sind zwei gezahnte Stahlbänder zum Bremsen. Die werden mit Bremshebeln gezogen. Der Bob braucht also mindestens einen Lenker und einen Bremser. Es gibt auch Viererbobs. Bobrennen gab es schon 1924 bei den ersten Olympischen Winterspielen in Chamonix in Frankreich. Der Bobsport gehört damit zu den ältesten olympischen Wintersportarten.

Bodensee: Er hat seinen Namen vom *Bodanrück*. Diese hügelige Halbinsel spaltet den großen Obersee in den Überlinger See und den Untersee mit dem Zeller See. Der Bodensee ist der zweitgrößte See

Westeuropas. Er ist 72 km lang und 14 km breit. Die tiefste Stelle ist 252 m tief. Das Nordufer ist deutsch, das Südufer schweizerisch und das Ostufer gehört zu Österreich.

Bodybuilding (man spricht das *bodibilding*) ist ein englisches Wort und bedeutet Körperbildung. Durch ein spezielles Training mit Gewichten und durch Übungen an Fitnessgeräten stärken die Menschen ihre Muskeln. Viele machen das, weil sie finden, dass sie dann schöner aussehen. Es ist auch ein Wettkampfsport.

Bohrinsel: Manchmal befinden sich Erdöl und Erdgas tief unter dem Meeresboden. Um an diese Bodenschätze zu kommen, baut man große Plattformen aus Stahl. Sie werden aufs Meer geschleppt und am Meeresboden verankert als künstliche Inseln. Von da aus bohrt man in den Meeresboden Rohre, durch die Gas und Öl mit hohem Druck nach oben strömen. Gefahr droht bei Brand oder schwerem Sturm. Wird die Bohrinsel beschädigt, kann Öl ins Meer gelangen. Dann sterben viele Wassertiere an der ➔ Ölpest.

Boje: Bojen sind schwimmende Verkehrszeichen auf dem Wasser. Sie bestehen aus Holz, Kunststoff oder hohlem Stahlblech und sind am Grund verankert. Sie markieren z. B. Fahrrinnen in Flüssen und Seen oder warnen vor Gefahren.

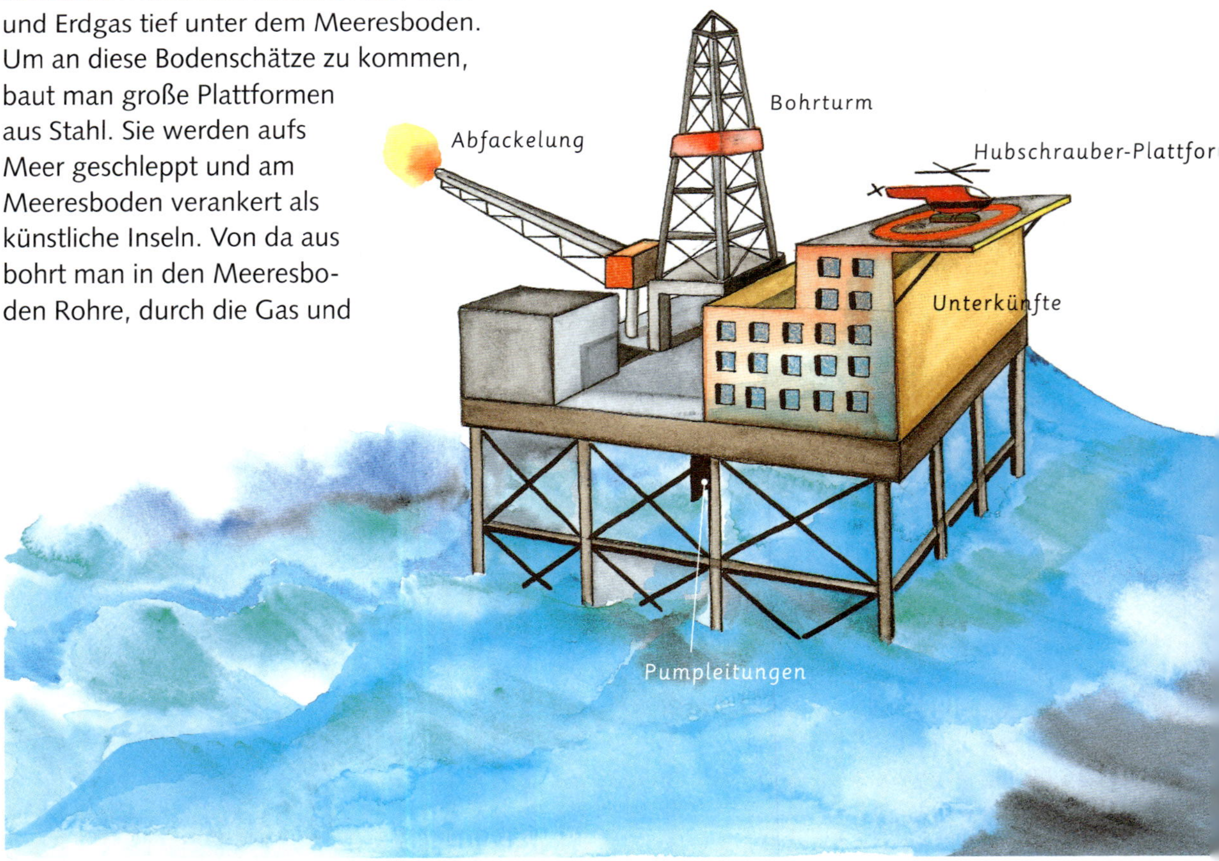

Boot: Ein Boot ist ein kleines, meist offenes Wasserfahrzeug. Ruderboote und Paddelboote werden mit Muskelkraft angetrieben. Segelboote treibt der Wind an, Motorboote haben Maschinenantrieb. Boote gibt es für vielerlei Zwecke: Sportboote, Forschungsboote, Rettungsboote, Fischerboote oder Lotsenboote. Auch kleinere Kriegsschiffe werden Boote genannt: Unterseeboote, Schnellboote, Räumboote.

Boxen: Das ist ein Zweikampf mit den Fäusten nach festen Regeln. Die Boxer sind in verschiedene Gewichtsklassen eingeteilt. Sie reichen vom *Fliegengewicht* bis zum *Schwergewicht*. Sieger ist, wer den Gegner durch K. o. niedergeschlagen oder nach Punkten gesiegt hat.

Bremse: 1. Gute Bremsen sind an Fahrzeugen so wichtig wie der Antrieb. Sie müssen das Fahrzeug verlangsamen oder anhalten. An Fahrrädern drücken Gummiteile auf die Felgen oder ein Rücktritthebel auf die Hinterachse. *Trommelbremsen* an Autos oder Motorrädern drücken auf ein Gehäuse an der Radachse. *Scheibenbremsen* quetschen eine Scheibe hinter dem Rad ein. **2.** Auch eine Insektenart heißt so. Bremsen (auch: Bremen) sehen fast aus wie Fliegen. Die Weibchen haben Stechrüssel und leben vom Blut anderer Tiere oder der Menschen. Bremsenstiche sind sehr schmerzhaft.

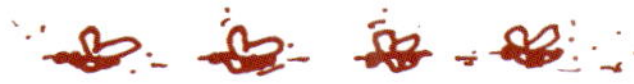

Brennnessel: Brennnesseln wachsen überall, sogar auf Schuttplätzen. Wer die Pflanzen berührt, verspürt ein unangenehmes Brennen auf der Haut. Das kommt von den vielen borstenartigen Brennhaaren, die auf der Pflanze sitzen. Als ➔ Heilpflanze braucht man sie z. B. bei Rheuma (das sind schlimme Schmerzen in den Gelenken). Junge Blätter werden als Spinat oder Salat gegessen.

Briefmarke: Die Marke auf dem Brief beweist, dass die Gebühr für die Beförderung des Briefes bezahlt ist. Früher musste man am Schalter bezahlen. Das war umständlich. Deshalb erfand man 1840 in England die Briefmarke. 1849 gab es in Bayern die erste deutsche Briefmarke. Damit man Briefmarken nicht mehrfach verwenden kann, werden sie mit einem Stempel *entwertet*. Inzwischen gibt es zu vielen Anlässen Sondermarken. Das Sammeln von Briefmarken ist ein beliebtes Hobby.

Brille: Weil man die ersten Augengläser als Sehhilfen um 1300 aus Beryll-Kristallen schliff, nennt man sie heute noch Brillen. Wer kurzsichtig ist, sieht Dinge in der Ferne verschwommen. Brillengläser, die in der Mitte nach innen gewölbt sind, gleichen den Fehler aus. Weitsichtige sehen nahe

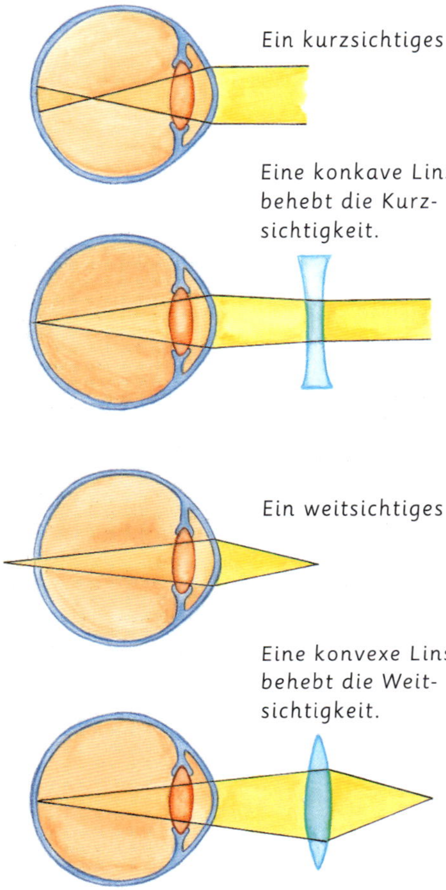

Dinge unscharf. Sie bekommen nach außen gewölbte Brillengläser. Andere Brillen schützen die Augen: Sonnenbrille, Schwimmbrille, Schneebrille, Taucherbrille, Schweißerbrille.

Bronze ist ein Mischmetall. Es entsteht, wenn man 9 Teile Kupfer und 1 Teil Zinn zusammenschmilzt. Vor etwa 3 800 Jahren wurde Bronze erfunden. Sie war das erste Metall, das die Menschen für Schmuck, Werkzeuge und Waffen verwendeten. Ganz früher fertigten sie diese Dinge aus Stein. Die Zeit, in der man hauptsächlich Bronze verwendete, nennt man *Bronzezeit*. Sie dauerte etwa 1 000 Jahre. Dann lernte man, auch Eisen zu schmelzen. In Europa begann die *Eisenzeit*.

Brücke: 1. Brücken baut man, um über Flüsse, Täler, Schluchten oder Meeresbuchten hinwegzukommen. Die einfachste Brücke ist ein Brett über den Bach. Längere Brücken stützt man auf Pfeilern ab oder hängt sie an Seilen oder Ketten auf. Zuerst baute man sie aus Holz, dann aus Steinen. Später lernte man, Konstruktionen aus Stahl und → Beton zu bauen. **2.** Auch einen kleinen länglichen Teppich nennt man Brücke. **3.** Beim Bodenturnen kann man auch eine Brücke machen.

Die Pont du Gard ist eines der besterhaltenen römischen Aquädukte (das heißt Wasser führende Brücke). Sie ist 275 m lang und 49 m hoch.

Brunnen sind Bohrungen oder Schächte tief in die Erde bis zum Grundwasser. Das fließt ständig in lockeren Schichten unter der Erde. Nach dem Sickern durch Sandschichten kann Grundwasser so sauber sein, dass man es trinken kann. Das Wasser wird heute von elektrischen Pumpen durch Rohre nach oben gepumpt. Früher zog man es mit Eimern hoch, manchmal an langen Hebelstangen, Kurbeln oder Laufrädern. Auf Brunnenvergiften stand früher die Todesstrafe!

Buch: Bücher gibt es seit etwa 500 Jahren. Vorher wurde alles Wissen handschriftlich auf Tontafeln, Steinplatten, Holzplatten oder auf papierähnliche Papyrusrollen geschrieben. Inzwischen ist das gedruckte Buch durch das *elektronische Buch* ergänzt worden. Das meistverbreitete Buch der Welt ist die Bibel, die in über 400 Sprachen übersetzt ist.

Buche: Die Buche ist Mitteleuropas wichtigster Laubbaum. Sie wird 30 bis 40 m hoch. Anders als die meisten Bäume wächst sie im hohen Alter immer noch weiter. Buchenholz ist hart und rötlich. Man sagt daher auch *Rotbuche*. Buchen haben glatte silbergraue Stämme und eiförmige Blätter mit glatten Rändern. Die ölhaltigen Früchte heißen *Bucheckern*. Sie dienen vielen Tieren als Nahrung. *Buchstaben* waren ursprünglich Stäbchen aus Buchenholz, in die Runenzeichen eingeritzt wurden.

Buddhismus: Diese Religion wurde nach Buddha (= der *Erleuchtete*) benannt, der vor etwa 2 500 Jahren in Indien lebte. Die Grundhaltung des Buddhismus ist die Nächstenliebe. Die Buddhisten glauben nicht an einen Gott, der die Welt geschaffen hat und der eines Tages über die Menschen richten wird. Sie glauben an die Wiedergeburt und dass sich die Welt und das Leben regelmäßig wiederholen. Wer nach den Grundsätzen des Buddhismus lebt, wird eines Tages vom Kreislauf der Wiedergeburt befreit und darf endgültig sterber.

Büffel sind Verwandte der Wildrinder. Ihre Hörner sind im Querschnitt dreieckig. In Indien lebt der *Arni*, der eine Schulterhöhe von 1,80 m hat. Seine großen Hörner sind 1,95 m lang und sichelförmig nach hinten gebogen. Schon vor 5 000 Jahren wurde dieser Wasserbüffel als ➔ Haustier gezähmt. In den afrikanischen Wäldern leben heute noch kleine Rudel der *Kaffernbüffel*. Fast ausgerottet wurden die nordamerikanischen Büffel (*Bison*).

Das ist der große indische Büffel.

Bumerang: Der Bumerang ist ein Wurfholz. Die Ureinwohner ➔ Australiens verwendeten es als Jagdwaffe. Heute ist es ein Sportgerät. Durch die abgewinkelte Form und ein ganz besonderes Profil hat es eine merkwürdige Eigenschaft: Wenn es sein

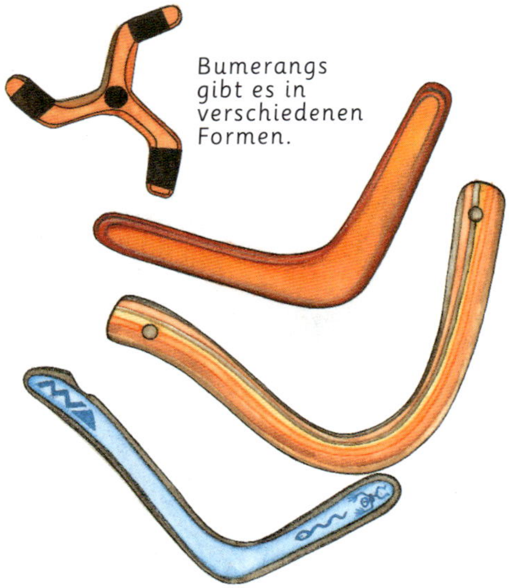

Bumerangs gibt es in verschiedenen Formen.

Ziel verfehlt und nirgendwo anstößt, kommt es im großen Bogen zum Werfer zurück. Dazu muss man allerdings die Technik des Werfens gut geübt haben.

Bundeskanzler: Der Bundeskanzler der Bundesrepublik Deutschland wird vom ➔ Bundestag gewählt. Er ist der Chef der Regierung und bestimmt die Richtlinien der ➔ Politik. Er ernennt seine Mitarbeiter, die Minister genannt werden. Die Versammlung von Bundeskanzler und Ministern heißt Kabinett.

Bundespräsident ➔ Präsident.

Bundestag: Die gewählten Abgeordneten aus den Wahlkreisen (➔ Wahl) vertreten die Interessen der Bevölkerung. Sie arbeiten in der Bundeshauptstadt (➔ Berlin) und treffen sich regelmäßig in einer Versammlung, die man Bundestag nennt. Hier werden ➔ Gesetze besprochen, beschlossen oder abgelehnt. Die Abgeordneten aus der gleichen ➔ Partei sitzen alle in einer Fraktion beisammen.

Blick in den Bundestag

Bundeswehr: Die Bundeswehr soll Deutschland in einem Kriegsfall verteidigen. Sie hilft jedoch auch bei ➔ Katastrophen und Friedenseinsätzen. Seit 1956 muss jeder Mann in Deutschland *Wehrdienst* leisten. Frauen können seit 2001 freiwillig »Dienst an der Waffe« leisten. Die Soldaten können zum Heer kommen und dort zum Beispiel als Panzerfahrer ihren Dienst ableisten, oder sie gehen zur Luftwaffe oder auf ein Kriegsschiff der Marine. Der oberste Chef ist der Verteidigungsminister und im Kriegsfall direkt der ➔ Bundeskanzler.

Bundeswehrsoldaten vor einem Friedenseinsatz für die Vereinten Nationen. Sie werden wegen ihrer blauen Mützen und Helme »Blauhelme« genannt.

Burg nennt man die durch Mauern und Wassergräben geschützten Wohnungen der Fürsten und Könige im Mittelalter. Sie wurden an wichtigen Handelsstraßen und Flüssen gebaut oder auf schwer zugänglichen Bergen. In Kriegszeiten konnten sich auch die Untertanen in der Burg versammeln und sich gegen die Feinde wehren, indem sie heißes Wasser, kochendes Pech und schwere Steine auf die angreifenden Feinde warfen. Mit der Erfindung der Kanonen vor rund 500 Jahren boten die Burgen keinen sicheren Schutz mehr. Sie wurden verlassen und verfielen nach und nach oder wurden anders genutzt (z. B. als Jugendherberge oder als Restaurant).

Bürger: Bürger wurden früher die Menschen genannt, die im Umkreis einer → Burg lebten und das Recht hatten, bei Kriegsgefahr in der Burg Schutz zu suchen. Dieses Recht hatten z. B. die Bauern nicht, die wie Sklaven leben mussten. Bürger sind heute alle Einwohner eines Staates. Sie haben gleiche Rechte und Pflichten. Zu den Rechten gehört das Wahlrecht, zu den Pflichten die Einhaltung der Gesetze oder das Bezahlen der Steuer. Oft schließen sich Bürger zu einer *Bürgerinitiative* zusammen, um ihre Interessen durchzusetzen. Sie treten zum Beispiel für eine Umgehungsstraße ein oder für eine bessere Schule oder gegen den Bau eines Flughafens.

Bussard: In Amerika gibt es viele Arten dieser → Greifvögel, bei uns in Mitteleuropa lebt hauptsächlich der *Mäusebussard*. Wenn er im Gleitflug über sein Jagdgebiet schwebt, erkennt man ihn an den breiten Flügeln und dem kurzen Schwanz. Mit seinen Fängen (= Krallen) greift er Mäuse oder andere kleine Säugetiere. Mit dem hakenförmigen Schnabel zerteilt er seine Beute. Unter seinem Absitzbaum kann man das *Gewölle* finden, eine Kugel aus unverdaubaren Haaren mit Mäusezähnen und Krallen.

Mäusebussard

Camping: In den Ferien machen viele Familien Camping, weil es Spaß macht und billiger ist, als in einem Hotel zu wohnen: Mit Zelt oder Wohnwagen reist man an einen anderen Ort, der einen Campingplatz hat. Dort gibt es Wasser und Strom, Duschen und Toiletten, einen Spielplatz und meistens auch einen Laden: Kinder finden Camping toll, weil da immer etwas los ist.

CD ist die Abkürzung für *Compact Disc* und Disc bedeutet Scheibe. Auf dieser Scheibe kann z. B. Musik gespeichert sein. Mit einem CD-Player kann man sie anhören. Man kann aber auch riesige Mengen von Texten und Bildern auf einer CD festhalten, z. B. ein ganzes Lexikon! So eine CD heißt CD-ROM. Mit einem Computer kann man ihren Inhalt lesen und hören. Die Informationen, die auf der CD gespeichert sind, werden mit → Laser abgelesen.

Cello ist die Abkürzung für *Violoncello.* Das ist ein Instrument mit Saiten, also ein Streichinstrument. Der Größe und der Tontiefe nach ist es das 3. Instrument in einem Streichquartett (→ Quartett). Das besteht aus Violine (Geige), Viola (Bratsche), Cello und Kontrabass. Beim Spielen sitzt man, stellt das Cello auf dem Boden auf und hält es zwischen den Knien. Das Cello ist eine Oktave (= 8 Töne) tiefer gestimmt als die Viola und eine Oktave höher als der Kontrabass.

Chamäleon → Ein Verwandlungskünstler.

Ein Verwandlungskünstler

Im dichten Blattgrün, gut getarnt und kaum zu erkennen, sitzt ein grünes Chamäleon. Langsam klettert es auf einen braunen Ast. Innerhalb weniger Minuten wechselt es seine Farbe und wird braun. Diese Anpassung an die Umwelt kann es nicht bewusst vornehmen. Pigmente (= Farbkörnchen), die in den Farbzellen der Unterhaut dieser Echsenart liegen, weiten sich aus oder ziehen sich zusammen, je nach der Farbe in der Umgebung des Tieres. Aber auch Licht, Wärme oder Krankheiten haben Einfluss auf die Färbung. Stundenlang sitzt das 20 bis 30 cm lange Tier oft unbeweglich im Baum und wartet auf Beute. Dabei kann es seine Augen unabhängig voneinander in verschiedene Richtungen bewegen. Hat es ein Beutetier entdeckt, schnellt seine lange, klebrige Zunge heraus, an der die Beute dann hängen bleibt.

Champignon: Auf Feldern, Weiden, im Wald, aber auch als Zuchtpilz in Kellern wächst der Champignon. Er ist ein guter Speisepilz. Sein Hut ist glatt, weiß oder bräunlich. Auf der Unterseite hat er Lamellen, die beim jungen Pilz hell rosafarben oder grau sind und sich dann schokoladenbraun bis schwarzbraun verfärben. Man muss beim Sammeln der jungen Pilze gut aufpassen, dass man sie nicht mit dem giftigen weißen Knollenblätterpilz verwechselt.

Charakter bedeutet so etwas Ähnliches wie *Eigenart.* Eine Musik kann einen bestimmten Charakter haben oder auch ein Tier, vor allem aber gebraucht man den Begriff für Menschen. Manchmal sagt man auch, Menschen haben einen guten, andere haben einen schlechten Charakter.

Chemie: Alle Dinge und alle Wesen sind aus etwas aufgebaut, das man *Stoffe* nennt. Chemie ist die Wissenschaft von diesen Stoffen. Sie erforscht, wie diese aufgebaut, wie sie zusammengesetzt sind und wie man sie herstellen kann Sie untersucht, wie sich Stoffe verändern, wenn sie mit anderen Stoffen zusammenkommen. Dabei versucht die Chemie, Naturgesetze herauszufinden.

Chip: Chips verwendet man in allen modernen Geräten, in denen Steuerungen stattfinden: in ➔ Computern, Taschenrechnern, Telefonen … Chips sind winzig kleine Plättchen, die Unmengen von Informationen speichern können. Auch auf Telefon- und Bankkarten ist ein Chip.

So klein ist ein Chip.

Chirurg: Wenn jemand eine Blinddarmentzündung hat, muss ein Chirurg die Bauchdecke des Patienten aufschneiden und den entzündeten Darm herausnehmen. Ärzte, die für solche Eingriffe ausgebildet wurden, nennt man Chirurgen. Schon Inkas, Ägypter, Griechen und Römer machten chirurgische Eingriffe in den Körper des Menschen.

Chor: Bestimmt habt ihr einen Schulchor: Viele Schülerinnen und Schüler singen gemeinsam dasselbe Lied, mit verschiedenen Stimmen oder auch im ➔ Kanon. In alten Kirchen ist der *Chor* der Platz vor dem Altar. Dort stehen die Sänger. Die Chorstimmen sind: Sopran, Alt, Tenor, Bass.

Die Wiener Sängerknaben

Christen sind Menschen, die sich zum Christentum bekennen. Das Christentum ist eine der großen Weltreligionen neben dem Judentum (➔ Juden), dem ➔ Islam, dem ➔ Buddhismus und dem ➔ Hinduismus. Jesus Christus hat dieser Religion den Namen gegeben. Christen halten ihn für den Sohn Gottes, der durch seinen Tod am Kreuz die Menschen erlöst hat. Das Kreuz ist deshalb für alle Christen ein besonderes ➔ Symbol. Die Christen gehören verschiedenen Religionsgemeinschaften an: z. B. der römisch-katholischen, der evangelischen oder auch der orthodoxen Kirche.

Clown: Ein Clown ist ein Mensch, der andere zum Lachen bringt. ➔ Zirkus.

Cockpit nennt man die Pilotenkanzel der ➔ Flugzeuge.

Comics gibt es viele: *Mickey Mouse* oder *Donald Duck* sind vielleicht die berühmtesten Comicfiguren. Der Amerikaner Walt ➔ Disney hat sie sich ausgedacht. Der berühmteste europäische Comic ist *Asterix und Obelix.* Comics sind gezeichnete Bildergeschichten. Ihre Texte sind meistens kurz und stehen in Denk- oder Sprechblasen.

Computer ➔ S. 62/63.

Computerspiele sind Spiele, die man allein oder zu mehreren am Computer oder Fernsehgerät (➔ Video) spielen kann. Dabei werden Figuren oder Gegenstände mit Hilfe der Tastatur, der Maus oder eines Joysticks bewegt. Es gibt verschiedene Arten von Spielen, z. B. Brett- und Kartenspiele, Abenteuerspiele oder Geschicklichkeitsspiele. Sie können aus einfachen Grafiken und Wortbeiträgen, aus bewegten Bildern (➔ Animationsfilm) oder aus richtigen Filmszenen bestehen. Es gibt auch Abenteuerspiele, an denen beispielsweise über das ➔ Internet viele Spieler gleichzeitig teilnehmen können.

Container: Das englische Wort heißt auf Deutsch *Behälter.* Müllcontainer kennst du, das sind auch Behälter. Andere Container sind riesige Transportgefäße, die weltweit die gleichen Maße haben, für Waren, die man oft umladen muss. Man kann so einen Container einfach mit einem Kran heben und umladen oder mit Lastwagen unterfahren. So kann man Container schnell vom Lastwagen auf Eisenbahnen, Schiffe oder in Flugzeuge umsetzen.

Cowboy: Der Beruf des Cowboys (= Kuhjunge) wird noch heute in Amerika ausgeübt. Er arbeitet auf einer Ranch, das ist eine Farm mit Viehzucht. Dort hütet er die Rinder und fängt sie wie im Wilden Westen mit Lassos ein. Auf den riesigen Weiden ist er dabei oft auf sein Stock-Horse, ein dafür besonders ausgebildetes Pferd angewiesen. Große Herdentriebe

werden heute allerdings auch vom Auto oder Flugzeug aus überwacht. Zu den Aufgaben der Cowboys gehört es aber auch, Weidezäune in Ordnung zu halten, Heu zu machen, Kälber zu impfen, sie mit Brandmarken zu versehen und das Schlachtvieh auf riesige Lastwagen zu verladen.

Crew: Eine Crew (sprich: *kru*) ist eine Mannschaft oder eine Besatzung von Flugzeugen oder Schiffen. Die Crew eines Flugzeugs besteht beispielsweise aus Pilot, Co-Pilot und den Stewardessen und Stewards.

Cyberspace (sprich: *saibaspäs*) ist ein künstlicher Raum, der mit Hilfe eines ➔ Computers geschaffen wird. Wenn man einen Datenhelm oder eine besondere Brille aufsetzt, kann man so einen künstlichen Raum betreten. Es ist genauso, als ob man tatsächlich drin wäre. Man kann mit den Händen Schubladen öffnen, Dinge suchen und finden. Computerspiele braucht man auch nicht mehr mit Joystick oder Maus zu spielen, sondern man zieht seine Cyberspace-Kleidung an und spielt so, als ob man wirklich selbst in dem Spiel drin wäre.

Was ist ein Computer?

So eine dumme Frage! Computer kennt jeder, meinst du? Stimmt! Das sind die Geräte, zu denen ein Bildschirm gehört. Auch eine Tastatur ist daran angeschlossen und meistens eine *Maus.* In der Industrie sind die einzelnen Computerarbeitsplätze an einen gemeinsamen *Rechner* (= Server) angeschlossen, zu Hause und in der Schule hat man einen PC, das heißt *Personal Computer.* Im Zug sieht man Geschäftsleute sitzen, die einen kleinen Computer vor sich haben, auf dem sie während der Reise ihre Arbeiten erledigen oder ihre Gedanken festhalten: *Laptop* nennt man die oder *Notebook.* Das sind die Computer, die du sofort erkennst. Es gibt aber in unserer Welt überall Computer, auch da, wo du sie nicht erwartest: Flugzeuge werden heute fast vollständig von Computern gelenkt, in Operationssälen werden die komplizierten Geräte von Computern gesteuert, in der Industrie erledigen ➔ Roboter die Arbeit. Auch sie sind von Computern gesteuert.

Industriecomputer in einer Fertigungsstraße

Das ist also ein Computer:

Der Computer ist ein Steuerungsgerät, das alle unsere Eingaben in Zahlen übersetzt, ausrechnet und dann die Zahlen wieder zurückübersetzt in eine Sprache, die wir verstehen. Was braucht er dazu? Zunächst mal die

Hardware:

Das sind alle Geräte: Der *Rechner,* in dem die Programme arbeiten, der *Monitor,* das ist der Bildschirm, die *Tastatur,* mit der man alles eintippt, die *Maus,* mit der man an verschiedene Stellen klicken kann, der *Joystick,* der wie ein Steuerknüppel in einem Flugzeug funktioniert, der *Scanner,* mit dem man Bilder einlesen kann, der *Drucker,* der das Ergebnis auf Papier festhält, der *Plotter,* der komplizierte Kurven zeichnen kann, der *Soundblaster,* der Töne wiedergibt, die *Netzwerkkarte,* mit der man verschiedene Geräte verbinden kann, das *Modem*/die *ISDN-Karte,* mit denen man über die Telefonleitung Informationen verschickt oder empfängt. Alles, was man anfassen kann, ist die Hardware.

Um damit zu arbeiten oder auch zu spielen, braucht der Computer aber die

Software:

Der Computer selber kann nämlich nichts. Er ist ein Gerät, das versteht nur: Strom an, Strom aus. Strom aus ist gar nichts, also Null, Strom an ist etwas, also Eins. Und mit diesen beiden Zahlen kann der Computer alles berechnen, wenn er die richtige Software hat, die dem Computer sagt, was er tun soll. Solche Programme werden von Programmierern geschrieben. Ein besonderes Programm, das *Betriebssystem,* steuert den Computer. Mit Arbeitsprogrammen rechnet und konstruiert man, schreibt und bearbeitet Texte, erstellt Grafiken (= Zeichnungen) und so weiter. Und natürlich gibt es auch Spielprogramme, mit denen man ganz leichte und auch ganz schwierige Spiele spielen kann.

Der Computer »Deep Blue« besiegte Kasparow.

Ein Schachcomputer hat sogar den allerbesten Schachspieler der Welt besiegt!

Wer muss sich mit Computern auskennen?

Einfach alle Menschen! Manche sind nur Anwender, das sind die, die die Computer benutzen. Und das muss auf jeden Fall jeder können, denn in der Welt läuft gar nichts ohne Computer: In Ingenieurbüros werden sie benutzt, die Polizei arbeitet mit Fahndungscomputern, in Autos, Telefonen, Taschenrechnern, Herzschrittmachern, einfach überall sind Computerchips eingesetzt. Es ist also vernünftig, wenn man sich mit Computern beschäftigt.

Dachsfamilie

Dachs: Mit viel Glück kann man in der Abenddämmerung den scheuen Dachs sehen. Er hat einen weißen Kopf mit schwarzen Streifen über Augen und Ohren. Den ganzen Tag schläft das dicke, bis zu 20 kg schwere Tier und geht erst am Abend auf die Suche nach Kleintieren, Beeren und Früchten. Mit seinen breiten Vorderpfoten, die große Grabkrallen haben, gräbt der Allesfresser seine Höhle. Sie liegt oft bis zu 5 m tief unter der Erde. Zahlreiche Gänge und Lüftungsrohre führen in den mit Moos und Laub ausgepolsterten Wohnkessel.

Damm: Ein Damm hält Wasser zurück. Das kann ein Schutzwall oder eine Mauer sein. So schützt man Meeresküsten oder tiefer liegendes Land (➔ Deich). Mit Staudämmen sperrt man Flusstäler ab. Dahinter bilden sich Stauseen. Stürzt das angestaute Wasser in Rohren tief ins Tal, kann man damit große Generatoren antreiben. So gewinnt man elektrische Energie.

Dampf: Erhitzt man Wasser auf 100 °C, so entsteht Dampf. Das heißt, die Flüssigkeit wird wie Luft oder Gas. Den Wasserdampf sieht man nicht, weil er farblos ist. Steigt der Dampf hoch und kühlt dabei ein wenig ab, so bilden sich Nebel aus winzigen Tröpfchen. Den Nebel siehst du aufsteigen wie Wolken. Oft wird dieser Nebel als Dampf bezeichnet. Das ist aber falsch. Andere Flüssigkeiten verdampfen bei anderen Temperaturen.

Dampfmaschine: Wird ➔ Dampf in einem Behälter erzeugt, aus dem er nicht entweichen kann, so entsteht innen ein hoher Druck. Viele Tüftler, Wissenschaftler und Techniker dachten darüber nach, wie man diesen Druck zum Arbeiten ausnützen könnte. Dem englischen Schmied Thomas Newcomen gelang es 1712 endlich, eine brauchbare Dampfmaschine zu bauen. Mit dem Dampfdruck wurde ein Kolben in einem ➔ Zylinder bewegt, der Luftdruck drückte ihn zurück. Um 1770 verbesserte James Watt die Maschine. Er ließ den Dampf wechselweise den Kolben hin- und herdrücken und

übertrug diese Bewegung auf eine drehende Achse. Damit hatte man einen brauchbaren Antrieb für vielerlei Maschinen und sogar für schwere Fahrzeuge.

Darm: Wir brauchen verschiedene ➔ Stoffe, um zu wachsen und um uns zu bewegen. Diese Stoffe nehmen wir durch die Nahrung auf. Zähne und Magen zerkleinern sie in winzige Teilchen, damit sie im Darm ins Blut aufgenommen werden können. Der Darm ist ein 8 bis 9 m langer Schlauch. Er wird unterteilt in Dünn-, Dick- und Mastdarm.

Deich: Immer wieder kommt es vor, dass gewaltige Wassermassen aus Flüssen (Hochwasser im Frühling) und Meeren (Springfluten) über die Ufer treten und das Land überschwemmen. Zum Schutz dagegen werden Deiche errichtet (➔ Damm). Besonders bei Hochwasser kontrollieren viele Helfer die Deiche und versuchen, undichte Stellen mit Sandsäcken und Ähnlichem abzudichten, um einen Deichbruch zu verhindern.

Delfin: Delfine sind eigentlich kleine Zahnwale. Sie sind Meeressäugetiere.

Können Delfine sprechen?

Delfine leben in Gruppen zusammen, die man DELFINSCHULEN nennt. Sie suchen gemeinsam ihre Nahrung und spielen miteinander. Manchmal begleiten sie auch Schiffe. Die schnellen ➔ Säugetiere können sich untereinander verständigen. Das klingt wie ein Knacken und Pfeifen. Kommt eines der Tiere in Gefahr, kann es sogar über weite Entfernungen hinweg andere Delfine herbeirufen. Mit Hilfe ihrer Echo-Orientierung können sie sich im Meer zurechtfinden. Die Töne, die sie ausstoßen, treffen dabei auf ein Hindernis oder ein feindliches Tier. Von dort werden sie wie ein ➔ Echo zurückgeworfen. Der Delfin nimmt dieses wahr und erhält dadurch ein Bild von der Größe und der Entfernung des Hindernisses.

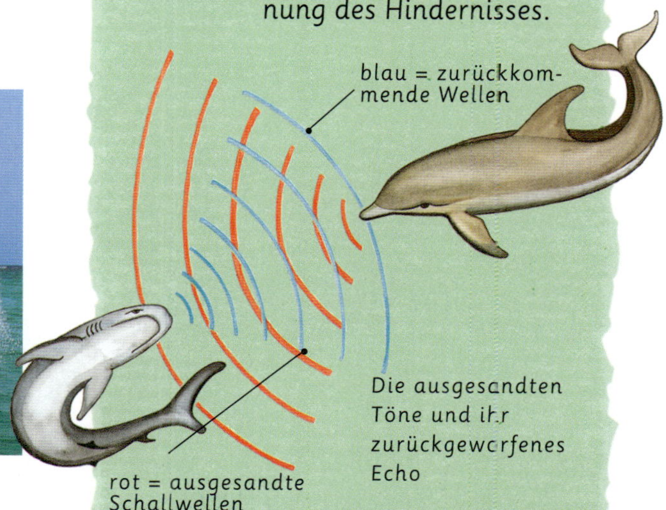

Demokratie bedeutet *Herrschaft des Volkes.* Weil natürlich nicht das ganze Volk herrschen kann, wählen die Wahlberechtigten, das sind Erwachsene, ➔ Abgeordnete, die eine Regierung bilden (➔ Wahl). In einer Demokratie darf jeder Mensch seine Meinung sagen, darf sich mit anderen versammeln und darf einer Partei angehören. Alle Menschen haben dieselben Rechte und Pflichten. Das erscheint dir normal? Ja, du lebst eben in einer Demokratie!

Demonstration: 1. Wenn jemand etwas erfunden oder erforscht hat, beweist er in einer Demonstration (= Beweisführung), dass seine Erfindung auch so funkioniert, wie er es sich gedacht hat, dass z. B. seine Maschine gut und genau arbeitet. **2.** In Deutschland dürfen Menschen, die eine Sache nicht in Ordnung finden, dagegen demonstrieren, z. B. gegen Arbeitslosigkeit oder zu wenig Schulen und Lehrer. Sie müssen die Demonstration zwei Tage vorher anmelden, dann können sie sich mit vielen anderen zu einer Kundgebung auf der Straße oder einem großen Platz treffen und ihre Meinung über Lautsprecher oder auf Plakaten und großen, beschriebenen Tüchern (= Transparente) äußern.

Detektiv: In Amerika und Großbritannien sind Detektive Polizeibeamte, die Kriminalfälle aufdecken. Bei uns gibt es Privatdetektive. Sie werden von privaten Leuten oder Firmen beauftragt, Personen zu überwachen und Dinge über sie herauszufinden.

Deutschland ➔ S. 68/69.

Diabetes: Der Körper braucht ständig Traubenzucker im Blut, um die ➔ Zellen am Leben zu erhalten. Um diesen Zuckergehalt zu regulieren, gibt der Körper *Insulin* ins Blut ab. Aber manche Menschen geben nur zu wenig oder gar kein Insulin ab. Sie haben dadurch zu viel Zucker im Blut. Sie haben dann Diabetes (= Zuckerkrankheit). Man kann die Krankheit durch eine ➔ Diät oder mit Medikamenten behandeln.

Dialekt ist Mundart: die Sprache deines Heimatortes oder der Gegend, in der du lebst. Schon im nächsten Ort können Wörter ein bisschen anders ausgesprochen werden. Deshalb spricht man in der Schule Hochdeutsch oder Schriftdeutsch, damit alle, die Deutsch sprechen oder Deutsch lernen, dasselbe verstehen. Dialekte sind z. B.: Alemannisch, Bayerisch, Sächsisch … Kennst du noch mehr?

Diamant nennt man ganz stark lichtbrechende Kristalle von reinem Kohlenstoff. Ist er farblos und klar, so gilt er als wertvollster ➔ Edelstein. Man schleift daraus die teuren Brillanten. Weniger schöne Stücke und künstlich hergestellte Diamanten werden in der Industrie verwendet zum Schleifen, Bohren, Sägen und Gravieren, weil Diamant der härteste Stoff ist. Diamanten wiegt man in Karat (= k): 1 k = 0,2 Gramm.

Der teuerste Diamant:
Er wiegt 100,10 Karat und ist birnenförmig geschliffen. Scheich Ahmed Fitaihi ersteigerte ihn 1995 für 16 548 750 Dollar.
Der größte Diamant:
Er wog ungeschliffen 3 106 Karat. Aus ihm wurden über 100 Einzelstücke geschliffen.

Diät: Es gibt Krankheiten, bei denen die Patienten bestimmte Lebensmittel nicht oder nur in kleinen Mengen essen dürfen. Sie müssen dann ganz oder teilweise auf Fett, Fruchtzucker oder Salz verzichten. Viele Menschen machen auch eine Diät, um abzunehmen. Sie essen weniger und meiden fetthaltige und zuckerreiche Nahrung wie z. B. Torte oder Schokolade.

Dieselmotor: Der deutsche Ingenieur Rudolf Diesel entwickelte 1895 diesen Verbrennungsmotor. Der Dieselmotor braucht keine Zündkerzen. Dieselöl wird in den ➔ Zylinder eingespritzt (➔ Auto), wenn die Luft darin ganz stark zusammengepresst und dadurch erhitzt ist. Das Dieselöl-Luft-Gemisch entzündet sich dann von selbst. Dieselmotoren nützen die Energie des Treibstoffs besser aus als Benzinmotoren.

DEUTSCHLAND

Lage und Größe

Deutschland liegt in der Mitte Europas. Deshalb hat es rundum viele Nachbarländer: Im Westen grenzt es an die ➔ Niederlande, Belgien, Luxemburg und Frankreich. Südliche Nachbarn sind die Schweiz und Österreich. Im Osten liegen Tschechien und Polen. Die Nordgrenze bilden die Ostsee, Dänemark und die Nordsee. Auch einige Inseln gehören zu Deutschland. Die Fläche des Landes beträgt rund 357 027 km^2. Darauf leben 2006 über 82 Millionen Menschen. Selbst die weiteste Strecke in Deutschland kann man mit der Bahn an einem Tag fahren: Von Berchtesgaden in Oberbayern nach Westerland auf Sylt kommt man in 12 Stunden und 18 Minuten.

Landschaften

Im Norden ist die Landschaft eben oder manchmal leicht hügelig. Ab der Mitte, Richtung Süden, beginnen die Mittelgebirge. Das höchste davon ist der Schwarzwald im Südwesten. Im Südosten kommt man in das hügelige Alpenvorland und schließlich in die Bayerischen Alpen. Die wichtigsten Flüsse sind der ➔ Rhein, die Weser, die ➔ Elbe und die ➔ Oder sowie der Main und die ➔ Donau.

Aus der jüngsten Geschichte

Nachdem Deutschland den Zweiten Weltkrieg (1939–1945) begonnen und verloren hatte, wurde es von den Siegern aufgeteilt: je einen Teil besetzten Großbritannien, die USA, Frankreich und die Sowjetunion (die gibt es heute nicht mehr, Russland war ein Teil der Sowjetunion). Bald aber waren die Siegermächte uneins, was aus dem Land weiter werden sollte. So wurde 1949 aus den Besatzungszonen Großbritanniens, Frankreichs und der USA die Bundesrepublik Deutschland. Aus der Sowjetischen Besatzungszone wurde die Deutsche Demokratische Republik (DDR). Auch die Hauptstadt Berlin wurde geteilt. Die politischen Meinungen in Ost und West wurden so unterschiedlich, dass eine Wiedervereinigung immer schwieriger wurde. Viele Familien wurden zerrissen und viele Menschen flohen aus der DDR in die Bundesrepublik oder nach Westberlin. Deshalb baute die DDR 1961 eine große Mauer rund um Westberlin und dichte Grenzbefestigungen nach Westen. 1989 haben die Menschen in der DDR durch ihre friedliche Revolution die Auflösung der DDR und den Beitritt zur Bundesrepublik am 3. Oktober 1990 (Nationalfeiertag!) erzwungen.

Der Staat und seine Bundesländer

Offiziell heißt der Staat *Bundesrepublik Deutschland.* Seine Hauptstadt ist ➔ Berlin. Dort sind auch der Amtssitz des Bundespräsidenten und die ➔ Regierung. Die Bundesrepublik besteht aus 16 Bundesländern, von denen jedes eine Landeshauptstadt und eine Landesregierung hat.

Bundesland	Hauptstadt
Baden-Württemberg	Stuttgart
Bayern	München
Berlin	Berlin
Brandenburg	Potsdam
Bremen	Bremen
Hamburg	Hamburg
Hessen	Wiesbaden
Mecklenburg-Vorpommern	Schwerin
Niedersachsen	Hannover
Nordrhein-Westfalen	Düsseldorf
Rheinland-Pfalz	Mainz
Saarland	Saarbrücken
Sachsen	Dresden
Sachsen-Anhalt	Magdeburg
Schleswig-Holstein	Kiel
Thüringen	Erfurt

Deutschlands Rekorde:

Höchster Berg: Zugspitze (Bayer. Alpen) 2 962 m
Höchster Mittelgebirgsgipfel: Feldberg (Schwarzwald) 1 493 m
Längster Fluss: Von den 1 320 km des Rheins verlaufen 865 km durch deutsches Gebiet.
Größte Stadt: Berlin mit 3,4 Mio. Einwohnern

Diktatur ist das Gegenteil von → Demokratie. Nicht das Volk bestimmt, sondern einzelne Menschen oder sogar nur ein einziger, der Diktator. Er ist meistens nicht gewählt, sondern hat sich selbst an die Macht gebracht mit Hilfe des Militärs. Die Bevölkerung darf ihre Meinung nicht frei sagen. Es gibt keine ordentlichen Gerichtsverhandlungen, Menschen verschwinden einfach und werden umgebracht. In einer Diktatur haben die Menschen meistens Angst.

Dinosaurier → S. 72/73.

Dirigent: Der Dirigent leitet einen → Chor oder ein Orchester. Er übt mit den Musikern oder Sängern Musikstücke ein und versucht dabei, den Werken der Komponisten (→ Autor) einen ganz besonderen Klang zu verleihen. Der Dirigent zeigt ganz genau jeden Einsatz und gibt Hinweise auf das Tempo und die Lautstärke.

Der berühmte Dirigent Kurt Masur

Diskette: Eine Diskette braucht man, um Computerdaten zu speichern. Sie besteht aus einer Magnetfolienscheibe, auf der die Daten abgespeichert werden. Es gibt seit einigen Jahren auch andere Arten, Daten zu speichern, z. B. auf → CDs oder Bandlaufwerken. Auf diesen haben tausendmal mehr Daten Platz als auf einer Diskette.

Diskussion ist etwas anderes als Streit, obwohl die Teilnehmer einer Diskussion auch unterschiedliche Meinungen haben. Aber sie tragen ihre Meinung ruhig vor, sie lassen die anderen ausreden, sie melden sich zu Wort, wenn sie etwas sagen möchten. Damit das so ordentlich zugeht, gibt es meistens einen Diskussionsleiter. Am Ende einer Diskussion hat man meistens etwas gelernt, manche haben ihre Meinung geändert, weil sie überzeugt wurden.

Disney: Walt Disney ist der Mann, der Mickey Mouse, Donald Duck, Bambi und viele andere erfunden hat. Er hatte ein Zeichenstudio und später eine Firma, die Filme produziert – *Arielle, König der Löwen, Aladin, Herkules* und *Mulan* kennst du bestimmt und vielleicht auch *Die Wüste lebt.* Die Firma hat in vielen Ländern Vergnügungsparks eröffnet. Walt Disney lebte von 1901 bis 1966.

Aus dem »Dschungelbuch« von Walt Disney

Disteln: Diese stachligen Pflanzen sind Korbblütler. Einige Arten würden schnell ein ganzes Gebiet überwuchern, ließe man sie frei wachsen, weil sie Flugsamen haben. Disteln wurden schon im Altertum als Heilpflanzen verarbeitet. Die Färberdistel lieferte einen rotgelben Farbstoff, die Kratzdistel wurde gebraucht um gewebte Stoffe aufzurauhen. Gepresste Distelsamen liefern wertvolles Speiseöl.

Silberdistel

Disziplin bedeutet so etwas Ähnliches wie Ordnung. Beim Sport gibt es verschiedene Ordnungen, also Disziplinen: Weitsprung, Eisschnelllauf, Marathonlauf ..., in der Wissenschaft gibt es verschiedene Disziplinen: Physik, Mathematik und so weiter. Disziplin kann aber auch die Ordnung sein, die in einer Gemeinschaft herrscht: In einer Klasse, in der es nicht drunter und drüber, sondern vernünftig zugeht, herrscht Disziplin. Wenn du dich selbst zur Ordnung rufst, hast du *Selbstdisziplin.*

Doktor: Ein Doktor ist nicht immer Arzt und ein Arzt braucht auch nicht Doktor zu sein: Der Doktortitel ist der höchste Abschluss einer Hochschulausbildung. Man muss dafür eine Doktorarbeit schreiben und eine mündliche Prüfung bestehen. Der Wissenschaftler trägt danach vor seinem Namen die Abkürzung *Dr.*

Dolmetscher sind Übersetzer von einer Sprache in die andere. Während aber ein Übersetzer Texte nur schriftlich übersetzt, muss der Dolmetscher auch in mündlichen Verhandlungen übersetzen können. Ein *Simultandolmetscher* übersetzt sogar laufend, während weitergesprochen wird. Das seltsame Wort ist aus der osmanisch-türkischen Sprache abgeleitet. Der *tilmac* war dort ein Vermittler.

Dompteur: Ein Dompteur ist ein Tierbändiger. ➔ Zirkus.

Donald Duck ist eine Comicfigur (➔ Comic) von Walt ➔ Disney. Das Wort *duck* bedeutet *Ente.*

Man sollte nicht denken, dass Onkel Donald schon so alt ist: über 70 Jahre!

Dinosaurier – riesige Echsen aus der Urzeit

Vor ungefähr 200 Millionen Jahren, als es noch keine Menschen gab, lebten diese riesigen Tiere auf der Erde. Damals war es warm und schwül.

Man teilt die Dinosaurier in fünf große Gruppen ein:

1. Die *Raubsaurier* bewegten sich meist auf zwei Beinen. Sie hatten kurze Greifarme und ernährten sich von Fleisch und Aas. Es gab große Unterschiede zwischen ihnen: z. B. der Compsognathus war nur 80 cm groß und 5 kg schwer, der Allosaurus war über 10 m lang, 5 m hoch und wog an die 7 Tonnen.

2. Die *Elefantenfüßer* oder Sauropoden waren Planzenfresser. Sie waren die größten. Sie bewegten sich auf vier Beinen, hatten einen langen Hals und einen mächtigen Schwanz. Der Brontosaurus war an die 30 m lang und mit Hals 18 m hoch.

3. Die *Vogelbeckensaurier* waren meistens Pflanzenfresser. Der bekannteste ist der Stegosaurier mit seinen Knochenplatten auf dem Rücken.

4. Die *Flugsaurier* besaßen eine Flughaut zwischen ihrem vierten Finger und dem Körper. Die Spannweite der Flügel des Pteranodon betrug etwa 8 m.

5. Unter den *Meeressauriern* gab es auch viele verschiedene Arten. In der Jurazeit waren die delfinähnlichen Ichthyosaurier am weitesten verbreitet. Die meisten Meeressaurier hatten ihre Gliedmaßen zu Paddeln umgewandelt.

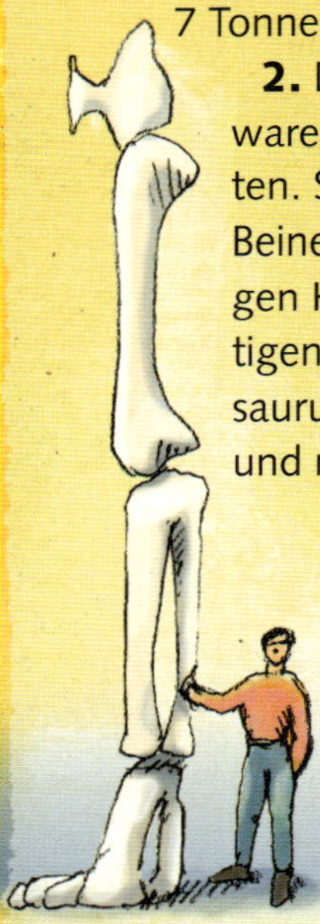

Ein Mann neben einem aufgestellten Vorderbein eines Sauropoden

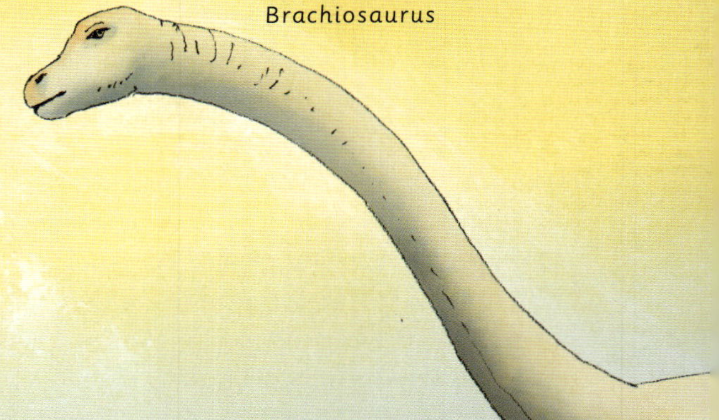

Auch versteinerte Fußabdrücke zeigen die enorme Größe.

Flugsaurier

Woher weiß man, dass Dinosaurier auf der Erde lebten?

Anfang des 19. Jahrhunderts machte man bei Bohrungen nach Kohle oder Öl einige seltsame Knochenfunde. Der Naturwissenschaftler Sir Richard Owen ordnete die Knochen dieser Tiere der Familie der Reptilien zu und gab ihnen den Namen Dinosaurier, das heißt riesige Echsen. Diesen Forschungszweig nannte man Paläontologie. Die Paläontologen machten erstaunliche Entdeckungen: Skelette von 30 m Länge und riesige Schädel. Heute weiß man, dass diese Dinosaurier bis vor 65 Millionen Jahren die Erde beherrscht haben. Dann aber sind sie plötzlich ausgestorben.

D

Donau: Mit 2 858 km Länge ist die Donau der zweitgrößte Fluss Europas (nach der Wolga). Sie entsteht aus den Schwarzwaldbächen Brigach und Breg. Bei Donaueschingen vereinigen sich die beiden mit einer weiteren Quelle und bilden die Donau. Die fließt von Baden-Württemberg nach Bayern und weiter über Österreich, die Slowakei und Ungarn nach Rumänien. Dort mündet sie ins Schwarze Meer. Mit dem Rhein-Main-Donau-Kanal ist sie Teil des Wasserweges von der Nordsee zum Schwarzen Meer.

Donner ➔ Gewitter.

Doping nennt man es, wenn Sportler ➔ Drogen nehmen, um bessere Leistungen zu erzielen. Das ist natürlich verboten. Deshalb werden Sportler, die gedopt sind, zum Wettbewerb nicht zugelassen. ➔ Sport.

Dorf: Ich lebe in einem Dorf. Das ist eine kleine Siedlung mit nur wenigen Straßen und wenigen Häusern. Bei uns kann man mit dem Fahrrad oder mit ein paar Schritten mitten in der freien Landschaft sein. Früher haben fast alle Menschen auf dem Dorf von der Landwirtschaft gelebt (➔ Bauernhof). Heute ist das nicht mehr so. In meinem Dorf steht in der Mitte die Kirche und das Rathaus, drumrum liegen die Straßen und Häuser wie auf einem Haufen. Es ist ein *Haufendorf.* Es gibt aber auch noch Straßendörfer, die entlang einer Straße gebaut sind, und einige andere Formen.

Straßendorf

Haufendorf

Drache: In Ostasien gilt der Drache als Glück bringendes Wesen, wie z. B. *Fuchur* in der *Unendlichen Geschichte* von Michael Ende. Bei uns erscheint der Drache auf vielen Abbildungen als schlangen- oder echsenförmiges Fabelwesen (➔ Eidechse). Man stellte sich ihn Furcht erregend und Feuer spuckend vor. Heilige wie der heilige Georg oder Helden wie der Ritter Siegfried in der Sage besiegten Drachen und damit das Böse.

Drachen: 1. Ein Drachen ist ein Stabgerüst, das mit Papier, Stoff oder Folie bespannt wurde. Bestimmt hast du auch schon einen im Frühjahrs- oder Herbstwind steigen lassen. Solche Drachen wurden zu Beginn des 20. Jahrhunderts auch zu wissenschaftlichen Zwecken verwendet. **2.** Eine

Siegfrieds Bad im Drachenblut

Siegfried war der Sohn des Königs der Niederlande. Er war sehr stark. Deshalb konnte er auch den Kampf gegen den Drachen wagen. Nachdem er das schreckliche Ungeheuer erlegt hatte, badete er in seinem Blut, denn das Blut des Drachens wirkte wie ein unsichtbarer Schutz. Danach war Siegfried unverwundbar, außer an einer Stelle auf seinem Rücken, auf die ein Lindenblatt gefallen war. Siegfrieds Frau Kriemhild hatte auf sein Gewand dort ein Kreuz gestickt, in der Hoffnung, dass sein Freund Hagen diese Stelle vor Feinden schützen würde. Aber Hagen selbst wurde zum Mörder: genau dort traf Siegfried der Jagdspieß.

besondere Sportart ist das Drachenfliegen. Der Pilot hängt dabei unter den Tragflächen seines Hängegleiters und steuert, indem er sein Körpergewicht verlagert und die Tragflächen verstellt.

Dritte Welt ➔ Entwicklungsländer.

Drogen sind ursprünglich die verschiedenen ➔ Stoffe, die man braucht, um ein Medikament herzustellen. Daher kommt auch der Begriff *Drogerie.* Neuerdings meint man aber mit Drogen *Rauschgift.* Dies sind Gifte, die unseren Körper beeinflussen und z. B. Wahnvorstellungen oder bestimmte Gefühle hervorrufen. Die meisten Rauschgifte machen süchtig. Das heißt, dass man sie in immer größeren Mengen und immer häufiger einnehmen muss. Die häufigsten Rauschgifte sind Alkohol und Nikotin (Zigaretten). Es gibt auch noch sehr viel stärker wirkende Rauschgifte, wie z. B. *Heroin*. Drogen kann man auch künstlich (synthetisch) herstellen, z. B. *Ecstasy*.

Dromedar: Ein Dromedar ist ein ➔ Kamel mit nur einem Höcker.

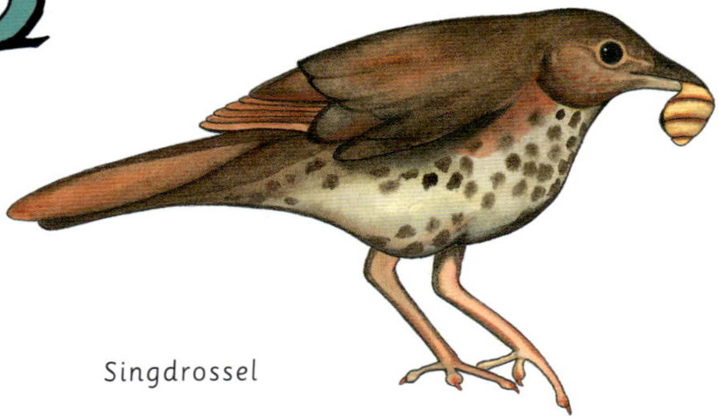

Singdrossel

Drossel: Diese großen Singvögel sind auf der ganzen Erde verbreitet. Die bekannteste Drosselart Europas ist die ➔ Amsel. In unseren Wäldern und Gärten lebt auch die Singdrossel. Sie zählt zu unseren besten Sängern. Mit seinem Gesang will das Männchen ein Weibchen gewinnen, es grenzt damit aber auch sein Revier ab. Die Flügel der Singdrosseln sind olivbraun, unten ist ihr Gefieder weiß mit braunen Tupfen.

Bambusstangen im Regenwald

Dschungel: Das Wort Dschungel geht auf *dschangal* zurück. Das ist der indische Name für den Buschwald. So nennt man das Sumpfdickicht und den hohen ➔ Urwald in Asien. Diese Gebiete gelten als gefährliche Fieberherde. Im asiatischen Dschungel bilden die ➔ Bambus- und Dornbüsche ein so dichtes Unterholz, dass man sich mit einem Buschmesser seinen Weg bahnen muss.

Dübel sind Hilfsmittel, um Dinge miteinander zu verbinden. Hält zum Beispiel eine Schraube nicht in der Wand, so steckt man zuerst einen Spreizdübel in das Loch in der Wand. Dreht man die Schraube in den Dübel, so spreizt sich der Dübel in der Wand auf. Dadurch verbindet er die Schraube mit der Wand.

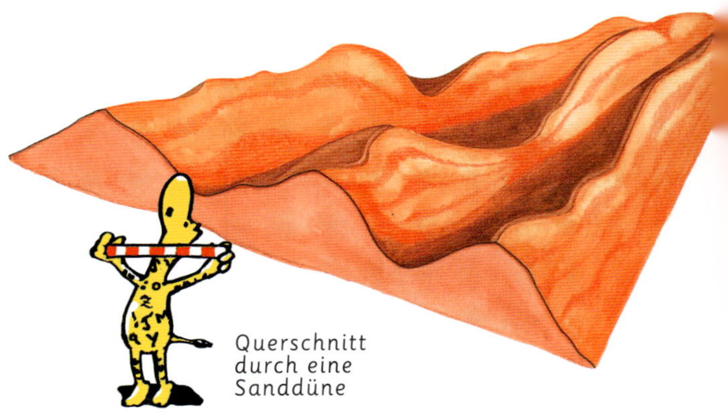

Querschnitt durch eine Sanddüne

Düne: An den ➔ Küsten und in den ➔ Wüsten weht meist ein starker Wind. Er treibt feinen, trockenen Sand vor sich her. Wenn er diesen vor einem Hindernis ablagert, entsteht ein Hügel aus Sand, der zur Düne anwächst, die bis zu 100 m hoch werden kann. Wechselt die Windrichtung, ändern die Dünen ihre Form. Sie können sogar wandern (an der → Ostsee bis zu 20 m im Jahr). Damit nicht zu viel fruchtbares Land mit Sand überlagert wird, befestigt man die Dünen mit Zäunen, stark wurzelnden Gräsern und Büschen.

Dünger: Wenn man im Garten auf einem Beet Zuckermais hatte, ist es sinnvoll, im nächsten Jahr an diese Stelle Erbsen zu pflanzen. Der Grund: Mais hat dem Boden viele Nährstoffe entnommen, Erbsen bilden neue Nährstoffe. So gleicht sich das wieder aus. In der Landwirtschaft (→ Bauernhof) wird das aber sehr selten so gemacht. Man gibt dem Boden stattdessen ein Düngemittel, das verlorene Stoffe ersetzt. Das kann Naturdünger sein, Mist zum Beispiel, oder Kunstdünger, der chemisch hergestellt wurde. Diese Dünger können aber gesundheitsschädlich sein, also sollte man damit sparsam umgehen.

Düsenantrieb: Moderne Flugzeuge wie Jets oder Düsenjäger werden mit Düsentriebwerken angetrieben. Die Triebwerke saugen vorn rasch sehr viel Luft ein. Die Luft wird im Triebwerk mit Treibstoff gemischt, verdichtet und entzündet. Dadurch strömen sehr heiße Gase mit hohem Druck nach hinten aus. Dieses Ausströmen gibt dem Flugzeug den schnellen Schub nach vorn.

Dynamo: Ein Dynamo ist ein kleiner → Generator. Am Fahrrad hast du bestimmt einen. Er sorgt dafür, dass deine Fahrradleuchte brennt.

Düsenantrieb zu Hause

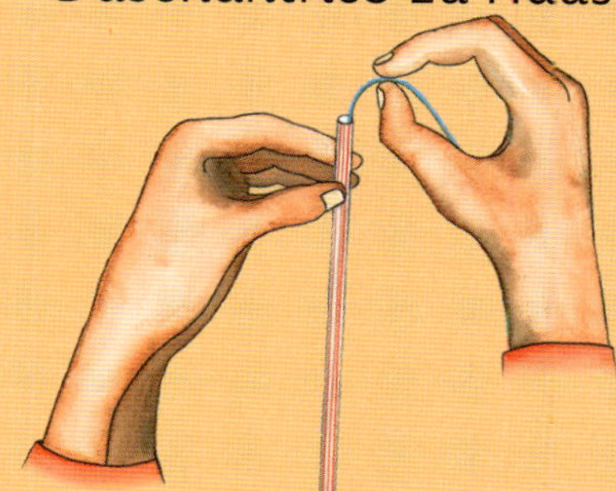

Fädle einen Trinkhalm auf einen langen, dünnen, festen Faden. Den spannst du über eine lange Strecke auf dem Hof oder im Flur. Blase einen möglichst großen Schlangenluftballon kräftig auf. Dabei verdichtest du die Luft. Halte das Mundstück fest zu (nicht verknoten!). Bitte jemanden, den Ballon am Trinkhalm mit Klebeband anzukleben. Dann lasse los! Die verdichtete Luft wird aus deinem Ballon gepresst. Mit Düsenantrieb saust er dem Faden entlang fort.

E

Ebbe und Flut: Die Erde, die Sonne und der Mond haben aufeinander eine große Anziehungskraft. Weil sich die Erde um die Sonne und der Mond um die Erde dreht, treten auch noch Kräfte auf, die man Fliehkräfte nennt. Je nachdem wie nun Sonne, Erde und Mond zueinanderstehen, wirken diese Kräfte unterschiedlich zusammen. Sie wirken auch auf das Wasser der Meere und bringen es zu starken Schwankungen. So steigt an den Meeresküsten etwa alle 6 Stunden das Wasser hoch: Es ist Flut. Den niedrigen Wasserstand nach weiteren 6 Stunden nennt man Ebbe. Manchmal wirken die Anziehungskräfte von Sonne und Mond in gleicher Richtung auf die Erde. Dann verstärken sich die Kräfte und es gibt eine oft mächtige Springflut.

Echo: Jeder Ton, den wir erzeugen, breitet sich als Schallwellen rundum aus. Wenn Schallwellen auf Hindernisse treffen, auf eine Berg- oder Tunnelwand z. B., können sie zurückgeworfen werden und nach kurzer Zeit zurückkommen. Das Hindernis muss aber mehr als 34 Meter entfernt sein, sonst kann unser Ohr Ruf und Rückruf nicht unterscheiden. Weil nicht alle Schallwellen zurückkommen, klingt der Rückruf leiser.

Edelstein: So heißen alle → Mineralien, die man für Schmuck oder Verzierungen verwendet. Es gibt auf der Erde etwa 70 verschiedene Arten. Sie sind wegen schöner Färbungen oder ihrer Seltenheit beliebt. Es gibt wasserhelle oder klar gefärbte Edelsteine und auch undurchsichtige farbige Halbedelsteine. Einer der beliebtesten ist der → Diamant, der als Schmuckstein geschliffen *Brillant* heißt.

Smaragd Saphir Rubin

Edelweiß: Wie ein weißer, filzartiger Stern breiten sich die Blütenblätter dieser etwa 30 cm hohen Blume aus. In ihrer Mitte erkennt man bräunlich gelbe Blütenkörbchen. Das Edelweiß wächst an Felsen und auf steinigen Hochgebirgswiesen. Es steht unter Naturschutz, da es sehr selten geworden ist.

EDV, das heißt *Elektronische Datenverarbeitung,* ist das, was man im Allgemeinen mit einem ➔ Computer macht: das Aufnehmen, Aufbewahren, Übertragen, Ordnen, Vergleichen und Verändern von Daten (zum Beispiel Zahlen oder Texten). Was der Computer machen soll, muss man ihm mit einem ➔ Programm mitteilen. Du kennst solche Programme vielleicht als Computerspiele. Leute, die diese Programme schreiben, heißen *Programmierer.*

Ehe: Wenn zwei erwachsene Menschen dauernd zusammenleben wollen, können sie heiraten – man sagt auch *eine Ehe eingehen* oder *eine Ehe schließen.* Dazu gehen sie in Deutschland zum Standesamt. Dort schließen sie einen Vertrag. Der dauert normalerweise bis zum Tod. Manche möchten sich aber vorher wieder trennen. Sie können sich dann scheiden lassen (➔ Scheidung). Manche Menschen lassen ihre Ehe in der Kirche segnen. Ehen gab es schon immer bei allen Völkern. Woanders gelten aber andere Sitten und Gesetze.

Ei: Die Entstehung eines neuen Lebewesens beginnt in einem Ei. In Keimdrüsen oder Eierstöcken werden die Eier gebildet. Sie bestehen aus einer ➔ Zelle. Mehrere Eihüllen umschließen sie zum Schutz. Beim Menschen ist es eine Schleimhauthülle, bei den Vögeln ist sie außen aus Kalk. Die Nährstoffe für das neue Leben sind im Eidotter angehäuft. Er ist an Hagelschnüren federnd in der Mitte des Eies aufgehängt. Beim Menschen ist ein Ei so groß wie ein kleiner Stecknadelkopf, beim Vogel Strauß hat es die Größe von etwa 24 Hühnereiern. Manche Tiere wie z. B. der ➔ Karpfen legen im Jahr 750 000 Eier, bei einer Frau werden in ihrem ganzen Leben nur etwa 400 Eier reif (➔ Baby).

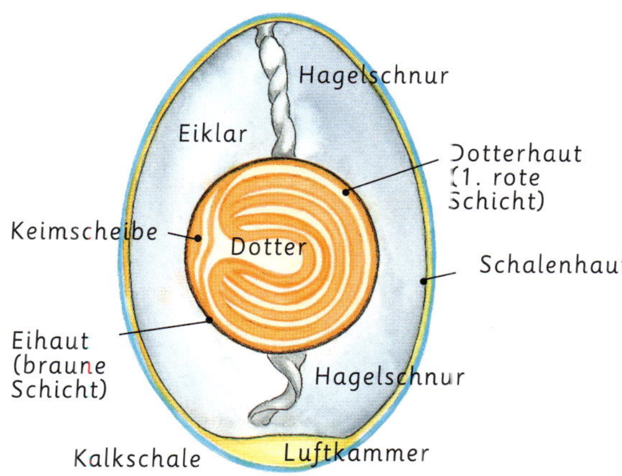

Eiche: In Europa hat die Eiche seit Jahrtausenden besondere Bedeutung. Sie kann sehr alt werden und hat hartes und beständiges Holz. Bis heute ist nicht geklärt, warum sie Blitze besonders anzieht (»Vor Eichen sollst du weichen«). Es kann sein, dass sie deshalb zum heiligen Baum der Germanen wurde. Man erkennt sie an den typischen gelappten Laubblättern oder an den Eicheln, die man früher an Schweine verfütterte oder als Kaffee-Ersatz nutzte.

Eichelhäher: Der Eichelhäher gehört zu der Familie der Rabenvögel. Er wird bis zu 34 cm groß. Mit krächzendem, rätschendem Schrei warnt der bunte Waldvogel die anderen Tiere bei Gefahr. Er ernährt sich von Eicheln, Bucheckern und Beeren, aber auch von Insekten, Würmern, Eidechsen, Mäusen, Vogeleiern und Jungvögeln. Als Wintervorrat versteckt er Eicheln an verschiedenen Stellen im Boden.

Eichhörnchen gibt es nicht in Australien, sonst aber auf allen ➔ Erdteilen unserer Erde. Sie haben rötliche, braungraue oder schwarze Pelze und einen buschigen Schwanz. Diesen brauchen sie zum Steuern, wenn sie, bis zu 3 m weit, von Ast zu Ast springen. Sie leben auf Bäumen in kugelförmigen Nestern, die man *Kobel* nennt. Als Nahrung dienen den kleinen Nagetieren Nüsse, Kastanien und Eicheln, die sie auch als Wintervorrat in Erdlöchern verstecken. Sie fressen aber ebenso gerne Knospen oder Jungvögel und schlürfen Vogeleier aus.

Eid ist die feierliche Bekräftigung, die Wahrheit zu sagen. Wenn jemand vor ➔ Gericht unter Eid die Unwahrheit sagt, wird er schwer bestraft, denn er hat einen Meineid geschworen.

Eidechse: Die Eidechsen gehören zu der Familie der Echsen. Sie kommen meistens in warmen und gemäßigten Zonen der

Erde vor und ernähren sich von kleinen Insekten. Eidechsen sind wechselwarme Tiere. Das heißt, dass sie ihren Körper nicht selbst erwärmen können und auf die Sonne angewiesen sind. Im Winter fallen die Tiere in Winterstarre (➔ Winterschlaf) und brauchen somit nichts zu fressen. Es gibt rund 200 verschiedene Arten. Die Zauneidechse kommt bei uns am häufigsten vor.

Eis: Kühlt Wasser unter 0 °C ab, so bilden sich Kristalle. Es erstarrt zu einem festen Stoff, dem Eis. Dies kann dann noch beliebig viel kälter werden. Merkwürdig ist, dass Wasser sich ausdehnt, wenn es kälter als +4 °C wird. Deshalb ist ein Liter Eis leichter als ein Liter normal warmes Wasser. Eis schwimmt also im Wasser. Deshalb frieren Seen und Flüsse im Winter von oben her zu und Fische können unter dem Eis weiterleben.

Eisberg: In Grönland und dem Südpolgebiet gibt es ➔ Gletscher, die bis ins Meer hineinragen. Dort brechen manchmal riesige Eisbrocken ab und schwimmen im Meer als Eisberge davon. Weil das ➔ Eis nur wenig leichter ist als Wasser, schaut der Eisberg mit der Spitze aus dem Wasser heraus. Der größte und breiteste Teil ist

Erforsche deinen Eisberg

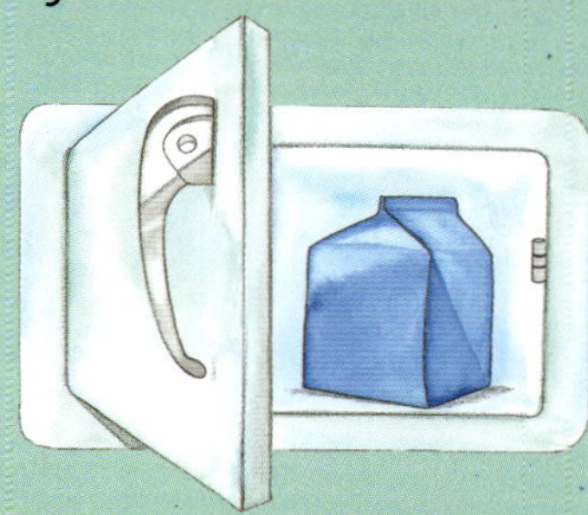

Fülle einen 1-Liter-Milchkarton mit Wasser. Lasse ihn in der Tiefkühltruhe vollkommen gefrieren. Danach schneidest du die Verpackung ab und lässt deinen Eisbrocken in einer großen Schüssel voll Wasser schwimmen. Versuche herauszufinden, wie viel von deinem Eisberg über dem Wasserspiegel schwimmt und wie viel darunter. Mische nach und nach Salz in das Wasser der Schüssel und beobachte, ob sich etwas daran ändert. Bedenke, dass Salzwasser schwerer ist als unser Trinkwasser.

unter Wasser.
Deshalb sind Eisberge so gefährlich für Schiffe. Das berühmte Passagierschiff *Titanic* ist bei einem Zusammenstoß mit einem Eisberg gesunken.

Eisen ist das wichtigste Metall der Erde. Etwa 40 Prozent der Erde sollen Eisen sein, das heißt: von 100 Teilen sind 40 Teile Eisen. Es verbindet sich sehr leicht mit dem Sauerstoff der Luft, dann entsteht Rost. Eisen kommt in der Natur als eisenhaltiges Gestein vor. Das nennt man *Erz.* Allein ist es ziemlich weich, deshalb wird es meist noch mit anderen Metallen vermengt zu Eisenlegierungen. Es ist auch schwer: Ein Liter reines Eisen wiegt 7,86 kg.

Eisenbahn: Als man im 18. Jahrhundert in englischen Bergwerken die Holzschienen und Räder der Wägelchen durch eiserne ersetzte, kam der Begriff *Eisenbahn* auf. Später nannte man alle Fahrzeuge so, die auf eisernen Schienen fuhren. Im Vergleich zu Gummirädern auf Straßen haben Eisenräder auf Schienen viel weniger Reibung. Deshalb kann man mit der gleichen Energie viel größere Lasten ziehen. Schienen brauchen auch viel weniger Platz als Straßen.

Eishockey ist ein sportliches Spiel auf dem Eis. Zwei Mannschaften mit je sechs Spielern auf Schlittschuhen spielen gegeneinander. Mit ihren gebogenen Schlägern versuchen sie, den Puck, das ist eine Scheibe aus Hartgummi, in das Tor des Gegners zu schießen. Das ist sehr anstrengend. Deshalb werden die Spieler häufig ausgewechselt. Das heißt: Mindestens elf Ersatzspieler warten auf ihren Einsatz. Beim

Eisenbahnen

Die erste Eisenbahn der Welt fuhr 1825 in England.
Die erste deutsche Eisenbahn fuhr 1835 von Nürnberg nach Fürth.

Erste deutsche Eisenbahn »Adler«

Der schnellste Zug in Deutschland ist der ICE3.
Er fährt fahrplanmäßig 300 km/h und verbindet unter anderem die Städte Köln und *Frankfurt.*

Eishockey geht es recht grob zu. Die Spieler müssen eine Schutzkleidung tragen. So verletzen sie sich weniger.

Eislauf bedeutet: mit Schlittschuhen auf dem Eis laufen. Als Wettkampfsport gibt es *Eisschnelllauf, Eiskunstlauf* und *Eistanz.* Eisschnellläufer erreichen Geschwindigkeiten von fast 50 km/h. Einzelne Läufer oder Paare laufen beim Eiskunstlauf zu Musik. Hier werden schwierige Schrittkombinationen, Sprünge, Drehungen (= Pirouetten) und Hebungen gewertet. Ähnlich ist es beim Eistanz. Hier tanzen jedoch immer nur Paare, also ein Mann und eine Frau, zusammen.

Eiszeit: Die letzte Eiszeit hatte ihren Höhepunkt vor etwa 18 000 Jahren. In vielen Gegenden Europas lagen die Temperaturen etwa 18 °C niedriger als heute. Etwa ein Viertel der Landfläche der Erde lag unter einer bis zu 3 000 Meter dicken Eisschicht. Riesige Gletscher kamen von Skandinavien und überzogen große Teile von Großbritannien, Dänemark, Norddeutschland, Polen und Russland. Sie zermahlten Felsen zu Sand und Kieseln und schoben sie Hunderte von Kilometern weiter.

Eiter: Manchmal dringen ➔ Bakterien in einen Körper ein und verursachen eine Infektion. Diese muss bekämpft und die Bakterien müssen abgetötet werden. Dazu braucht man die weißen Blutkörperchen, das sind die Abwehrzellen (➔ Blut). Sie fressen die Bakterien. Manchmal sterben sie selbst dabei. Aus vielen solcher vollgefressenen weißen Blutkörperchen, aus toten Bakterien und Gewebeflüssigkeit besteht Eiter, zum Beispiel in einem Pickel.

Elbe: Die Elbe ist nach dem Rhein Deutschlands längster und verkehrsreichster Fluss. Sie entspringt mit vielen Quellbächen im Riesengebirge bei der tschechisch-polnischen Grenze. Sie fließt durch Tschechien, da heißt sie noch *Labe,* und kommt dann nach Deutschland. Von ihren 1 165 km fließt sie 725 km durch Deutschland. Kurz nach Hamburg, bei Cuxhaven, ergießt sich ihr Wasser in die Nordsee.

Elch: In den sumpfigen Laub- und Mischwäldern im Norden von Europa, Asien und

Wozu gebrauchen Elefanten ihren Rüssel?

Sie reinigen und verteidigen sich damit. Eine Elefantenmutter führt mit dem Rüssel ihr Junges. Sie brauchen ihn aber hauptsächlich, um zu trinken und zu fressen: Ausgewachsene Elefanten wiegen nämlich durchschnittlich 4 Tonnen. Hätten sie keinen Rüssel, müssten sie sich jedes Mal hinknien – und das sehr lange, denn Elefanten nehmen täglich 200 kg pflanzliche Nahrung und 200 l Wasser zu sich! Für Raubtiere gäben sie eine leichte Beute ab. Man hat auch schon beobachtet, dass Elefanten ihren Rüssel als Schnorchel benutzen, denn sie sind auch hervorragende Schwimmer. Mit dem Rüssel können sie als Arbeitstiere schwere Baumstämme tragen.

Amerika lebt der Elch. Er gehört zu der größten Hirschart. Elche können bis zu 2,5 m hoch, 3 m lang und bis zu 800 kg schwer werden. Ihr schaufelförmiges Geweih wiegt bis zu 20 kg. Im Winter fressen sie Rinden, Flechten und Zweige. Den Sommer über weiden sie an den Ufern von Sümpfen, Flüssen und Seen Wasserpflanzen ab. Sie können sehr gut schwimmen.

Elefant: Die Elefanten leben in großen Herden in den Urwäldern und Steppen von Afrika und Indien. Der afrikanische Großohrelefant ist das größte Landtier der Erde. Seine schweren Stoßzähne aus → Elfenbein wiegen bis zu 60 kg. Der Indische Elefant hat kleinere Ohren als der Afrikanische. Elefanten sind sehr feinfühlig und gutmütig. Sie lassen sich Kunststücke beibringen und zur Arbeit abrichten. In manchen Ländern gelten sie als heilig.

Elektrizität → Strom.

Elfenbein ist der Grundstoff der Stoßzähne von → Elefanten. Das Wort ist abgeleitet von *Elefantbein.* Und *Bein* ist ein anderes Wort für *Knochen.* Schon vor etwa 5 000 Jahren, z. B. im alten Ägypten, verwendete man es für Schmuckgegenstände und als Medizin. Früher wurden jährlich etwa 45 000 Afrikanische Elefanten nur für das Elfenbein getötet. Um das Aussterben dieses Tieres zu verhindern, wurde 1989 mit dem Washingtoner Artenschutzabkommen der Handel mit Elfenbein verboten.

Elster: Die Elster ist ein schwarzweiß gefiederter Rabenvogel. Ihr langer, keilförmiger Schwanz schillert schwarzgrün. Sie ernährt sich von Insekten und Samen, Jungvögeln und kleinen Säugetieren. Ihr überdachtes Reisignest baut sie in Büschen und Bäumen. Sie brütet 5 bis 7 Eier aus. Allzu gern trägt sie glänzende Gegenstände in ihr Nest. Deshalb wird sie auch *diebische Elster* genannt.

Emanzipation → Gleichberechtigung.

Embryo → Baby.

Energie nennt man die Tatkraft oder den Schwung, mit dem man etwas tut. In der Physik bezeichnet man damit *gespeicherte Arbeit.* Auf der Erde kommt alle Energie eigentlich von der Sonne. Tageslicht und die Wärme in Luft und Boden sind Energieformen, die direkt von der Sonne kommen. Aber auch die Pflanzen und Tiere der Urzeit, die inzwischen zu Kohle, Erdöl oder Erdgas wurden, wuchsen vom Sonnenlicht. Heute sind sie chemische Energie. Irgendwann werden diese drei Energiespeicher verbraucht sein. Wir müssen deshalb möglichst oft Sonnenlicht und Sonnenwärme direkt nutzen. → Heizung für das Freibad. S. 86.

Engerling: Engerlinge schlüpfen aus Eiern, die Käfer, zum Beispiel der → Maikäfer, unter der Erde abgelegt haben. Die weißlichen → Larven leben im Boden und ernähren sich von Wurzeln. Früher wurden sie auch gebraten und gegessen.

Entdecker: Schon immer erforschten Menschen ihre Umgebung und entdeckten dabei für sie unbekannte Gegenden. Und das war für jeden etwas ganz anderes. Für Inder zum Beispiel war unsere Gegend völlig unbekannt und für uns war Indien das geheimnisvolle Morgenland (→ Abendland). Bis vor wenigen Hundert Jahren glaubten die Menschen, die Erde sei eine Scheibe. Entdeckungsreisen waren also nur etwas für ganz Mutige, denn man könnte ja plötzlich am Rand der Erde ankommen und hinunterstürzen, meinte man!

Heizung für das Freibad

Ein beheiztes Freibad in der Stadt wäre fein, denn auch im Sommer ist das Wasser oft recht kühl. Aber Heizung kostet Energie. Sollen wir Heizöl verschwenden, um beim Schwimmen nicht zu frieren? Das muss nicht sein! Wir können das Wasser durch schwarze Röhren leiten, die schlangenförmig auf den Dächern der Badeanlage verlegt sind. Man nennt sie SONNENKOLLEKTOREN, das heißt SONNENSAMMLER. Die Sonne heizt das Wasser in den Röhren so rasch auf, dass es bald herrlich warm wird. Man nennt die Sonnenwärme ERNEUERBARE ENERGIE: Sie kommt täglich neu zu uns.

Ente: Es gibt etwa 150 Arten dieser Schwimmvögel. Man unterteilt sie in zwei große Gruppen: die Schwimm- und die Tauchenten. Schwimmenten suchen ihre Nahrung an der Wasseroberfläche. Dabei tauchen sie ihren Kopf unter Wasser und recken das Hinterteil in die Höhe, sie *gründeln.* Mit ihrem Schnabel sieben sie das Wasser nach Samen und Insekten durch und filtern diese heraus. Tauchenten dagegen suchen in großer Wassertiefe nach Würmern, kleinen Muscheln, ➔ Kaulquappen und Wasserpflanzen. Enten haben Schwimmfüße, die gut zum Paddeln geeignet sind. Aus ihrer Bürzeldrüse am Schwanz drückt die Ente Fett heraus und verteilt es als hauchdünne Schicht über ihr Gefieder. So bleibt es wasserdicht und hält die Ente auch im kalten Wasser warm.

Entwicklungshilfe ist die Hilfe, die reiche Länder den armen geben, um sie auf den heutigen Stand der Technik, Wirtschaft und Bildung zu bringen. Das sind meistens Kredite, die irgendwann zurückgezahlt werden müssen. Oft schickt man auch Maschinen und Geräte. Die beste Hilfe sind aber Fachleute, z. B. Handwerker, Ingenieure, Lehrer und Ärzte. Sie zeigen den Menschen auch, wie sie sich selbst helfen können. Die ➔ Entwicklungsländer fordern inzwischen statt Hilfe mehr Gerechtigkeit.

Entwicklungsländer sind viel zu arm, um aus eigener Kraft zu menschenwürdigen Lebensbedingungen zu kommen. Viele Bewohner dieser Länder sind An-

alphabeten, das heißt, sie können nicht lesen und schreiben. Es fehlt an Nahrung und Kleidung. Diese Länder sind meistens in Afrika, Südamerika und Asien. Man nennt sie auch die *Dritte Welt.* Die Industrieländer versuchen, sie mit ➔ Entwicklungshilfe zu unterstützen.

erben, Erbe: Das Erbe ist das, was jemand von einem Verstorbenen bekommt. Das kann Geld, ein Haus oder irgendetwas anderes sein. Nach dem Gesetz erben zunächst der Ehepartner und die Kinder. Gibt es keine, erben die anderen Verwandten. Vielleicht hat der Verstorbene aber auch ein ➔ Testament gemacht. Er hat dann darin aufgeschrieben, wer seinen Besitz erben soll. Unter *Erbe* versteht man aber auch die Eigenschaften, die bei einem Kind genauso sind wie bei seinen Eltern.

Erdbeben: Die Erde besteht nicht durchgehend aus festem Gestein. Der innere Kern ist wie heißer, flüssiger Brei. Um diesen liegt die feste Erdkruste. Die hat dickere und dünnere Stellen und Risse. Manchmal schiebt sich ein Teil dieser Kruste unter oder über einen anderen Teil. Ein Krustenteil wird ein Stück weit mitgeschoben und schnellt dann zurück. Er kann sich auch aufstülpen. In beiden Fällen zittert dann die Kruste: Es gibt ein Erdbeben. Den Ursprungsort nennt man *Erdbebenherd.*
➔ Wie misst man die Stärke eines Erdbebens? S. 88.

Wie misst man die Stärke eines Erdbebens?

Erdbeben misst man mit einem Gerät namens SEISMOGRAPH. Das besteht oft aus einem Gewichtsstück, das so schwer beweglich ist, dass es am selben Platz bleibt, ganz gleich, wie stark die Erde rundherum bebt. Nun misst man die Verschiebung des bebenden Bodens gegenüber dem Gewichtsstück und zeichnet dies mit einem Stift auf einen vorbeilaufenden Papierstreifen auf. So erhält man ein SEISMOGRAMM, das die Stärke des Bebens aufzeigt.

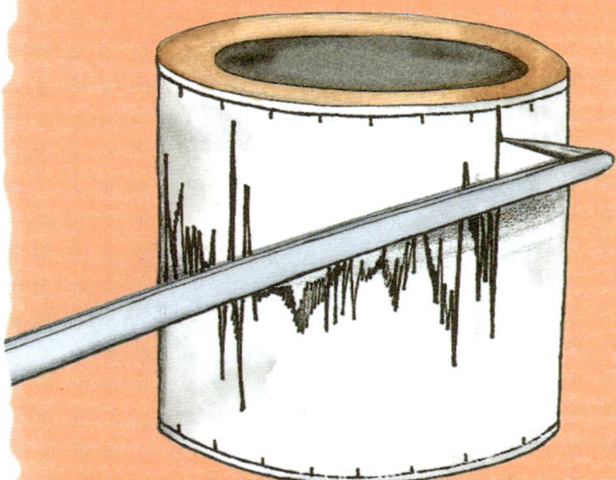

Seismograph

Erdbeere: Die schmackhafte Erdbeere (➔ Beeren) gehört zur Familie der Rosen. Ihre Blüte hat große Ähnlichkeit mit der Heckenrose. In Europa war lange Zeit nur die kleine Walderdbeere bekannt. Erst 1761 kamen die ersten großen Früchte aus Amerika. Die Erdbeeren vermehren sich durch Samen und durch Ausläufer. Das sind fadenförmige Ranken, die über den Boden hinwegwachsen.

Erde ➔ S. 89.

Erdnuss: Die Erdnuss wird in heißen Ländern angebaut. Die niedrige Pflanze hat kleine gelbe Blüten. Sind diese verblüht, verlängern sich die Stiele nach unten und bohren sich in den Boden. Die Samen, die von festen Hüllen umschlossen sind, reifen unterirdisch. Erdnüsse sind geröstet oder in Salzwasser gekocht sehr schmackhaft. Sie werden aber auch z. B. zur Gewinnung von Speiseöl und Erdnussbutter verwendet.

Erdöl entstand ungefähr vor 300 Millionen Jahren. Abgestorbene Pflanzenteile und kleine Tiere sanken auf den Grund von flachen Gewässern und bildeten dort Faul-

Fortsetzung auf S. 90

ERDE

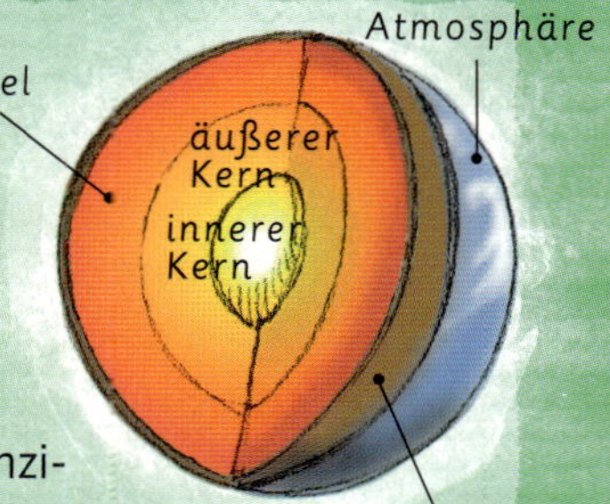

Die Entstehung der Erde

Mit der Sonne und den anderen ➔ Planeten des Sonnensystems entstand die Erde vor etwa 5 Milliarden Jahren. Wissenschaftler nehmen an, dass sie aus einer riesigen Gasmenge entstanden ist. Nach vielen Millionen Jahren bildete sich außen herum eine feste Kruste, die Erdoberfläche.

Die Erde im Weltall

In unserem Sonnensystem ist die Erde einer von 9 Planeten, die um die Sonne kreisen. Die Erde braucht dazu etwa 365 Tage oder ein Jahr. Dabei rast sie mit einer Geschwindigkeit von rund 110 000 km/h! Die Bahn der Erde um die Sonne ist fast kreisförmig. Der durchschnittliche Abstand der Erde zur Sonne beträgt dabei 149 600 000 km. Die Erde dreht sich auch um eine Erdachse. Das ist eine gedachte Linie zwischen ➔ Nordpol und ➔ Südpol. Eine Drehung der Erde um ihre eigene Achse dauert 24 Stunden. Diese Zeit ist für uns ein Tag.

Die Gestalt der Erde

Die Erde gleicht mehr einer Orange als einer Kugel: An den Polen ist sie etwas platt gedrückt. In der Mitte denkt man sich eine Kreislinie um die Kugel und nennt sie ➔ Äquator. Dort ist der Erdumfang 40 075 km. Die Erde ist der einzige Planet des Sonnensystems, auf dem man große Mengen von Wasser findet. Ohne die schützende Atmosphäre würde es sofort zu Dampf.

Die Oberfläche der Erde

ist rund 510 000 000 km² groß. Über zwei Drittel davon sind Meer. Nur rund 149 000 000 km² sind Landfläche. Die höchste Erhebung der Landfläche ist der Mount Everest mit 8 846 Metern über dem Meeresspiegel. Die größte Tiefe des Meeres ist die Witjastiefe im Pazifischen Ozean mit 11 034 Metern unter dem Meeresspiegel.

Der Kern der Erde

Bisher konnte man noch nicht weiter als 12 000 Meter in die Erde bohren. Trotzdem weiß man aus der Forschung an Vulkanen, dass der Erdkern zähflüssig ist und nahezu 7 000 °C heiß sein muss.

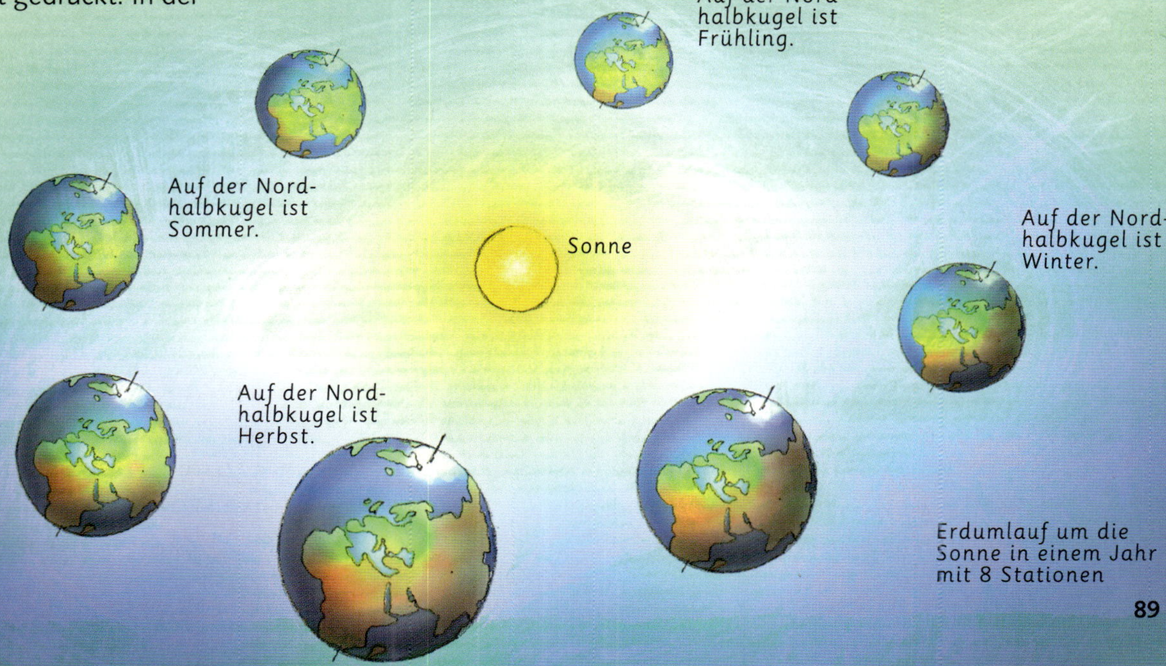

Erdumlauf um die Sonne in einem Jahr mit 8 Stationen

schlamm. Im Laufe der Zeit lagerten sich andere Schichten aus Sand und Ton über dem Schlamm ab. Unter dem hohen Druck und durch Einwirkung von Bakterien bildete sich Erdöl. Heute ist Erdöl einer der wichtigsten Rohstoffe der Erde. Man stellt z. B. Benzin und Plastik daraus her, und sogar der Asphalt auf den Straßen ist ein Produkt aus Erdöl. Man gewinnt es, indem man Erdöllager in einer Tiefe von bis zu 6 000 m anbohrt und es absaugt.

Erdteil: Erdteile oder Kontinente sind große zusammenhängende Landteile der Erdoberfläche mit dazugehörenden Inseln. Auf Landkarten und auf dem Globus sind sie farbig dargestellt, während Meere blau gezeigt werden. Wir leben auf dem Erdteil → Europa. Mit ihm verbunden ist der Erdteil → Asien. Südlich von uns liegt der Kontinent → Afrika. Weitere Erdteile sind → Amerika, → Australien mit Ozeanien und die Antarktis (Land am → Südpol).

Erfindungen: Alle technischen Geräte und Maschinen musste sich zunächst jemand, der Erfinder, ausdenken und auch herstellen, das heißt *erfinden.* Bei manchen Erfindungen hat auch der Zufall mitgeholfen. Wenn der Erfinder seine Erfindung schützen lässt, hat er ein *Patent* und niemand kann seine Idee so einfach benutzen.

Wichtige Erfindungen

Täglich wird etwas erfunden und von vielen Erfindungen erfährst du gar nichts, weil sie zum Beispiel kleine, aber wichtige Bauteile in einer Maschine sind. Manche Erfindungen sind aber regelrecht berühmt!

Das RAD ist vielleicht die wichtigste Erfindung. Vorher musste man alles tragen oder am Boden ziehen. Das älteste Bild eines Rades stammt aus dem Jahr 2 600 v. Chr.

Das TELEFON ist eine Erfindung, die zwei Leute auf verschiedenen Erdteilen fast gleichzeitig machten: *Philipp Reis* (Deutschland, 1861) und *Alexander Bell* (Amerika, 1876).

Die DAMPFMASCHINE hat Mensch und Tier das Leben erleichtert und erst die Erfindung der EISENBAHN möglich gemacht.

Eine recht neue wichtige Erfindung ist der COMPUTER, aber vielleicht findest du die Erfindung des FERNSEHERS am wichtigsten?

Erste Hilfe: Viele Gaffer blockieren die Unfallstelle. Nur wenige Leute leisten Erste Hilfe bei den Verletzten. Bis der Rettungswagen mit dem Notarzt eintrifft, haben die Helfer die Verunglückten vorsichtig aus dem Unfallbereich getragen und auf Decken gelegt. Gebrochene Glieder werden notdürftig mit einer Schiene, das kann auch ein Regenschirm sein, geschient. Eine starke Blutung wird mit einer dicken Mullkompresse aus dem Verbandskasten des Autos gestoppt. Jeder sollte so früh wie möglich einen Kurs in Erster Hilfe besuchen, nur dann kann man richtig helfen. Manchmal rettet man auch damit das Leben eines Menschen.

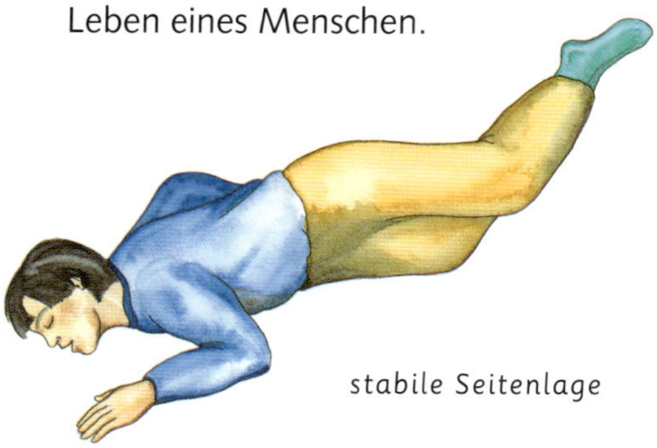

stabile Seitenlage

Armschiene

Esel: In den ➔ Wüsten und Halbwüsten Nordafrikas leben noch wenige Wildesel. Von diesen Tieren stammen unsere Hausesel ab. Schon sehr früh, im 4. Jahrtausend v. Chr., haben die Menschen diesen genügsamen Grasfresser als Haustier gezähmt. Überall in Südeuropa, im ➔ Orient bis nach Indien, wurden und werden diese Tiere mit den langen Ohren, den schmalen hohen Hufen und dem Quastenschwanz als Reit- und Lasttiere gehalten. Ihr Fleisch wird vor allem in Italien zur Herstellung von Salamiwurst

verwendet. Auch bei uns waren Esel früher Lasttiere. Sie halfen zum Beispiel den Müllern beim Schleppen der Getreide- und Mehlsäcke.

Eskimo ist ein Schimpfwort. Es heißt *Fischfresser*, siehe deshalb ➔ Inuit.

Essen und Trinken ➔ S. 92.

Eule: Lautlos gleitet die Eule mit ihrem seidenweichen, unauffällig gefärbten Gefieder durch die Dämmerung und Nacht. Ihre großen Augen sind nach vorne gerichtet, ihrem feinen Gehör entgeht keine Maus. Sie packt ihre Beute mit den spitzen Krallen und zerreißt sie mit dem Hakenschnabel. Was sie nicht verdauen kann, gibt sie als *Gewölle* wieder von sich. In diesem Gewölle kann man die Haare, Federn,

Fortsetzung auf S. 93

ESSEN UND TRINKEN

Kohlenhydrate

Fette

Nahrung liefert uns Energie und Baustoffe. Dies alles brauchen wir, damit wir wachsen und uns bewegen können:

Kohlenhydrate sind Zucker und Stärke. Stärke musst du dir vorstellen wie eine lange Kette aus Zuckerstückchen. Bei der Verdauung wird diese Stärke-Kette in einzelne Zuckerteilchen geknackt. Stärke ist in Mehl, Brot, Kartoffeln, Nudeln und Reis. Kohlenhydrate liefern sehr schnell Energie.

Fette liefern Energie, die zum großen Teil als Reserve in Fettpolstern gespeichert wird. Fett ist in Öl, Käse, Sahne, Butter, Nüssen, Fleisch und Wurst.

Eiweiße, der richtige Begriff ist *Proteine*, sind notwendige Bausteine jeder Zelle. Auch die Botenstoffe *Hormone* und *Enzyme* sind Eiweiße. Sie sind in Fleisch, Milchprodukten, Eiern und Hülsenfrüchten.

Außerdem brauchen wir noch:

Vitamine, das sind lebensnotwendige Wirkstoffe, die der Körper nicht selbst bilden kann. Sie sind in frischem Obst, Gemüse, Salat. Fehlen Vitamine, gibt es schwere Mangelkrankheiten. Am besten ist es, wenn man z. B. täglich einen Apfel isst.

Mineralstoffe: Natrium, Kalium für die Zellen, Calcium, Phosphat für die Knochen, Eisen braucht man für die Blutbildung, Jod für die Schilddrüse und vieles mehr. Keine Sorge, all das ist in abwechslungsreicher Ernährung enthalten.

Durch die ➔ **Verdauung** werden Kohlenhydrate, Fette und Eiweiße in ihre Bausteine zerlegt, vom Darm ins Blut aufgenommen und vom Blut zu jeder einzelnen Zelle gebracht.

Trinken: Unser Körper besteht zu mehr als der Hälfte aus Wasser! Das verlieren wir ständig wieder: Die Niere braucht Wasser, um Abfallprodukte als ➔ Urin auszuscheiden. Auch durch Schwitzen und über die Atmung verlieren wir Wasser. Bei großer Anstrengung und heißem Wetter können das mehrere Liter am Tag sein! Das müssen wir durch Trinken ausgleichen. Am besten ist Mineralwasser oder Kräutertee, denn alles andere führt uns wieder Nährstoffe zu (Eiweiß und Fett in der Milch, Zucker in der Cola) oder sogar Gifte (Koffein in Kaffee oder schwarzem Tee).

Eiweiße

Vitamine

Zähne und sogar Knochen der Beutetiere finden. Es gibt viele Arten dieser Nachtvögel, den Uhu (größte Eulenart), die Waldohreule, den Steinkauz und die Schleiereule. Alle Eulen stehen unter ➔ Naturschutz.

Eulenspiegel: Till Eulenspiegel war ein Volksnarr. Er soll vor etwa 700 Jahren in Norddeutschland gelebt haben. Seine Streiche wurden in vielen Büchern erzählt. Das älteste, das es heute noch gibt, ist schon über 500 Jahre alt.

Bei diesem Streich hat Till allen Zuschauern einen Schuh abgeschwatzt.

Europa ➔ S. 94/95.

Experiment: Wer ein Experiment durchführt, probiert etwas aus. Oft weiß man vorher nicht genau, was dabei herauskommt oder wie es ausgeht. Meist hat man vorher eine Vermutung, die nennen die Wissenschaftler *Hypothese.* Es kann passieren, dass man die Vermutung bestätigt findet. Es kann aber auch sein, dass das Experiment ein anderes Ergebnis zeigt als man vorher vermutet hat. In jedem Fall lernt man durch Experimente viel über Sachen, die man vorher nicht genau wusste.

Explosion: In der Silvesternacht freuen sich viele, wenn am Himmel ein prächtiges farbiges Feuerwerk abgebrannt wird. In den Feuerwerksraketen befinden sich verschie-

dene Chemikalien, wie z. B. auch an Streichholzköpfchen, die in ganz kurzer Zeit abbrennen, wenn sie der Zündfunke der Zündschnur erreicht. Die heißen Gase und glühenden Teilchen haben keinen Platz mehr in der Raketenhülle. Sie zerplatzt mit einem lauten Knall, dem Explosionsknall. Gefährlich wird es in nächster Nähe, da dabei das Trommelfell im Ohr geschädigt werden kann und man nur noch schwer hört. Glühende Teilchen können Verbrennungen verursachen.

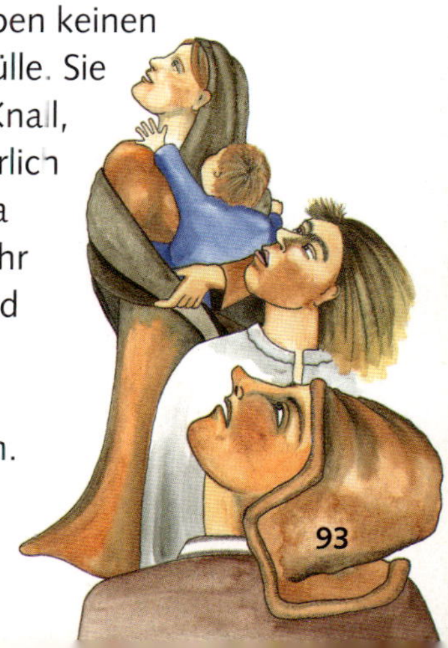

EUROPÄISCHES NORDMEER
Nordkap
BARENTS-SEE
Mezen
Severnaja Dvina
Reykjavik
ISLAND
SKANDINAVIEN
ATLANTISCHER OZEAN
Helsinki
Tallinn
Oslo
Stockholm
Moskau
Riga
BRITISCHE INSELN
Kopenhagen
Vilnius
Minsk
Dublin
Warschau
Amsterdam
London
Berlin
Kiew
Brüssel
Luxemburg
Prag
Dnepr
Seine
Rhein
Donau
Dnestr
Paris
Chisinau
Vaduz
Wien
Bratislava
Budapest
KARPATEN
Bern
ALPEN
Loire
Rhone
Ljubljana
Zagreb
Belgrad
Bukarest
IBERISCHE HALBINSEL
Po
SCHWARZES MEER
PYRENAEN
Andorra
Monaco
APPENIN
Sofia
Ebro
San Marino
Sarajevo
BALKAN
Istanbul
Rom
Skopje
Madrid
Tajo
Vatikan
Tirana
Lissabon
Athen
Tarifa
MITTELMEER
Malta
AFRIKA

Europa auf dem Globus

Europa ist als Landfläche mit knapp 10 000 000 km² der zweitkleinste Erdteil. Nur → Australien ist kleiner. Deutschland könnte man 28-mal darauf auslegen. Nach der Zahl seiner Bewohner aber ist Europa der drittgrößte Erdteil. Man könnte es auch als westliches Anhängsel an Asien betrachten. Weil Europa aber eine eigene geschichtliche Entwicklung hatte, sieht man es als eigenen Erdteil an.

Im Osten grenzt man Europa durch das Uralgebirge und den Uralfluss von Asien ab. Im Süden wird Europa durch das Mittelmeer von Afrika getrennt. Westlich von Europa liegt der Atlantische Ozean. Als nördlichster Punkt gilt das Nordkap in Norwegen. Die südlichste Stelle markiert die griechische Insel Gavdos südlich von Kreta. Von da zum Nordkap sind es fast 6 000 km und man fährt mit dem Auto ohne Pausen 106 Stunden.

Halbinseln und Inseln gliedern Europa

Europa ist sehr stark zerklüftet. Weit nach Norden ragt die *Skandinavische Halbinsel*. Westlich davon liegt Island als große Insel. Südlich davon befinden sich die *Britischen Inseln*. Im Südwesten findest du die *Iberische Halbinsel* mit Portugal und Spanien. Nach Süden ragt die *Apenninenhalbinsel* mit Italien und nach Südosten die *Balkanhalbinsel* mit Griechenland. Viele Meeresbuchten greifen ins Land hinein und viele Inseln liegen vor den Küsten.

Im Verhältnis zu anderen Erdteilen ist Europa in sehr viele einzelne Staaten aufgeteilt: 45 Staaten teilen sich das kleine Europa.

Europas Klima

ist *gemäßigt*: Nur im hohen Norden ist das *arktische Klima* oft sehr kalt. Der größte Teil Europas hat ein mildes Klima ohne ganz extrem kalte oder heiße Zeiten. Deshalb leben im Vergleich zu anderen Erdteilen auch recht viele Menschen auf der kleinen Fläche.

Europas Tierwelt

Ganz im Norden findet man Rentiere, Lemminge und den Vielfraß. Von der Mitte Skandinaviens bis südlich der Alpen leben ähnliche Tierarten in Wald und Feld: Elch, Hirsch und Reh und kleinere Raubtiere wie Fuchs, Dachs, Marder und Iltis. Bär, Wolf und Luchs werden immer seltener. Vielerlei kleine Nagetiere bevölkern die Natur: Mäuse, Hamster, Eichhörnchen. Auch Igel, Maulwurf und Fledermaus sind in Europa heimisch. Singvögel, Greifvögel und Eulen leben in Wäldern, Hecken und Feldern. An Flüssen, Seen und Küsten begegnet man Stelzvögeln, Enten, Gänsen und Schwänen sowie Seeschwalben und Möwen. Störche und Reiher leben in den feuchten, sumpfigen Gebieten. Auf den drei großen südlichen Halbinseln sind die Waldtiere selten. Dort treten häufiger Schlangen, Eidechsen, Skorpione und andere Tiere auf.

Europas Rekorde:

Das größte Land der Welt ist Russland. Seine Hauptstadt Moskau liegt in Europa. Der größte Teil liegt zwar in Asien, dennoch ist es auch das größte Land Europas.
Das kleinste Land der Welt ist der Vatikanstaat, mitten in Rom.
Höchster Berg ist der Montblanc in den französischen Alpen (4 807 m).
Längster Fluss ist die Wolga (3 531 km).

F

Fabel: Eine Fabel ist eine Geschichte von Tieren, die sich wie Menschen verhalten. Der Leser oder Hörer kann dabei etwas für sein eigenes Verhalten lernen. Die Fabel *Der Hase und der Igel* zeigt, dass man nicht nur durch Stärke, sondern auch durch List siegen kann.

Fähre: Wasserfahrzeuge über Flüsse, Seen und das Meer heißen Fähren. Sie transportieren Personen, Güter und Fahrzeuge. Über das Meer gibt es Eisenbahnfähren mit Gleisen für Personen- und Güterzüge. Man nennt sie *Trajekte.* Autofähren können bis zu 400 Autos aufnehmen. Oft sind es *Ro-ro-Fähren* (roll-on-roll-off = fahr drauf, fahr runter). Sie haben vorn und hinten Klappen, so dass die Autos weder wenden noch rückwärtsfahren müssen. Passagierfähren nehmen bis zu 2 000 Personen auf.

Fahrrad: Mit seiner Laufmaschine erfand K. F. Drais 1817 wohl das erste Fahrrad. Weil man ständig balancieren musste, wagte man lange keinen Antrieb, bei dem man die Füße vom Boden nimmt! 1853 gab es dann das erste Fahrrad mit festen Tretkurbeln am Vorderrad. Ab 1879 baute man Fahrräder mit Kettenantrieb auf das Hinterrad. Gangschaltungen gab es damals noch nicht. Fahrräder für zwei Personen nennt man *Tandem*.

Laufrad

Hochrad

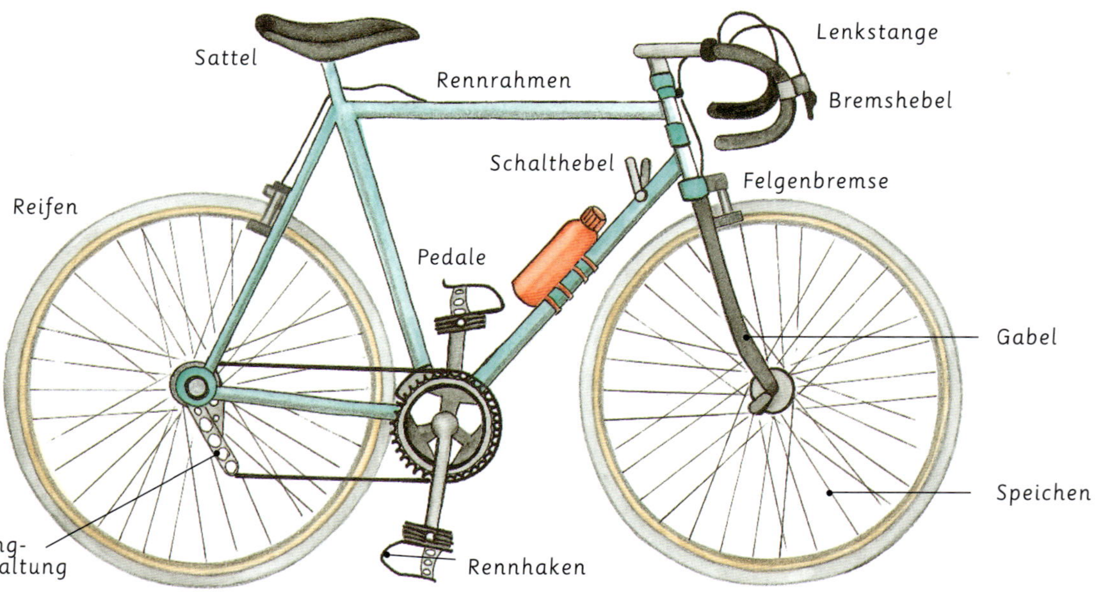

Fährte: In der Jägersprache bezeichnet man die hintereinanderliegenden Abdrücke von Hufen von z. B. Elchen, Hirschen, Rehen und Wildschweinen als *Fährte*. Ein erfahrener Jäger kann die warme (frische) von einer kalten (alten) Fährte unterscheiden. Dabei gibt ihm der Abdruck des Hufes, der Tritt, noch viele andere Auskünfte: Er weiß genau, ob ein Tier krank oder gesund ist, ob hier ein Männchen oder Weibchen im Gallopp (Flucht) oder im Ziehen (Schritt) vorbeigekommen ist.

Fakir ist das arabische Wort für *Bettler.* Wir verstehen unter Fakir einen Menschen, der gegenüber körperlichen Schmerzen fast unempfindlich ist. Zum Beispiel legt er sich auf ein Nagelbrett oder läuft barfuß über glühende Kohlen. Dies schafft er nur durch besondere Konzentration und Willenskraft. Meist aus religiösen Gründen trainiert er so seinen Körper und seinen Geist.

Falke: Das lateinische Wort *falco,* das die sichelartigen Fänge des Vogels bezeichnet, hat diesen Greif- und Raubvögeln den Namen gegeben. Die Familie der Falken ist über die ganze Erde verbreitet. Der Turmfalke mit einer Spannweite von ca. 70 cm nistet auf Türmen, Bäumen sowie in Ruinen und Felsen. Im Flug lässt er oft seinen Ruf »kli-kli« hören. Er ernährt sich fast nur von Mäusen. Er steht unter strengem Naturschutz. In Falknereien wird er zur Jagd abgerichtet.

Fallschirm: Das erste Bild von einem Fallschirm zeichnete Leonardo da Vinci 1495. Aber er baute noch keinen. Fallschirme sehen aus wie riesige Schirme ohne Stiel. Sie sollen Dinge oder Menschen, die aus großer Höhe fallen, abbremsen und langsamer fallen lassen. Nachdem 1779 ein Schaf den Fallschirmsprung überlebt hatte, probierte es 1783 erstmals ein Mensch: S. Lenormand. Heute sind Fallschirme nicht nur zur Rettung von Flugzeugpiloten da, sie sind auch Sportgeräte.

Familie: Eltern mit ihren Kindern bilden eine Familie. Aber auch Großeltern und andere Verwandte werden zur Familie gezählt. Bei den Pflanzen gehören verwandte Gattungen zu einer Pflanzenfamilie, und was eine Wortfamilie ist, weißt du wahrscheinlich: Wörter, die zu demselben Wortstamm gehören, z. B. *lesen, Leser, Lesebuch, belesen …*

Fantasie ist die Vorstellungskraft, Einbildungskraft. Künstler, Wissenschaftler und Kinder haben viel Fantasie. Sie denken sich Dinge aus, die es nicht gibt oder von denen man noch nichts weiß.

Farben sehen wir, wenn Licht von ganz bestimmter Art auf ganz bestimmte Stellen in unserem ➔ Auge trifft. Das gesamte Sonnenlicht sehen wir weiß. Darin sind aber verschiedene Lichtarten enthalten. Am Regenbogen oder durch geschliffenes Glas sieht man sie einzeln. Fällt nun dieses weiße Licht auf einen Gegenstand, so kann es sein, dass nur ein Teil davon zu unserem Auge weitergeleitet wird. Wirft der Gegenstand nur grünes Licht wieder zurück, so sehen wir ihn grün. Alle anderen Farben »verschluckt« er. Werden alle Lichtarten zurückgeworfen, ist er weiß, verschluckt er alle Lichtarten, sehen wir ihn schwarz.

Die Farbe von jenseits des Meeres

Die Farben der Maler und Färber sind eigentlich keine Farben, sondern Farbstoffe. Heute werden diese chemisch hergestellt. Früher, als Farbstoffe noch aus der Natur gewonnen wurden, waren manche sehr wertvoll. Leuchtendes Blau war am teuersten. Es hieß ULTRAMARIN, das heißt VON JENSEITS DES MEERES. Aus Persien und dem Hindukusch kam der Halbedelstein Lapislazuli. Der wurde gemahlen und mit Ölen verrührt. Der Maler Albrecht Dürer hat in einem Tagebuch vermerkt, dass er für 42 Gramm Gold nur 30 Gramm Ultramarin bekommen habe!

Farn: Farne gehören zu den ältesten Pflanzen unserer Erde. In der Vorzeit bildeten sie große Wälder. Heute wachsen diese blütenlosen Blattpflanzen an schattigen, feuchten Stellen in Wäldern, Gärten und natürlich in Blumentöpfen. Die Pflanze ist fast auf der ganzen Welt verbreitet. In warmen Erdteilen gibt es baumförmige Farne. Widerstandsfähige Arten reichen bis in die arktischen Gebiete.

Fasan: Fasane gehören zu den ➔ Hühnervögeln, die am Erdboden leben. Sie können schneller laufen als fliegen. Die farbenprächtigsten Fasane stammen aus Asien. Die Männchen haben schöne Schwanzfedern, die bis zu 1 m lang werden können. Europäische Fürsten haben diese Vögel wegen ihrer Schönheit und wegen ihres wohlschmeckenden Fleisches in Gehegen gehalten, den *Fasanerien.* Heute leben sie an Waldrändern. Gold- und Silberfasane kann man im Zoo sehen.

Fasching ist dasselbe wie Karneval, Fasnacht, Fastnacht. Das ist die Zeit vor der christlichen Fastenzeit. Diese beginnt am Aschermittwoch, 40 Tage vor Ostern.

An Fasching werden fröhliche Feste gefeiert. Die Menschen verkleiden sich. Manche maskieren sich auch. In vielen Orten gibt es große närrische Umzüge.

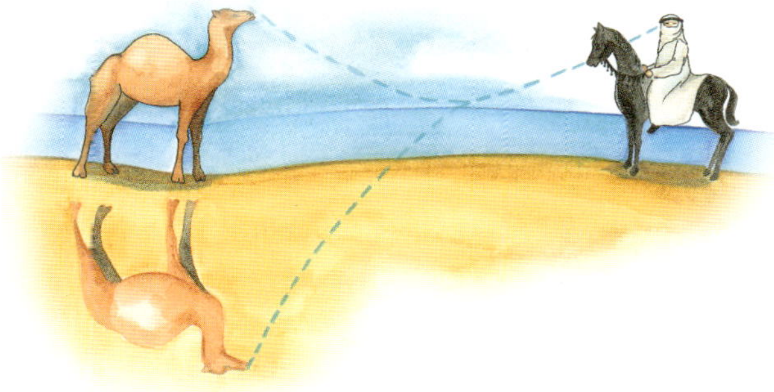

Fata Morgana: *Fata* ist italienisch und heißt auf Deutsch *Fee.* Nach alten Sagen hat die Fee Morgana Wanderer und Seeleute mit Trugbildern getäuscht. Diese entstehen tatsächlich in der Natur. Manchmal liegt kalte Luft über einer heißen Luftschicht am Boden. Dann wird Licht von einem weit entfernten Gegenstand an der Grenze dieser Luftschichten mehrfach abgelenkt. So entsteht eine Art Spiegelbild. Der Betrachter glaubt, er könne einen Baum oder See ganz nahe erkennen. Tatsächlich aber ist der Baum sehr weit weg.

Fax: Mit einem Faxgerät kann man z. B. Briefe über das Telefonnetz zu einem anderen Faxgerät senden. Das Faxgerät, das sendet, kopiert den Brief und zerlegt ihn in elektrische Signale, es *digitalisiert* den Brief. Das empfangende Gerät setzt diese Signale wieder zusammen und kann somit eine Kopie von dem gesendeten Fax ausdrucken.

Feder: 1. Die Federn der Vögel bestehen wie die Haare der Menschen aus ➔ Horn. Vögel haben Daunenfedern dicht am Körper zum Wärmen. Darüber liegen Deckfedern zum Schutz vor Nässe. Die Schwung- und Steuerfedern bilden Flügel und Schwanz. Sie dienen zum Fliegen. **2.** Früher nahm man angespitzte Gänsefedern zum Schreiben mit Tinte. Deshalb nennt man Stahlspitzen zum Schreiben auch heute noch *Schreibfedern.* **3.** In der Technik benutzt man Stahlfedern. Sie verbiegen sich bei Belastungen und kehren danach wieder in die alte Form zurück. Man findet sie zum Beispiel in mechanischen Uhren oder Fahrgestellen.

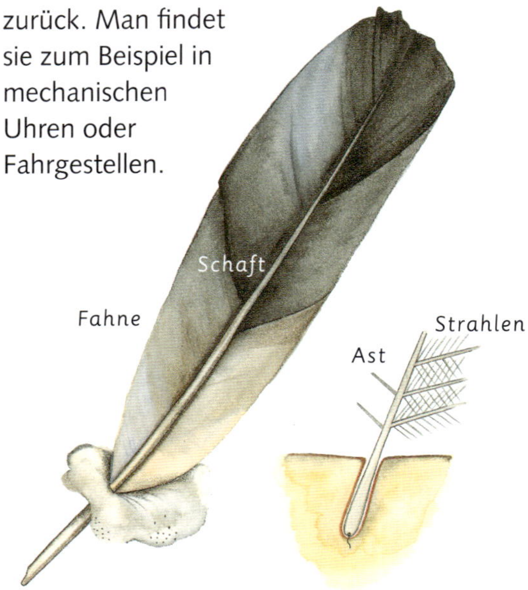

Federball: Schon vor 3 000 Jahren in China spielte man mit solchen Bällen. Damals waren sie aus Kork mit echten Federn. Man spielte sie mit den Füßen und später mit bloßen Händen. Heute sind die Bälle meist ganz aus Plastik. Man spielt sie mit einem Schläger. Dieser ist ähnlich wie ein Tennisschläger, aber leichter. Als Wettkampfsport treten zwei Spieler oder zwei Spielerpaare gegeneinander an. Sie schlagen den Ball in einem Spielfeld über ein Netz. Dabei darf der Ball den Boden nicht berühren. Dieser Sport heißt *Badminton.*

Feige: Im Süden Europas wächst der Feigenbaum mit seinen großen, gelappten Blättern. Zwei- bis dreimal im Jahr setzt er Früchte an. In diesen Früchten, die man *Scheinfrüchte* nennt, wachsen viele kleine Blüten zu kleinen Kernfrüchten heran. Wenn diese geerntet werden, sehen sie etwa aus wie grüne Birnen. Sie sind süß und können roh oder getrocknet gegessen werden.

Fell: Viele Tiere schützen sich vor Kälte und Nässe mit einem Fell. Es hält warm, weil durch die vielen Haare Luft nahe am Körper gehalten wird. Luft isoliert gut. Du musst dir das vorstellen wie die Luftschicht zwischen den beiden Fensterscheiben beim Isolierglas. Die meisten Tiere haben Fettdrüsen, mit denen sie ihr Fell einfetten. Dadurch kann kein Wasser in das Fell eindringen. Die Vorzeitmenschen besaßen auch ein Fell. Heute ist die Körperbehaarung beim Menschen nicht mehr so dicht.

Fernglas: Ferngläser bestehen meist aus zwei kurzen Fernrohren. So kann man mit beiden Augen gleichzeitig schauen. Sie geben den Augen ein größeres Bild von einem weit entfernten Gegenstand. Licht von einem Gegenstand geht zuerst durch das *Objektiv*. In ihm entsteht durch gläserne Linsen ein verkleinertes Bild vom Gegenstand. Dann gibt es noch Linsen, die das kleine Bild vergrößern, wie eine Lupe. Diesen Teil nennt man *Okular*.

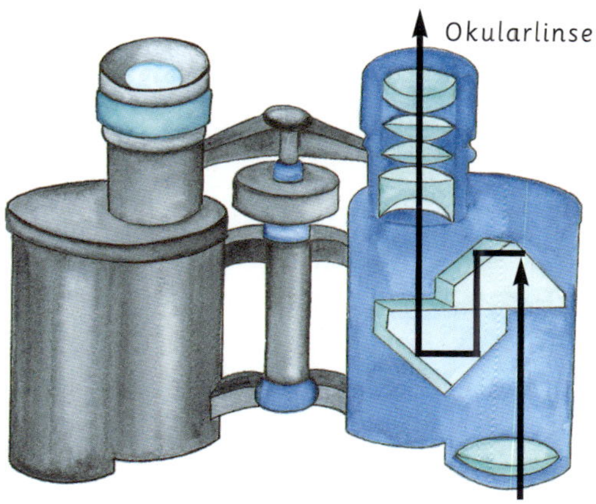

Fernrohr → Fernglas und → So baust du dir ein einfaches Fernrohr.

Fernsehen → Wie kommen die Bilder ins Fernsehen? S. 102.

Fett brauchen wir zum Beispiel zum Kochen, Braten oder Backen in Form von Butter, Margarine oder Öl. Es ist wichtig für unsere Ernährung (→ Essen und Trinken). Wir benutzen es aber auch zur Pflege unseres Körpers. Man findet es in Pflanzen, wie zum Beispiel in Nüssen oder

So baust du dir ein einfaches Fernrohr

Besorge dir eine dicke und eine dünne Sammellinse. Es können Lupen oder alte Brillengläser vom Optiker sein. Befestige sie (wie in Bild 1) mit Knetmasse auf einem Lineal (30 cm). Betrachte durch beide Linsen entfernte Dinge Schau aber nie in die Sonne! Bekommst du kein scharfes Bild, so verschiebe die dünne Linse ein bisschen.

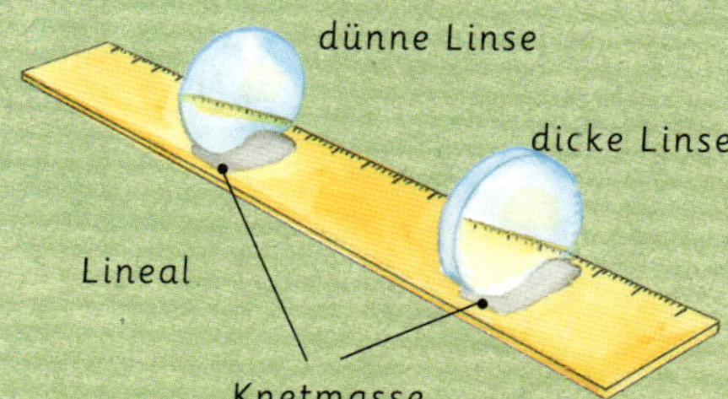

Stecke zwei Pappröhren ineinander. Klebe die Linsen jeweils in die Röhrenenden ein (wie in Bild 2). Durch Verschieben stellst du ein scharfes Bild ein. Jetzt hast du ein richtiges Teleskop.

Sonnenblumen, und im Fleisch der Tiere. Im ➔ Erdöl finden wir das Fett von Pflanzen und Tieren, die vor vielen Millionen Jahren gelebt haben. Fett brauchen wir auch als Schmierstoff für Maschinen. Fett löst sich in Wasser nicht: Es schwimmt obendrauf.

Feuer: Verbindet sich ein brennbarer Stoff wie Holz mit dem Sauerstoff der Luft, so kann dabei sehr viel Energie frei werden. Die erscheint als Wärme und Licht. Wir nennen das *Feuer.* Es kann als Flamme oder Glut auftreten. Um ein Feuer in Gang zu bringen, muss der Brennstoff erst eine bestimmte Entzündungstemperatur haben. Dann entwickelt sich weitere Hitze von selbst. Für ein Feuer braucht man also einen Brennstoff, Sauerstoff und die ➔ Temperatur zur Entzündung. Um es zu löschen, muss man eines der drei wegnehmen: Den Sauerstoff der Luft, den Brennstoff oder die Temperatur durch Kühlung.

Wie kommen die Bilder ins Fernsehen?

Wenn du deine Lieblingssendung anschauen willst, schaltest du den Fernseher an. Auf dem Bildschirm erscheinen etwa 500 000 Leuchtpunkte. Sie werden 25-mal pro Sekunde erneuert. Dadurch bekommst du den Eindruck von Bewegung. Die Leuchtpunkte und auch der Ton entstehen durch elektrische Signale. Die erhält der Fernseher durch ein Kabel von einer ➔ Antenne: Fernsehkameras haben Bilder und Sprache aufgenommen und in elektrische Signale

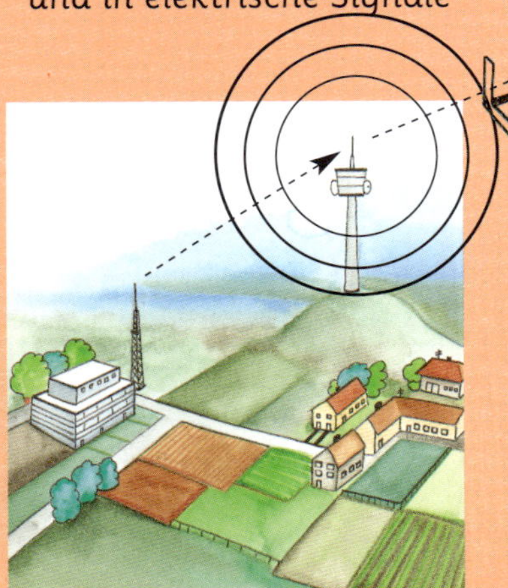

umgewandelt. Die werden dann von einer Sendeantenne durch die Luft geschickt und eine Antenne fängt sie wieder auf.

Die Signale sind immer in der Luft, auch wenn du den Fernseher ausschaltest.

Feuerwehr: Brennen Häuser, Wälder, Autos oder andere Sachen, so ruft man die Feuerwehr mit der Rufnummer 112. Sie schützt Leben und Gesundheit von Menschen sowie Sachen vor Feuer. Sie hilft auch bei anderen Gefahren wie Überschwemmungen, Unfällen oder Umweltkatastrophen. Dazu hat sie Spezialgeräte und -fahrzeuge. Hubrettungsfahrzeuge haben Drehleitern oder ausfahrbare Kranarme zur Menschenrettung, Löschfahrzeuge haben Pumpen, Schläuche und Tanks voll Schaum oder Wasser.

Fichte: Dieser Nadelbaum, der auch *Rottanne* genannt wird, wächst in den nördlichen Gebieten der Erde. Die Fichte ist einer der häufigsten Waldbäume in Deutschland. Sie kann 200 Jahre alt und 50 m hoch werden. Ihre braunen Zapfen hängen an den Zweigen nach unten und fallen nach der Reifung ab. Aus ihnen fällt der Samen für neue Bäume. Fichten sind vielseitig verwendbar: die Nadeln für Badeöl, das Holz für den Haus-, Möbel- und Instrumentenbau, junge Bäume werden Weihnachtsbäume.

Fieber: Die normale Körpertemperatur beträgt beim gesunden Menschen 37,5 °C. Man misst sie unter der Zunge, im Darmausgang oder in der Achselhöhle, im Krankenhaus sogar im Ohr. Bei Krankheiten, besonders bei Infektionskrankheiten, erhöht sich die Körpertemperatur. Man hat Fieber. Das ist eigentlich sinnvoll und zeigt, dass der Körper mit der Krankheit kämpft. Steigt die Temperatur aber über 42 °C, so kann dies tödlich sein. Wadenwickel können das Fieber senken. Es gibt dafür aber auch Medikamente.

Film 1. Ein Film ist eigentlich eine ganz dünne Schicht. Öl auf einer Wasserfläche bildet eine solche Schicht, einen Ölfilm. **2.** Im Fotoapparat benutzen wir auch einen Film. Hier ist es ein Band aus Kunststoff. Darauf befindet sich noch eine Schicht von chemischen Stoffen. Diese verändern sich, wenn Licht auf sie trifft. Wenn man nun den Film mit verschiedenen chemischen Bädern behandelt, sieht

man auf ihm das fotografierte Bild. **3.** Bei einem Kinofilm ist es ähnlich. Eine Filmkamera macht nur ganz schnell sehr viele Bilder hintereinander. Beim Betrachten kann unser Auge nun die einzelnen Bilder nicht mehr unterscheiden. Wir sehen ein Bild, auf dem sich etwas bewegt. Auf einem Tonfilm ist neben den Bildern noch eine Tonspur. Auf ihr werden die Geräusche aufgezeichnet. Durch das Kunststoffband wird Licht hindurchgeschickt auf eine weiße Fläche, die Leinwand. Dort sehen wir dann die bewegten Bilder.

Filter: Ursprünglich waren Filter ganz feine Siebe aus Filz. Heute sind Filter in vielen technischen Bereichen Vorrichtungen, die nicht alles durchlassen. Kaffeefilter lassen keinen Kaffeesatz durch. Autos haben Luft-, Öl- und Benzinfilter. Die halten Schmutz zurück. Die Fotografie verwendet Farbfilter. Sie lassen nur bestimmtes Licht mehr oder weniger bis zum Film durch. In der Elektrotechnik filtert man ungewollte Signale aus, die zum Beispiel das Rauschen im Radio oder Telefon bewirken.

Fingerabdruck: Jeder Mensch hat auf der Handinnenfläche und der Fußsohle Linien in der Haut. Schon im 19. Jahrhundert erkannte der britische Wissenschaftler Sir Francis Galton, dass diese Linien bei jedem Menschen anders sind. Da kam ihm die Idee, die Muster auf den Fingern zur Personenbestimmung zu gebrauchen. Heute nutzt die Polizei die Fingerabdrücke, um Verbrecher zu überführen.

Fink: Zur Familie der bunt gefiederten Finken gehören viele Arten: der Buchfink, der Distel-, Grün-, Berg- und Schneefink, der Dompfaff, der Kreuzschnabel und die Zeisige. Aber nur die Männchen sind bunt, die Weibchen sind unauffällig gefärbt. Finken gibt es fast überall auf der Erde. Die kleinen Singvögel sind vorwiegend Körnerfresser. Bei uns ist die häufigste Finkenart der *Buchfink*. Der Schwede Carl von Linné gab dem Buchfinkenmännchen den Beinamen *coelebs*, das heißt *unverheiratet*, weil in seiner Heimat im Winter fast nur Männchen zu sehen sind. Die Weibchen ziehen dann nämlich weiter nach Süden.

Fische: Alle Fische bewohnen Gewässer. Sie sind in Meeren, Flüssen, Bächen, Seen und Teichen dieser Erde verbreitet. Die meisten Fische atmen durch Kiemen. Das Wasser streicht an ihnen vorbei und der lebensnotwendige Sauerstoff wird entzogen. Die Fische bewegen sich mit *Flossen* fort. Das sind fächerförmig abgespreizte Gliedmaßen mit Schwimmhäuten. Fische gehören zu den ältesten Bewohnern der Erde. Walfische und Delfine zählen nicht zu den Fischen, sondern sind Säugetiere im Meer, die mit Lungen atmen.

Flagge: Staaten haben Flaggen als Wahrzeichen. Meist ist das ein rechteckiges Tuch mit ganz bestimmten Farben und

Rekorde bei den Fischen

Der größte Fisch: Walhai, bis 18 m
Der kleinste Speisefisch:
Sinarapan, 10–13 mm
Der schnellste Schwimmer:
Fächerfisch, 109 km/h
Das höchste Alter:
Stör, bis 150 Jahre
Der tiefste Taucher:
Brotuliden, 8 300 m
Der giftigste Fisch: Steinfisch

Symbolen. Schiffe müssen zum Beispiel *Flagge zeigen,* damit man erkennt, aus welchem Land sie stammen. An öffentlichen Gebäuden weht an Staatsfeiertagen die Nationalflagge. Bei großen Trauerfällen wird *Halbmast* geflaggt. Dann weht die Flagge auf halber Höhe des Mastes. Schiffe haben außerdem Signalflaggen, mit denen sie sich Nachrichten mitteilen können.

Flaschenpost: Das ist eine Nachricht in einer wasserdicht verschlossenen Flasche. Sie wird manchmal von Schiffbrüchigen ins Wasser geworfen. Dann hofft man, dass sie irgendwann jemand findet. 1908 hat man erstmals eine Flaschenpost für die Wissenschaft verwendet. Man hat damit Meeresströmungen verfolgt.

Fledermaus: Die Fledermäuse gehören zu den wenigen Säugetieren, die fliegen können. Sie haben zwischen den Fingern und den hinteren Gliedmaßen eine Flughaut ausgebildet. Fledermäuse ernähren sich überwiegend von kleinen Insekten und Früchten. Sie jagen meistens nachts und orientieren sich durch ihre für uns unhörbaren Schreie. Das funktioniert so wie → Radar. Damit können sie zielgenau ihre Beute erkennen und fangen.

Fliegen gehören zu den → Insekten. Obwohl sie nur zwei Flügel haben, gehören sie zu den besten Fliegern im Insektenreich. → Warum können Fliegen an der Decke laufen? S. 106.

Fliegenpilz: Den Fliegenpilz erkennt man an seinem charakteristischen roten Hut mit weißen Tupfen darauf. Er ist sehr giftig. Seinen Namen bekam der Pilz im Mittelalter. Damals nutzten ihn die Leute, um der Fliegenplage Herr zu werden. Sie sammelten den Pilz, schnitten ihn klein und legten die Stücke in gesüßte Milch. Die Fliegen, die dann von der Milch angelockt wurden und an ihr saugten, wurden von den Giftstoffen des Pilzes getötet.

Floh: Dieses kleine Insekt ist nur 1–2,5 mm groß. Es hat keine Flügel, aber sehr kräftige, als Sprungbeine ausgeprägte Hinterbeine. Ein Floh kann 30 cm weit und 9 cm hoch springen. Mit einer solchen Sprungkraft könnte ein Mensch mit einem Satz über einen sehr hohen Kirchturm kommen. Menschenflöhe ernähren sich vom Blut der Menschen, Tierflöhe saugen das Blut zum Beispiel von Hunden oder Katzen. Dabei können sie schlimme Krankheiten übertragen.

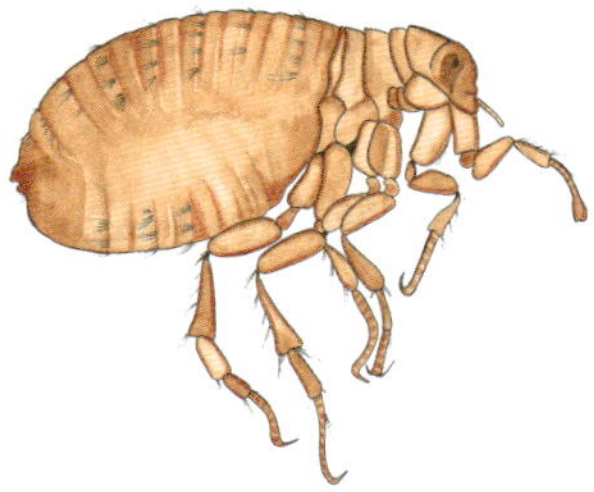

Warum können Fliegen an der Decke laufen?

Fliegen kommen überall auf der Welt vor. Sie haben einen Saugrüssel, Flügel und wie alle Insekten sechs Beine. Und warum können sie an der Decke sitzen und du nicht? Na ja, im Gegensatz zu dir haben sie winzige Saugnäpfe an den Beinen, mit denen sie sich regelrecht festkleben.

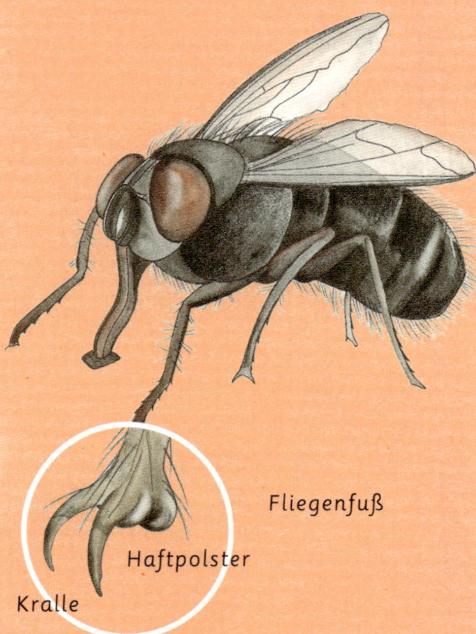

Flöte: Die Flöte ist eines der ältesten Blasinstrumente. Du kennst vielleicht die Blockflöte oder die Querflöte, es gibt aber auch die Panflöte und die Nasenflöte. Die Flötentöne erzeugt man durch Anblasen einer Schneide (Blockflöte) oder einer Kante (Querflöte). Das ergibt Luftwirbel. Diese Wirbel bringen die Luftsäule in der Flötenröhre zum Schwingen und ergeben den Grundton. Weitere Töne erzeugt man durch Öffnen oder Schließen von Löchern oder Klappen. Flöten sind aus Holz oder Metall. Die Panflöte kann auch aus Schilf oder Ton sein.

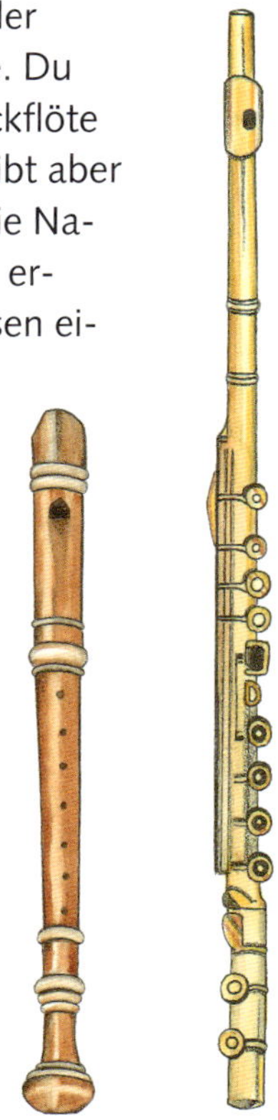

Blockflöte Querflöte

Flotte: Alle Schiffe eines Landes nennt man die Flotte. Dabei unterscheidet man die Handelsflotte, die Fischereiflotte und die Kriegsflotte. Aber auch ein großer Schiffsverband mit gleichen Aufgaben wird Flotte genannt: Zum Beispiel eine Walfangflotte oder eine Tankerflotte. Als Luftflotte bezeichnet man alle Flugzeuge einer Fluggesellschaft.

Flüchtling: Flüchtlinge sind Menschen, die ihre Heimat verlassen haben, weil sie dort in großer Gefahr waren. Solche lebensbedrohlichen Gefahren sind unter anderem Naturkatastrophen (z. B. Erdbeben, Überschwemmung), Hunger, Krieg.

Flughafen: Eine Anlage, auf der große Flugzeuge planmäßig starten und landen, nennt man Flughafen. Es gibt Verkehrsflughäfen für Passagier- und Transportflugzeuge und Militärflughäfen für Kampfflugzeuge. Wichtige Einrichtungen sind Start- und Landebahnen, Rollwege und Vorfelder zum Abstellen von Flugzeugen. Vom Kontrollturm (Tower) aus werden die an- und abfliegenden Maschinen dirigiert. In Abfertigungsgebäuden sind Anlagen zur Verteilung der Passagiere und der Fracht.

Flugzeuge → S. 108.

Fluss nennt man ein fließendes Gewässer, das größer ist als ein Bach. Man kann den Begriff aber auch für anderes verwenden, das fließt, zum Beispiel *Redefluss*.

Flüsse

Der längste Fluss der Welt ist der → Nil mit 6 671 km.
Der längste Fluss in Europa ist die Wolga mit 3 531 km.
Der längste Fluss in Deutschland und in der Schweiz ist der → Rhein: 1 320 km ist er lang, 865 km misst er auf deutschem und 375 km auf schweizerischem Gebiet.
Österreichs längster Fluss ist die → Donau. 350 km fließt sie durch das Land.

Flut → Ebbe und Flut.

Fohlen → Pferde.

Gleit-
apparat,
um 1890

Der Traum vom Fliegen ist uralt

Daidalos und Ikaros in der griechischen Sage und Wieland der Schmied in der germanischen Sage hatten aber wenig Glück. Sie versuchten das Fliegen wie die Vögel mit beweglichen Flügeln. Dafür aber ist der Mensch zu schwer oder seine Arme sind zu schwach.

Warum ein Flugzeug fliegen kann

Damit ein Flugzeug mit starren Flügeln fliegen kann, müssen seine Tragflächen ganz bestimmte Formen haben. Es muss sich zunächst sehr schnell gegen die Luft bewegen. Durch die Form der Flügel strömt die Luft oben schneller als unten an den Tragflächen entlang. Dadurch wird der Luftdruck auf die Oberseite kleiner als auf die Unterseite der Flügel. So bekommt das Flugzeug einen Auftrieb, der größer sein muss als sein Gewicht.

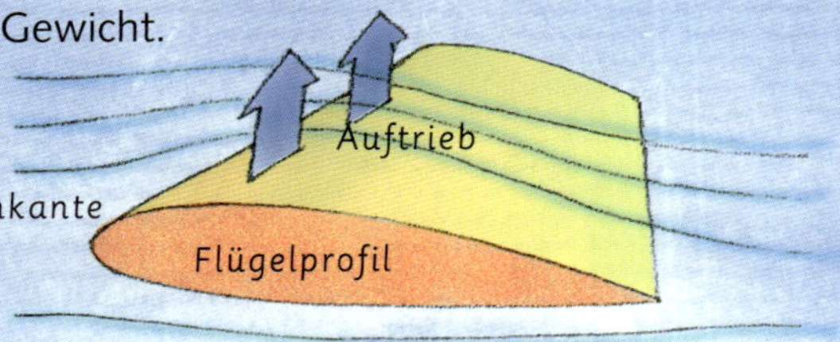

Die ersten Flugerfolge

Einer der ersten erfolgreichen Flieger war Otto Lilienthal. Er baute ein Gleitflugzeug mit starren Flügeln und schwebte viele Male von Hügeln herab. Ein Absturz kostete ihn das Leben. 1903 bauten die beiden amerikanischen Brüder O. und W. Wright das erste Motorflugzeug. Es war aus Holzstäben mit Stoffbespannungen aufgebaut. 1915 stellte H. Junkers in Deutschland das erste Flugzeug ganz aus Metall her.

Die ersten Motorflieger wurden von Benzinmotoren, die Propeller drehten, angetrieben. Das Flugschiff Dornier Do X hatte 12 Motoren. Es war so groß, dass es nur auf Wasserflächen starten und landen konnte. 1939 flog das erste Flugzeug mit einem ➔ Düsenantrieb (Heinkel HE 178). Heute haben alle großen und schnellen Flugzeuge Düsenantrieb.

Wright Flyer, um 1903

Tarnkappenflugzeug

Großraumjet

Forelle: In klaren, schnell fließenden Bächen lebt die Bachforelle. Sie ist ein guter Speisefisch und wird 25–40 cm lang. Die etwas größere Regenbogenforelle kam aus Nordamerika zu uns. Sie wird in Teichen mit fließendem Wasser gezüchtet. Man erkennt sie an den rötlichen Längsstreifen. Vor einem Gewitter, wenn die Mücken tief fliegen, kann man Forellen sehen, wie sie aus dem Wasser schnellen und nach Insekten schnappen.

Fossilien: Reste von Tieren oder Pflanzen können so rasch und dicht von Ton, Sand oder Kalkablagerungen bedeckt werden, dass sie nicht verwesen. Werden sie dann von eindringendem Wasser aufgelöst, so füllen sich die Formen nach und nach mit Kalk, Quarz, Pyrit oder anderen Mineralien. Noch nach Millionen von Jahren findet man so Abdrücke von Lebewesen der Urzeit. Diese nennt man Fossilien oder auch Versteinerungen.

Fotografie: Das Wort wurde von dem Engländer W. Herschel (1792–1871) als Kunstwort aus dem Griechischen abgeleitet. Es heißt übersetzt *Lichtaufzeichnung.* Das ist es auch: Mit Hilfe von Licht werden Bilder auf einen → Film aufgezeichnet

Frau → Mann und Frau.

Wie funktioniert ein Fotoapparat?

Ein Fotoapparat ist genau so aufgebaut wie dein → Auge. Regenbogenhaut und Pupille regulieren, wie viel Licht ins Auge fällt. Beim Fotoapparat macht dies die BLENDE. Hornhaut, Augenlinse und die Flüssigkeit im Augapfel lenken das Licht zur Netzhaut des Auges. Im Fotoapparat lenken die Linsen des OBJEKTIVS das Licht zum Film. Der Film entspricht der Netzhaut im Auge. Auf dem Film hinterlässt das Licht Spuren, die dann chemisch entwickelt werden müssen. Dabei entsteht das NEGATIV. Von diesem Filmbild macht das Fotolabor in einem weiteren chemischen Vorgang die Bilder.

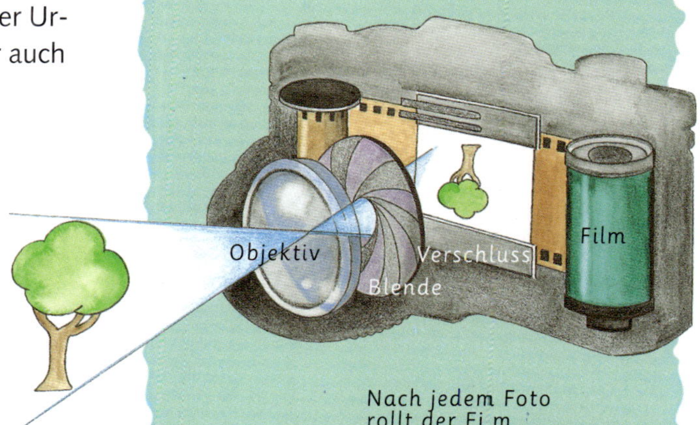

Nach jedem Foto rollt der Film ein Stückchen weiter.

Wie fängt der Frosch Fliegen?

Zwischen den Wasserpflanzen versteckt sitzt der Frosch am Ufer des Teiches. Hier bleibt er den ganzen Tag, damit seine schleimbedeckte Haut nicht austrocknet. Erst in der Dämmerung verlässt er sein Versteck, um Schnecken und Insekten zu fangen. Wenn er eine Fliege erblickt, setzt er zum Sprung an. Mit seinen muskulösen, langen Hinterbeinen stößt er sich dabei vom Boden ab. Aus seinem Mund wird die klebrige Zunge herausgeschleudert. Sie ist vorne angewachsen und wird nach außen geklappt. Noch im Sprung erwischt er mit dieser Zunge das Insekt. Er verschlingt es, ohne es zu zerkauen.

Freiheit ist das Fehlen von Zwang. Man ist frei, wenn man selbst bestimmen kann, was man tut. Allerdings muss man daran denken, dass auch die anderen frei sein wollen.

Frieden: Wenn du dich mit jemandem gestritten hast und ihr vertragt euch wieder, dann ist Frieden zwischen euch. Frieden ist also der Zustand nach einem Streit, wenn dieser beendet ist. Zwischen Völkern oder Volksgruppen kann ein Streit auch zum → Krieg werden. Wenn dieser zu Ende ist, herrscht Frieden.

Frosch: Der Frosch gehört zur Familie der → Lurche. In Europa gibt es den Gras-, Wasser- und Laubfrosch. In Afrika lebt der Goliathfrosch, der mit ausgestreckten Beinen etwa 87 cm lang ist. Ein Riesenfrosch der Urzeit hatte sogar einen Unterkiefer von 80 cm Breite.

Fuchs: Bei uns ist der Fuchs das bekannteste frei lebende Raubtier. Er wird höchstens 40 cm hoch und ist mit seinem buschigen Schwanz bis zu 1,40 m lang. Er frisst alles, was ihm vor seine spitze Schnauze kommt: Mäuse, kranke Kleintiere, in der Not auch → Aas, Vögel, Schlangen, Eidechsen, Fische, Wildbeeren und Obst. In Städten kann er sich sogar aus Mülltonnen und von Abfallhaufen ernähren. Die meiste Zeit des Tages verbringt er schlafend in seinem Bau. Dieser hat für Notfälle mehrere Kessel und Röhren. Gejagt werden Füchse wegen ihrer Felle, wegen ihrer Diebstähle und weil sie die Tollwut, eine gefährliche Krankheit, verbreiten.

Fünfkampf: Ein Fünfkampf ist ein sportlicher Wettkampf, der aus fünf verschiedenen Übungen besteht. In der Leichtathletik gehören bei den Männern dazu: 200-m-Lauf, Speerwurf, Diskuswurf, Weitsprung und 1 500-m-Lauf. Der olympische Fünfkampf besteht aus Springreiten, Degenfechten, Schießen, Schwimmen und Geländelauf.

Funk: Funktechnik übermittelt Informationen ohne Leitungsdraht. Dazu werden z. B. Sprache, Texte oder Bilder in elektrische Signale umgesetzt. Die Signale werden von der Antenne eines Senders zur Antenne eines Empfängers geschickt. Diese nimmt die Signale auf und übersetzt sie wieder in Sprache, Texte oder Bilder. Das ist zum Beispiel so bei Radio, Fernsehen, Funktelefon und Radar.

Fuß: Die Füße sind der unterste Teil der Beine, das ist dir klar. Weißt du aber auch, dass man früher Längen mit den Füßen abgemessen hat und dass man solch ein Maß heute noch in England und den USA benutzt? Ein Fuß (= 1 foot) ist ungefähr 30 cm.

Fußball: Ihr wollt Fußball spielen? Dann braucht ihr auf jeden Fall einen Ball und mehrere Spieler. Ihr bildet zwei Mannschaften und kennzeichnet in einem Spielfeld zwei Tore. Der Ball muss ins gegnerische Tor geschossen werden. Dabei dürfen Hände und Arme nicht benutzt werden – außer vom Torwart. Bei einem richtigen Wettkampf gelten noch viel mehr Regeln. Da sind dann in einer Mannschaft genau 11 Spieler. Spielfeld und Tore haben eine festgelegte Größe. Und ein Spiel dauert, bei erwachsenen Spielern, 2-mal 45 Minuten.

Die Fußball-Weltmeister

Brasilien (5 Titelgewinne)
1958, 1962, 1970, 1994, 2002

Italien (4 Titelgewinne)
1934, 1938, 1982, 2006

Deutschland (3 Titelgewinne)
1954, 1974, 1990

Argentinien (2 Titelgewinne)
1978, 1986

Uruguay (2 Titelgewinne)
1930, 1950

England (1 Titelgewinn) 1966

Frankreich (1 Titelgewinn) 1998

G

Gabelstapler: Ein Gabelstapler ist ein Fahrzeug, das Lasten hochheben, transportieren und wieder absetzen kann. Er hat vorne eine große Gabel mit zwei Zinken. Diese schiebt er unter die Last und hebt sie hoch. Der Gabelstapler kann nun an eine andere Stelle fahren und seine Last wieder absetzen, zum Beispiel hoch oben auf etwas anderes drauf. Das nennt man *stapeln.*

Galeere nennt man einen Schiffstyp, der erstmals um das Jahr 1 000 gebaut wurde. Sie war etwa 6 Meter breit und 40 bis 50 Meter lang. Wegen ihrer niedrigen Bordwände konnte sie nur bei ruhiger See sicher fahren. Sie wurde meist von 50 Rudern angetrieben. An jedem saßen bis zu fünf Männer. Oft waren es Sträflinge oder Sklaven. Zwei Segel dienten nur als Hilfsantrieb. Bis zum 16. Jahrhundert wurden Galeeren als Kriegsschiffe eingesetzt.

Gämse: Diese flinken Kletterer leben im Hochgebirge. Ihre spreizbaren Hufe haben harte Kanten. Damit können die Gämsen auf felsige und steinige Weideflächen kommen, die für andere Tiere nicht erreichbar sind. Bis zu 30 Weibchen bilden mit den Jungtieren, den Kitzen, ein Rudel. Die Männchen, die man Böcke nennt, sind – außer in der Paarungszeit – Einzelgänger.

Gans: Die Graugänse brüten an Sümpfen und Seen in Norddeutschland. Im Herbst ziehen sie an das → Mittelmeer. Wenn die großen Vögel im Gänsemarsch hintereinander herwatscheln, hört sich ihr Geschnatter wie eine Unterhaltung an. Sie bleiben ihr Leben lang mit einem Partner zusammen. Die Hausgans ist oft weiß. Sie wird wegen ihres Fleisches und wegen ihrer Federn gehalten. Gänse sind auch ausgezeichnete Wächter. → Haustiere.

Garfield, der fette faule Kater, ist der Held in einem → Comic.

Gärung: Manche Bakterien bauen Zucker ab (z. B. in Früchten), um sich zu ernähren. Bei diesem Abbauprozess scheiden die Bakterien Alkohol aus. Diesen Vorgang nennt man *Gärung*. Man nutzt ihn gezielt, um alkoholische Getränke herzustellen.

Gas: Die Natur kennt Dinge in dreierlei Zuständen: fest, flüssig oder gasförmig. Die Teilchen der Gase sind so schwach miteinander verbunden, dass sie sich frei in jedem Raum bewegen können. Sie füllen deshalb auch jeden Raum aus, den sie zur Verfügung haben. Luft ist ein Gemisch aus mehreren Gasen. Die wichtigsten sind Stickstoff, Sauerstoff, Argon und Kohlendioxid. Auch ➔ Dampf ist ein Gas.

Gebirge sind höhere Teile der Erdoberfläche. Sie entstehen durch Verformungen der Erdkruste. Die feste Außenhülle unserer Erde besteht aus Platten, die auf- oder nebeneinanderliegen. Diese bewegen sich ständig und können sich verschieben und Falten bilden. Dann entstehen oder verändern sich Faltengebirge. Unter der Erdkruste kann auch flüssige Gesteinsmasse hochdrücken oder ausbrechen. Dadurch entstehen vulkanische Gebirge. *Mittelgebirge* sind meist unter 1 500 Meter hoch. Sind die Berge höher, so spricht man von einem *Hochgebirge* (➔ Alpen).

Geburt: Ein Baby wird bei der Geburt normalerweise durch die Scheide der Mutter gepresst. Lies das unter ➔ Baby nach. Manchmal kann ein Kind aber nicht durch die Scheide geboren werden, zum Beispiel, weil der Kopf zu groß ist. Dann öffnet der Arzt den Bauch der Mutter, hebt das Baby heraus und näht den Bauch wieder zu. Diese Operation nennt man *Kaiserschnitt*.

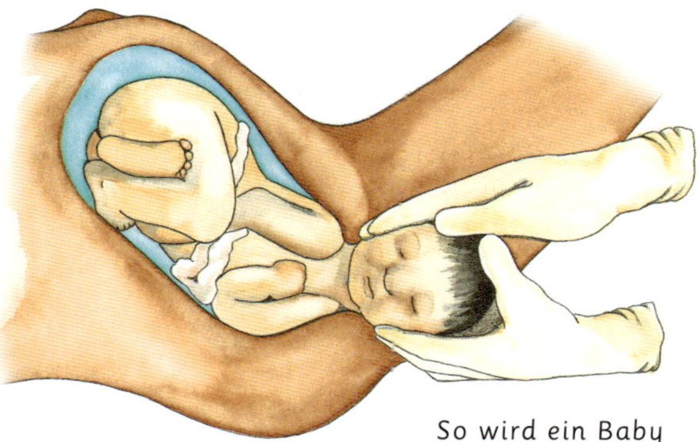

So wird ein Baby geboren.

Gedicht: Ein Gedicht ist eine Art Geschichte in einer besonderen Form. Jedes Gedicht hat einen eigenen Klang, meist auch einen ➔ Rhythmus. Oft reimen sich die Zeilenenden (= Verse). Häufig werden einige Verse zu Strophen zusammengefasst.

Gefängnis: Ein Gefängnis ist ein großes verschlossenes Haus, das meist von einer hohen Mauer umgeben ist. Darin sind Menschen eingesperrt, die von einem ➔ Gericht verurteilt wurden, weil sie gegen ein Gesetz verstoßen haben.

Gehirn: Unser Gehirn liegt in unserem Kopf gut geschützt im Schädelknochen, umgeben von Nervenwasser und Hirnhäuten. Über das Rückenmark und die ➔ Nerven ist es mit allen ➔ Organen und Körperteilen verbunden. Im Gehirn werden Sinneseindrücke verarbeitet, zum Beispiel Sehen, Hören, Fühlen, Schmecken, Riechen. Es steuert Bewegung, Körpertemperatur, Gleichgewicht, Atmung, Sprechen. Mit dem Gehirn denken und träumen wir und erinnern uns. Das Gehirn gibt also Antworten auf die Außenwelt und regelt die Zusammenarbeit der einzelnen Körperorgane.

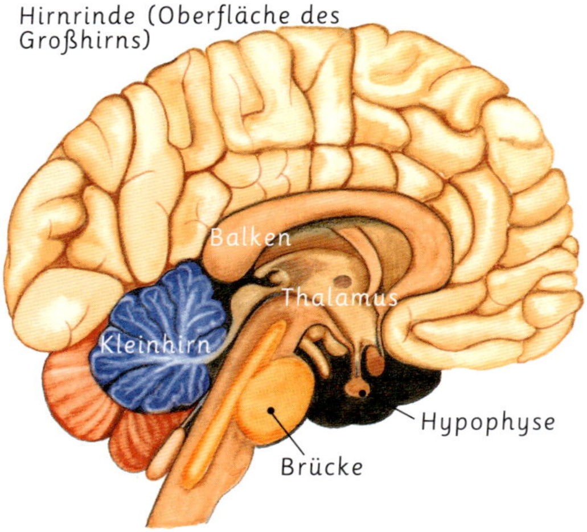

Geier: Die Geier gehören zu der Familie der Greifvögel. Sie sind Aasfresser, das heißt, dass sie sich hauptsächlich von toten Tieren ernähren. Man erkennt einen Geier an seinem nackten Hals und Kopf. Der größte Geier ist der *Kondor,* der in den Anden vorkommt. Er kann eine Flügelspannweite von etwa drei Metern erreichen.

Geige: Früher hießen alle Saiteninstrumente, die mit einem Bogen gestrichen wurden, Geigen. Heute nennt man nur noch die *Violine* so. Die Geige ist neben dem Klavier das beliebteste Orchesterinstrument. Ihr Klang kommt vielleicht der menschlichen Stimme am nächsten. Die Saiten der Geige sind in den Tönen g, d, a und e gestimmt. Wenn man mit dem Bogen über die Saiten streicht, entstehen Töne. Das Instrument ist hohl. Dadurch werden die Töne verstärkt.

Geisel: Ein Beispiel: Ein Bankräuber hält Kunden der Bank mit Gewalt fest und droht, sie zu erschießen, wenn ihm nicht viel Geld und ein Fluchtauto zur Verfügung gestellt werden. Die Bankkunden sind seine *Geiseln.*

Geld gibt's überall. Es ist ein gesetzlich anerkanntes Zahlungsmittel.

Eurogeldschein

Dollarnote

englisches Pfund

Rupie

Gelenke sind bei Menschen und Tieren bewegliche Verbindungen zwischen starren Körperteilen. Wie wichtig sie sind, merkt man, wenn eines mit einem Gipsverband still gelegt wird. Auch in der Bautechnik und im Maschinenbau nennt man bewegliche Verbindungen *Gelenk.* Bei Pflanzen gibt es Wachstumsgelenke, wie zum Beispiel die Knoten an Grashalmen. Dort können Halme wachsen, was zwischen den Knoten nicht geht.

Einkaufen ohne Geld

Wenn man ein Eis kauft, gibt man der Verkäuferin für diese Ware Geld. Geld ist ein Tauschmittel. In früheren Zeiten, als man noch Ware gegen Ware eintauschte, war es oft ein langer Weg, bis man das Gewünschte endlich hatte. Heute hat jedes Land seine WÄHRUNG. In Europa ist dies der Euro. Von jeder Währung gibt es Münzen und Geldscheine. Man kann aber auch bezahlen, ohne Geld in die Hand zu nehmen: mit einem Scheck, einer Kreditkarte oder einer Chipkarte (➔ Chip). Der Automat, in den die Karte gesteckt wird, erkennt die Nummer. Jetzt wird das Geld vom Bankkonto abgezogen. Man kann auch Geld von seinem Bankkonto auf das des Verkäufers überweisen.

Eurocard, goldene MasterCard

Gemüse ist ein pflanzliches Nahrungsmittel (➔ Essen und Trinken). Es enthält viele Vitamine, Mineralstoffe und Ballaststoffe. Es gibt zum Beispiel Wurzel- und Knollengemüse (Kohlrabi, Möhren), Hülsenfrüchte (Erbsen, Bohnen), Blatt- und Stielgemüse (Spinat, Kopfsalat), Kohlgemüse (Weißkohl, Rosenkohl) und Fruchtgemüse (Tomaten, Gurken).

Erbse

Gurke

Salatkopf

Möhre

Generation: Der Begriff *Generation* hilft uns, die Menschen und andere Lebewesen einzuteilen; je nachdem, wann sie ungefähr geboren sind. Also: Du und deine Klassenkameraden gehören zur selben Generation. Eure Eltern gehören zur Generation davor. Und eure Großeltern gehören wieder zu einer anderen Generation.

Generator: Ein Generator ist eine elektrische Maschine, in der Bewegung in elektrische Energie umgewandelt wird. Große Generatoren gibt es in den Elektrizitätswerken. Generatoren sind auch die Lichtmaschine des Autos und der Fahrraddynamo. Die elektrische Energie entsteht dadurch, dass ein Magnet und eine Spule aus Leitungsdraht ständig gegeneinandergedreht werden. Durch diese Bewegung wird an den Enden der Drahtspule eine elektrische Spannung erzeugt. Schaltet man zum Beispiel ein Lämpchen zwischen die Enden, so kann ein elektrischer Strom fließen.

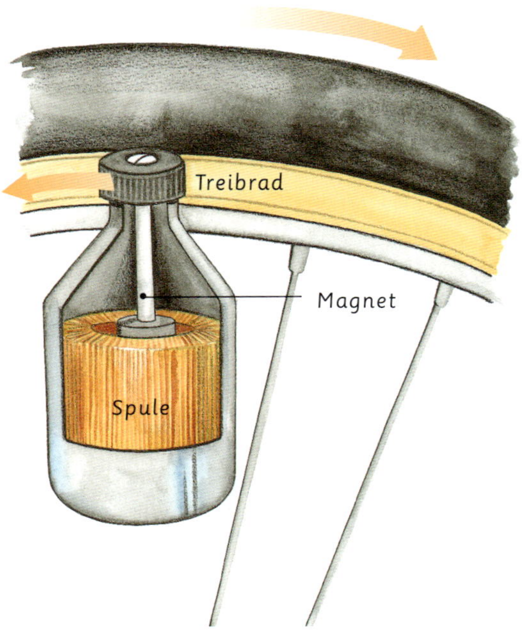

Geografie ist das Fremdwort für Erdkunde. Geografie bedeutet eigentlich *Erdbeschreibung.* Diese Wissenschaft erforscht und beschreibt Länder und Landschaften. Sie untersucht zum Beispiel, wie die Formen der Erdoberfläche mit dem Klima zusammenhängen und wie sich → Gebirge bilden und verändern. Sie untersucht auch, wie die Menschen ihre Umwelt verändern und wie die Umwelt auf die Menschen wirkt.

Gepard → Der schnellste Läufer der Welt.

Der schnellste Läufer der Welt

Das gelbbraune, katzenartige Raubtier mit den schwarzen Tupfen auf dem Fell hat hohe Beine. Mit diesen kann es schnell laufen. Die Krallen zieht der Gepard dabei nicht ein, sie geben ihm beim Laufen Halt. In 4 Sekunden schafft er es auf 100 m. Seine Spitzengeschwindigkeit liegt bei 120 km in der Stunde. Das ist schneller als ein Auto auf der Landstraße fahren darf. Allerdings hält er das nur über kurze Strecken durch. Deshalb schleicht er sich auf 100 bis 200 m an seine Beute heran und setzt erst dann zum Sprint an. Wegen seiner Schnelligkeit wurde der Gepard bereits im Altertum zur Jagd abgerichtet.

Gericht: 1. Wenn jemand glaubt, ein anderer habe ein Gesetz nicht eingehalten, kann er vor Gericht gehen und klagen. Er ist dann der *Kläger.* Der, den er beschuldigt, ist der *Beklagte.* Bei Strafgerichten übernimmt ein *Staatsanwalt* die Anklage. Der Beschuldigte ist dann der *Angeklagte* und ein *Rechtsanwalt* hilft ihm, er ist sein *Verteidiger.* Ein *Richter* entscheidet und spricht das Urteil. Richter, Rechtsanwälte und Staatsanwälte haben in einem Studium alles über Gesetze gelernt. In sehr schweren Fällen gibt es mehrere Richter und *Schöffen,* die helfen, das Urteil zu finden. Schöffen sind Menschen aus anderen Berufen, die sonst nichts mit dem Gericht zu tun haben. In anderen Ländern nennt man die Schöffen *Geschworene.*
2. Das Wort *Gericht* hat noch eine andere Bedeutung: eine zubereitete Speise. Was ist dein Lieblingsgericht?

Richter des Bundesverfassungsgerichts – des höchsten deutschen Gerichts – tragen rote Roben.

Germanen ➔ S. 118.

Geschichte bedeutet eigentlich *das Geschehene.* Also ist heute alles Geschichte, was früher geschah. Und was heute geschieht, wird morgen Geschichte sein. Man kann die Geschichte der Menschen in vier Zeitalter einteilen. Die *Vorgeschichte* (= Prähistorie) dauert vom Anfang der Menschheit bis zum Beginn der Schrift. Diese wurde nicht überall zur gleichen Zeit erfunden. Deshalb ist die Vorgeschichte auch nicht für alle Völker gleich lang. Mit der Schrift beginnt das ➔ *Altertum* (= Antike). Es endet mit dem Untergang des Römischen Reiches im Jahr 476. Das anschließende ➔ *Mittelalter* dauert bis etwa 1500, als Amerika entdeckt wurde. Die Zeit danach, die bis heute andauert, heißt *Neuzeit.* Das Wort *Geschichte* hat aber auch noch eine andere Bedeutung: eine Erzählung.

Geschlechtsorgane: Es gibt äußere und innere Geschlechtsorgane. Lies das nach bei ➔ Mann und Frau.

Geschwindigkeit: So misst man Geschwindigkeiten: Man nimmt die Wegstrecke und die Zeit, die dafür gebraucht wurde. Das ergibt die durchschnittliche Geschwindigkeit, zum Beispiel 20 Kilometer in der Stunde = 20 km/h. Eine sehr große Geschwindigkeit hat das Licht. Es breitet sich mit 1 079 251 200 km in der Stunde aus! Schall ist dagegen in der Luft »nur« 1 220 km/h schnell. Eine Weinbergschnecke kann 3 m/h (0,003 km/h) kriechen.

Gesellschaft: Eine Gesellschaft besteht aus Menschen. Diese sind durch gleiche ➔ Gesetze miteinander verbunden. Zum Beispiel bilden alle Menschen in einem ➔ Staat eine Gesellschaft.

DIE GERMANEN

Die Germanen kamen wahrscheinlich vor etwa 3 500 Jahren aus dem Osten. Sie verbreiteten sich über ganz ➔ Europa und sogar bis nach Nordafrika. Die Römer beschrieben sie als große, blauäugige Menschen mit blonden Haaren. Sie lebten von Ackerbau und Viehzucht: Sie pflanzten Gerste, Weizen, Hafer, Hirse und Flachs an und hielten Pferde, Rinder, Schweine, Schafe, Ziegen, Gänse und Hühner.

Zu den Germanen zählt man sehr viele verschiedene Stämme. Die wichtigsten sind: *Franken, Alemannen, Sachsen, Goten, Wikinger, Normannen* und *Vandalen.*

Die Germanen trieben Handel mit den Römern. Aber sie führten auch Kriege gegen sie.

Die Germanen verehrten viele Götter. Der wichtigste war *Odin* oder *Wotan. Thor* oder *Donar* war der Gott des Donners, der Bauern und des Landes. Er schützte Menschen und andere Götter. Von ihm hat der Donnerstag seinen Namen. Der Dienstag wurde nach dem Kriegsgott *Ziu* genannt. Und Freitag kommt von *Freyja,* der Göttin der Fruchtbarkeit und Liebe.

Zur Verehrung ihrer Götter versammelten sich die Germanen unter freiem Himmel an heiligen Orten. Diese lagen bei besonderen Quellen, Felsen oder Bäumen – meist Eichen. Bei den heiligen Handlungen wurden Tiere und vielleicht sogar Menschen geopfert.

Die *Helden* galten als Nachkommen der Götter. Das sind unter anderem *Siegfried,* der Drachentöter (➔ Drache), und die *Walküren.* Diese Mädchen brachten die getöteten Helden zum Sitz der Götter, der *Walhalla.* Was davon wohl wahr und was Sage ist? *Erik der Rote* hat aber wirklich gelebt, er war ein Held der Wikinger, ebenso wie *Theoderich der Große,* der ein König der Goten war.

Thor, der Donnergott

Erik der Rote

Wikingerschiff

Gesetz: Gesetze sind Regeln. In einem Staat müssen sich alle an die Gesetze halten. Nur so kann das Zusammenleben der vielen Menschen funktionieren. Übrigens: Es gibt auch *Naturgesetze.* In der Natur geschieht vieles nach festen Regeln, die nicht von den Menschen beeinflusst werden können. Zum Beispiel fällt alles nach unten, weil es von der Erde angezogen wird.

Wie entsteht ein Gesetz?

In einer Schulklasse kann man seine Regeln gemeinsam aufstellen. In einem Staat geht das nicht. Es sind viel zu viele Menschen. Diese wählen deshalb Personen, die sie vertreten. Das sind → Abgeordnete. Sie beschließen die Gesetze. Diese werden dann in Gesetzesbüchern aufgeschrieben.

Gespenst: Gespenster gibt es nicht wirklich! Es sind ausgedachte Geisterwesen. In spannenden Geschichten wird von ihnen erzählt. Besonders in alten Schlössern erschrecken sie Menschen. Manchmal rasseln sie mit Ketten oder heulen laut. Sie erscheinen meist nur mitten in der Nacht während der Geisterstunde.

Getreide: Die Menschen fingen schon vor 8 000 Jahren an, Getreide anzubauen. Sie säten ausgewählte Grassamen aus und pflegten die Sprösslinge. Mit der Zeit erhielt man durch Auslese immer größere Körner und es entstanden verschiedene Getreidesorten. Heute kommen in Europa *Weizen, Roggen, Gerste* und *Hafer* am häufigsten vor, in Asien *Hirse, Mais* und *Reis.* Man braucht Getreide, um Brot herzustellen oder als Viehfutter. Getreide ist der wichtigste Grundstoff für Lebensmittel.

Geweih: Das Geweih wächst den Hirschen paarweise aus der Stirn. Die größten Geweihe haben Elche. Die kleineren Geweihe der Rehböcke heißen bei den Jägern *Gehörn.* Nur bei den Rentieren haben auch die Weibchen Geweihe. Mit diesen

Waffen kämpfen die Männchen zur Zeit der Fortpflanzung, der Brunft, um die Weibchen. Nach der Brunftzeit wird das Geweih abgeworfen. Jedes Jahr wächst ein neues mit weiteren Ästen (man nennt das Enden) nach.

Gewerkschaft: Gewerkschaften sind Vereine. In ihnen schließen sich Arbeiter, Angestellte oder auch Beamte zusammen. In der Gemeinschaft ist es für sie leichter, Forderungen gegenüber ihren Arbeitgebern (zum Beispiel Fabrikbesitzern) durchzusetzen. Solche Forderungen sind unter anderem mehr Lohn oder Gehalt und kürzere Arbeitszeiten. In Europa wurden vor etwa 130 Jahren die ersten Gewerkschaften gegründet. Damals lebten die Arbeiter unter sehr schlechten Bedingungen. Durch den Kampf der Gewerkschaften hat sich das verbessert.

Gewissen: Jeder Mensch hat ein Gewissen. Dieses innere Wissen sagt auch dir, was gut und was böse ist. Wenn du zum Beispiel lügst, hast du ein schlechtes Gewissen. Du weißt in deinem Innern, dass Lügen nicht richtig ist.

Gewitter entstehen, wenn feuchte Luft rasch auf- oder abwärtsströmt. Die Luft heizt sich am Boden durch die Sonne auf. Sie strömt dann nach oben und bildet dicke weiße Quellwolken. Durch Luftbewegungen werden darin elektrische Ladungen getrennt. Liegen genug unterschiedlich geladene Luft- und Wasserteilchen vor, so findet eine heftige Entladung statt. Diese sieht man als Blitz. Blitze sind sehr heiß. Deshalb dehnt sich die Luft rund um die Blitze explosionsartig aus. Es knallt, das ist der Donner. Man hört ihn immer erst nach dem Blitz.

Gewürze gibt man zu Speisen, um Geruch und Geschmack zu verbessern. Über Geruchs- und Geschmacksorgane regen sie den Appetit an. So wird mehr Speichel und Magensaft gebildet. Das hilft der Verdauung. Die meisten Gewürze werden aus Pflanzen oder Pflanzenteilen gewonnen. Man benutzt Wurzeln (Ingwer), Rinde (Zimt), Blätter (Minze), Knospen (Nelken), Früchte (Wacholder) und Samen (Kümmel).

Geysir heißen in Island heiße Quellen, die in ziemlich regelmäßigen Zeitabständen bis zu 60 Meter hohe Wasserfontänen ausstoßen. Auf Deutsch heißen sie auch

Geiser. Das Wasser stammt aus dem Grundwasser im Boden. Es sickert durch Spalten tief in die Erde. Dort trifft es auf flüssige heiße Gesteinsmassen, die man *Magma* nennt. Das Magma bringt das Wasser zum Kochen. Es entsteht Dampf mit hohem Druck. Wird der Druck zu groß, dann werden Dampf und kochendes Wasser ausgestoßen.

Gezeiten nennt man ➔ Ebbe und Flut.

Gift: Gifte fügen dem Körper schwere Schäden zu. Sie können über Mund, Nase oder eine Verletzung der Haut aufgenommen werden. Manche Gifte verursachen nur Übelkeit und Erbrechen, andere betäuben oder führen zum Tod. Für viele Gifte gibt es Gegengifte, die die Wirkung aufheben. Viele Medikamente enthalten geringe Giftmengen, die dann heilend wirken.

Giraffe: Die Giraffe lebt in den afrikanischen ➔ Steppen. Das auffälligste an ihr sind die langen Beine und der lange Hals, der trotz seiner Länge nur 7 Halswirbel hat!

Gitarre: Dieses Saiteninstrument hat ein Gehäuse wie eine 8 mit flachem Boden und flacher Decke. Die sechs Saiten sind so gestimmt: E-A-d-g-h-e'. Sie werden mit der rechten Hand geschlagen oder gezupft und so in Schwingungen versetzt. Das erzeugt die Töne. Die linke Hand drückt die Saiten auf den Gitarrenhals. So werden die Töne verändert. Das hohle Gehäuse (= Klangkörper) verstärkt die Töne. Es gibt

Warum hat die Giraffe einen langen Hals?

Die Giraffe erreicht eine Höhe bis zu 6 m und kann deshalb ohne Mühe Blätter und Zweige von höheren Bäumen abfressen. Sie kann sogar beim Fressen noch Feinde in großer Entfernung entdecken und rechtzeitig fliehen. Den größten der Giraffen gelang das natürlich immer am besten, deshalb hatten immer die mit den längeren Hälsen die größere Überlebenschance. So konnten sie sich besser fortpflanzen als kleinere Artgenossen und das Erbgut LANGER HALS weitergeben.

auch Gitarren ohne Klangkörper. Bei diesen *E-Gitarren* werden die Töne durch ein elektrisches Gerät verstärkt.

Glas ist einer der ältesten künstlich vom Menschen hergestellten Werkstoffe. Man kennt Glas seit etwa 5 000 Jahren. Zur Glasherstellung schmilzt man eine Mischung aus Quarzsand, Soda und Kalk bei 1 400 bis 1 600 °C. Die Schmelze muss dann etwas abkühlen. Bei rund 1 000 °C kann man Glas verarbeiten. Es wird für Fensterglas zu großen Tafeln ausgewalzt oder für Flaschen und Gläser in Formen gegossen. Kunst- und Ziergläser werden vom Glasbläser an langen Rohren geblasen.

Gleichberechtigung heißt, dass jemand die gleichen Rechte hat wie die anderen Menschen. Das ist nicht selbstverständlich. Bei uns begannen vor etwa hundert Jahren die Frauen, um ihre Gleichberechtigung zu kämpfen. Diese wurde dann auch 1949 im → Grundgesetz festgeschrieben. In Südafrika haben sich die schwarzen Menschen dieses Recht erst vor kurzem erkämpft. Den Weg in die Gleichberechtigung nennt man auch *Emanzipation.*

Gletscher: In hohen Gebirgen und bei den Polen der Erde schmilzt der Schnee nie. Er wird zu dicken Eisschichten zusammengepresst, die sich langsam bergab schieben. Diese Eismassen nennt man *Gletscher.* Sie sind so schwer und mächtig, dass sie die Landschaft unter sich verändern. Sie schleifen Bergkuppen rund und graben tiefe Täler ein. Das Steingeröll unter den Gletschern, an den Rändern und vor den Gletschern nennt man *Moränen.*

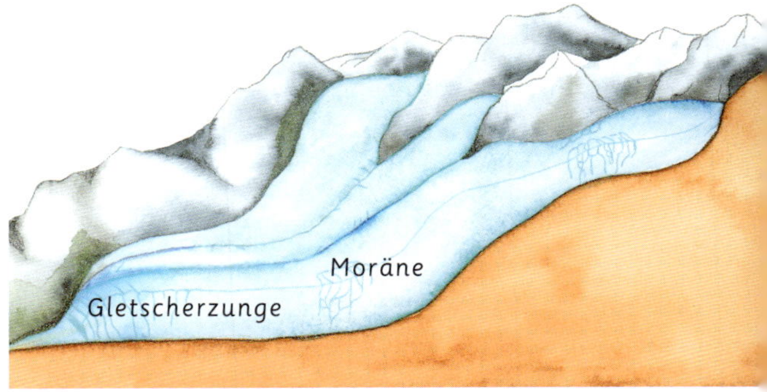

Globus: Eine verkleinerte Nachbildung der Erde, des Mondes oder anderer Weltkörper nennt man *Globus.* Auf dem Globus der Erde kann man Erdteile und Ozeane ohne Verzerrungen abbilden, weil er kugelförmig ist wie die Erde selbst. Der älteste erhaltene Erdglobus ist der *Erdapfel* von Martin Behaim aus dem Jahr 1492.

Glühlampe: In Glühlampen befindet sich ein hauchdünner Metallfaden, der Glühdraht. Oft besteht er aus Wolfram und ist spiralförmig. Fließt elektrischer Strom durch den Glühdraht, beginnt er zu glühen. Dabei gibt er Wärme und Licht ab. Damit er nicht verbrennt, ist er von einem luftdichten Glaskörper eingeschlossen. Der Glaskörper ist mit einem nicht brennbaren Gas gefüllt. Innen ist der Glühdraht mit zwei Lötstellen am Lampensockel verbunden. Darüber ist er an die elektrische Leitung der Lampenfassung angeschlossen.

Glühwürmchen: Früher wunderten sich die Leute oft über unheimliche kleine Lichtchen, die über Mooren zu schweben schienen. Sie bekamen Angst, und es entstanden die schaurigsten Geschichten. Natürlich waren das keine Gespenster, sondern Glühwürmchen. Käfer, Larven und Eier der Glühwürmchen haben Leuchtorgane. Die Käfer machen so in der Paarungszeit auf sich aufmerksam. Die Männchen können fliegen, doch die Weibchen haben keine Flügel ausgebildet: Sie sehen aus wie Würmer. Daher auch die Bezeichnung *Glühwürmchen.*

Gokart: Ein Gokart war eigentlich für Kinder gedacht. Das niedrige Rennfahrzeug mit Motor kann über 200 Kilometer in der Stunde fahren.

Gold ist ein chemischer Grundstoff. Reines Gold ist ein rötlich gelbes glänzendes Edelmetall. Edelmetalle verbinden sichnicht mit anderen Stoffen, daher kommt

In Banken wird Gold in Barren aufbewahrt.

Gold in der Natur nur in reiner Form vor. Man findet es in Gesteinsadern oder als Goldkörner in Flüssen. Gold ist sehr schwer: 1 Liter Gold wiegt fast 20 Kilogramm. Es ist selten und als Schmuck oder Zahnersatz sehr begehrt. Daher ist es teuer.

Goldfisch: Goldfische wurden schon früh wegen ihrer Schönheit als Haustiere gehalten. Vor ungefähr 3 000 Jahren wurden sie am Hofe des Kaisers von China gezüchtet. Damals war es etwas Besonderes, Goldfische halten zu dürfen. Im 17. Jahrhundert wurden die Goldfische dann auch in Europa eingeführt. Diese 15 cm langen Zierfische hielt man meist in Goldfischgläsern. Es bildeten sich bald richtige Fanclubs für Goldfische in England und Amerika.

Goldhamster: Der kleine, etwa 15 cm große Nager ist ein beliebtes Haustier. Wie sein großer Verwandter, der → Hamster, hat auch der Goldhamster große Backentaschen und lebt von Körnern und Grünfutter.

Gorilla → Affen.

Gott: Viele Menschen glauben an einen Gott. Er ist für sie ein heiliges, überirdisches, unsichtbares Wesen. Sie verehren ihn und beten zu ihm. Der → Hinduismus und andere Religionen kennen viele Götter. Für → Juden, → Christen und → Moslems gibt es nur einen einzigen, allmächtigen Gott. Er hat die Welt erschaffen und lenkt das Schicksal der Menschen. Auch gibt er ihnen Gebote für ein richtiges Leben. Wer nicht an einen Gott glaubt, ist → Atheist.

Götter → Gott.

Grammatik (= Sprachlehre) ist die Lehre von der Sprache. Sie beschäftigt sich mit den Formen und Regeln der Sätze und Wörter. Jede Sprache hat ihre eigenen Regeln. Ein Buch, in dem diese Regeln aufgeschrieben sind, heißt ebenfalls Grammatik.

Greenpeace ist englisch und bedeutet *grüner Friede.* Greenpeace ist eine Umweltschutz-Organisation, also ein Verein, der sich für den Schutz unserer Umwelt einsetzt. Auch Kinder können bei Greenpeace Mitglied werden. Greenpeace-Mitarbeiter unternahmen schon viele tollkühne, aber immer gewaltfreie Aktionen. Zum Beispiel verhinderten sie, dass ein Schiff Giftmüll

ins Meer kippte. Sie versperrten dem Schiff mit ihren Schlauchbooten den Weg. Sie kletterten auch schon auf Fabrikschornsteine. Dort führten sie Messungen der Abgase durch. So bewiesen sie die Vergiftung der Luft durch diese Fabrik.

Greifvögel: Oft sieht man einen Greifvogel am Himmel kreisen. Aus großer Höhe beobachtet er seine Beute, um sich dann mit angelegten Flügeln auf sie herabzustürzen. Alle Greifvögel packen ihr Beutetier mit ihren kräftigen Zehen, den Fängen, und zerhacken es mit ihrem Hakenschnabel. Zur Familie der Greifvögel gehören z. B. der → Adler, der → Bussard, der → Falke und der → Habicht.

Grenze: Eine Grenze ist eine gedachte Linie zwischen zwei Gebieten. Grenzen gibt es zwischen Staaten. Manchmal verlaufen sie entlang natürlicher Trennlinien, wie Flüssen oder Gebirgen. Im Gelände sind sie durch Grenzzeichen markiert. Zwischen manchen Staaten gibt es stark befestigte Grenzen. Auch Bundesländer, Kantone, Kreise, Gemeinden oder private Grundstücke haben Grenzen.

Grimm, Jakob und Wilhelm: Die *Gebrüder Grimm* lebten im 19. Jahrhundert. Bekannt geworden sind sie vor allem wegen ihrer Sammlung von Märchen und Sagen in den Büchern *Kinder- und Hausmärchen* und *Deutsche Sagen*. Auf der ganzen Welt kennt man Rotkäppchen, den Froschkönig und Hänsel und Gretel. Die Brüder waren aber nicht nur Märchenerzähler, sondern sie haben die deutsche Sprache und Literatur erforscht. Sie begannen 1838 mit der Arbeit am *Deutschen Wörterbuch.* Es wurde erst 1961, lange nach ihrem Tod, vollendet. Mit rund 34 500 Seiten und 32 Bänden ist es das umfangreichste und bedeutendste deutsche Wörterbuch unserer Zeit.

Grippe: Bereits 412 vor Christi Geburt beschrieb Hippokrates, ein griechischer Arzt, grippeähnliche Erkrankungen. Seit 1741 spricht man von Grippe, nach dem französischen Wort *gripper = erhaschen.* Über Tröpfchen in der Luft kann man sich anstecken. Husten, Niesen, Übelkeit, Kopf- und Gliederschmerzen, Schüttelfrost und Fieber sind sichere Anzeichen für eine Grippe. Man sollte sich ins warme Bett kuscheln und einen Arzt rufen.

Grundgesetz: Das Grundgesetz ist die →Verfassung der Bundesrepublik Deutschland. In ihm wurden 1949 die wichtigsten Gesetze für unseren Staat aufgeschrieben. Kein anderes Gesetz darf dem Grundgesetz widersprechen.

Gummi: Weil Gummi so außerordentlich elastisch ist, werden daraus rund 50 000 verschiedene Produkte hergestellt. Seit fast 1 000 Jahren konnten Bewohner tropischer Gebiete den milchigen Saft des Kautschukbaumes zu gummiartigen Waren verarbeiten. Trotzdem wird Gummi erst seit rund 120 Jahren in großen Mengen technisch genutzt. Den ersten luftgefüllten Autoreifen gab es 1845! Heute wird Gummi meist künstlich hergestellt. Der Rohstoff dafür ist Erdöl, seltener auch Kohle.

H

Haar: Wie die → Federn der Vögel und die Schuppen der Echsen bestehen Haare aus → Horn. Es sind feine biegsame Fäden, die zum Schutz vor Hitze und Kälte bei Menschen und bei manchen Tieren aus der Haut wachsen. Etwa 100000 Haare hat ein junger Mensch auf dem Kopf. Ein Haar wächst in 5 bis 10 Tagen einen Millimeter. Blond, braun, rot oder schwarz wird es von feinsten Metallteilchen gefärbt, die im Haar eingebaut sind. Im Alter werden statt dieser Teilchen nur noch Luftbläschen eingebettet. Dann werden die Haare grau.

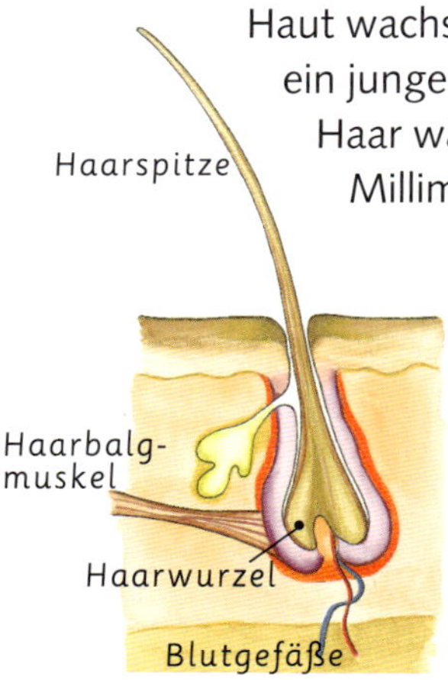

Habicht: Auf einem Baum am Waldrand hat ein Habicht seinen Horst gebaut. Immer wieder wird dieses große Nest mit frischen grünen Zweigen ausgelegt. Im Frühjahr brütet das Weibchen darin 3 bis 4 Eier aus. Das Weibchen ist mit 70 cm Länge und einer Spannweite von 1,20 m größer als das Männchen.
Der Habicht ist ein Greifvogel, der sich hauptsächlich von anderen Vögeln ernährt. Er kann Haushühner und krähengroße Vögel jagen.

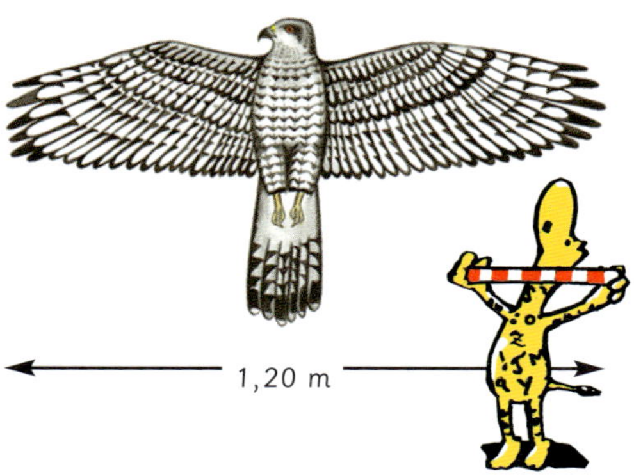

Hafen → S. 127.

Hagel: Außer Regen und → Schnee können auch Eiskörner als Niederschlag aus den Wolken kommen. Sind sie größer als 5 Millimeter im Durchmesser, so heißen sie Hagel. Kleinere Eiskörner nennt man Graupel oder Griesel. Hagel entsteht oft im Sommer bei Gewittern in Quellwolken. Dort setzen sich kalte Wasserteilchen an

Fortsetzung auf S. 128

Warum haben manche Menschen eine Glatze?

Haarausfall ist ein ganz natürlicher Vorgang: Täglich fallen etwa 40 bis 120 Haare aus. Aus der gleichen Haarwurzel wächst in 2 bis 3 Monaten ein neues Haar. Vom 50. Lebensjahr an wachsen aber bei den meisten Menschen weniger Haare nach als ausfallen. Warum bei manchen gesunden Menschen schließlich nur noch ganz wenige oder gar keine Haare mehr nachwachsen, ist bis heute nicht erforscht. Man vermutet, dass es eine vererbte Veranlagung ist, weil in manchen Familien alle Männer im Alter eine Glatze haben. Es gibt aber auch Krankheiten, die zum Haarausfall führen. Dann können nach der Heilung wieder Haare nachwachsen.

HAFEN

Der Hafen ist ein Wasserbecken, das Schiffen beim Ein- und Ausladen Schutz bietet vor Sturm, Hochwasser, Eis und hohen Wellen. Oft sind Häfen dort entstanden, wo Schiffe in einer Flussmündung oder Meeresbucht schon von Natur aus einen geschützten Ankerplatz fanden. Moderne Häfen sind jedoch künstlich von Menschen ausgebaut worden und haben vielerlei technische Einrichtungen. Diese helfen, dass Reisende (Passagiere) zu Fuß, mit dem Auto und der Eisenbahn ein- oder aussteigen können. Andere Einrichtungen dienen dem Einladen (das nennt man Stauen) von Waren oder dem Ausladen (das nennt man Löschen).

Ein Hafen braucht Hafenbecken, die tief genug ausgebaggert sind, dass auch große Schiffe hineinfahren können. Damit Schiffe anlegen können, sind die Ufer befestigt (Kaianlagen) oder es ragen künstliche Dämme ins Hafenbecken hinein (Piere). An den Kais und Pieren gibt es Straßen und Eisenbahnanschlüsse und große Kräne sowie Speicherhäuser oder Öltanks oder Abfertigungshallen für Passagiere.

Bevor ein Schiff in den Hafen einfahren darf, muss es der Kapitän in der Hafenmeisterei anmelden. Dann kommt ein Lotse an Bord, der den Hafen ganz genau kennt. Im Hafen übernimmt er das Kommando und lotst das Schiff zu einem freien Platz. Manche sehr großen Schiffe dürfen nicht mit dem eigenen Antrieb im Hafen fahren, weil sie sonst zu starke Wellen schlagen würden. Sie werden von starken kleinen Schleppern an ihren Platz gezogen.

Häfen gibt es nicht nur an den Meeresküsten (Seehäfen), sondern auch an Flüssen, Kanälen oder Seen wie z. B. am Bodensee (Binnenhäfen). Der größte deutsche Seehafen ist ➔ Hamburg an der Elbe, mit Verbindung zur Nordsee. Der größte deutsche Binnenhafen ist in Duisburg an der Mündung der Ruhr in den Rhein.

Eiskristalle an. Sie werden durch Luftwirbel hoch- und niedergerissen und setzen immer neue Eisschichten an. So werden die Körner immer dicker, bis sie zur Erde fallen.

Hai: Haie unterscheiden sich von anderen ➔ Fischen. Sie haben ein Skelett aus Knochenplatten statt Gräten und eine harte, raue Haut. Die großen Haie bringen lebende Junge zur Welt, die kleinen legen Eier.

Halloween bedeutet *Abend vor Allerheiligen*. Früher haben die Leute geglaubt, in der Nacht vom 31. Oktober zum 1. November würden die Geister spuken. Daraus machen sich viele einen Spaß: Sie verkleiden sich und treffen sich z. B. auf Halloween-Partys oder schnitzen Fratzengesichter in Kürbisse und stellen sie vor die Türen. Kinder ziehen verkleidet von Haus zu Haus und sammeln Süßigkeiten.

Hamburg: 1. Hamburg hat fast 2 Millionen Einwohner und ist die zweitgrößte Stadt Deutschlands. Sie hat den größten deutschen ➔ Hafen. Durch Hamburg fließt die ➔ Elbe, auf der Schiffe weit in die Stadt hineinfahren können. Hamburg ist ein sehr wichtiges Industriezentrum. **2.** Hamburg ist gleichzeitig ein eigenes Bundesland, das sich Freie und Hansestadt Hamburg nennt. Zu diesem Bundesland gehören auch zwei Inseln: Neuwerk und Scharnhörn.

Der Hai – ein Furcht erregender Räuber

Haie riechen Blut und spüren Angst über weite Entfernungen hinweg. Sie sind die gefürchtetsten Raubfische aller wärmeren Meere. 250 verschiedene Arten gibt es. Einige haben bis zu 5 Zahnreihen. Die gefährlich spitzen Zähne wachsen immer wieder nach. Haie leben hauptsächlich von Fischen. Aber einige von ihnen können auch dem Menschen gefährlich werden. Besonders gefürchtet ist der Blauhai (4 m Länge), der Hammerhai (4,5 m Länge) und der Makrelenhai (bis zu 12 m lang und 2000 kg schwer), zu dessen

Familie auch der Weiße Hai gehört. Haie können 15 m lang werden! Der größte von ihnen ist der Riesenhai. Aber: Dieser gigantische Fisch frisst nur Plankton. Das sind Wasserpflanzen mit Kleinstlebewesen.

Hamster: Abends, in der Dämmerung, geht der Hamster auf Futtersuche. Er ist ein Allesfresser, aber am meisten liebt er Getreidekörner. Diese trägt er in seinen dehnbaren Backentaschen in seinen Bau.

Dort sammelt er in einer Vorratshöhle 20 bis 40 kg Vorräte. Wenn Menschen viele Vorräte (besonders Lebensmittel) horten, nennt man das auch *hamstern*. Die Vorräte braucht er, wenn er im März oder April nach langem Winterschlaf wieder aufwacht und auf den Feldern noch keine Nahrung finden kann. Er wird bis zu 30 cm groß und lebt im Freien. Sein Verwandter, der → Goldhamster, ist als Haustier sehr beliebt und nur halb so groß. Dieses kleine Nagetier knabbert bei Gelegenheit gerne mal Möbel an.

Handball: Wenn du Handball spielen willst, musst du Folgendes wissen: Du darfst den Ball nur mit den Händen oder Armen fangen und werfen. Wenn du den Ball hast,

darfst du ihn nicht länger als drei Sekunden halten und du darfst nicht mehr als drei Schritte laufen! Zwei Mannschaften spielen gegeneinander und versuchen, so viele Bälle wie möglich in das Tor des Gegners zu werfen. Beim Handball gibt es immer viel mehr Tore als beim Fußball, das ist ja klar. Die Spielzeit dauert zweimal 25 Minuten. Für Erwachsene dauert eine Halbzeit aber 30 Minuten. Beim Hallenhandball sind es mit dem Torwart sieben Spieler, beim Feldhandball sind es elf.

Handel: Ein Handel ist eigentlich ein Austausch von Waren. Wenn ihr die Bohnen aus eurem Schulgarten bei einer Nachbarin gegen eine Kiste Limo eintauscht, dann habt ihr einen Handel gemacht.
Nehmen wir mal an, ihr habt eine große Bohnenernte und könnt regelmäßig liefern, dann wendet ihr euch an den Großhandel. Der bezahlt euch einen festen Preis und verkauft eure Riesen-Bohnenlieferung etwas teurer weiter an einen, der Gemüsegeschäfte beliefert. Der ist dann der Zwischenhändler. Und die Gemüsegeschäfte, die an einzelne Kunden verkaufen, das sind die Einzelhändler. Jeder verkauft die Bohnen natürlich etwas teurer als der letzte, schließlich muss er ja auch etwas verdienen und Verkaufs- und Lagerräume unterhalten.

Handwerk: Es hat seinen Namen davon, dass Handwerker hauptsächlich mit den Händen und ihrem Werkzeug arbeiten. Trotzdem brauchen sie heute auch Maschinen für einen Teil der Arbeit. Alte Handwerksberufe sind z. B. Schneider, Maurer, Schlosser, moderne sind z. B. Kraftfahrzeugmechatroniker oder Elektroniker. Ein Handwerker beginnt als Auszubildender und nach einer Prüfung wird er Geselle. Manche Gesellen, z. B. die Bäcker und Schornsteinfeger, müssen eine Meisterprüfung machen, bevor sie einen eigenen Betrieb führen und selbst ausbilden dürfen. Die Handwerker-Innungen überwachen die Ausbildung und die Arbeit.

Handy: Das Handy, auch Mobiltelefon genannt, ist ein kleines handliches Telefon. Es funktioniert über → Funk. Mittlerweile kann man mit Handys aber nicht nur telefonieren, sondern auch → SMS und → MMS verschicken, sich ins Internet einwählen und E-Mails versenden. Viele Handys haben eine kleine Kamera, einen MP3-Player, ein Spiele-Terminal oder sogar einen TV-Empfänger eingebaut. Telefonieren mit Handys kann sehr teuer werden!

Hardware → Computer.

Harfe: Das große Zupfinstrument hat für jeden Ton eine eigene Saite, die mit den Fingern angezupft wird. Die 46 Saiten sind nicht über einen Klangkörper gespannt wie bei der Gitarre, sondern zwischen einen Winkelrahmen. Der ist teilweise hohl und deshalb selbst der Klangkörper. Die Harfe war schon vor der Römerzeit beliebt. Später kam sie aus

der Mode. Erst im 18. Jahrhundert erfand man eine Harfe, bei der sich die Töne mit Pedalen verstellen ließen.

Harpune: Bei der Jagd und Fischerei kennt man die Harpune seit der → Steinzeit. Sie besteht aus einem Stiel, an dem eine Art Pfeilspitze mit Widerhaken steckt. Mit einem Ring ist außerdem eine Leine daran befestigt, um das erlegte Tier zum Jäger heranzuholen. Früher warf der Harpunier die Harpune von Hand, heute wird sie z. B. beim Walfang aus einer kleinen Kanone abgeschossen. Sporttaucher benutzen kleine Harpunen, die aus einem Spezialgewehr abgeschossen werden.

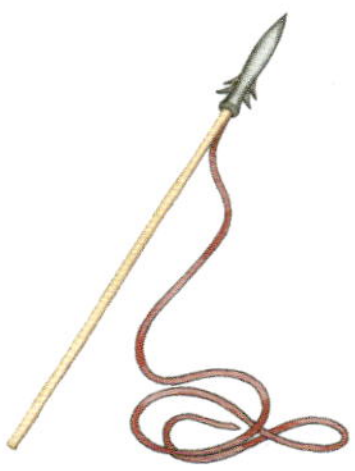

Harry Potter ist die Hauptfigur mehrerer Bücher der englischen Autorin Joanne K. Rowling. Er besucht die Hogwarts Schule für Hexerei und Zauberlehre und muss mit seinen Freunden Ron und Hermine viele magische Abenteuer bestehen.

Harz (das Harz): Den zähen, klebrigen Saft der Nadelbäume nennt man Harz. Es ist gelblich bis bräunlich und tritt aus Wunden der Bäume aus. Es verhindert Fäulnis an den Wunden, und wenn es trocknet, verschließt es diese. Aus Harz wird z. B. Terpentin für gute Künstlerfarben hergestellt. Kiefernharz, das viele Millionen Jahre im Meer lag, wurde zu Bernstein.

Harz (der Harz): Das nördlichste Mittelgebirge in Deutschland ist der Harz. Sein höchster Berg ist der 1 142 Meter hohe Brocken. Alte Sagen erzählen, dass dort in der Walpurgisnacht Hexen wilde Tänze aufführen und Feste feiern. Das ist die Nacht vor dem 1. Mai. Heute ist im Harz ein schöner großer Naturpark.

Hase: Nicht jeder Hase ist ein Angsthase. Aber die angeborene Furchtsamkeit hat diesem weit verbreiteten Tier bestimmt schon oft das Leben gerettet. Der Feldhase lebt in der Nähe des Menschen auf Feldern, Wiesen, in Wäldern, aber auch in den Parkanlagen, mitten in großen Städten. Er futtert gerne alle wild wachsenden, aber auch angepflanzten Kräuter. Manchmal macht er *Männchen*. Dabei stellt er seine langen Ohrmuscheln (Löffel) auf und wittert, ob sich ein Feind nähert. Wenn er flüchten muss, schafft er bis zu 80 km in der Stunde! Dabei schlägt er geschickt Haken, um seinen Verfolger abzuschütteln.

Der Hase ist wegen seiner Tarnfarbe meistens schwer zu entdecken.

Haustiere → S. 132/133

HAUSTIERE

Haustiere hält der Mensch beim Haus oder im Haus. Sie sind dem Menschen nützlich. Haustiere gibt es nicht schon immer, sondern sie wurden aus Wildtieren regelrecht gezähmt.

In den Anfängen der Menschheit gab es nur Jäger und Sammler, die sich von dem ernährten, was sie fanden oder jagen konnten. Aber schon 9 000 Jahre vor Christus haben die Menschen begonnen, sesshaft zu werden, also an einem Ort zu bleiben. Sie züchteten Pflanzen und bauten sie auf Äckern an, und sie begannen, Tiere zu zähmen, um sie für sich selbst zu nutzen. Inzwischen kennen wir viele Arten von Haustieren:

Nutztiere hält sich der Mensch aus verschiedenen Gründen: Er mästet die Tiere zum Beispiel, um ihr Fleisch zu essen: Geflügel wie Hähnchen, Truthähne, Enten, Gänse und auch Tauben werden für den Bratentopf gezüchtet. Rinder, Schweine, Schafe, Ziegen und Kaninchen sind Fleischlieferanten. Manche Menschen essen gerne Pferdefleisch. Sogar der Strauß, ein riesiger flugunfähiger Vogel aus Afrika, wird in Straußenfarmen gehalten, weil sein Fleisch sehr beliebt ist.

Aber auch die meisten von denen, die kein Fleisch essen, nutzen diese Tiere: Kühe, Schafe und Ziegen für die Milch, Hennen für die Eier, Schafe für die Wolle, Gänse für die Daunen, Bienen für den Honig und schließlich die Haut der toten Tiere als Leder. Auch Fische züchtet der Mensch.

Bei der Behandlung dieser Lebewesen wird aber viel Unheil angerichtet. Zum Beispiel wenn sie, wie meistens die Hühner, in Legebatterien gehalten werden. Diese Tiere, die von Natur aus ihr Futter durch Kratzen und Scharren suchen, führen in einem Gitterkäfig ein furchtbares Leben. Besser ist es, etwas mehr für Eier zu bezahlen, dafür weniger zu essen und zu wissen, dass die Tiere anständig leben! Oder Tiertransporte, bei denen Rinder durch ganz Europa gefahren werden, zum Teil unterwegs verdursten, nur weil Menschen viel Fleisch billig kaufen möchten. Das sollte man immer bedenken.

Arbeitstiere helfen dem Menschen, Arbeiten zu verrichten. Natürlich sind diese heute meistens durch Maschinen ersetzt worden! Früher wurde zum Beispiel mit Rindern (Kühen, Ochsen) gepflügt, auch Heuwagen haben die Rinder gezogen. Wohlhabende Menschen hielten Pferde für diese Arbeit. Im hohen Norden benutzt man zum Teil heute noch Schlittenhunde, die Menschen und Waren ziehen, in der Wüste tragen Kamele die Lasten, in Indien tun das die Elefanten.

Sporttiere sind hauptsächlich Pferde (Springreiten, Pferderennen, Voltigieren, Dressurreiten und so weiter). Auch mit Hunden veranstaltet man Rennen – und, falls man das als Sport bezeichnen kann, es werden Hengste fürs Rodeoreiten gezüchtet. Es gibt auch Stierkämpfe und Hahnenkämpfe, die bei uns – Gott sei Dank – nicht üblich sind, denn es ist eine Missachtung von Lebewesen, wenn man sie mit Pfeilen sticht, um sie zu reizen, oder mit Messern bewaffnet aufeinanderhetzt.

Wachtiere sind eigentlich nur Hunde, obwohl sich auch Gänse hervorragend eignen würden, weil sie laut und aggressiv sind. Hunde sind auch bei der Polizei sehr geschätzt für die Rauschgiftfahndung, und schließlich könnten viele Blinde sich ohne diesen treuen und zuverlässigen Begleiter nicht frei bewegen.

Kuscheltiere halten sich viele, weil sie etwas zum Liebhaben brauchen. Du auch? Das können Hunde sein oder Katzen, Kleintiere wie Goldhamster, Meerschweinchen, Mäuse, sogar Ratten oder Vögel (Papageien, Kanarienvögel, Wellensittiche) und auch Fische im Aquarium sind beliebt.

Du musst dabei immer bedenken: Tiere brauchen Zuwendung. Sie wollen täglich gefüttert werden, müssen Gassi gehen und ihr Stall oder Käfig muss regelmäßig gereinigt werden, sonst werden sie krank. Und Kleintiere, wie Meerschweinchen oder auch Vögel, leben am liebsten zu zweit. Sie sind viel glücklicher, wenn sie einen Freund oder eine Freundin bei sich im Käfig haben.

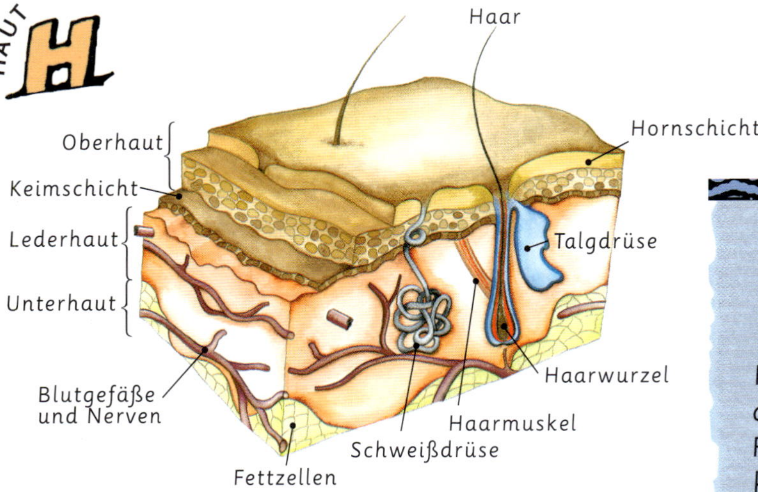

Haut: Die Haut ist die Außenschicht der Pflanzen, Tiere und Menschen. Sie schützt den Körper vor Kälte und Hitze, Verletzungen, Krankheitserregern und vor dem Austrocknen. Sie ist ein sehr wichtiges Sinnesorgan: Wir tasten damit und fühlen rau oder glatt, scharf oder stumpf, Druck und Schmerz, Wärme und Kälte. Könnte man die Haut ausziehen und flach auslegen, so wäre sie ungefähr so groß wie eine Zimmertür. Sie besteht aus vielen Schichten: Die Oberhaut hat nach außen noch eine dünne Hornschicht, die von abgestorbenen Hautzellen gebildet wird. Darunter liegen die Schichten der Lederhaut aus verfilzten Fasern mit Talgdrüsen und Haarwurzeln. Hier enden außerdem viele Blutgefäße (Adern) und die Nerven, mit denen wir alles fühlen. Die Unterhaut verbindet Haut und Körper. Sie enthält reichlich Fett und die Schweißdrüsen, die unsere Körpertemperatur regulieren. Damit die Haut gut funktioniert, muss sie regelmäßig gesäubert und vor zu viel Sonnenstrahlung geschützt werden. Entzündet sich die Haut öfter durch Sonnenbrand, so kann es später schwere Erkrankungen geben (Krebs).

Warum bekommt man eine Gänsehaut?

Jeder Mensch hat überall am Körper winzige Härchen (nur nicht auf der Innenfläche der Hände und Fußsohlen). An den Wurzeln dieser kleinen Haare sitzen Hautmuskeln. Wenn nun jemand friert oder erschrickt, ziehen sich diese Muskeln unwillkürlich zusammen. Dabei richten sich die Härchen auf und schon sieht die Haut aus wie die einer gerupften Gans.

Hebamme: Hebammen helfen den Schwangeren vor und bei der Geburt ihres Kindes (➔ Baby). Die Geburtshelferin wird gerufen, egal ob das Kind im Krankenhaus oder bei einer Familie zu Hause geboren wird. Auch wenn kein Arzt anwesend ist, eine Hebamme muss auf jeden Fall dabei sein. Sie hilft der Mutter und versorgt das Neugeborene auch noch einige Tage nach der Geburt.

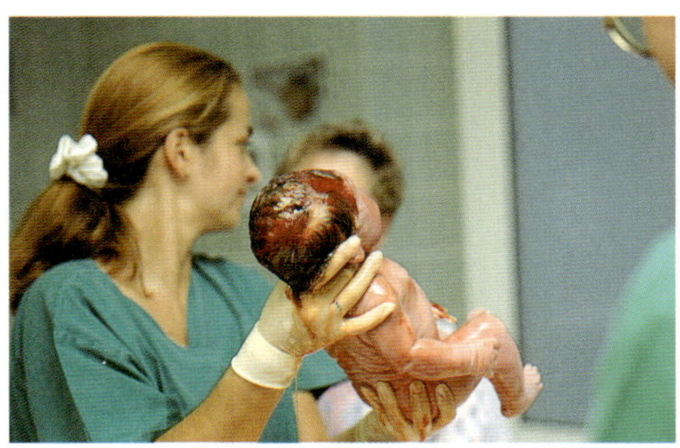

Hebel: Eine der einfachsten Maschinen, mit denen man Kraft sparen kann, ist der Hebel. Er ist eine Stange, die sich um einen Punkt oder eine Achse drehen lässt. Reicht die Kraft nicht aus, um etwas zu bewegen oder zu heben, so setzt man einen Hebel an und lässt die Kraft über den Hebel wirken. Probiere es am Kronkorkendeckel einer Flasche aus. Du kannst den Deckel nicht mit dem Daumen oder der Hand anheben. Der Flaschenöffner ist ein Hebel. Drückst du mit deiner Kraft an diesem Hebel, bekommst du den Verschluss auf. Gelingt es dir, den Griff zu verlängern, so brauchst du noch weniger Kraft. Ein Sprichwort heißt deshalb: *Viel größer wirkt des Schlossers Kraft, wenn er mit dem Hebel schafft!* Bau dir doch selbst einen Hebel!

Bau dir selbst einen Hebel

So geht der Deckel nicht ab.

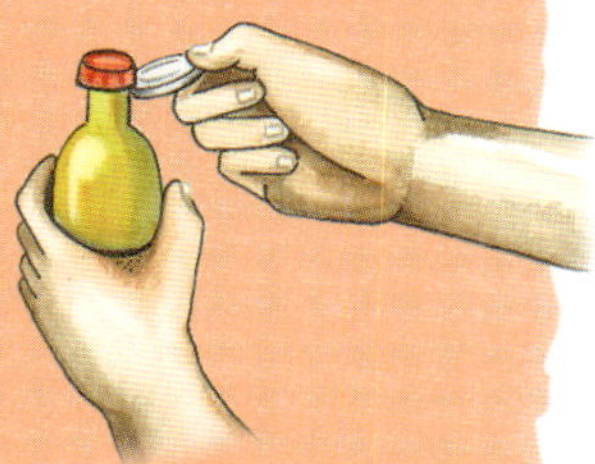

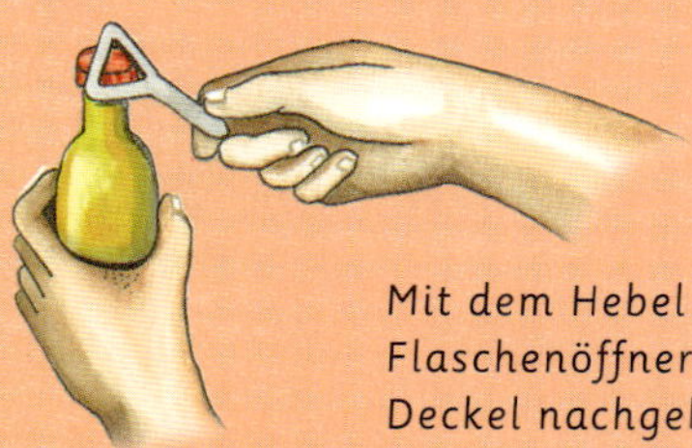

Mit dem Hebel des Flaschenöffners wird der Deckel nachgeben.

Mit dem verlängerten Hebel genügt die Kraft eines Fingers.

Hecht: Regungslos lauert der große Raubfisch (bis zu 1,50 m Länge) in den ruhigen, bewachsenen Ufergebieten von Flüssen und Seen. Seine Tarnfarbe hilft ihm dabei, nicht entdeckt zu werden. Er hat viele spitze, nach hinten gebogene Zähne im Maul. Hauptsächlich macht er Jagd auf Fische und Frösche. Das Weibchen legt einige Hunderttausend Eier. Wenn die winzigen Hechte dann ausschlüpfen, sind sie vor allem von ihren eigenen Artgenossen bedroht. Aber auch wir Menschen verspeisen Hechte wegen des leckeren Fleisches sehr gerne und züchten sie deswegen (➔ Haustiere).

Heide: Die Heide ist eine flache Landschaft mit niedrigen Pflanzen und Sträuchern und wenigen Bäumen. Die Pflanzen sind so nieder, weil der Boden nährstoffarm ist. Die bekannteste Heidepflanze ist das Heidekraut. Es blüht lila, und wenn du dir eine riesige Wiese voll mit Heidekraut vorstellst, dann weißt du ungefähr, wie die Heide aussieht, wenn sie blüht. Die bekannteste Heide ist die Lüneburger Heide.

Heilige haben vor ihrem Namen ein *Sankt* oder, wenn es eine Heilige ist, *Sankta* oder *Santa*, alles abgekürzt mit *St.* Den St. Florian kennst du, das ist der Schutzheilige der Feuerwehr, St. Martin kennst du schon seit dem Kindergarten und St. Nikolaus auch. Heilige werden von katholischen Christen verehrt, weil sie etwas Bedeutendes in ihrem Leben geleistet oder sogar ihr Leben geopfert haben. Es gibt aber auch in anderen Religionen Heilige.

Kamille

Heilpflanze: Viele Heilpflanzen haben eine heilende Wirkung. Einige von ihnen kennst du bestimmt schon: Kamillentee trinkt man zum Beispiel bei einer Magenverstimmung oder Salbeitee gegen Halsweh. Auch Pfefferminze, Lindenblüten, Brennnesseln, Baldrian, Melisse oder Fenchel sind alte natürliche Arzneimittel. Sie wirken wie Medikamente. Man sollte sie nur auf ärztlichen Rat einnehmen.

Heimat: Eine Landschaft, eine Stadt, ein Dorf oder auch nur ein Haus kann eine Heimat sein. Wichtig ist, dass man sich dort meistens wohlfühlt und Freunde findet. Auch Fremde können eine neue Heimat oder Wahlheimat finden, wenn man sie als Freunde aufnimmt. Fühlt man sich nicht so wohl und erinnert sich lieber an eine frühere Heimat, so bekommt man Heimweh.

Heizung: Früher gab es in Küchen oder Zimmern Öfen zum Wärmen. Dort hat man Holz, Kohle oder Öl verbrannt. Dadurch entstand Wärme. Heute haben viele Häuser eine Zentralheizung. Man sieht im Zimmer nur die Heizkörper, die warm werden und den Raum heizen. Manchmal sind auch Heizrohre im Fußboden eingebaut. Durch diese Heizkörper oder Fußbodenrohre fließt heißes Wasser. Das wird in einem Brenner erhitzt, in dem Kohle, Heizöl oder Erdgas verbrannt wird. Der Brenner steht oft im Keller oder in einem Fernheizwerk. Das Wasser wird mit einer Pumpe in die Heizkörper gedrückt. An allen Heizkörpern sind Thermostate. Das sind automatische Regler, die das heiße Wasser stoppen, wenn es im Zimmer warm genug ist.

Helikopter → Hubschrauber.

Hering: In großen Schwärmen ziehen die Heringe durch den Atlantik. Sie schwimmen dicht an der Wasseroberfläche, denn dort finden sie ihre Nahrung, das → Plankton. Zum Ablaichen ziehen sie zu Millionen in seichte Küstengewässer: Dort lassen die Weibchen unzählige Eier fallen. Wenn die Männchen darüberschwimmen, stoßen sie ihren Samen aus. Das Wasser ist davon manchmal richtig milchig. Für den Menschen ist der Hering einer der wichtigsten Nutzfische. Er wird von den Fischern in großen Netzen gefangen. Seit einigen Jahren geht deshalb der Bestand immer mehr zurück. Der Hering wird gebraten und gewürzt (Brathering), geräuchert (Bückling), gesalzen und gewickelt (Rollmops).

Hertz ist eine Maßeinheit. Sie ist benannt nach dem deutschen Physiker Heinrich Hertz. Wenn ihr einen Computer habt mit einem 3 600-Megahertz-Prozessor, dann heißt das, dass der Computer bestimmte Dinge 3 600 Millionen Mal in einer Sekunde machen kann. Denn 1 Hertz (1 Hz) bedeutet 1 Mal je Sekunde und Mega bedeutet das Millionenfache. Das ist unvorstellbar schnell. Ein einfaches Experiment zeigt dir, was 1 Hertz bedeutet!

Das ist ein Hertz

Fülle eine Plastik-Filmdose voll Sand. Klemme in den Deckel einen dünnen festen Faden mit 25 cm Länge. Hänge das Ganze so auf, dass das Pendel frei schwingen kann. Lenke die Dose um etwa 5 cm von der Ruhelage aus und lasse sie schwingen. Sie schwingt einmal je Sekunde hin und zurück. Sie schwingt mit fast genau 1 Hz.

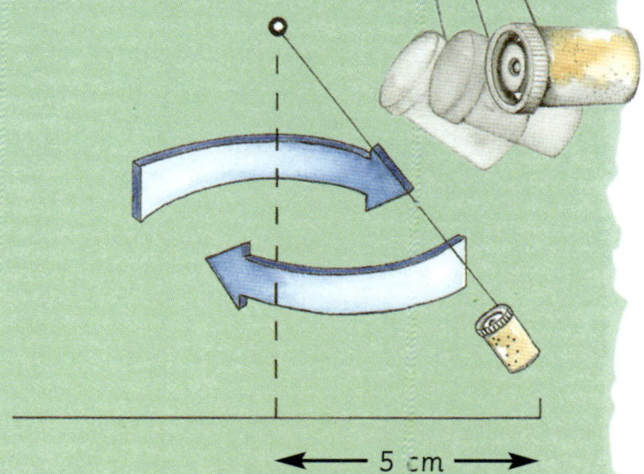

Herz: Das Herz sitzt mitten in der Brust und sieht nur ungefähr so aus, wie man es auf Liebesbriefchen darstellt: ♥. Das Herz ist auch nicht der Ort, wo man Gefühle empfindet – aber *Herz*-los können wir nicht leben! Denn es ist der Muskel, der das Blut

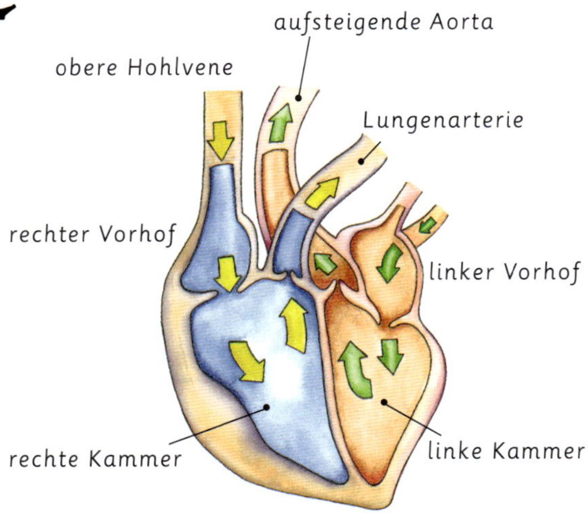

durch unseren Körper pumpt. Man muss sich das ungefähr so vorstellen: Das Herz besteht aus zwei Hälften. Die rechte Hälfte pumpt das verbrauchte Blut aus dem Körper zurück und durch die ➔ Lunge. Die versorgt es mit Sauerstoff. Das frische Blut ist jetzt viel heller rot als das verbrauchte. Es wird dann von der linken Herzkammer wieder in den Körper gepumpt. Dieses gleichmäßige Pumpen kann man hören und spüren. Das Herz eines Menschen schlägt ungefähr 70-mal in der Minute. Wenn man nach dem Dauerlauf den ➔ Puls fühlt, merkt man, dass das Herz jetzt schneller schlägt.

Heuschnupfen: Manche Menschen bekommen tränende Augen, müssen niesen und können nicht mehr richtig atmen, wenn sie in die Nähe von Blütenstaub kommen: Sie haben eine ➔ Allergie. Das kann bei dem einen durch Heu kommen, daher kommt auch der Name, beim anderen durch Weidenkätzchen oder andere Blüten. Deshalb tritt der Heuschnupfen auch zu unterschiedlichen Zeiten auf.

Heuschrecke: Wie unheilvolle Wolken ziehen die großen Schwärme der Wanderheuschrecken über das Land. Wenn diese Pflanzen fressenden Insekten in ungeheuren Massen über ein Gebiet herfallen, fressen sie alles kahl. Die Wanderheuschrecken sind in Afrika, Asien und Amerika eine Plage der Menschheit. Bei uns leben von den 10 000 Arten nur 90. Zu ihnen gehören zum Beispiel die *Grüne Laubheuschrecke* (= Großes Heupferd oder Grashüpfer) und die *Feldheuschrecke*. Die erzeugt an warmen Tagen einen eintönigen Gesang, wenn sie mit ihren kräftigen Hinterbeinen an den Vorderflügeln reibt. Mit diesem Zirpen will sie ein Weibchen anlocken. Die Heuschrecken haben ihre *Ohren* an den Vorderbeinen oder am ersten Hinterleibsabschnitt. In südlichen Ländern werden Heuschrecken auch zu Mehl verarbeitet oder gebraten und gegessen.

Hieroglyphen ist das griechische Wort für heilige Schriftzeichen. Es dauerte lange, bis man diese Bilderschrift entziffern konnte. Soldaten aus der Armee von Napoleon waren in Ägypten einmarschiert. Einer von ihnen grub im Jahr 1799 einen schwarzen Stein aus, der so groß war wie eine Tischplatte. Er war mit drei verschiedenen Schriften beschrieben: Die erste bestand aus Hieroglyphen, die zweite war eine abgekürzte Bilderschrift, aber die dritte war griechisch. Mit ihrer Hilfe gelang es, die Hieroglyphen zu entziffern. Zu einer sehr schlechten Schrift sagt man oft: *Diese Hieroglyphen kann kein Mensch lesen!*

Himalaya ist ein altindisches Wort und heißt auf Deutsch *Haus des Schnees*. Er ist das höchste Gebirge der Erde und liegt zwischen China und Indien. Er ist 2500 km lang, etwa 250 km breit und über weite Gebiete mit ➔ Gletschern bedeckt. Hier liegen viele Berge über 8 000 Meter hoch, der Mount Everest ist mit 8 846 Metern der höchste Berg der Erde.

Himmel: Darunter versteht man normalerweise den großen Raum rund um die Erde. Steht man auf der Erde, so stellt man sich den Himmel vor wie eine riesige Halbkugel, die am ➔ Horizont an die Erde angrenzt – das ist aber nicht so! Nachts sieht es aus, als ob an der Innenseite alle Himmelskörper, die Sterne, befestigt seien. Am Tage sieht man die Sterne nicht, weil die Sonne viel heller scheint. Sind nur wenige oder keine Wolken da, sieht der Himmel blau aus. Morgens und abends leuchtet er oft rötlich. Nachts hat man den Eindruck, dass sich die Himmelshalbkugel dreht. Das liegt daran, dass sich die Erde um ihre eigene Achse im Weltraum dreht.

Himmelsrichtung: *Im Osten geht die Sonne auf, im Süden ist ihr Mittagslauf. Im Westen will sie untergeh'n, im Norden kannst du sie nicht seh'n.* So kannst du dir die 4 Himmelsrichtungen leicht merken. Im Norden ist die Sonne bei uns nachts. Hinter Wolken sehen wir sie aber auch bei Tage nicht. Dann hilft ein ➔ Kompass. Seine Nadelspitze zeigt immer nach Norden, wenn kein anderer Magnet in der Nähe ist. In der Nacht kann man sich auch nach dem Nordstern richten, wenn der Himmel wolkenfrei ist.

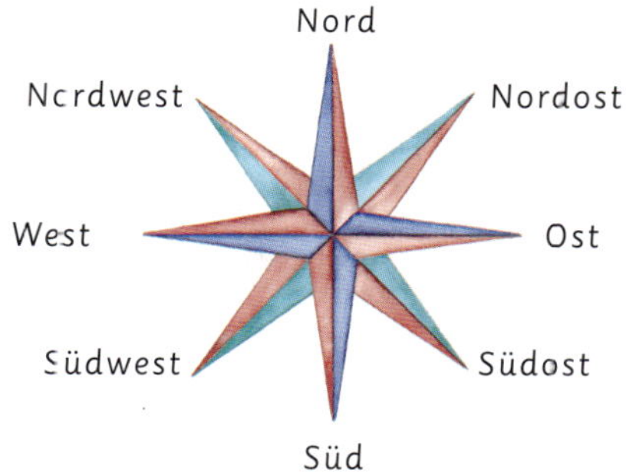

Hinduismus ist eine Religion, vor allem in Indien. Hindus verehren viele Gottheiten und sie glauben an die Wiedergeburt (das ist auch im ➔ Buddhismus so). Weil die Hindus glauben, dass man auch als Tier wiedergeboren werden kann, ist ein wichtiges Gebot der Schutz allen Lebens. Darum werden Rinder als heilige Tiere verehrt und darum essen die meisten Hindus auch kein Fleisch. Jeder Hindu gehört einer ganz bestimmten Gesellschaftsschicht an. Die nennt man *Kaste*.

Hirsch: Ein mächtiger Hirsch bricht durch das Unterholz. Er kann bis zu 2,50 m lang werden und eine Schulterhöhe bis zu 1,50 m erreichen. Sein Geweih stößt er jedes Jahr im Februar ab. Aber schon im Frühling wächst ihm ein neues, das dann wieder eine Spitze (ein Ende) mehr hat. Man kann mit etwas Glück Vierzehn- bis Sechzehnender sehen. Die Hirschkühe haben kein Geweih. Sie leben mit den Hirschkälbern in einem Rudel

zusammen. Erst im Herbst gesellen sich die männlichen Hirsche zu ihnen. Dann gibt es oft schreckliche Geweihkämpfe. In unseren Wäldern gibt es den Rothirsch und den Damhirsch.

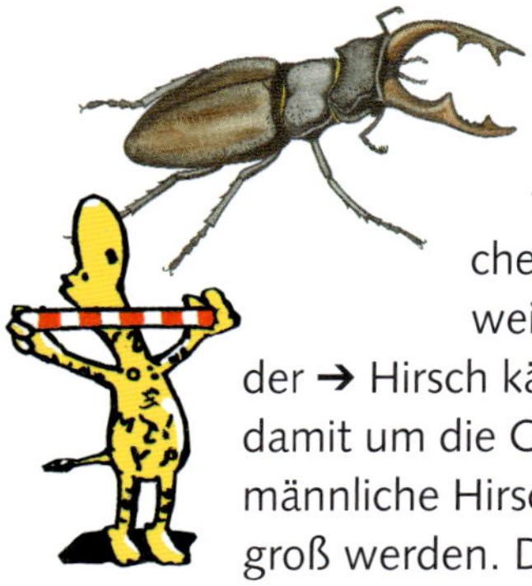

Hirschkäfer: Der große, zangenartige Oberkiefer des Hirschkäfermännchens sieht aus wie das Geweih eines Hirsches. Und wie der ➔ Hirsch kämpft auch der Hirschkäfer damit um die Gunst des Weibchens. Der männliche Hirschkäfer kann bis zu 7,5 cm groß werden. Das Weibchen hat nur einen kurzen Oberkiefer. Es legt seine Eier in das Holz alter, toter Laubbäume. Darin leben und entwickeln sich die Larven 5 bis 8 Jahre lang! Dann verpuppen sie sich (➔ Puppe). Erwachsene Hirschkäfer leben in Eichenwäldern nur wenige Sommerwochen lang. Sie sind sehr selten und stehen unter Naturschutz.

Hobby: Freie Zeit haben ist etwas Schönes. In dieser Zeit können sich die Menschen mit etwas beschäftigen, das ihnen Spaß macht. Viele Leute sammeln Dinge (z. B. Briefmarken, Stickers, Münzen), andere basteln gerne, musizieren oder üben einen Sport aus. Das englische Wort für eine solche Freizeitbeschäftigung heißt *Hobby*. Früher nannte man es *Steckenpferd*.

Höhle: Alle Hohlräume unter der Erde bezeichnet man als Höhlen. Sie boten den Menschen der Frühzeit Schutz vor Wind und Wetter und vor wilden Tieren. Viele Höhlen werden von Tieren bewohnt und zum Überwintern benutzt. Tropfsteinhöhlen sehen prächtig aus. Wie kunstvolle Säulen ragen die *Stalagmiten* aus dem Höhlenboden. Als Zapfen wachsen ihnen die *Stalaktiten* von oben entgegen. Diese Gebilde entstehen, weil ständig kalkhaltiges Wasser herabtropft, das sich ablagert. In einigen unterirdischen Höhlen hat man reißende Flüsse und riesige Seen gefunden.

Höhlenmenschen

Als die ersten Menschen aus den wärmeren Gegenden der Erde weiter nach Norden wanderten, mussten sie sich gegen die Kälte schützen. Sie nutzten natürliche Höhlen oder gruben sich Höhlen in feste Lehmerde. In China fand man tiefe Kalksteinhöhlen, in denen zwischen 460 000 und 230 000 v. Chr. ständig Menschen lebten. Sie hatten Feuer in ihren Höhlen, an dem sie sich wärmten und ihre Nahrung kochten. In Südfrankreich kann man Höhlen besichtigen, die von ihren Bewohnern mit kunstvollen Gemälden verziert wurden. In China, Nordafrika, Spanien und der Türkei findet man heute noch Höhlenwohnungen in Lehmschichten. Sie sind zum Teil auch noch bewohnt.

Hohlmaß: Ein Hohlmaß ist **1.** ein hohles Messgerät, mit dem man alle Mengen messen kann, die man schütten kann. Also flüssige, mehlige oder körnige Sachen. Der Messbecher in der Küche ist ein Hohlmaß, es kann aber auch eine Tasse oder ein Löffel sein. **2.** nennt man so auch die Einheiten in der Technik und den Naturwissenschaften, die meist mit der Vorsilbe *Kubik* beginnen: Kubikmeter, Kubikzentimeter usw. Das bekannteste Hohlmaß ist der Liter. Früher kannte man den Scheffel, der unterteilt war in 16 Metzen. Er war von Land zu Land verschieden groß.

Holland ist eine Landschaft im Westen der ➔ Niederlande. Viele Menschen glauben, die Niederlande seien dasselbe wie Holland, das ist aber falsch.

Holz: Unter der Rinde von Bäumen verbirgt sich das Holz. Ganz im Innern der Zweige und Stämme liegt das Kernholz. An den verschiedenen Färbungen der Jahresringe um diesen Kern kann man das Alter eines Baumes ablesen. Im Frühjahr bilden sich saftige Zellen, die wie ein heller Ring aussehen. Im Herbst entwickeln sich kleine, trockene Zellen, die dunkel sind. Diese Ringe erzählen viel über das Leben eines Baumes, über trockene Jahre, Feuer oder Käferbefall. Es gibt mehr als 1000 Holzarten. So liefern zum Beispiel die Nadelbäume weiches Holz, das man zur Papierherstellung oder zum Häuserbau verwendet. Hartes Holz liefern beispielsweise Laubbäume wie Eichen, Buchen oder Eschen und viele Bäume aus den ➔ Tropen. Zum Möbelbau verwendet man von Edelhölzern nur ganz dünne Platten, das Furnierholz. Abfallholz dient als Brennholz.

Jahresringe

Homosexualität: Das ist die sexuelle Liebe zwischen zwei Menschen desselben Geschlechts. Also Männer, die Männer lieben (die nennen sich selbst *Schwule*), und Frauen, die Frauen lieben (diese nennen sich *Lesben*). Übrigens: Das Wort homós kommt aus dem Griechischen und bedeutet gleichartig.

Honig schmeckt gut als süßer Brotaufstrich und in Lebkuchen. Er wird auch in der Medizin verwendet. Schon im griechischen Altertum brauchte man ihn als Heilmittel für sehr viele Krankheiten. Um ein Gramm Honig zu gewinnen, muss eine ➔ Biene den Nektar aus 6000 Einzelkleeblüten saugen (bei Akazienblüten sind es 1600). In der Honigblase der Biene wird dieser Nektar mit einem wichtigen Zusatz vermischt. Im Bienenstock bringen die Bienen ihn in eine Wabe. Der Imker schleudert den Honig aus den Waben und siebt ihn, damit er schön klar aussieht.

Horizont: Allgemein nennt man so den Gesichtskreis oder alles, was ein Mensch sehen oder verstehen kann. In der Astronomie oder Himmelskunde nennt man so den Rand, an dem es so aussieht, als ob Himmel und Erde zusammenkommen. Die Seeleute nennen den Horizont, an dem Wasser und Himmel einander scheinbar berühren, die *Kimm*.

Horn: 1. Horn ist der Stoff, aus dem zum Beispiel ➔ Haare, Fingernägel, Pferdehufe oder Vogelfedern bestehen. Er ist hart, zäh und eiweißartig. **2.** Horn ist das Einzahlwort zu ➔ Hörner. **3.** Horn ist ein Blasinstrument, das früher aus Tierhörnern gemacht wurde, heute wird es aber aus Metall hergestellt. Die bekanntesten Hörner sind das Waldhorn oder die Tuba.

Waldhorn

Hörner nennt man auch *Gehörn*. Hörner sind die Kopfwaffe von Paarhufern (das sind Tiere, deren Hufe gespalten aussehen). Mit dieser Waffe kämpfen die Männchen gegeneinander, wenn sie ein bestimmtes Weibchen wollen (➔ Hirsch). Manchmal ist das Gehörn aber auch sehr unpraktisch gedreht und geschnörkelt und dient eigentlich mehr dem Kopfschmuck. Das Gehörn besteht aus ➔ Horn.

Hornisse: Vor Hornissen solltest du dich in Acht nehmen! Stiche dieser großen Wespenart können gefährlich sein, wie die Stiche der ➔ Wespe auch! Die Hornisse ist viel größer als die Wespe. Sie ist hellbraun und nur am Hinterleib hat sie die gelb-schwarz gestreifte Warnfarbe, die diese Insekten so gefährlich aussehen lässt. In hohlen Bäumen, aber auch im Dachgebälk oder in Mauerspalten bauen die Hornissen ihr Nest. 3 000 bis 5 000 Tiere leben hier zusammen. Zu ihrem Staat gehören Königinnen, Arbeiterinnen und die Männchen.

Horoskop: Nur zu gerne wollen die Menschen wissen, was ihnen die Zukunft bringen könnte. Eine Antwort erhoffen sich viele aus ihrem Horoskop. Horoskop ist das griechische Wort für Stundenschauer. Im alten Ägypten war das ein Priester, der durch genaues Beobachten der Sterne die glücklichen Stunden des Königs herausfinden sollte. Auch heute noch gehen die Astrologen bei ihren Deutungen von den ➔ Tierkreiszeichen, den Sternbildern, aus, unter denen die Menschen geboren sind.

Hubschrauber: Der Hubschrauber hat einen Rotor (Hubschraube), der von einem Motor gedreht wird. Die Rotorblätter sind Drehflügel, die den Hubschrauber anheben, wenn sie sich schnell genug drehen. Je nachdem, wie der Pilot die Achse des Rotors und die Winkel der einzelnen Rotorblätter einstellt, kann der Hubschrauber senkrecht starten und landen, vorwärts-, seitwärts- oder rückwärtsfliegen, auf der Stelle wenden oder in der Luft stehen. Damit sich der Rotor dreht und nicht der Hubschrauber, gibt es noch einen zweiten kleinen Propeller am Heck.

Huhn oder Haushuhn nennt man das Tier, dessen Eier wir zum Kochen verwenden. Aber eigentlich ist Huhn die Bezeichnung für ➔ Hühnervögel.

Hühnervögel: Hühnervögel sind schlechte Flieger. Sie scharren auf dem Boden nach Nahrung. Die Männchen, die Hähne, sind meistens bunt und prächtig. Die Weibchen, die Hennen, sind unauffällig. Ein Hühnervogel ist zum Beispiel der ➔ Fasan, der ➔ Pfau, aber auch das Haushuhn (➔ Huhn) oder der Truthahn.

Hummel: Es summt und brummt. Eine dicke Hummel fliegt zu einem Rotklee. Mit ihrem langen Saugrüssel holt sie den süßen Nektar aus der Blüte. An den Bürstchen und Körbchen an ihren Hinterbeinen bleiben Pollen hängen. Sie fliegt von Blüte zu Blüte und befruchtet diese dabei. Wenn die Hummel genügend gesammelt hat, fliegt sie in ihre Erdhöhle. Dort leben viele Hummeln in einem ➔ Staat zusammen. In rundlichen Wachsbehältern wird der Honig für Regentage gesammelt, in anderen entwickeln sich die jungen Hummeln. Hummeln haben Haare, die wie ein weicher Pelz aussehen. Aber das darf dich nicht täuschen: Die Hummel ist kein Schmusetier! Sie kann wie die Wespe mehrmals hintereinander stechen!

Humor ist etwas anderes als Witz. Wer Humor hat, ist heiter, lacht gern, auch wenn es ihm gerade nicht so gut geht: *Humor ist, wenn man trotzdem lacht*, sagt deshalb ein Sprichwort. Wer Humor hat, lacht mit anderen, aber er lacht nicht über andere.

Humus: Wenn Pflanzen absterben und verwesen, bildet sich Humus. Moore sind deshalb reine Humusböden. Im Komposthaufen entsteht auch Humus. Man braucht ihn, um schwere Böden aufzulockern und fruchtbar zu machen.

Der größte und der kleinste Hund

Die Größe eines Hundes bestimmt man vom Boden bis zur Schulter, man nennt das Schulterhöhe. Die Deutsche Dogge und der Irische Wolfshund sind die größten Hunde, sie erreichen eine Größe bis zu einem Meter. Der kleinste ausgewachsene Hund, den es bisher gab, war ein Yorkshireterrier. Er war 7,1 cm hoch, von der Nasenspitze bis zum Schwanz 9,5 cm lang und wog 113 Gramm.

Hund: Überall auf der Welt gibt es Menschen, die Hunde als Haustiere halten. Schon vor 12 000 Jahren haben die Steinzeitmenschen junge Wölfe gezähmt. Heute gibt es sehr viele Hunderassen (➔ Der größte und der kleinste Hund). Der Hund ist zu einem treuen Freund und Helfer des Menschen geworden. Er kann gut hören, sogar im Schlaf! Nimmt er etwas Außergewöhnliches wahr, warnt er durch Bellen und Knurren (➔ Haustiere). Er sieht zwar schlecht, kann aber sehr gut riechen. Kilometerweit kann er noch nach Stunden Spuren verfolgen. Unter Lawinen und eingestürzten Häusern spürt er Verschüttete auf. Den Geruch eines Menschen erkennt er noch nach Jahren wieder. Der Hund ist ein Fleischfresser und leicht angegammelte Knochen mag er besonders gerne.

Hunger ist lebenswichtig, denn wer keinen Hunger fühlt, der vergisst vielleicht das Essen. Hunger hat ein normaler Mensch nur, wenn sein Körper wieder Nährstoffe braucht. Wenn man trotz des Hungers nichts isst, holt sich der Körper die Nährstoffe aus den Fettreserven: Man nimmt ab, kann allerdings ziemlich lange ohne Essen überleben. Wenn aber die Reserven aufgebraucht sind, wird man immer kraftloser und verhungert schließlich.
Manche Menschen hungern freiwillig: Es gibt Menschen, die damit auf etwas hinweisen wollen, zum Beispiel auf schlechte Haftbedingungen im Gefängnis. Es gibt Jugendliche, meist sind es Mädchen, die aufhören zu essen. Sie glauben, dass sie es tun, um schöner auszusehen, aber sie sehen nur schrecklich abgemagert aus. Man nennt das *Magersucht*, das ist

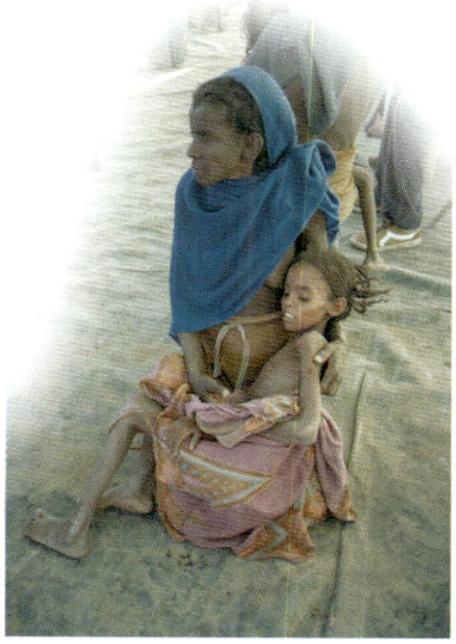

eine schlimme seelische Störung. Es gibt Menschen, die unfreiwillig Hunger leiden und verhungern: In Afrika, Asien, Südamerika gibt es Gegenden, in denen wegen Wetterkatastrophen oder Kriegen Hungersnot herrscht.

Hurrikan → Wirbelsturm.

Hyäne: Hyänen leben in den Steppen und Wüsten Afrikas und Asiens. Es sind Raubtiere. Sie jagen vor allem nachts, immer im Rudel, oder sie ernähren sich von → Aas. Um ihren Eigengeruch zu überdecken, wälzen sie sich in den verwesenden Tieren. Deshalb stinken die Hyänen auch so. Ihr Gebiss ist so stark, dass es Tierknochen zerbeißen kann. Hyänen sind etwa so groß wie ein Wolf. Ihre Vorderbeine sind länger als ihre Hinterbeine. Deshalb haben sie alle einen stark abfallenden Rücken und einen wackelnden Gang. Es gibt verschiedene Arten, wie z. B. die gefleckte und die gestreifte Hyäne oder die Tüpfelhyäne.

Hygiene hat immer etwas mit Sauberkeit zu tun. Hygiene ist ein altgriechisches Wort und bedeutet: der Gesundheit zuträglich. Erst im Laufe einer langen, tragischen Geschichte haben die Menschen entdeckt, dass sie sich durch Waschen und Körperpflege vor vielen Krankheiten schützen können. Schlimme Seuchen breiten sich überall dort aus, wo sich → Bakterien und Krankheitserreger ansammeln können. Viele tödliche Krankheiten treten auf, wenn das Trinkwasser verschmutzt ist. Fliegen, die sich auf Abfall oder Mist und dann wieder auf Lebensmittel setzen, übertragen Krankheiten. Im Mittelalter brachten Rattenflöhe die Pest. Ratten aber gab es und gibt es vor allem dort, wo Schmutz und Unrat herumliegen.

Hypnose: Ein Hypnotiseur kann einen Menschen in einen schlafähnlichen Zustand versetzen, wenn er beruhigend auf ihn einredet, langsame gleichförmige Bewegungen macht oder über seine Hand streicht. Dieser Mensch nimmt dann nichts mehr um sich herum wahr, nur noch denjenigen, der ihn in Hypnose versetzt hat. Deshalb darf auch nur ein Arzt in ganz bestimmten Fällen eine Heilhypnose durchführen. Wenn Laien andere Menschen hypnotisieren wollen, kann das sehr gefährlich werden.

Tüpfelhyänen

I

Igel: Unter Büschen und Hecken, die an Waldrändern oder Gärten stehen, lebt der Igel. Jeder erkennt ihn an seinem Stachelkleid. Bei Gefahr kann er sich zu einer Kugel zusammenrollen und ist dann vor Feinden wie z. B. Füchsen geschützt. Er verhält sich aber auch auf der Straße so, wenn er ein Auto hört, und wird dann oft überfahren. In der Dämmerung und Nacht geht der Igel auf Nahrungssuche. Er lebt von Kleintieren wie Insekten, Schnecken und Fröschen. Er mag aber auch süßes Fallobst. Im Herbst frisst er sich ein Fettpolster an, denn im Winter hält er einen Winterschlaf.

Iglu: Das Wort aus der Eskimosprache bedeutet auf Deutsch *Haus.* Nur kanadische Eskimo (Inuit) bauten Iglus. Heute leben fast alle in festen Häusern. Für ein Iglu wurde harter Schnee in große Blöcke geschnitten. Diese wurden abgeschrägt und spiralförmig zu einem Kuppelbau zusammengesetzt. Nur eine kleine Öffnung blieb in der Eingangsgrube frei. Im letzten oberen Block blieb ein Loch als Rauchabzug. Ein Iglu mit 3,5 m Durchmesser konnte fünf Menschen Schutz bieten.

Iltis: Der Iltis gehört zur Familie der marderähnlichen Raubtiere. Er lebt in der Nähe von menschlichen Siedlungen und nistet sich im Winter gern in Scheunen ein. In der Nacht jagt er Ratten, Vögel, Schlangen oder Fische. Ein Iltis kann schwimmen und tauchen. Wenn er in Gefahr kommt, verspritzt er eine übel riechende Flüssigkeit aus Drüsen an der Schwanzwurzel. Deshalb wird er auch *Stinkmarder* oder *Stänker* genannt.

Impfung: Krankheiten werden meistens von Viren (➔ Virus) oder ➔ Bakterien verursacht. Das Immunsystem kann nicht alle abwehren. Deshalb spritzt man ungefährliche, abgeschwächte oder tote Krankheitserreger in den gesunden Körper. Der kann sich bestimmte Viren oder Bakterien merken, wenn er einmal mit ihnen in Kontakt gekommen ist. Nun legt er einen Vorrat an Abwehrstoffen an, der verhindert, dass man krank wird. Schutzimpfungen gegen Tetanus und Kinderlähmung wirken nur ein paar Jahre. Eine Impfung gegen Mumps und Masern schützt ein ganzes Leben.

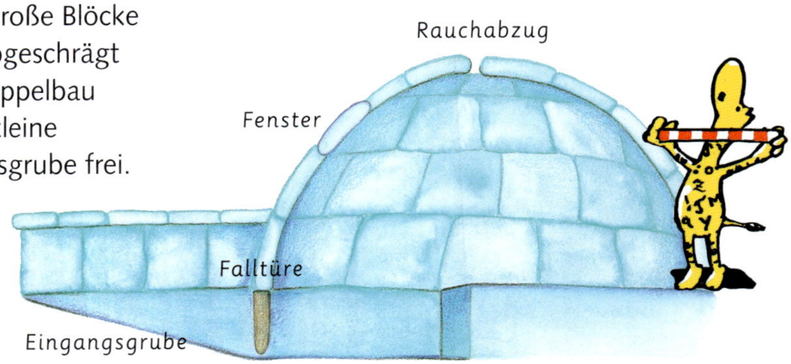

Indianer → S. 148/149.

Industrie: Die Industrie hat sich vor etwa 200 Jahren aus dem Handwerk entwickelt. Maschinen wurden erfunden und damals in den Werkstätten eingesetzt. Die Herstellung von Waren wurde dadurch viel einfacher. Man stellte nun große Mengen her. Aus den Werkstätten wurden *Fabriken*. Die Industrie gewinnt und verarbeitet Rohstoffe (z. B. Kohle, Eisen), stellt Produkte her (z. B. Autos, Kugelschreiber), liefert Energie (z. B. Strom, Benzin) und baut (z. B. Fabriken, Straßen).

Industrieroboter fertigen Autos.

Information: Wenn du in diesem Buch liest, erfährst du eine Menge. Man kann auch sagen, du erhältst viele Informationen. Die Nachrichten in der Zeitung, im Radio, im Fernsehen oder im → Internet sind ebenfalls Informationen. Sogar über dich sind an vielen Stellen Informationen (= Daten) gespeichert. Manchmal bekommst du Post und staunst. Woher weiß diese Firma, wie du heißt?

Ingenieur ist eine Berufsbezeichnung für Fachleute, die ein technisches Studium abgeschlossen haben. Es gibt zum Beispiel Ingenieure für Maschinenbau, Elektrotechnik, Hochbau, Tiefbau, Bergbau und Schiffsbau. Sie haben die Aufgabe, technische Werke zu planen und zu konstruieren. Oft sind sie auch für den Betrieb großer technischer Anlagen verantwortlich, wie Kraftwerke, Bergwerke oder Stahlwerke.

Inka: Ursprünglich war *Inca* der Herrschertitel eines Königs bei südamerikanischen Indianern. Später bezeichnete man alle Bewohner des Inkareiches im Hochland von Peru so. Peru liegt südlich des Äquators an der Westküste Südamerikas. Die Inkas verehrten einen Sonnengott, dem sie riesige Tempel aus sehr großen behauenen Steinblöcken bauten. Diese Tempel schmückten sie mit Gold- und Silberplatten aus. Das Inkareich entstand etwa 1 200 n. Chr. und bestand so lange, bis es 1531 von den Spaniern unter der Führung von Francisco Pizzaro erobert wurde.

Inlineskates haben vier, Rennskates fünf Rollen in einer Reihe unter der Sohlenmitte. Diese Rollen aus Kunststoff laufen so leicht, weil sie je zwei Kugellager haben. Die Rollen sind mit einer Schiene an einem Schalenschuh befestigt. Wettkämpfe werden ausgetragen in *Abfahrt, Halfpipe, Street, Jump* und *Slalom.* Außerdem gibt es den Mannschaftssport *Skaterhockey.*

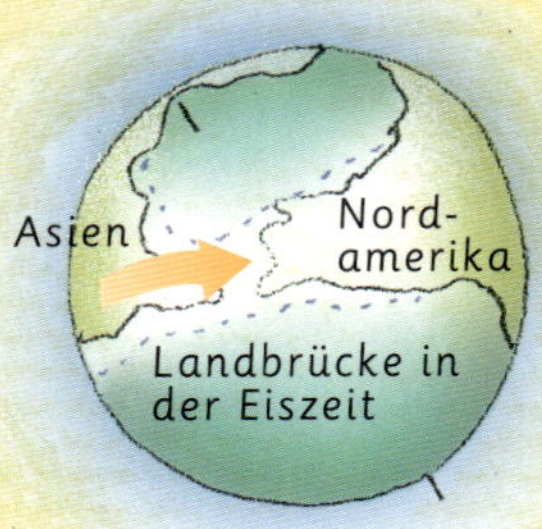

Wie die Indianer zu ihrem Namen kamen

Vor etwa 500 Jahren wollte Christoph ➔ Kolumbus nach Indien. Den Landweg Richtung Osten kannte man schon. Er aber dachte sich: Die Erde ist rund. Wenn ich also in die andere Richtung übers Meer fahre, dann komme ich auch hin. So fuhr er mit dem Schiff los. Und er erreichte tatsächlich ein Land. Er dachte, das sei Indien. Aber das stimmte nicht. Es war ein damals unbekanntes Land. Man nannte es später ➔ Amerika. Seine Bewohner heißen aber noch heute *Indianer.* Richtiger wäre *Ureinwohner Amerikas* oder *eingeborene Amerikaner.*

Die Indianer sehen den Menschen aus ➔ Asien ähnlich. Man nimmt an, dass sie von dort vor etwa 25 000 Jahren eingewandert sind. Zu dieser Zeit gab es zwischen Asien und Amerika nämlich einen Landweg. Denn das Meer war um etwa 90 Meter niedriger. Diese Einwanderer bildeten im Laufe der Zeit sehr viele einzelne Gruppen oder Stämme. Jede dieser Gruppen entwickelte sich eigenständig weiter. Bei uns spricht man hauptsächlich von den *Apachen, Irokesen, Sioux, Komantschen,* ➔ *Inuit,* ➔ *Azteken,* ➔ *Inka* und in letzter Zeit auch von den *Yanomami.* Und nur ganz wenige entsprechen unserem Indianerbild mit Federschmuck und Friedenspfeife. Die gesamte indianische Bevölkerung umfasst noch heute mehr als 400 verschiedene Gruppen. Alle sprechen ihre eigene Sprache oder ihren eigenen Dialekt.

Indianer in früheren Zeiten

Von der Jagd in der Prärie lebten vor allem die Komantschen, die Cheyenne und die Sioux. Die Pferde, die sie um das Jahr 1630 von den Spaniern bekamen, waren bei der Büffeljagd eine große Hilfe. Die Büffel lieferten diesen Stämmen Frisch- und Dörrfleisch, Lederkleidung, Zelte, Waffen und Knochenwerkzeuge. Die Zeltstangen, zwischen die sie die Büffelhäute spannten, konnten beladen und von den Pferden gezogen werden. So waren die Indianer in der Lage den großen Büffelherden leichter zu folgen.

Viele Indianerstämme wurden auch als kriegerisch bekannt, vor allem nachdem sie im 18. Jahrhundert von Pelzjägern Feuerwaffen erhalten hatten. Unter der Führung von Kriegerhäuptlingen mussten sich die Krieger durch tapfere Taten auszeichnen. Der Federschmuck zeigte an, welchen Ruhm sein Träger erreicht hatte.

Die Indianer glaubten an Schutzgeister und Naturzauberkräfte. Der Sonnentanz sollte die Fruchtbarkeit der Jagdtiere erhalten. Durch einen Geistertanz wollte man das Vordringen der Weißen aufhalten.

Die Mitglieder der Sammlerstämme in Kalifornien sammelten Nüsse, Beeren, Wurzeln und Samen, die sie zu Brot verarbeiteten. Sie wohnten in Kuppel-

Am Totempfahl kann man erkennen, zu welcher Gruppe der Indianerstamm gehört.

hütten und Erdhäusern. Im Nordwesten lebten Stämme, die sich durch die Jagd ernährten. Im Winter wohnten sie in großen Häusern, vor denen die kunstvoll geschnitzten Totempfähle standen.

Indianer heute

Für die Indianer war die Entdeckung Amerikas durch Kolumbus eine bis heute andauernde Katastrophe. Ihr Land wurde ihnen weggenommen. Viele starben an eingeschleppten Krankheiten, durch Hungersnöte, bei Kriegen oder Zwangsarbeit (= Arbeit, die sie unter Zwang für die Weißen verrichten mussten). Heute leben die Indianer in Nordamerika meist verarmt in Reservaten. Das sind Gebiete, die ihnen von der Regierung zugewiesen wurden. In Südamerika blieben ihnen als Bauern nur die unfruchtbarsten Böden. Davon können sie oft nicht mehr leben. Sie müssen jede noch so schlecht bezahlte Arbeit annehmen. Sogar Kinder müssen dort oft Schwerstarbeit verrichten. Ganz wenige Stämme lebten lange Zeit ungestört in der Tiefe der Regenwälder. Auch sie sind heute durch Goldsucher, Holzfäller und neue Siedler bedroht.

Insekten: Fast drei Viertel aller Tierarten sind Insekten. Man unterscheidet 700 000 bis 800 000 verschiedene Arten, die überall auf der Welt leben. Alle haben einen dreigliedrigen Körper (Hinterleib, Brust, Kopf) und 6 Beine, viele Insekten haben Flügel.

Dieses Insekt ist ein Ohrwurm.

Insel nennt man eine Landfläche, die rundum von Wasser umgeben ist. Sie ist nicht groß genug, um als Erdteil angesehen zu werden. Großbritannien und Japan sind Inselstaaten. Oft bestehen Inselstaaten auch aus mehreren Inseln. Grönland vor der Nordküste Kanadas ist die größte Insel der Erde. Sie ist rund sechsmal so groß wie Deutschland. Obwohl etwa vier Fünftel des Landes von ewigem Eis bedeckt sind, leben dort etwa 57 000 Menschen.

Installateur: Handwerker, die in Häusern alle Arten von Leitungen verlegen, in Ordnung halten und reparieren, nennt man Installateure. Die Einrichtungen, die die Installateure bauen, nennt man *Installation.*

Instinkt: Wenn ein Igel sich bedroht fühlt, rollt er sich automatisch ein. Dieses Verhalten hat er nicht gelernt. Es ist ihm angeboren. Solch eine ererbte Verhaltensweise nennt man *Instinkt.* Das Verhalten der Tiere wird hauptsächlich von ihren

Verwandlungskünstler

Insekten sind wahre Verwandlungskünstler. Aus den Eiern entwickeln sich bei allen Arten Larven oder Raupen. Bei einigen, wie z. B. den Schmetterlingen oder Libellen, verpuppen sich die vollgefressenen Larven. Im Puppenstadium sind die Insekten unbeweglich in einer Hülle eingeschlossen. Erst nach der vollständigen Entwicklung schlüpft das fertige Tier aus dieser Hülle.

Instinkten geleitet. Tiere und vor allem Menschen können aber auch lernen. Auch Verstand und Wille beeinflussen ihr Verhalten.

Intelligenz: Wer schnell versteht, leicht lernt, klug ist und vernünftig handelt, ist intelligent. In Tests kann man dies messen.

Internet: Das Internet besteht aus sehr, sehr vielen Computern, die man zu einem großen Computernetzwerk zusammengeschlossen hat. Die einzelnen Computer stellen die verschiedensten Internetdienste zur Verfügung. Diese ermöglichen die Übertragung von Texten, Bildern und Tönen.

Interview: Ein Interview ist eine Befragung. Meist werden bekannte Persönlichkeiten befragt. Ihre Meinung wird dann zum Beispiel in der Zeitung, im Radio oder im Fernsehen veröffentlicht.

Internet – surfen auf der Datenautobahn

Ist ein Computer über das Telefon an das Internet angeschlossen, kann man surfen. Mit einer → Suchmaschine findet man zu einem Stichwort Adressen. So kann man sich zum Beispiel Programme zum Spielen herunterladen oder die verschiedensten Informationen auf so genannten WEBSEITEN des Internets lesen. Über die Tastatur ist es auch möglich, sich mit anderen Personen zu unterhalten. Von seinem Lieblingspopstar kann man sich ein Bild ansehen und ihm dann einen elektronischen Brief, eine E-MAIL, senden.

Inuit: Die Inuit, die auch *Eskimo* genannt werden, leben in der Polarregion und in Grönland. In diesen sehr kalten Zonen sind sie wahre Überlebenskünstler, denn im

Winter kann es bis zu –60 °C kalt werden. Früher lebten die Inuit in ➔ Iglus. Sie ernährten sich durch Jagd und betrieben Rentierzucht. Heute wohnen die meisten Inuit jedoch auch in Städten und festen Behausungen.

Islam: Der Islam ist eine der großen Weltreligionen. Seine Anhänger nennen sich Muslime oder ➔ Moslems. Sie verehren nur einen Gott, den sie ➔ *Allah* nennen. Sie glauben auch an Engel, Hölle, Paradies und das jüngste Gericht. Allah hat viele Lehrer und Propheten auf die Erde geschickt. Zu ihnen gehören Abraham, Moses und Jesus. Mohammed jedoch ist der wichtigste. Ihm erschien ein Engel. Der beauftragte ihn, Gottes Lehre in arabischer Sprache zu verkünden. Diese Lehre ist im *Koran* aufgeschrieben, dem heiligen Buch. Fünf Gebote muss jeder Gläubige befolgen: Er darf nur an Allah glauben. Er muss fünfmal am Tag beten. Er muss Almosen geben. Er soll ein Mal im Leben nach Mekka pilgern. Er soll im Fastenmonat Ramadan während des Tages nichts essen. Außerdem sollte er keinen Alkohol trinken und kein Schweinefleisch essen. Das Gotteshaus der Moslems ist die ➔ Moschee.

Israel ist ein Staat im Osten des Mittelmeers, den es seit 1948 gibt. Die Bevölkerung, die Israeli, sind in der Mehrzahl ➔ Juden.

Jährlich kommen viele Pilger nach Mekka, um das größte Heiligtum des Islam, die »Kaaba«, zu besuchen.

J

Jacht: Eine Jacht ist ein größeres Boot mit Kajüte (= Wohnraum). Meistens ist es für Sport- oder Vergnügungsfahrten sehr aufwändig ausgestattet. Es gibt Segeljachten und Motorjachten. Viele Orte am Wasser haben einen eigenen Jachthafen. Die Segelsportler nennen auch alle ihre Sportsegelboote *Jacht.* Man kann auch so schreiben: *Yacht.*

Jagd bedeutet das Aufsuchen, Verfolgen und Erlegen wild lebender Tiere. Die Jagd wurde vom Menschen von Anfang an betrieben. Die ersten Menschen waren Sammler und Jäger: Sie sammelten essbare Pflanzenteile und jagten wilde Tiere. Heute gehört auch die *Hege* zur Jagd. Das bedeutet, dass sich Jäger auch um Tiere kümmern und sie in Notzeiten füttern. Jäger müssen Jagdgesetze beachten. Sie halten Schonzeiten ein, in denen bestimmte Tiere nicht gejagt werden dürfen. Wer jagen will, muss einen Jagdschein besitzen, sonst wird er als Wilderer bestraft.

Jägerlatein: Wenn ein Jäger erzählt, dass er eine riesige Jagdwurst erlegt hat, dann ist das *Jägerlatein*. So nennt man Geschichten, bei denen der Erzähler schwindelt.

Jaguar: Diese größte Raubkatze Amerikas lebt an Flussufern und in der Nähe von Sümpfen. Der Jaguar kann bis zu 2 m lang werden. Sein Fell ist rostgelb mit weißem Bauch und schwarzen Ringelflecken. Manchmal ist er auch schwarz. Der Jaguar kann schwimmen und klettern. Wie der Tiger schleicht er sich an seine Beute heran. Er jagt Säugetiere, aber auch Fische und Kaimane (= eine amerikanische Krokodilart). Gefürchtet ist er als Räuber bei Pferde- oder Rinderherden.

Jahr: Ein Jahr ist die Zeit, in der die → Erde einmal die Sonne umkreist. Sie braucht dafür 365 Tage und knapp 6 Stunden. Diese 6 Stunden ergeben alle vier Jahre einen Tag mehr, den Schalttag: den 29. Februar. Weil es aber nicht ganz 6 Stunden sind, fällt der Schalttag in Jahrhundertjahren weg. In den durch 400 teilbaren Jahrhundertjahren findet er aber wieder statt – also auch im Jahr 2 400. Diese Regelung gilt seit der Kalenderreform von Papst Gregor XIII. im Jahr 1582.

Jahreszeiten sind Frühling, Sommer, Herbst und Winter. → Wie entstehen Jahreszeiten? S. 154.

Wie entstehen Jahreszeiten?

Weil die Drehachse der Erde gegen die Sonnenumlaufbahn geneigt ist, scheint die Sonne nicht das ganze Jahr gleichmäßig auf die unterschiedlichen Gegenden. Bei uns scheint sie an Sommertagen länger als im Winter. Der Sommer beginnt bei uns, wenn die Sonne auf der Nordhalbkugel ihren höchsten Stand erreicht hat. Das ist am 21. oder 22. Juni, dem längsten Tag. Sind im September Tag und Nacht gleich lang, beginnt der Herbst. Der Winter beginnt, wenn die Sonne den

tiefsten Stand erreicht hat, am 21. oder 22. Dezember, dem kürzesten Tag. Zum Frühlingsanfang im März sind dann wieder Tag und Nacht gleich lang. Auf der Südhalbkugel ist das umgekehrt, weil sie sich zu anderen Zeiten der Sonne zuneigt.

Janosch: Viele Kinder und Erwachsene lesen die Bücher von Janosch. Er wurde in Oberschlesien geboren und arbeitete zunächst in verschiedenen Berufen. Er studierte auf der Kunstakademie in München und lebte anschließend als freier Künstler. Er beschreibt in einfachen, aber treffenden Bildern das Leben und das Lebenswerte. Seine beliebtesten Buchfiguren sind Tiere, z. B. der kleine Tiger. In zahl-

Das sind Bär, Tiger und Tigerente aus »Oh, wie schön ist Panama«.

reichen Sammelbänden sind Geschichten, Gedichte und Zeichnungen von ihm erschienen, auch Romane für Erwachsene.

Jazz ist eine bestimmte Art von Musik. Sie entstand in Amerika. Dort lebten die aus Afrika verschleppten schwarzen ehemaligen ➔ Sklaven. Sie vermischten die Musik ihrer afrikanischen Heimat mit der europäischen Musik der Nordamerikaner. Etwas

Besonderes am Jazz ist die *Improvisation:* Die Musiker spielen nicht nach festen Noten, das gleiche Stück klingt jedes Mal etwas anders.

Jeans: Um 1850 wollte der bayerische Schneider *Levi Strauss* in Kalifornien Gold suchen. Weil die Hosen der Goldgräber rasch zerschlissen, nähte er Hosen aus festem weißem Segeltuch. Das bezog er aus Genua in Italien. Genua heißt französisch *Gênes.* Spricht man das englisch aus, klingt es wie *Jeans.* Die Goldgräber mochten die Jeans sehr, aber sie wurden schnell schmutzig. So färbte Strauss die Hosen mit blauem Farbstoff aus der Indigopflanze. Weil die Taschen vom schweren Werkzeug oft ausrissen, schlug Strauss zusätzlich Kupfernieten in die Ecken.

Jesus: Sein Leben und seine Lehre sind in der ➔ Bibel beschrieben. Danach ist er der Sohn Gottes. Dieser schickte ihn auf die Erde, um die Menschen zu erlösen. Er wanderte umher, predigte und heilte Kranke. Er verkündete das baldige Kommen von Gottes Reich. Die Menschen sollten ihr Leben zum Guten hin ändern. Seine Lehre störte die Mächtigen. Er wurde deshalb zum Tod verurteilt und starb am Kreuz. Christen glauben, dass er wieder von den Toten auferstanden und in den Himmel aufgefahren ist.

Jockey kommt von dem englischen Namen für *Jakob.* Ursprünglich war das die Bezeichnung für einen Stalljungen. Heute nennt man einen Reiter beim Pferderennen einen *Jockey*. Das ist ein Beruf.

Joga ➔ Yoga.

Jogurt ist ein Nahrungsmittel. Es wird mit Hilfe von ➔ Bakterien aus Milch hergestellt. Es schmeckt leicht säuerlich und ist sehr gesund.

Jo-Jo ➔ Yo-Yo.

Jongleur: Jongleure sind Geschicklichkeitskünstler. Manche spielen mit vielen Bällen oder anderen Gegenständen gleichzeitig. Oft treten Jongleure im ➔ Zirkus auf.

Journalist ist ein Beruf. Das verwandte französische Wort *journal* bedeutet *Tageszeitung.* Ein Journalist berichtet über alle Ereignisse, die Menschen interessieren könnten. Seine Berichte erscheinen z. B. in Zeitungen, Zeitschriften, im Radio oder Fernsehen.

Juden gehören zum jüdischen Volk oder bekennen sich zur jüdischen Religion. Schon vor sehr langer Zeit wurden sie aus ihrer

Heimat vertrieben und zerstreuten sich über die ganze Welt. Oft wurden sie wegen ihrer Religion und Lebensweise verfolgt. Noch im Zweiten Weltkrieg wurden von den Deutschen etwa 6 Millionen Juden ermordet. Danach zogen viele Juden aus aller Welt wieder in ihre alte Heimat Palästina. Dort gründeten sie einen eigenen Staat namens *Israel.* Die Juden glaubten als Erste an nur *einen* Gott. Er heißt bei ihnen *Jahwe* und ist auch der Gott der Christen. Denn der erste Teil der ➔ Bibel ist für Juden und Christen gleichermaßen gültig. Dort stehen unter anderem die 10 Gebote und dass ein Erlöser kommen wird. Als dann ➔ Jesus kam, glaubten die Christen an ihn. Sie spalteten sich vom Judentum ab. Die Juden warten noch heute auf ihren Erlöser. Sie feiern ihre Gottesdienste am *Sabbat* (= Samstag) in einer Synagoge.

Der Davidstern und der 7-armige Leuchter sind religiöse Symbole des Judentums.

Judo ist eine japanische Kampfart ohne Waffen zur Selbstverteidigung. Judo wird aber auch als Sport betrieben. Hier versucht jeder der zwei Kämpfer (= Judokas), den anderen auf den Rücken zu werfen. Dabei sind nur bestimmte Griffe erlaubt. Die Judokas tragen weiße Kampfanzüge aus festem Stoff. Die Jacke wird mit einem Gürtel zusammengehalten. Seine Farbe zeigt, was der Judoka schon kann.

Schulterwurf Beinwurf

Jugendherberge: In einer Jugendherberge können Schulklassen und Jugendgruppen ihre Ferien oder einen Schullandheimaufenthalt verbringen. Man trifft dort Jugendliche aus der ganzen Welt. Reisende und wandernde Jugendliche und Familien finden Aufnahme, wenn sie einen gültigen Ausweis des Deutschen Jugendherbergswerkes besitzen.

Jury: Sportliche oder künstlerische Leistungen werden oft von einer Jury bewertet. Das ist eine Gruppe von Menschen, die etwas von der Sache versteht. Eine Jury ist also ein Schiedsgericht, das aus Sachverständigen gebildet wird. So ist das zum Beispiel bei Kunstausstellungen, Musikwettbewerben oder beim Eiskunstlauf. In England und Amerika nennt man die Geschworenen bei ➔ Gericht ebenfalls *Jury.*

Juwel: Als *Juwel* oder auch *Kleinod* bezeichnet man etwas Kostbares. Es kann sich um einen geschliffenen ➔ Edelstein oder um ein Schmuckstück aus Edelsteinen handeln. Die britischen Kronjuwelen sind sehr dicht mit Edelsteinen besetzt, die einen unschätzbaren Wert haben. Sie liegen streng gesichert und bewacht im Tower in London.

K

Kabel sind biegsame elektrische Leitungen. Sie bestehen aus Metalldrähten. Diese sind mit einem Material umgeben, das nicht elektrisch leitet, der Isolierung. Die Isolierung schützt vor Stromstößen beim Berühren. Oft sind mehrere Leitungen in einem Kabel zusammengefasst. Dann muss auch jede einzelne Leitung isoliert sein. In der Nachrichtentechnik gibt es heute auch Kabel aus Glasfasern. Sie leiten Licht weiter. Auch die Drahtseile, an denen Hängebrücken oder Seilbahnen hängen, nennt man Kabel.

Käfer bilden mit mehr als 300 000 Arten die größte Tiergruppe. Fast die Hälfte aller → Insekten sind Käfer. Sie besitzen einen dreigliedrigen Leib, einen harten Chitinpanzer, drei Beinpaare, verhärtete Vorderflügel und einfaltbare Hinterflügel. Sie fliegen nicht besonders geschickt, aber ausdauernd.

Kaffee: Es gibt ungefähr 60 verschiedene Kaffeesorten. Der Kaffee, den man bei uns kaufen kann, ist hauptsächlich der *Arabische Kaffee,* der aber in Süd- und Mittelamerika angebaut wird. Zur Erntezeit pflückt man die dunkelroten Früchte ab und röstet die zwei darin enthaltenen Kerne, die Kaffeebohnen. Durch den Röstvorgang enwickeln sich erst die Aroma- und Geschmacksstoffe.

Die größten Käfer der Welt

Goliathkäfer

Die schwersten Käfer, die GOLIATHKÄFER, leben in Afrika. Die Männchen sind 70 bis 100 g schwer und bis zu 11 cm lang. Vom Umfang her noch größer, aber leichter, sind die ELEFANTENKÄFER. Man findet sie in Mittelamerika (→ Amerika). Der längste Käfer der Welt ist der HERKULESKÄFER. Er kann 15 cm lang werden und lebt in Mittel- und Südamerika. Die größten europäischen Käfer sind der → HIRSCHKÄFER und der NASHORNKÄFER. Der Nashornkäfer ist der stärkste Käfer der Welt. Er schleppt das 850-fache seines Gewichtes. Ein Mensch müsste vergleichsweise ein Gewicht von ungefähr drei großen Lastwagen tragen.

Herkuleskäfer

Kaiser: Vor ungefähr 2 000 Jahren gab es einen römischen General, der Herrscher war über ein sehr großes Reich. Er hieß Julius *Cäsar.* Das klingt doch ähnlich wie *Kaiser.* Und daher kommt der Begriff auch. In Russland nannte man den Herrscher *Zar,* das stammt ebenfalls daher. Kaiser kennt man fast nur noch aus Märchen. Es gibt nur noch einen wirklichen Kaiser, den Kaiser von Japan. Der hat aber keine große Macht mehr.

Kajak nennen die ➔ Inuit ihr rundum geschlossenes Einmannboot mit einem Sitzloch in der Mitte. Sie fertigen es aus Knochen, Sehnen oder Holz und bespannen es mit Tierhaut. Zum Antreiben und Steuern nehmen sie ein Doppelpaddel. Das Kajak ist auch ein Bootstyp im Kanusport. Es gibt Einer-, Zweier- und Viererkanus. Auch diese sind geschlossen und haben nur Sitzlöcher für die Sportler. Oft sind sie aus festen ➔ Kunststoffen gebaut.

Kakao: In den heißen Gebieten Amerikas wächst der Kakaobaum. Er bringt alle sechs Wochen 40 bis 50 Früchte hervor, die direkt am Stamm wachsen. Im Innern

einer Frucht befinden sich etwa 50 Samen, die Kakaobohnen. Diese Bohnen werden getrocknet, geröstet und gemahlen. So entsteht das Kakaopulver. Mit Milch und Zucker ergibt es ein wunderbares Getränk, mit weiteren Zutaten Schokolade. Schon die ersten Einwanderer Amerikas bauten Kakao an und sie kannten bereits eine halbfeste, schaumige Masse, die im Mund schmolz.

Kaktus: Kaktusgewächse kommen in den sehr warmen Gebieten der Erde vor. Sie können sogar in Wüsten oder Steppen wachsen, da sie in ihrem Stamm Wasser speichern. In der Regenzeit treiben sie Blüten. Manche Kakteen tragen essbare Früchte. Fast alle Kakteen haben Blattdornen zum Schutz gegen Tiere ausgebildet.

Kalender nennt man ein Verzeichnis der Tage des Jahres. Es ist nach Wochen und Monaten geordnet. Die Ordnung erfolgt nach Naturereignissen wie Tag und Nacht, Mondphasen und Jahreszeiten. Solche Zeitplaner hatten schon die Ägypter vor etwa 3 500 Jahren. Jahrhundertelang galt bei uns der julianische Kalender, den Cäsar entwickelt hatte. Papst Gregor XIII. führte dann 1582 einen noch besser berechneten ein. Der gregorianische

Kalender hat 365 Tage im Normaljahr. Ist die Jahreszahl durch 4 teilbar, kommt der 29. Februar als Schalttag dazu. Alle 100 Jahre fällt er aus. Ist die Jahreszahl aber durch 400 teilbar, findet er wieder statt. So gleicht man aus, dass ein Jahr eigentlich genau 365 Tage, 5 Stunden und 26 Sekunden hat.

Kalorie: Früher hat man Energie, vor allem Wärmeenergie, in Kalorien gemessen. Die Abkürzung heißt *cal*. 1 000 Kalorien nennt man 1 Kilokalorie oder 1 kcal. Man verwendet diese Energieeinheit manchmal noch für den Energiebedarf des Menschen in der Ernährungslehre. Die neue Energieeinheit heißt Joule. 1 Kalorie sind ungefähr 4 Joule (1cal = 4 J).

Kamel: Kamele sind hervorragend an das Leben in den Trockengebieten der Erde angepasst. Große flache Füße verhindern das Einsinken im Sand, die Nasenlöcher verschließen sich bei Sand- und Staubstürmen in den Wüsten und Steppen. Wasser und Fett speichern sie im Körper. Kamele werden als Last- und Reittiere eingesetzt.

Warum hat ein Kamel Höcker?

Kamele können tagelang ohne Wasser und Nahrung auskommen. Sie speichern große Mengen Wasser im Magen und Fett in den Höckern. Bei Hunger schrumpfen die Höcker zusammen. Außerdem sind die Tiere sehr ausdauernd und genügsam, was sie zu guten Transporttieren in der Wüste macht. Bei den Kamelen unterscheidet man zwischen TRAMPELTIER, DROMEDAR und LAMA. Man kann sie an der Höckerzahl auseinanderhalten: Das Trampeltier hat zwei, das Dromedar einen und das Lama gar keinen Höcker. Das Dromedar und das Trampeltier kommen in Afrika und in Asien vor, das Lama nur in Südamerika.

Trampeltier

Dromedar

Kamille brauchst du, wenn du eine Erkältung hast oder eine Entzündung, denn sie ist eine ➔ Heilpflanze. Mit ihren Blüten kocht man Tee. Man kann ihn trinken, seine Dämpfe einatmen oder Umschläge damit machen. Die Kamille ist einjährig, das heißt, sie wächst jedes Jahr neu aus Samen. Die *echte Kamille,* die heilt, kannst du erkennen, wenn du die Blütenköpfchen mit dem Fingernagel aufzwickst: ihr Köpfchen ist hohl.

Kanal: 1. Ein Kanal ist ein künstlich angelegter Wasserlauf. Er kann zur Bewässerung von Feldern dienen, zur Beseitigung von ➔ Abwasser oder als Wasserstraße für Schiffe. Bedeutende Kanäle sind zum Beispiel der Nord-Ostsee-Kanal, der Panamakanal in Mittelamerika, der Suezkanal in Ägypten und der Kanal von Korinth in Griechenland. **2.** In der Nachrichtentechnik nennt man alles Kanal, was zur Übertragung einer Information dient.

Kanal von Korinth

Kanarienvogel: Die Heimat dieses beliebten Haustieres sind die Kanarischen Inseln vor der Westküste ➔ Afrikas. Von dort wurden die ersten Vögel schon vor mehr als 500 Jahren nach Europa gebracht. Der kleine Vogel lässt sich gut züchten. Das Weibchen legt drei bis vier Mal im Jahr 4 bis 6 Eier. Schon nach 2 Wochen Brutzeit verlassen die Jungen das Nest. Es gibt etwa 40 verschiedene Arten in vielen Farben. Der *Harzer Roller* zum Beispiel ist einfarbig gelb. Er kann besonders gut singen, allerdings nur das Männchen.

Känguru: Dieses Beuteltier kommt nur in Australien vor. Es hat stark ausgebildete Hinterbeine und einen muskulösen Stützschwanz. Die größte Känguruart, das *Rote Riesenkänguru,* kann bis 2 m groß werden. Kängurus bringen ihre Jungen schon nach einem Monat zur Welt. Das Junge ist dann erst 2 cm lang und 1 g schwer. Es muss sich seinen Weg in den Beutel der Mutter selbst suchen. Wenn es das geschafft hat, saugt es sich an einer Zitze im Beutel fest. Es bleibt dort rund sieben Monate, bis es zum ersten Mal den Beutel verlässt. (➔ Säugetiere)

Große Sprünge

Die Hinterbeine eines Kängurus sind so groß, dass es bei dem Versuch, schnell zu laufen, flach nach vorne kippen würde. Um schnell vorwärtszukommen, bewegt es sich hüpfend auf seinen kräftigen Hinterbeinen fort und benutzt den Schwanz als Steuer. Das Rote Riesenkänguru macht dabei bis zu 10 m lange Sprünge und legt bis zu 50 Kilometer in der Stunde zurück, das ist so schnell wie man in Ortschaften auf den Hauptstraßen fahren darf!

Kaninchen: Es gibt etwa 50 verschiedene Rassen. Als Haustier werden sie in Kaninchenställen gehalten. Sie fressen Grünfutter und Möhren und brauchen frisches Wasser. Im Gegensatz zum → Hasen sind Kaninchen kleiner und haben kürzere Hinterbeine und Ohren. Das Wildkaninchen gräbt unterirdische Höhlen, die man *Bau* nennt. Da ein einziges Weibchen im Jahr bis zu 30 Junge bekommen kann, gilt es in vielen Gegenden als Landplage. In → Australien hat man einmal eine ansteckende Kaninchenkrankheit auf die Tiere übertragen, weil sie alles kahl gefressen hatten. Erst als viele gestorben waren, wurde das Weideland wieder grün.

Kanon: Bestimmt kennst du das Lied *Bruder Jakob:* Mehrere Leute singen dasselbe, aber in kurzen Abständen hintereinander her. Das ist ein Kanon. Wenn ein Zuhörer das Lied nicht kennt, versteht er kaum etwas, denn jeder singt einen anderen Teil des Liedes. Ein Kanon klingt aber sehr schön.

Kanu: Das heutige Sportpaddelboot hat seinen Namen aus der Sprache der mittelamerikanischen Indianer. Für sie war das *canoa* ein Baumkahn, also ein Boot, das aus einem ausgehöhlten Baumstamm entstand. Nordamerikanische Indianer fertigten ihre Boote auch aus Tierhaut. Ein Kanu ist ein offenes Paddelboot, zum Beispiel ein Canadier. (→ Kajak)

Kapitän: In der Schifffahrt nennt man die Führerin oder den Führer eines Handelsschiffes oder den Kommandanten eines

Kriegsschiffes Kapitän. Das Wort kommt aus der spätlateinischen Sprache: Ein *capitaneus* war dort durch Größe hervorstechend, vorzüglich. Ein Kapitän kann auch Kommandant eines Flugzeuges oder Spielführer einer Sportmannschaft sein.

Karate ist wie ➔ Judo eine Verteidigungsart ohne Waffen. Das Wort bedeutet auf Japanisch *leere oder nackte Hand.* Man benutzt nur Hände, Füße und Ellbogen. Es gibt natürlich Regeln und Techniken, die man erlernen kann. Das Wichtigste bei Karate ist die Selbstbeherrschung. Die Angriffe auf den Gegner werden kurz vor dem Auftreffen gestoppt. Wer seinen Gegner verletzt, muss ausscheiden. Wenn Karatekämpfer Bretter oder Ziegelsteine zertrümmern, so ist das nur zur Kontrolle der Schlagkraft oder zur Schau.

Karawane: Viele frühere Handelsrouten im Orient führten durch die Wüste. Die Kaufleute mussten große Gefahren auf sich nehmen, wenn sie ihre Güter allein transportierten. Daher schloss man sich zu Reisegesellschaften, also Karawanen, zusammen und zog meist auf Kamelen durch die Wüste. Es gab entlang der Handelsrouten oder Karawanenstraßen Herbergen für die Kaufleute, wo sie Wasser und Nahrung für sich und die Kamele erhalten konnten.

Karies: Durch Bakterien im Mund wird die harte äußere Schutzschicht des Zahnes angegriffen, der Zahn fängt an zu faulen und es gibt Löcher. Wenn du kein Karies haben willst, solltest du die Zähne regelmäßig putzen und zwar nach dem Essen, dich gut ernähren und deine Zähne vom Zahnarzt öfter kontrollieren lassen.

Karpfen: Im Schutz der Uferböschung von langsam fließenden oder stehenden Gewässern mit Schlammgrund steht tagsüber der Karpfen. Das heißt, er schwimmt auf der Stelle. Erst am Abend begibt er sich auf Suche nach seiner Nahrung, die aus Bodentieren und Pflanzen besteht. Seine lidlosen Augen haben große Pupillen, so dass er selbst in den oft trüben Fischgewässern noch etwas sieht. Er kann auch gut hören und mit seinen Bartfäden tasten und schmecken. Karpfen können bis zu 1 m lang und 50 Jahre alt werden.

Kartoffel: Alle überirdischen Teile der aus Südamerika stammenden Kartoffelpflanze sind giftig. Als die Spanier im 16. Jahrhundert die Pflanzen nach Europa brachten, gab es deshalb anfangs einige Probleme. Aber die unterirdischen Knollen sind essbar und sehr nahrhaft: Sie enthalten Stärke, Eiweiß und Vitamine. Sie brachten Europa Reichtum und beendeten die großen Hungersnöte. In manchen Gegenden heißen sie Erdäpfel, Erdbirnen, Grundbirnen oder Krumbeeren.

Käse stellt man so her: Man setzt der Milch ein Mittel zu, so dass sie gerinnt. Das gibt *Quark* und *Molke.* Man schöpft den Quark ab und presst unter hohem Druck das restliche Wasser heraus. Je nach Käsesorte gibt man noch Salz, Gewürze oder verschiedene Schimmelpilze dazu und lässt den Käse in Kellern einige Zeit *reifen,* bis man ihn verkaufen kann.

Kastanie: Es gibt zwei Kastanienarten. Die *Edelkastanie* hat harte braune Früchte,

Rosskastanie

man nennt sie auch Maroni. Sie schmecken sehr gut, wenn sie geröstet sind. Die *Rosskastanie* wächst in vielen Parks. Sie hat schöne große Blüten, die wie Kerzen aufrecht stehen, und im Herbst braune glänzende Früchte, aus denen man Arzneimittel herstellen kann. Kinder sammeln die Kastanien und basteln damit.

Kästner, Erich: Der Dichter und Schriftsteller wurde 1899 in Dresden geboren. Er war ausgebildeter Volksschullehrer und hatte Deutsch, Geschichte und Philosophie

Ulis Mutprobe aus »Das fliegende Klassenzimmer«

studiert. In seinen spannenden Kinderromanen erzählt er, wie Kinder mutig Sorgen und Nöte des Alltags anpacken. *Emil und die Detektive* war das erfolgreichste Buch. Es wurde in über 30 Sprachen übersetzt. Auch *Das fliegende Klassenzimmer*, *Das doppelte Lottchen* und *Pünktchen und Anton* wurden sehr berühmt. Kästner starb 1974 in München.

Katalysator nennt man einen chemischen → Stoff, der bewirkt, dass sich andere Stoffe schneller verändern, ohne dass er dabei selbst verbraucht wird. Beim → Auto heißt ein Gerät Katalysator, das solche Stoffe (z.B. Platin, Palladium oder Rhodium) enthält. Strömen die giftigen Abgase des Motors durch diesen Katalysator, so werden sie in weniger gefährliche Gase umgewandelt.

Katastrophe: Erdbeben, Überschwemmungen, Orkane oder schwere Unglücksfälle wie Flugzeugabstürze, Tankerunglücke oder Großbrände nennt man Katastrophen. Dabei werden oft viele Menschen und Tiere verletzt oder getötet, Häuser und Gegenstände zerstört, oder die Umwelt wird zum Beispiel durch auslaufendes Öl oder Gift für lange Zeit verseucht. Es gibt Naturkatastrophen (z. B. Vulkanausbrüche) und Katastrophen, die durch menschliche oder technische Fehler entstehen (z. B. ein Zug entgleist).

Katze: Unsere Hauskatzen lieben sonnige, warme Plätze, denn sie stammen von der Falbkatze ab, deren Heimat der heiße Norden → Afrikas ist. In früherer Zeit wurde die Katze fast ausschließlich als Jäger von Mäusen und Ratten gehalten. Sie ist ein Raubtier mit drei besonders gut entwickelten Sinnen: Sehen, Hören (auch während des Schlafes) und Tasten mit den Tast- oder Schnurrhaaren.

Kaulquappe: Die Kaulquappe ist die → Larve des → Frosches. Sie schlüpft aus dem Laich (das sind die Eier) und lebt zuerst im Wasser. Sie besteht nur aus Kopf und Schwanz. Mit der Zeit entwickeln sich Beine und Lungen, so dass sie außerhalb des Wassers leben kann, und der Schwanz bildet sich zurück. Nach etwa 14 Wochen ist aus der Kaulquappe ein Frosch oder eine → Kröte geworden.

Sehen im Dunkeln

Die Katze ist ein Dämmerungs- oder Nachttier. Ihre Augen sehen besonders scharf. Tagsüber sind die Pupillen zu engen, senkrecht stehenden Sehschlitzen zusammengezogen. Aber bei Einbruch der Dämmerung weiten sie sich zu einem Kreis. So kann besonders viel Licht in die Augen eindringen. Im Augenhintergrund hat die Katze eine spiegelnde Schicht. Dadurch wird das einfallende Licht besser ausgenutzt. Ist es allerdings vollkommen dunkel, z. B. in einem Raum ohne Fenster, sieht die Katze nichts mehr. Nun ist sie auf ihr Gehör und ihren Tastsinn angewiesen.

Kelten nennt man frühere europäische Volksgruppen mit keltischen Sprachen. Ihre Heimat war vermutlich der Südwesten Mitteleuropas. Später verbreiteten sie sich über ganz West- und Südeuropa bis in die Türkei. Heute noch findet man kleine Volksgruppen in Irland, Großbritannien und Nordwestfrankreich, die keltische Sprachen sprechen. Die Kelten waren schon vor 2 700 Jahren Meister in Metall-, Keramik- und Glasverarbeitung. Die Römer nannten sie *Gallier*.

Kernenergie → S. 166.

Keuchhusten ist eine sehr ansteckende Infektionskrankheit, ausgelöst durch → Bakterien. Angesteckt wird man durch Tröpfchen in der Luft. Etwa 7 bis 14 Tage nach der Ansteckung fängt der Keuchhusten wie eine normale Grippe an. Dann kommen Hustenanfälle, oft mit Erbrechen und Erstickungsgefühl. Die Krankheit dauert 6 bis 8 Wochen. Lebensgefährlich kann sie für Babys sein. Vor Keuchhusten schützt eine → Impfung.

Kickboard nennt man den modernen Roller. Man kann ihn klein zusammenklappen und in eine große Umhängetasche stecken. Wenn man mit dem Bus oder der Bahn fährt und an seinem Zielort noch eine größere Strecke zurücklegen muss, ist er nützlich.

Kiebitz: Mit seinem langen Schnabel stochert der Kiebitz nach Nahrung. Der Vogel ist so groß wie eine Taube. Er bevorzugt feuchte Wiesen und sumpfiges Gelände. Kiebitze bauen ihr Nest auf dem

Fortsetzung auf S. 167

KERNENERGIE, SEGEN ODER FLUCH FÜR DIE MENSCHHEIT?

Professor Hahn und seinem Mitarbeiter Strassmann gelang es 1938, ➔ Atome zu spalten. Bei diesem Vorgang entsteht sehr viel Hitze. Mit dieser Energie kann man Wasser in Dampf verwandeln und damit ➔ Turbinen mit ➔ Generatoren antreiben. Die Generatoren liefern Strom für die Maschinen in Fabriken und für den Haushalt mit all den vielen elektrischen Geräten wie zum Beispiel Waschmaschine, Herd, Fernsehgerät und Computer. Mit der Atomspaltung glaubte man, endlich eine Energiequelle gefunden zu haben, die für alle Zeiten Energie liefern würde, denn die Erdöl-, Gas- und Kohlevorräte werden auf der Erde immer weniger. Allerdings werden bei der Energieerzeugung durch Atomspaltung gefährliche Strahlen frei, die für Mensch und Umwelt sehr schädlich sind. Man nennt das *radioaktiv.* Deshalb hat man um die Kernkraftwerke dicke Schutzmäntel aus Stahl und Beton gebaut.

Eine komplizierte Steuerungstechnik hilft, Unfälle zu vermeiden.
In Tschernobyl in der Ukraine ist schon ein Kernkraftwerk explodiert und hat ganze Landstriche radioaktiv verseucht. Viele Menschen starben oder wurden sehr krank. In der Folge wurden viele Kinder missgebildet geboren.
Die Abfälle aus den Kernkraftwerken sind für viele Jahrhunderte gefährlich, deshalb versucht man, eine sichere Endlagerung in unterirdischen Lagerstätten zu finden. Schon der Transport zu den Lagerstätten ist für die Umwelt und die Begleitmannschaft nicht gefahrlos, auch wenn dicke Stahlbehälter verwendet werden.
In der Medizin setzt man das Wissen über die Radioaktivität ein, um Krankheiten im Körper aufzuspüren und mit den Strahlen schnell wachsende Gewebe (Tumore) zu vernichten.

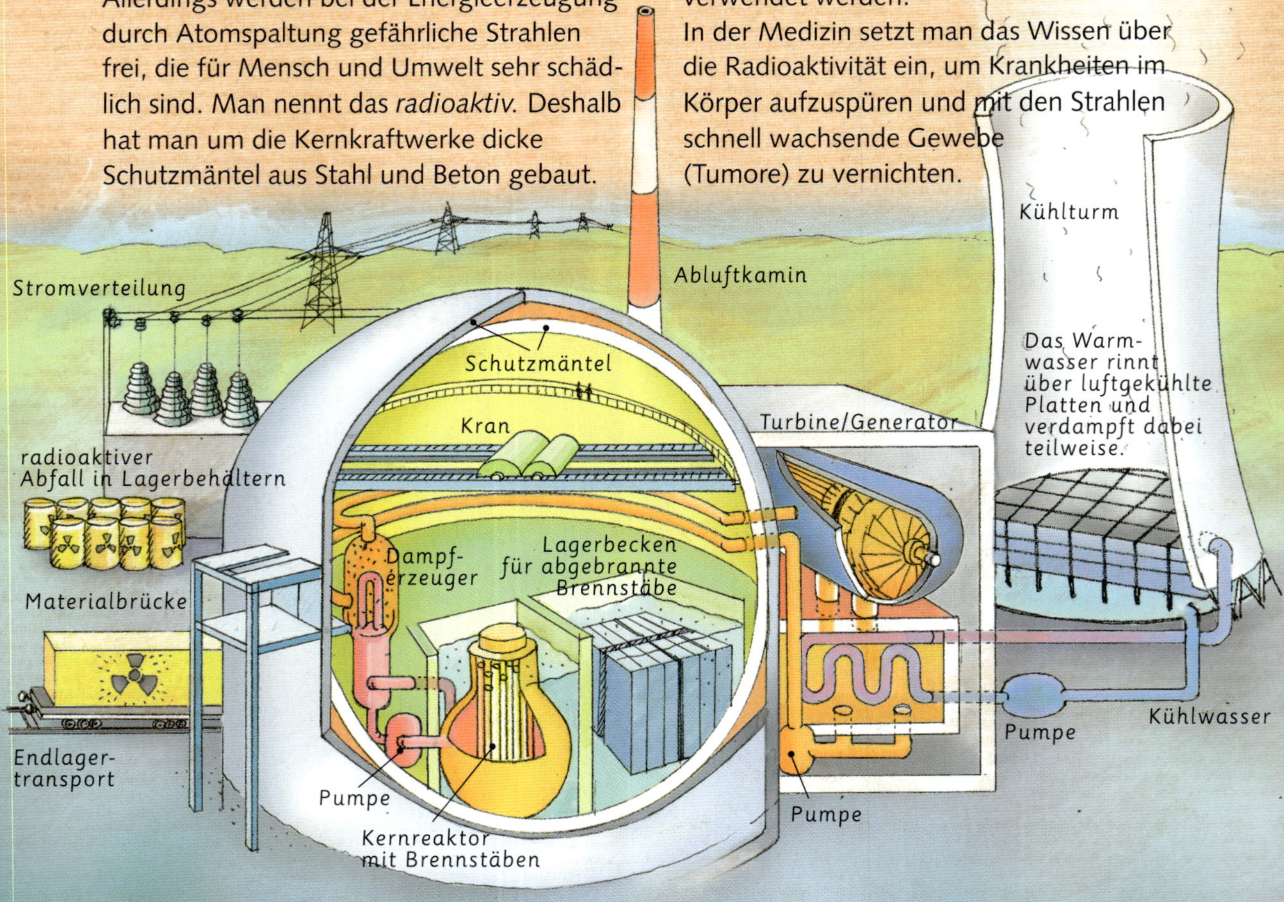

Boden. Im Frühling legt das Weibchen meist 4 Eier. Das Sammeln der Eier hat man inzwischen verboten. Seinen Namen verdankt der Vogel dem Ruf: *Kiwitt.*

Kiefer: 1. Dieser immergrüne Nadelbaum wird auch *Föhre* oder *Forche* genannt. Die Kiefer wächst auch auf sandigem und trockenem Boden. Sie kann bis zu 50 m hoch und 300 Jahre alt werden. Ältere Kiefern haben oft einen Stamm, der weit hinauf astfrei ist und eine schirmförmige Krone. An ihren Zweigen wachsen Büschel von 2 bis 5 cm langen, schmalen Nadeln.

2. Menschen und Tiere haben einen Ober- und einen Unterkiefer. Auf diesen Knochenplatten sitzen die Zähne. Der Unterkiefer ist durch das Kiefergelenk beweglich. Sonst könnten wir nicht kauen.

Kiemen: Wassertiere atmen mit Kiemen, das sind Ausstülpungen der Haut oder des Darmes. Beim Karpfen z. B. liegen die Kiemen in den Kiemenhöhlen unter den Kiemendeckeln am Hinterende des Kopfes. Der Fisch nimmt das Wasser mit der Mundhöhle auf und presst es durch die Kiemen wieder hinaus. Dabei nehmen die dünnen, blutgefäßreichen Gebilde Sauerstoff aus dem Wasser auf.

Kinderlähmung ist eine Infektionskrankheit. Sie fängt mit Fieber, Halsschmerzen, Erbrechen und Durchfall an. Dann kann sich eine Hirnhautentzündung mit hohem Fieber und starken Kopfschmerzen entwickeln. Durch eine → Impfung kann man sich vor Kinderlähmung schützen.

Kinder-Universität: Viele Universitäten bieten Vorlesungen nur für Kinder an. Echte Professoren beantworten dort Fragen aus dem Alltag und der Wissenschaft, wie z. B. *Warum kann ein Flugzeug fliegen?* oder *Warum träumen wir?,* so spannend und anschaulich, dass Kinder sie verstehen können.

Kirche: Die Kirche ist das Gotteshaus der Christen. Sie hat meistens einen großen Glockenturm. Christen treffen sich dort, um zu beten oder Ereignisse zu feiern wie Heirat, Taufe, Begräbnis. Sehr große Kirchen nennt man *Dom, Kathedrale* oder *Münster.* Kirche bedeutet aber auch die Gemeinschaft von allen, die derselben Religion angehören. Mit 14 darf man in Deutschland selbst entscheiden, ob man einer Kirche angehören möchte.

Der Dom zu Speyer

Kirsche → Obst.

Kläranlage: Kläranlagen reinigen → Abwasser. Zuerst wird grober Schmutz mit einem Gitter, dem *Rechen*, herausgesiebt. Im *Sandfang* setzten sich dann kleinere schwere Schmutzteilchen ab. Im anschließenden *Vorklärbecken* schöpft man schwimmende Kleinteile ab. Danach fließt das Abwasser in *biologische Reinigungsbecken*. Dort nehmen Bakterien und andere Kleinlebewesen gelösten Schmutz, den man nicht filtern kann, als Nahrung auf. Dazu wird zusätzlich Luft in die Becken gebracht. So bilden sich Klumpen, die im *Nachklärbecken* absinken. Dieser Schlamm fault und trocknet schließlich im *Faulturm*. Übrig bleibt eine Art Kompost.

Klavier: Man nennt dieses große und schwere Instrument auch *Piano.* Eine andere Art von Klavier ist der *Flügel.* Flügel können eine Länge zwischen etwa 117 cm und mehr als 3 m haben. Um Musik zu machen, drückt der *Pianist,* also der Klavierspieler, auf schwarze und weiße Tasten. Der Druck bewirkt, dass ein Hämmerchen auf Stahlsaiten schlägt und einen Ton erzeugt. Die Stahlsaiten sind unterschiedlich lang und dick, so dass jede Taste einen anderen Ton erzeugt.

Flügel

Klimazonen

- polar
- trocken
- tropisches Regenklima
- schneereich
- gemäßigt

Klima: Nach langjährigen Beobachtungen des → Wetters kann man Aussagen über das Klima bestimmter Gegenden machen. Man teilt die Erde in Klimazonen ein.
In Äquatornähe liegt die tropische Zone mit immer feuchtheißem Wetter. Nördlich und südlich davon liegen subtropische Zonen mit trockenen heißen Sommern und etwas kühleren Wintern. Dann kommen die gemäßigten Zonen, zu denen auch Mitteleuropa und der äußerste Süden Amerikas gehören. In den subpolaren Zonen gibt es kurze kühle Sommer und strenge Winter. Stets sehr kalt sind die Polarzonen.

Was versteht man unter dem Treibhauseffekt?

Die Sonne strahlt Energie als Licht auf die Erde. Dort wird die Lichtenergie in Wärmestrahlung umgewandelt. Sie erwärmt die Erde und wird wieder ins Weltall zurückgestrahlt. Dabei trifft diese Wärmestrahlung in der Luft auf Gase, z. B. das → Kohlendioxid. Das wirkt wie die Glasscheiben am Treibhaus: Es hält Wärme zurück und lässt sie nicht entweichen. Das ist gut so, sonst würde die Erde auskühlen. Zu viel Kohlendioxid aus den Abgasen von Autos und Heizungen aber ist schädlich. Es hält zu viel Wärme zurück und die Erde wird immer heißer.

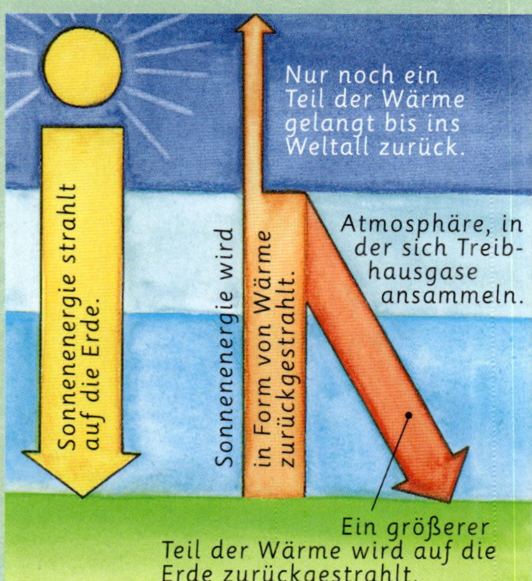

Kloster: Ein Kloster ist ein Gebäude, in dem die Bewohner, man nennt sie → Mönch oder → Nonne, von der Außenwelt abgeschlossen leben. Sie wollen ihr Leben nur ihrem Gott widmen. Klöster gibt es in vielen Religionen. Bei uns sind Klöster meist um eine Kirche herum gebaut.

Knochen → Skelett.

Koala: Der kleine bis zu 60 cm große Bär war das Vorbild für den Teddybären. Der Koala ernährt sich ausschließlich von Eukalyptusblättern, die in seiner Heimat im Osten von → Australien wachsen. Er gehört zur Familie der Kletterbeutler. Die jungen Koalas werden schon nach 25–30 Tagen geboren und bleiben dann sechs Monate im Beutel ihrer Mutter, bis sie fertig entwickelt sind. Danach werden sie noch ein Jahr auf dem Rücken getragen.

Kohle ist ein fester Brennstoff, der viel Kohlenstoff enthält. Kohle entstand aus Wäldern, die zum Ende des Erdaltertums vor 250 bis 300 Millionen Jahren wuchsen. Die Wälder wurden von Meeren überflutet. Auf dem Holz lagerten sich Erde und Gestein ab und pressten es zusammen. Es kam keine Luft mehr daran und der Druck erhitzte die mächtigen Holzschichten. So entstand zuerst Torf. Immer mehr Druck und Hitze pressten Braunkohle daraus und nach noch viel längerer Zeit entstand daraus Steinkohle.

Kohlendioxid heißt genauer *Kohlenstoffdioxid*. Es entsteht immer dann, wenn → Stoffe verbrannt werden. Aus dem Kohlenstoff des Brennstoffes und dem Sauerstoff der Luft entsteht das nicht giftige Kohlenstoffdioxid. Man nennt es auch CO_2. Pflanzen brauchen es für ihr Wachstum und geben dabei den Sauerstoff wieder frei. Gerät zu viel Kohlenstoffdioxid in die Luft, kommt es zum Treibhauseffekt (→ Was versteht man unter dem Treibhauseffekt? S. 169). Ein anderes Verbrennungsgas ist *Kohlenstoffmonoxid*: Es ist sehr giftig!

$\langle O=C=O \rangle$

Kohlenhydrate → Essen und Trinken.

Kohlensäure ist eine schwache Säure, die nur in Wasser gelöst vorkommt. Leitet man das Gas →Kohlendioxid in Wasser ein, so verbindet sich nur ein Tausendstel des Gases mit Wasser und bildet dabei Kohlensäure. Oft werden die kleinen Gasperlen im Sprudel *Kohlensäure* genannt. Das ist aber in Wirklichkeit nur im Wasser gelöstes Kohlendioxid, keine Säure.

Kokosnuss: »Das ist vielleicht eine harte Nuss!«, sagst du manchmal. Damit könntest du die Kokosnuss meinen, denn die ist steinhart. Sie ist Frucht eines Baumes, der weit weg von uns wächst, der Kokospalme (→ Palmen). Diese wird bis zu 30 Meter hoch und ganz oben wachsen 10–20 Früchte. Jede ist so groß wie ein Kinderkopf. Eine dicke Hülle aus Fasern schützt einen harten Kern. Wenn man diesen aufbohrt, kann man Kokosmilch auffangen und trinken, dann die Schale zerschmettern und Kokosfleisch essen.

Kolibri: Die Kolibris sind bekannt wegen ihrer Winzigkeit und ihrem besonderen Flugverhalten, dem *Schwirrflug.* Mit dieser Technik können sie auf der Stelle schweben und mit ihren spitzen, langen Schnäbeln den Nektar aus den Blüten saugen. Der Hummelkolibri wird, wie der Name schon sagt, nur so groß wie eine Hummel. Er ist der kleinste Vogel der Welt.

Kolonie: 1. Im Verlauf der letzten 200 Jahre besetzten viele europäische Staaten Länder in anderen Erdteilen. Sie wurden Kolonien, das heißt, sie wurden von europäischen Beamten verwaltet. Meist beutete man die Bodenschätze aus, kaufte billig Gewürze, Südfrüchte, Tee und Kaffee. Fertigprodukte aus Europa wurden dann wieder teuer in den Kolonien verkauft. An der Entwicklung der Länder war man weniger interessiert (➔ Entwicklungsländer). **2.** Als Kolonie bezeichnet man auch Verbände gleichartiger Einzeltiere, z. B. Korallen und Vögel oder Reinkulturen von ➔ Bakterien.

Kolumbus war ein Seefahrer aus Genua in Italien und hieß eigentlich *Cristoforo Colombo.* Er übersiedelte nach Spanien und hieß dann *Cristóbal Colón.* Als Seefahrer wollte er einen anderen Weg nach Indien finden, dem Land der Gewürze und Schätze. Ein neuer Weg wäre vielleicht schneller oder leichter gewesen. Also unterschrieb er einen Vertrag mit der Königin von Spanien, Isabella. Die stellte ihm Geld und Schiffe zur Verfügung. Christoph Kolumbus unternahm vier Expeditionen zwischen 1492 und 1504 und entdeckte dabei ein Land. Bis zu seinem Tod glaubte er, Indien erreicht zu haben. In Wirklichkeit hatte er ➔ Amerika entdeckt.

Komet: Kometen oder Schweifsterne sind kleine Himmelskörper aus Gas und festen Teilchen. Ihre Bahnen um die Sonne sind viel flacher als Kreise. In Sonnennähe bilden sich um den Kern des Kometen eine Wolke aus Gas und Staub und ein Schweif. Die Sonnenstrahlung löst die Kometen allmählich auf. Viele sieht man nur mit Fernrohren. Bei uns konnte man 1997 den Kometen Hale-Bopp mit bloßem Auge am Nachthimmel sehen.

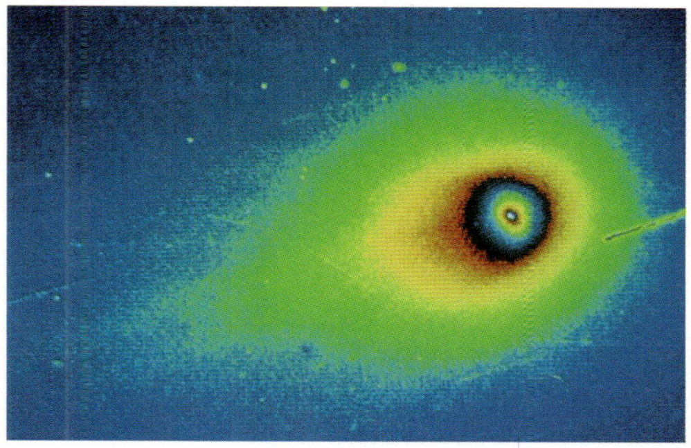

Satellitenaufnahme des Kometen Hale-Bopp

Kommunion: Die Kommunion ist Bestandteil des katholischen Glaubens. Es ist eine religiöse Feier, die man auch Abendmahl nennt. In Deutschland haben Kinder die *erste Kommunion* im Alter von 8 Jahren.

Kompass heißt ein Gerät zur Bestimmung der Himmelsrichtungen. Der Magnetkompass nutzt den Erdmagnetismus. Die ganze Erdkugel wirkt durch ihren inneren Aufbau wie ein riesiger ➔ Magnet mit Nordpol und Südpol. Danach richtet sich die Kompassnadel aus und zeigt stets nach Norden. Eine andere magnetische Eisenmasse oder eine Stromleitung in der Nähe kann aber dabei stören. Der komplizierte Kreiselkompass nutzt die Drehung der Erde zur Bestimmung von Himmelsrichtungen.

Komponist nennt man einen Menschen, der sich eine Melodie ausdenkt und aufschreibt. Er kritzelt kleine Zeichen auf

Linien: Noten, Pausenzeichen und so weiter. Und wenn du diese Zeichen lesen und verstehen kannst und ein Instrument beherrschst, kannst du die Stücke auch spielen, auf einem Klavier zum Beispiel. Was ein Komponist komponiert, nennt man *Komposition.* Berühmte deutsche Komponisten sind zum Beispiel Bach, Beethoven, Brahms und Stockhausen.

Kompost: Laub, ausgerissene Kräuter, Gemüseabfälle, Kleintiermist und Heckenschnitt verarbeitet man im Garten zu Kompost. Man schichtet diese Abfälle an einem schattigen Platz locker auf oder füllt sie in ein Silo. Kleinlebewesen aus dem Boden, vor allem Regenwürmer, ernähren sich davon. Sie scheiden dann eine krümelige feine Humusmasse aus, die wieder reich an Pflanzennährstoffen ist.

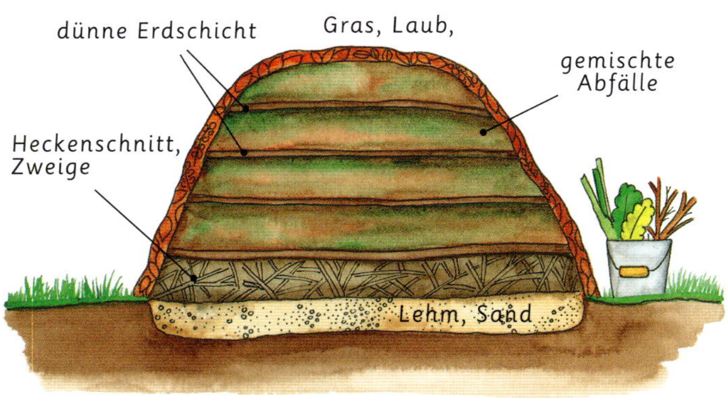

Konfirmation: An ihrer Konfirmation werden junge evangelische Christen in einer Feier in die kirchliche Gemeinschaft aufgenommen. In diesem Gottesdienst sprechen sie das Glaubensbekenntnis und werden durch Handauflegen vom Pfarrer eingesegnet. Sie nehmen zum ersten Mal am Abendmahl teil. Vorher haben sie den Konfirmandenunterricht besucht.

König: Der Mann mit der Krone ist der König und seine Frau ist die Königin. Sie kommen in vielen Märchen vor. In ihrem Palast gibt es viele Bedienstete. Früher waren sie die alleinigen Herrscher und jeder musste ihre Anweisungen befolgen. Auch heute gibt es noch Könige und Königinnen, sie sind aber keine allmächtigen Herrscher mehr, sondern erfüllen ähnliche Aufgaben wie der Bundespräsident in Deutschland oder Österreich. Normalerweise wird man König durch Erbfolge, das heißt zum Beispiel, man wird König, wenn der Vater König war.

Konkurrenz: Zwei Bäcker, die auf dem Markt Brot verkaufen, stehen in Konkurrenz. Jeder versucht, alle seine Brote zu verkaufen. Er kann sie billiger verkaufen oder bessere Brote anbieten, eine größere Auswahl haben oder freundlicher sein als sein *Konkurrent,* der andere Bäcker. Die Konkurrenz ist also für uns Kunden interessant. Konkurrenz kann natürlich auch Nachteile haben: Wenn ein Bäcker so billig sein muss wie sein Konkurrent, kauft er vielleicht billigeres und schlechteres Mehl.

Kontaktlinsen kann man anstelle einer Brille tragen: Dünne durchsichtige Kunststoffschalen sind der Hornhaut des

➔ Auges angepasst. Auf der Hornhaut schwimmen sie auf einem feinen Film aus Tränenflüssigkeit. In kleinerer Form haben sie den gleichen linsenartigen Schliff wie ➔ Brillen.

Kontinent ➔ Erdteil.

Konto ➔ Bank.

Konzert nennt man eine musikalische Veranstaltung. Die Musikstücke werden von Orchestern, Musikgruppen oder Bands gespielt und von Sängerinnen oder Sängern gesungen. Bei Konzerten kann man verschiedene Sorten von Musik – von der ältesten bis zur modernsten – hören. Es gibt z. B. Kirchen-, Rock- und Popkonzerte.

Korallen gehören zu den Hohltieren der Meere. Manche bilden ein Kalkskelett und fangen mit ihren Fangarmen, den Tentakeln, ➔ Plankton. Man findet sie bis in eine Tiefe von 6000 m. Manche Korallenskelette kann man zu Schmuck verarbeiten, da sie hornartig sind und schöne Farben haben.

Kraft: Ursprünglich bedeutete dieser Begriff *Zusammenziehen*. Dabei denkt man an Muskeln, mit denen man seine Kraft zeigt. Bei allem, was wir tun, üben wir Kraft aus. Wir werfen damit einen Ball, ziehen einen Wagen, halten etwas an, dehnen einen Gummi oder pressen eine Zitrone aus. In der Natur gibt es auch Anziehungskräfte wie bei Magneten oder auch zwischen allen Massen. Die Erde zieht wegen ihrer riesigen Masse alle Dinge in ihrer Nähe an. Das nennt man ➔ Schwerkraft.

Kraftwerk: Ein Kraftwerk müsste eigentlich *Energiewerk* heißen, denn dort wird elektrische Energie erzeugt. In Wasserkraftwerken treibt die Bewegungsenergie des schnell fließenden Wassers ➔ Turbinen an, die dann ➔ Generatoren drehen. In Wärmekraftwerken wird mit dem Feuer von Kohle, Öl oder Gas Dampf erzeugt. Auch ➔ Kernenergie kann man dazu nutzen. Dieser Dampf treibt die Turbinen und Generatoren an. Bei Windkraftwerken dreht der Wind über Propeller den Generator.

Krähen gehören zu der Familie der Rabenvögel. In unseren Breiten kommen überwiegend Saat- und Rabenkrähen vor, die ein schwarzes Gefieder besitzen. Die Nebelkrähe hat ein graues Federkleid.

Rabenkrähe

Krampf: 1. Wenn Muskeln übermüdet sind, kann es passieren, dass sich einer plötzlich zusammenzieht. Er ist dann ganz hart und das tut sehr weh. Durch Massieren kann sich der Muskel wieder lockern. **2.** Wenn man etwas blöd, geschraubt oder übertrieben findet, sagt man: »So ein Krampf!«

Kran: Eine Maschine zum Heben und Versetzen schwerer Lasten nennt man Kran. Davon gibt es sehr viele verschiedene Typen. Auf Baustellen sind es hohe Gittertürme mit einem weit ausragenden Arm, die das Baumaterial vom Boden bis an die Stelle heben, wo es gebraucht wird. Viele Kräne können sich drehen oder mit der Last fahren. Früher hat man das Kranseil mit Handkurbeln auf- und abgerollt, heute haben die Kräne Motoren.

Krankenhaus ➔ S. 175.

Krebs: 1. Krebse sind eine Tierklasse mit etwa 45 000 Arten. Sie haben wie die Käfer einen Körperpanzer. Ursprünglich lebten sie im Meer, dann verbreiteten sie sich auch in Flüssen und Seen. Einige Arten wurden schließlich zu Landbewohnern. Am bekanntesten sind die essbaren wie Hummer, Langusten oder Krabben. Wichtiger sind aber die vielen winzig klei-

Fortsetzung auf S. 176

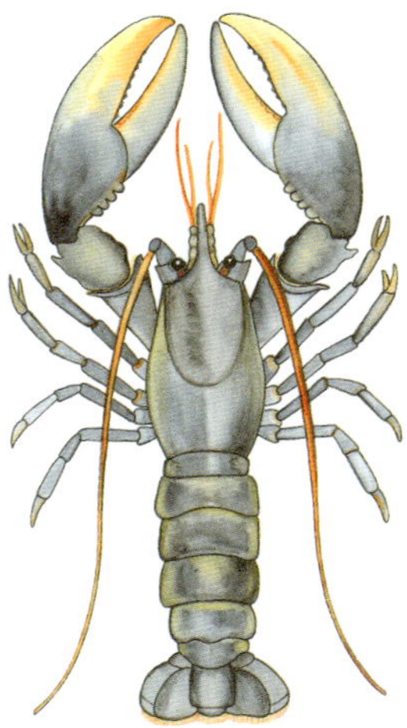

Hummer

Das Krankenhaus:
Ein Krankenhaus ist ein großes Gebäude, in dem kranke Menschen versorgt werden. Kranke Menschen nennt man *Patienten*. Sie werden von Ärzten untersucht und behandelt, um ihre Krankheit möglichst schnell zu heilen. Sie bekommen ein Bett und werden von Krankenschwestern und Pflegern betreut und versorgt.

Das alles gibt's im Krankenhaus:
Im Krankenhaus gibt es spezielle *Operationsräume*, in denen nur operiert wird. Hier muss es besonders sauber sein.
Die meisten ➔ Babys werden im Krankenhaus auf der *Entbindungsstation* geboren. Dabei helfen Hebammen und Frauenärzte.
In der *Röntgenabteilung* werden Röntgenbilder gemacht. Darauf kann man zum Beispiel eine Lungenentzündung oder einen Knochenbruch sehen. Mit *Ultraschall* können Bauch und Herz untersucht werden. Beim *EKG* wird die Herztätigkeit aufgeschrieben.
Bei der *Magenspiegelung* schaut der Arzt oder die Ärztin durch einen Schlauch direkt in den Magen.
Im *Labor* werden Blutproben untersucht.

Die *Krankengymnasten* und Krankengymnastinnen helfen den Patienten, schnell wieder auf die Beine zu kommen.
Es gibt natürlich auch eine große *Küche* und eine *Wäscherei*. Im Krankenhaus arbeiten also nicht nur Ärzte, Krankengymnasten und Krankenschwestern, sondern auch Sekretärinnen, Köche und viele Putzfrauen.

So heißen die Abteilungen:
In der *Chirurgie* wird operiert. Da liegen z. B. Patienten mit Blinddarmentzündungen und Knochenbrüchen. In der *Inneren Abteilung* liegen Patienten, die z. B. Lungenentzündung haben. Für Kinder gibt es eigene *Kinderstationen* oder sogar Kinderkliniken.

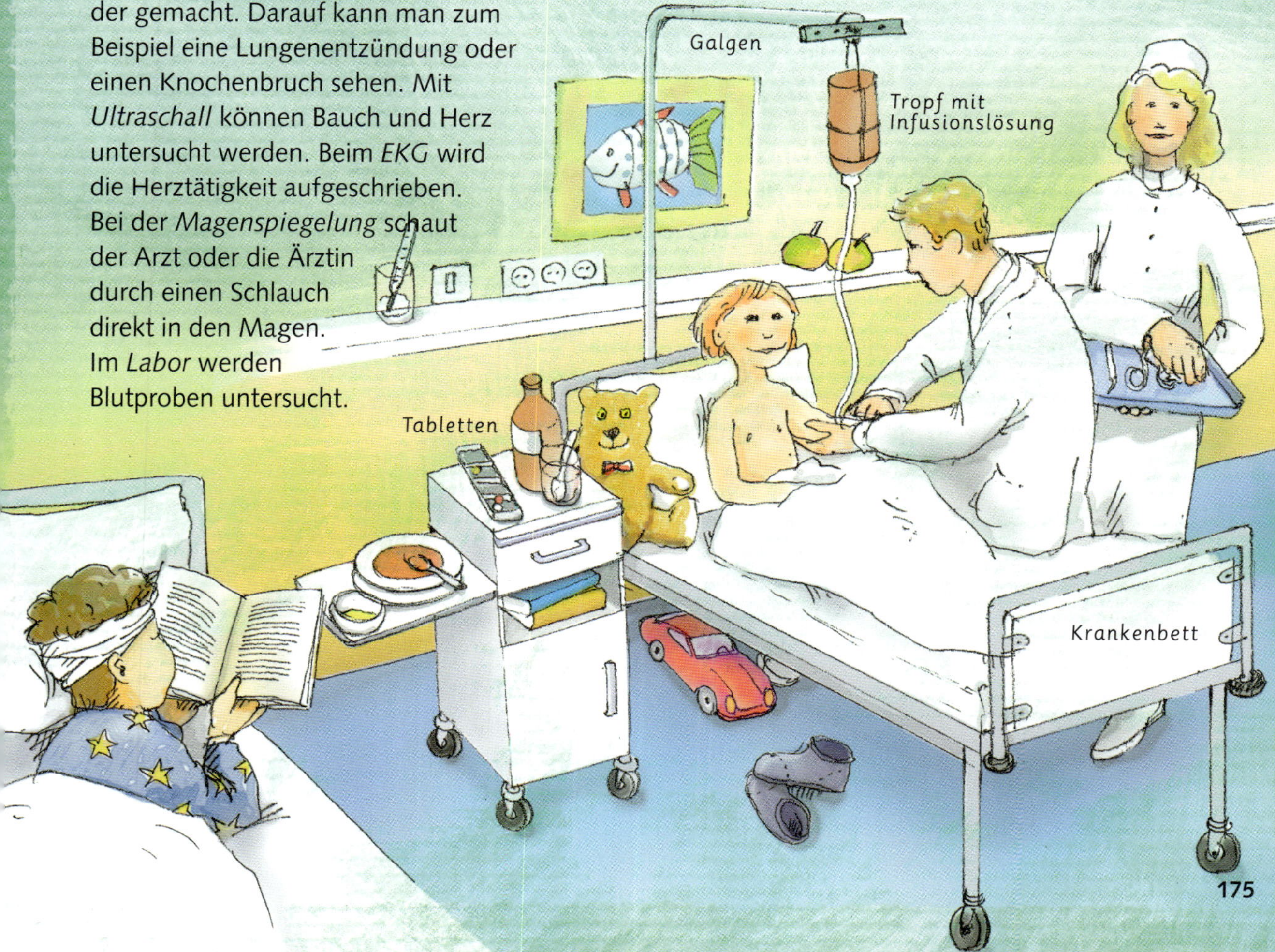

Strandkrabbe

nen im → Plankton der Meere. Sie dienen vielen Fischen und den Walen als Nahrung. Auch die Kellerassel ist eine Krebsart. **2.** Krebs nennt man auch eine Krankheit, bei der sich Körperzellen an einer Stelle sehr stark vermehren. Sie breiten sich oft rasch aus und zerstören ihre Umgebung. Wird Krebs frühzeitig erkannt, können Operationen, Bestrahlungen oder chemische Behandlungen manchmal helfen. Krebs ist nicht ansteckend. Man weiß bis heute nicht, wie Krebs entsteht. Aber man kennt viele Stoffe, die Krebs auslösen können. Tabakrauch, Lacklösungsmittel und manche Chemiegifte gehören dazu. **3.** Der Krebs ist ein ziemlich unauffälliges Sternbild des nördlichen Himmels. Im Winter sieht man ihn am Abendhimmel.

Kredit: Wenn du etwas kaufen willst, musst du Geld haben. Falls du es aber nicht hast, kannst du vielleicht deine Eltern fragen, ob sie dir etwas leihen. Wenn es vernünftig ist und wenn du so etwas brauchst, geben sie dir das Geld. Wenn sie möchten, dass du es nach und nach wieder zurückzahlst, dann wäre das ein Kredit. Wenn Erwachsene Geld brauchen, um etwas Größeres zu kaufen, gehen sie zur → Bank und fragen, ob sie einen Kredit haben können. Die Banken tun das aber nicht umsonst: Die Kreditnehmer müssen mehr zurückzahlen, als sie bekommen haben. Man nennt das → Zinsen.

Kreuzotter: In warmen sonnigen Heiden, Mooren und lichten Wäldern lebt die Kreuzotter. Man erkennt sie an dem längs verlaufenden Zickzackband. Es gibt auch einfarbige Tiere. Die Kreuzotter wird bis zu 80 cm lang. Sie tötet ihre Beute, zum Beispiel Mäuse, durch den Biss ihrer Giftzähne, die sich beim Beißen aufrichten. Diese Giftschlange greift den Menschen nicht an. Nur wenn sie gereizt oder erschreckt wird, beißt sie zu. Feste Schuhe, lange Hosen und Handschuhe schützen beim Wandern und Beerenpflücken im Lebensraum der Kreuzotter.

Krieg: Vielleicht hast du dich schon so mit anderen Kindern gestritten, dass es zu einem Kampf gekommen ist. Staaten oder ihre Herrscher sind manchmal auch nicht vernünftiger und ihr Streit endet mit Krieg, also mit bewaffnetem Kampf. Ein Staat soll gezwungen werden, irgendetwas zu akzeptieren, zum Beispiel, dass man ihm ein Stück Land wegnimmt oder dass er vom anderen Staat beherrscht wird. Früher haben die Menschen mit Messer und

Schwert gekämpft und damals gab es schon viele Tote und Verwundete. Heute sind die Waffen so gewaltig geworden, dass man nur hoffen kann, dass sie nie benutzt werden. Zweimal gab es Kriege, an denen fast die ganze Welt beteiligt war. Der Zweite Weltkrieg war hoffentlich der letzte. Er war 1945 zu Ende.

Kristall: Ursprünglich hieß nur Eis im Griechischen *krystallos*. Der Philosoph Theophrast nannte dann auch besonders klare Quarz- oder Bergkristalle aus den Alpen so. Seit dem 18. Jahrhundert bezeichnet man damit alle natürlichen regelmäßigen Formen der ➔ Mineralien und anderen festen ➔ Stoffe. In der Natur bilden sich immer dann schöne Kristalle, wenn sehr viel Zeit gegeben ist, um die ➔ Atome oder Moleküle eines Stoffes in regelmäßigen Mustern auszukristallisieren.

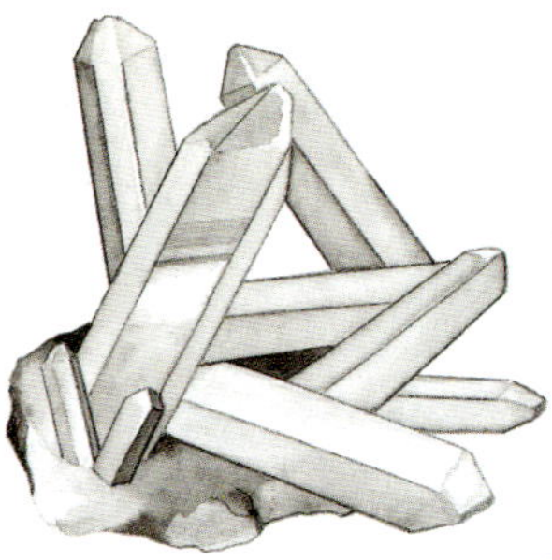

große Bergkristallstufe

Eiskristall (Schneestern)

Züchte dir selbst Kristalle

Du brauchst:
1 Kochtopf, 1 Messbecher, 2 Gläser, 1 Bleistift, Nähfaden, Wasser, 30 Gramm Alaun aus der Apotheke.

Ein besonders schönes Kristall kannst du dir selbst aus Alaun züchten. Erwärme 100 ml Wasser in einem Kochtopf. Nicht kochen lassen! Löse darin das Alaun auf. Kippe die Lösung in ein Glas und lasse sie ein bisschen abkühlen. Befestige einen Faden am Stift. Liegt der Stift quer auf dem Glasrand, so soll der Faden fast bis zum Glasboden eintauchen. Erst wenn sich am Faden winzige Kristalle gebildet haben, ziehst du ihn heraus. Jetzt entfernst du vom Faden alle Kristalle außer dem größten. Die Lösung aus dem Glas erwärmst du noch einmal etwas und rührst dabei um. Nun gießt du sie ohne Satz in das zweite Glas. Hänge den Kristallfaden wieder hinein (Bild). Warte und beobachte mehrere Tage. Probiere es auch mit Zucker. Dann bekommst du Kandiszucker.

Krokodil: Regungslos liegt die große Fleisch fressende Echse im Uferschlamm und lauert auf Beute. Nur die hoch sitzenden Augen, Ohren und Nasenlöcher schauen heraus. Aber sobald das Krokodil ein Beutetier erblickt, schnappt es nach ihm mit seinem großen Maul, in dem viele spitze Zähne sitzen. An Land ist das Kriechtier, das es schon zur Zeit der ➔ Dinosaurier gegeben hat, recht schwerfällig. Im Wasser aber kann es sich mit den Schwimmhäuten zwischen den Zehen und dem Ruderschwanz schnell bewegen. Die Weibchen legen bis zu 100 Eier in Sandgruben ab. Sobald die Jungen in den Eiern quaken, werden sie von den Alten ausgegraben. Diese können sich durch brüllende Laute verständigen. Einige Krokodilarten werden bis zu 10 m lang und 100 Jahre alt.

Krokus: Zu den allerersten Frühlingsblumen gehört der Krokus. Die Pflanze wächst aus einer Knolle, die bereits im Herbst in die Erde gesteckt wird. Krokusse haben sechs Blütenblätter, gelb, weiß oder violett. Die grünen Blätter sind sehr schmal.

Kröten halten sich meistens an Land auf und wandern nur zur Paarungszeit ins Wasser. Sie legen ihre Eier in stehende Gewässer. Nach einiger Zeit schlüpfen die noch nicht vollständig entwickelten Kröten aus. Die jungen Kröten oder auch ➔ Kaulquappen haben außer einem Schwimmschwanz noch keine Gliedmaßen. Nachdem sie mehrere Monate im Wasser gelebt haben, wachsen ihnen langsam Beine und der Schwanz geht zurück. Wenn die Kröte vollständig entwickelt ist, verlässt sie das Wasser und lebt dann an Land.

Kuckuck: Besonders im Frühling hört man den bekannten, melodischen Ruf des Männchens, der dem Vogel den Namen gegeben hat. Den scheuen Kuckuck selbst sieht man selten. Er ist schlank, langschwänzig und braun oder grau gezeichnet. Es gibt rund 130 Arten. Manche sind so klein wie ein Spatz, andere so groß wie ein Huhn. Der Kuckuck ernährt sich von Insekten, haarigen Raupen oder Früchten. Der Kuckuck ist ein → Zugvogel, der in Afrika überwintert.

Kultur umfasst alles, was der Mensch durch sein Tun entwickelt hat: zum Beispiel Bauten, Malerei, Musik, Religion, Wissenschaft, Bücher und Formen des Zusammenlebens. Es gibt verschiedene Kulturen, manche sind ausgestorben (Inkas, Azteken), andere kennen wir kaum. Meistens halten wir das für richtig und selbstverständlich, was wir aus unserer eigenen Kultur kennen. Wenn wir uns mit Menschen aus anderen Kulturen beschäftigen, merken wir jedoch, dass man auch anders leben und denken kann.

Kunst ist ein hervorragendes Können, das man erlernt oder als natürliche Begabung hat. Kunst kann in allen Bereichen entstehen: in Bau, Musik, → Literatur, Malerei. Ein Mensch, der Kunst erschafft, ist ein *Künstler.*

Kunststoff: Kunststoffe sind Materialien, die durch die Umwandlung natürlicher → Stoffe hergestellt werden. Man nennt sie auch Plastics (englisch) oder Plaste. Es gibt sehr viele unterschiedliche Kunststof-

Kuckuckseier

Der Kuckuck baut kein Nest. Das Weibchen, das etwa so groß wie eine Taube ist, legt 10–20 Eier einzeln in die Nester fremder Singvögel. Besonders häufig findet man die Eier bei Bachstelzen, Zaunkönigen und Rotkehlchen. Der ausgeschlüpfte Jungvogel ist größer und stärker als die anderen Nestlinge. Er drückt sie mit dem Rücken und den Flügeln aus dem Nest. Gelingt es ihm nicht, so sperrt er beim Füttern seinen Schnabel am weitesten auf. Er erhält dann den größten Teil der Nahrung, die anderen Jungvögel verhungern. Sobald er fliegen kann, man nennt dies FLÜGGE werden, verlässt er seine Pflegeeltern. Er ist ein Brutschmarotzer.

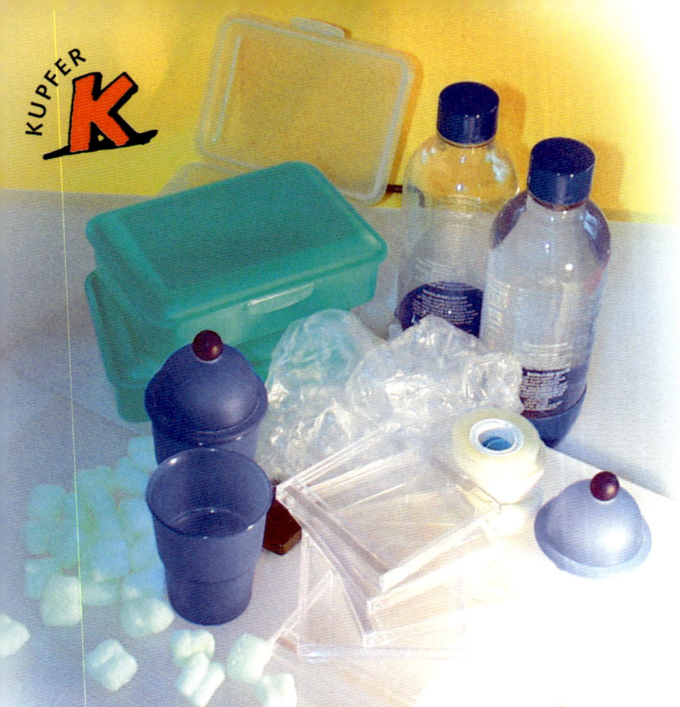

fe. Manche sind sehr biegsam und man macht Strickgarn, Stoffe und Folien daraus, andere sind steinhart und man baut daraus Maschinen. Fast alle werden aus Erdölbestandteilen hergestellt.

Kupfer: Es ist ein hellrotes, glänzendes Schwermetall, das man leicht biegen kann. Ein Würfel mit 10 cm Kantenlänge wiegt fast 9 kg. Es wird zum Beispiel zu Kupferdraht verarbeitet, weil es sich gut ziehen, dehnen und verdrehen lässt und elektrischen Strom sehr gut leitet. An der Luft bildet es langsam eine schützende braune Oberfläche aus einer Verbindung von Kupfer und → Sauerstoff.

Kürbis und Gurken gehören zu derselben Gattung, den *Kürbisgewächsen.* Die bei uns vorkommenden Pflanzen wachsen am Boden und können Früchte mit über 30 cm Durchmesser hervorbringen. Der Flaschenkürbis wird von vielen Naturvölkern zur Herstellung von Gefäßen benutzt, denn er hat eine harte und hölzerne Schale.

Küste nennt man die Grenze zwischen Meer und Land. Durch das immer bewegte Wasser verändern sich manche Küsten ständig. Zum Baden sind flache Sandküsten besonders schön. Steile Felsenküsten können für Menschen und Schiffe gefährlich sein, weil man von den Wellen der Brandung dagegengedrückt werden kann.

L

Labor ist die Abkürzung für Laboratorium. Das ist ein Arbeitsraum für technische und wissenschaftliche ➔ Experimente und Messungen. Im Labor sind besondere Einrichtungen und Geräte für diese Experimente. Es gibt zum Beispiel biologische, chemische, physikalische oder Weltraum-Laboratorien. Im Fotolabor werden Filme entwickelt und Bilder davon gemacht.
In Prüflabors stellt man fest, ob Spielplatzgeräte unfallsicher sind.

Labyrinth: 1. Wenn du in einer Stadt bist, in der du dich nicht auskennst, fühlst du dich wie in einem Labyrinth. Der Unterschied ist, dass das Labyrinth extra so gebaut wurde: Es besteht aus vielen Wegen zwischen hohen Mauern oder Hecken. Im Freien nennt man das auch *Irrgarten.* Wenn man hineingeht, sieht man bald nicht mehr, wo der Eingang war und noch weniger, wo der Ausgang ist. **2.** Man nennt auch einen Teil im Innern deines Ohres so (➔ Ohr).

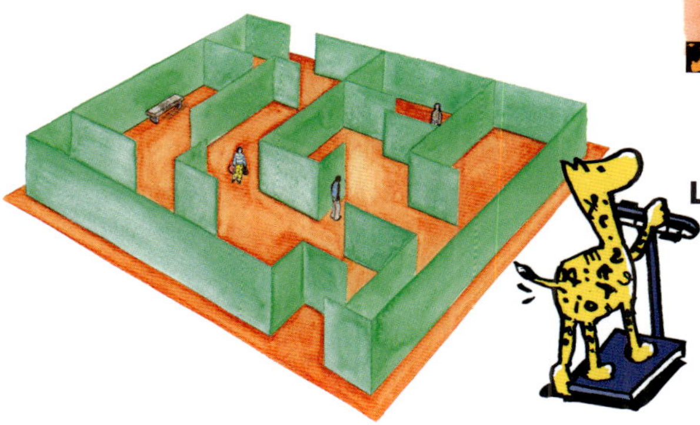

Das Labyrinth des Minotaurus

Von den Griechen gibt es sehr viele spannende Erzählungen über ihre Götter und Halbgötter.
Eine davon ist diese:
Die Frau von Minos, dem König von Kreta, hatte ein Wesen geboren, das halb Mensch und halb Stier war, den Minotauros. Für dieses Wesen ließ Minos ein Labyrinth erbauen, in dem es lebte. In dieses Labyrinth wurden Menschen hineingeschickt, die natürlich nicht mehr herausfanden und deshalb aufgefressen wurden. Glücklicherweise ist es schließlich gelungen, das Ungeheuer zu töten!

Lachs: Lachse können bis zu 1,5 m lang und 35 kg schwer werden. Die jungen Lachse leben im Süßwasser und schwimmen nach ein bis fünf Jahren ins Meer. Sie kommen zum Laichen jedoch an den Ort zurück, wo sie als Jungfische gelebt haben. Manchmal sind das mehrere Tausend Kilometer.

Laie: 1. Nehmen wir an, dass du dich in irgendeiner Sache nicht gut auskennst, in der Elektronik zum Beispiel. Also bist du in dem Fall ein Laie. Das Gegenteil von *Laie* ist nämlich *Fachmann* oder *Spezialist.* **2.** In der Kirche ist der Laie einer, der nicht Geistlicher ist.

Lakritze verwendet man für Bonbons. Der Grundstoff für Lakritze wird aus dem Saft der Süßholzwurzel gewonnen. Man mischt ihn mit verschiedenen Zutaten, dickt die Masse ein und presst sie in Formen.

Lama: Die Heimat des Lamas, das zur Familie der → Kamele gehört, ist Südamerika. Schon vor etwa 4 000 Jahren wurde es gezähmt. Die Wildform nennt man *Guanako.* Sogar in Höhen bis zu 5 000 m kann es als Lasttier eingesetzt werden. Das Lama und das verwandte Alpaka werden meist wegen der Wolle gezüchtet. Bei Gefahr bespuckt das Lama zielsicher seine Angreifer.

Landkarte: Auf einer Landkarte wird die Erdoberfläche oder ein Teil von ihr so abgebildet, wie man sie aus großer Höhe sehen kann. Dabei werden Flüsse, Straßen und Eisenbahnschienen zu schmalen Strichen. Städte werden bunte Flecken. Weil man Berge, Täler oder Ebenen von oben nicht unterscheiden könnte, hilft man sich mit Farben: Berge malt man braun, Täler und tiefes Land grün. Viele Zeichen und → Symbole werden für besondere Dinge in der Landschaft eingezeichnet. Der Maßstab gibt an, wie stark die Landschaft verkleinert wurde. Steht bei der Karte 1:200 000, so entspricht 1 cm auf der Karte 200 000 cm, also 2 km in der Natur. Je größer die Zahl hinter dem Doppelpunkt ist, desto stärker wurde die Landschaft verkleinert.

Landwirtschaft → Bauernhof.

Lärche: Die Lärche gehört zu den Nadelhölzern. Allerdings wirft sie im Herbst ihre Nadeln ab. Man nennt dies *sommergrün.* An den kurzen Ästchen werden im Frühjahr hellgrüne Nadelbüschel gebildet. Lärchen sind bis zu der Baumgrenze in den Hochgebirgszonen verbreitet. Das durch Gerbstoffe braunrot verfärbte Kernholz wird sehr gerne bei der Möbelherstellung und im Innenausbau von Häusern verwendet.

Larve: 1. Viele Tiere kommen nicht vollständig entwickelt auf die Welt, sondern zuerst schlüpft aus dem Ei die Larve, z. B. eine Raupe. Im weiteren Verlauf ihrer Entwicklung vollzieht sich mit ihr eine Umwandlung, eine *Metamorphose.* Die Raupe zum Beispiel verpuppt sich und verwandelt sich in der Puppe zum Schmetterling. Das Larvenstadium gibt es bei vielen Tieren, z. B. bei Fröschen, Fliegen und Käfern (➔ Insekt). **2.** Larve ist auch die Bezeichnung für eine Fastnachtsmaske.

Laser ist eine Abkürzung für die englische Beschreibung eines Lichtverstärkers. Im Sonnenlicht sind viele verschiedene ➔ Farben enthalten. Im Lasergerät wird ein Kristall oder ein Gas so von einer Blitzlampe angeregt, dass es nur Licht einer ganz bestimmten Farbe in einem ganz dichten Bündel aussendet. Dadurch wird das Laserlicht sehr fein und sehr energiereich. Es kann so heiß werden, dass man Metalle damit schmelzen kann, und es ist so fein, dass man damit im Auge operieren kann. Im CD-Player tastet ein Laserstrahl die CD ab.

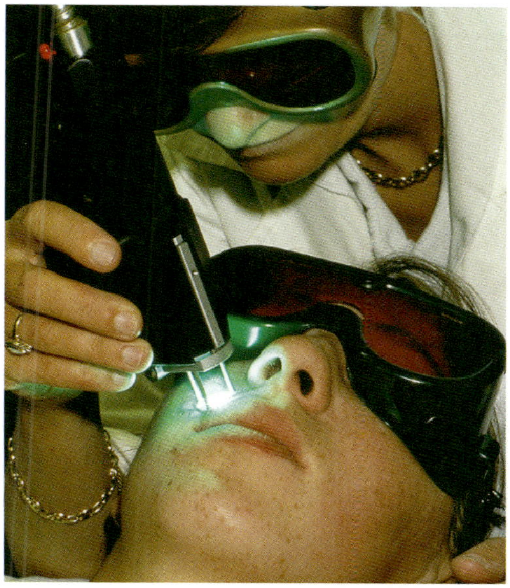
Auch für Hautbehandlungen wird der Laser benutzt.

Lasso: Die Spanier brachten die lange Wurfleine mit einer Schlinge am vorderen Ende nach Amerika. Die Indianer übernahmen sie als Waffe und schließlich fingen auch die Viehhirten der großen amerikanischen Rinderherden, die ➔ Cowboys, ihre Tiere damit ein. Man wirbelt die in Ringen zusammengelegte Leine zuerst über dem Kopf, um ihr Schwung zu geben. Trifft die Schlinge und wird daran gezogen, so zieht sie sich zu.

Laus: Diese kleinen Insekten plagen Menschen und Tiere. Die 2–3 mm lange Kopflaus klebt ihre Eier, die *Nissen*, an die Haare. Wenn der Kopf juckt, vor allem hinter den Ohren, könnte es sein, dass man Läuse hat. In der Apotheke bekommt man ein Mittel um die Plagegeister zu vernichten. Die 4 mm lange Kleiderlaus saugt an Körperstellen, die von den Kleidern bedeckt sind. Sie klebt ihre Eier in Falten von Kleidungs- und Wäschestücken. Sie ist besonders gefährlich, weil sie außer juckenden Entzündungen auch Fieber verursachen kann. Pflanzenläuse wie die Reb- oder Blattlaus sind ebenfalls große Schädlinge. Sie saugen Pflanzensäfte aus Wurzeln, Blättern und Stängeln. Manchmal werden auch dabei Krankheiten auf die Pflanzen übertragen. Die Pflanzen sterben dann rasch ab.

Blattläuse sind in Wirklichkeit nur 2–3 mm groß.

Lava ➔ Vulkan.

Lawine: Rutschen bei Neuschnee oder Tauwetter große Schneemassen an Berghängen herunter, so nennt man das Lawine. Lawinen nehmen mitunter den ganzen Schnee eines Hanges mit und stürzen mit riesiger Geschwindigkeit ins Tal. Sie können so groß werden, dass sie Menschen, Häuser oder ganze Dörfer unter sich begraben. Wenn nach Regen oder Frostnächten Steine, Geröll und Erde am Berghang abrutschen, spricht man von Steinlawinen oder Muren.

Leber: Die Leber ist die größte Drüse in unserem Körper. Sie liegt im rechten Oberbauch direkt unter dem Zwerchfell. Die Leber reguliert den Eiweiß-, Fett- und Kohlenhydrat-Stoffwechsel (➔ Essen und Trinken). Sie speichert Vitamine und Zuckerreserven und kann Gifte abbauen und ausscheiden. Außerdem bildet sie die Gallenflüssigkeit. Die gibt sie in den Darm ab. Dort wird sie zur Fettverdauung benötigt. ➔ Verdauung.

Leder ist eigentlich Tierhaut. Wenn ein Tier tot ist, wird die Haut von Haaren und Fleischresten befreit. Dann wird sie mit chemischen oder pflanzlichen Stoffen behandelt, damit sie haltbar, stabil, weich und geschmeidig bleibt. Man nennt das *gerben*. Jetzt kann man viele nützliche

Dinge herstellen: Schuhe, Hosen, Taschen, Gürtel ... Normalerweise nimmt man die Haut von Rindern, Kälbern, Schweinen, Schafen, aber auch andere. Manche Tiere sind sogar vom Aussterben bedroht, weil ihre Haut so schön ist, dass man sie deswegen jagt, Krokodile zum Beispiel.

Legasthenie ist ein anderes Wort für *Lese- und Rechtschreibschwäche*. Vielleicht ist in deiner Klasse ein Legastheniker. Er kann manche Buchstaben nicht unterscheiden oder er verwechselt sie. Zum Beispiel sind b und p irgendwie ähnlich oder auch d und b, und es ist schwer für ihn, das auseinanderzuhalten. Und das passiert ihm beim Lesen wie beim Schreiben. Aber mit besonderen Übungen kann man diese Schwierigkeit verbessern oder sogar überwinden.

Leichtathletik: Menschen haben schon immer ihre Kräfte vergleichen wollen und dafür Spiele oder Wettkämpfe organisiert, z. B. die ➔ Olympischen Spiele. Aus den natürlichen Bewegungsformen des Menschen haben sie Sportarten entwickelt, die als *Leichtathletik* bezeichnet werden: Laufen, Springen, Werfen oder Stoßen. Zu den Laufwettbewerben gehören Kurz-, Mittel- und Langstreckenläufe. Der längste ist der Marathon mit 42 km. Zu den Sprungwettbewerben zählen Hochsprung, Weitsprung, Dreisprung und Stabhochsprung. Speerwerfen, Hammerwerfen, Diskuswerfen und Kugelstoßen sind Wurfwettbewerbe.

Weltrekorde in Sprungdisziplinen:

Männer:	
Hochsprung	2,45 m
Javier Sotomayor (Kuba)	1993
Weitsprung	8,95 m
Mike Powell (USA)	1991
Stabhochsprung	6,14 m
Sergej Bubka (Ukraine)	1994
Dreisprung	18,29 m
Jonathan Edwards (USA)	1995
Frauen:	
Hochsprung	2,09 m
Stefka Kostadinova (Bulgarien)	1987
Weitsprung	7,52 m
Galina Tschistjakova (UdSSR)	1988
Stabhochsprung	5,01 m
Jelena Issinbajewa (Russland)	2005
Dreisprung	15,50 m
Inessa Kravets (Ukraine)	1995

Leopard: Den Leopard erkennt man an seinem gelbschwarz gefleckten Fell. Leoparden können bis zu 1,5 m lang werden. Sie jagen in den Steppen Afrikas Gazellen und andere Tiere. Der Leopard klettert auch hervorragend. Er schleppt sogar seine Beute auf einen Baum, um sie sicher vor Feinden zu verspeisen. Eine Sonderform des Leoparden ist der *schwarze Panther*.

Lerche: Die Lerche ist ein Vogel. Nur wer gut Wiesen, Weiden und Getreidefelder beobachtet, kann die unscheinbar gefärbte Feldlerche bei ihrer Nahrungssuche erkennen. Sie vertilgt große Mengen an Insekten und Samen. Wenn die Lerche sich singend turmhoch in die Luft schraubt oder wieder hinabsteigt und dicht am Boden fliegt, kennzeichnet sie mit ihrem Gesang das Revier.

Leuchtturm nennt man einen weithin sichtbaren hohen Turm an der Küste. Oft ist er rotweiß gestrichen. Auf der Spitze trägt er einen starken Scheinwerfer, das *Leuchtfeuer*. Es blinkt in bestimmten Abständen auf oder dreht sich. Durch das Blinken und die Farbe des Lichtes gibt der Leuchtturm den Schiffen Signale. Er kann Hafeneinfahrten kennzeichnen oder Inseln oder auch Felsenriffe und gefährliche Küstenstellen.

Lexikon: Ein Lexikon hast du gerade in der Hand. Es ist ein Buch, das zu Wörtern aus vielen Bereichen des Wissens kurze Erklärungen gibt. Die Wörter sind zum leichteren Auffinden nach dem Abc geordnet. Die Mehrzahl von Lexikon heißt *Lexika*. In Fachlexika werden nur Dinge aus einem ganz bestimmten Wissensbereich erklärt. Ein ganz großes Lexikon nennt man *Enzyklopädie*. Es gibt auch Lexika für den Computer auf CD, im ➔ Internet und im digitalen Buch (das ist ein Computer im Buchformat).

Libelle: An Bachufern und Seen kann man die metallisch schillernden Insekten beobachten. Die verschiedenen Arten sind zwischen 1,8 cm und 12 cm lang, haben einen langen, stabförmigen Hinterleib und

vier große, glasige Flügel. Die gewandten Flugjäger können blitzschnell die Richtung ändern, im Schwirrflug auf einer Stelle stehen und sogar rückwärtsfliegen. Die Urlibelle war ein schwerfälliges Rieseninsekt mit einer Flügelspannweite von 70 cm.

Von der hässlichen Larve zur prächtigen Libelle

Libellen legen ihre Eier meist im Wasser ab. Aus diesen schlüpfen die braunen räuberischen → Larven, die im Wasser leben und sich mehrmals häuten. Sie fangen ihre Beute mit der Unterlippe, die zu einer Fangmaske umgewandelt ist und zum Fangen der Beute hervorgeschleudert werden kann. Zur Verwandlung klettert die Larve in ihrem letzten Häutungsstadium an einer Wasserpflanze aus dem Wasser. Aus der aufgeplatzten Rückenhaut schlüpft die bunte Libelle.

Licht ist die Voraussetzung für das Sehen mit unseren Augen. Es kann von der Sonne kommen oder von irgendeiner künstlichen Lichtquelle wie Feuer oder Lampen. Immer wenn Licht direkt in unser Auge kommt oder von irgendeinem Gegenstand zurückgeworfen und in unser Auge gelenkt wird, sehen wir etwas. Licht kann aus vielen → Farben bestehen, dann ist es fast oder ganz weiß. Es kann aber auch nur aus wenigen oder einer Farbe bestehen, zum Beispiel bei einer Rotlichtlampe. Von der gesamten Strahlung, die die Sonne ausschickt, ist das sichtbare Licht nur ein ganz kleiner Teil.

Liebe: Wenn zwei Menschen sich mögen und gerne zusammen sind, um zu reden oder etwas zu unternehmen, sind sie Freunde. Wenn sie sich aber so mögen, dass sie miteinander zärtlich sind, sich ganz lieb umarmen und küssen und fast alles füreinander tun würden, spricht man von Liebe. Am liebsten würden sie zusammen leben, für immer. Manchmal heiraten sie und gründen eine Familie (→ Ehe). Auch die herzlichen Gefühle zwischen Eltern und Kindern nennt man *Liebe.*

Liliputaner: Um zu wachsen, brauchen wir verschiedene Stoffe, die den Körper zum Wachsen veranlassen. Bei manchen Menschen werden diese *Hormone* zu wenig oder gar nicht produziert. Liliputaner sind also *zwergwüchsig. Liliput* ist das Land der Zwerge in dem Roman *Gullivers Reisen.* Deshalb nennt man kleinwüchsige Menschen so. Der kleinste Mensch lebte in Indien und war nur 55,88 cm groß. Er starb 1998 im Alter von 40 Jahren.

Linde: Die Linde gehört zu den Laubbäumen. Sie wächst in Europa, kann bis zu 40 Meter hoch werden und manchmal über 1 000 Jahre alt. Ihr Holz ist weich und zum Schnitzen sehr geeignet. Die Blüten duften sehr stark im Frühling und locken viele Bie-

nen an. Aus Lindenblüten kann man auch Tee kochen, der bei Erkältungen hilft.

Lindgren, Astrid: Die bekannte Kinder- und Jugendbuchautorin wurde 1907 in Vimmerby, in Schweden, geboren. Ihr erstes Buch war *Pippi Langstrumpf.* Astrid Lindgren hatte es als Geburtstagsgeschenk für ihre Tochter verfasst. Lange hatte sie keinen Verleger für dieses Buch gefunden, bis es schließlich bei einem Wettbewerb einen Preis gewann. Die Autorin hat zahlreiche Bücher geschrieben, die alle in viele Sprachen übersetzt wurden. Lindgren starb 2002 in Stockholm, in Schweden.

Ronja aus dem Film »Ronja Räubertochter«

Linse: 1. Die Linse ist eine Pflanze aus der Familie der Schmetterlingsblütler, die Wicken und Erbsen ähnlich sieht. Sie trägt in ihren Hülsenfrüchten runde, scheibenförmige Samen. Diese enthalten viel Eiweiß und Kohlenhydrate. Man kann daraus Gemüse oder leckere Suppen kochen.
2. Optische Linsen werden aus Glas oder Kunststoff geschliffen. Sie haben eine ähnliche Form wie die Gemüselinsen. Sie bündeln Licht oder streuen es auseinander. Man verwendet sie, um Abbildungen herzustellen, zum Beispiel Vergrößerungen oder Verkleinerungen. Linsen sind in allen optischen Geräten, in Fernglas, Fotoapparat, Mikroskop und Brille. Auch dein ➔ Auge enthält eine optische Linse aus menschlichen Körperzellen.

Literatur kann man lesen. *Littera* ist das lateinische Wort für Buchstabe. Also, was man mit Buchstaben schreibt, ist eigentlich Literatur. Vielleicht noch nicht das, was du in der Schule schreibst, aber abwarten! Es gibt nämlich viele Arten, zu schreiben. Man unterscheidet zwischen Erwachsenen, Jugend- und Kinderliteratur oder zwischen Unterhaltungsliteratur und wissenschaftlicher Literatur. In ➔ Bibliotheken, in denen es viele Bücher gibt, kannst du nachschauen, wie die Bücher sortiert sind.

Lokomotive: Das Wort für die Zugmaschine von Eisenbahnzügen stammt aus dem Englischen und heißt *sich von der Stelle bewegende (Maschine)*. Die Kurzform heißt *Lok*. Die ersten Loks waren ➔ Dampfmaschinen, die man auf Fahrgestelle setzte, um die Räder anzutreiben.

Die Dampflokomotive »Rocket« von 1829 (oben); elektrischer Triebkopf eines modernen Hochgeschwindigkeitszugs (unten)

Sie zogen dann Wagen auf Eisenschienen. Dampfloks führten Kohlen mit, um den Dampfkessel zu heizen. Heute gibt es viele Arten von Dieselloks und elektrischen Loks.

Lotse: Lotsen sind Leute, die ein Stück Wasserstraße, also einen Fluss, Kanal oder Seeweg, sehr gut kennen. Sie werden auf Schiffe geholt und übernehmen das Kommando beim Durchfahren schwieriger Stellen. Sie wissen genau, wo was liegt im Wasser und wie sie fahren müssen, um ohne Unfall weiterzukommen. *Fluglotsen* nennt man die Menschen, die im Kontrollturm arbeiten und per Funk den Flugzeugen genaue Anweisungen geben.

Löwe: Der Löwe gilt als König der Tiere. Er hat außer dem Menschen keine Feinde, die ihm gefährlich werden könnten. Die größten afrikanischen Löwen erreichen

eine Länge von bis zu 270 cm und eine Schulterhöhe von etwa 97 cm. Diese Großkatzen leben in Rudeln zusammen. Bei der Jagd treiben sie das Beutetier einander zu und können so sogar Giraffen erlegen. Sind die Löwen satt, liegen sie schläfrig im Schatten. Die Männchen schützen das Gebiet der Gruppe gegen andere Rudel.

Löwenzahn: Der Löwenzahn erhielt seinen Namen durch seine stark gezackten Blattränder. Er hat gelbe Blüten, die nach der Befruchtung lauter kleine Samen mit Schirmchen ausbilden. Diese verbreitet der Wind, weshalb man den Löwenzahn auch *Pusteblume* nennt. Die Blätter sind essbar und werden als Salat oder als Würzkräuter genutzt.

Luchs: Der scheue Luchs gehört zu den stark gefährdeten Tieren. Weil man ihn für gefährlich hielt, wurde er bei uns bereits vor 100 Jahren ausgerottet. Diese hochbeinige Katze mit den Haarbüscheln an den Ohren lebt jetzt nur noch in großen urtümlichen Wäldern im Norden der Erde. Der Luchs ist ein nächtlich jagender Einzelgänger. Er erbeutet Tiere bis zur Größe eines Rehs. Kleinere Verwandte von ihm sind der Pardelluchs und der Wüstenluchs.

Luft nennt man ein Gemisch aus vielen verschiedenen ➔ Gasen, das als ➔ Atmosphäre unsere Erde umgibt. Es enthält den für Menschen und Tiere lebenswichtigen Sauerstoff (etwa 21 von 100 Teilen). Ungefähr 78 von 100 Teilen sind Stickstoff, außerdem sind noch acht andere natürliche Gase in der sauberen Luft enthalten. Leider wird die Luft immer wieder von Menschen verschmutzt mit schädlichen Abgasen aus Schornsteinen und Autos.

Luftdruck ist der Druck, mit dem die Luftschicht auf eine bestimmte Fläche auf der Erde drückt. Er ist nicht immer und überall gleich, weil sich die Luftmassen in unserer ➔ Atmosphäre ständig bewegen. Die Bewegung kommt von der Erwärmung durch die Sonne und die Drehung der Erde. Im Normalfall beträgt der Druck der Luft auf der Erde ungefähr so viel wie der Wasserdruck am Boden eines zehn Meter tiefen Beckens. Luftdruck misst man mit einem ➔ Barometer.

Wie viel wiegt die Luft?

Könnte man aus der Luft einen Würfel ausschneiden, dessen Kanten je 1 m lang sind, so würde dieser knapp 1 kg und 300 g wiegen. Das scheint nicht viel. Könntest du aber die ganze dicke Luftschicht wiegen, die rundum auf deinen Körper drückt, so wären das fast 20 000 kg. Das ist so schwer wie ein beladener Lastwagen. Das liegt daran, dass die Luftschicht über uns, die Atmosphäre, durchschnittlich fast 100 km dick ist. Die ganze Masse der Luft in unserer Atmosphäre wiegt ungefähr 5 Trillionen und 130 Billarden Kilogramm, also 5 130 000 000 000 000 000 kg!

Luftschiff: Luftschiffe sind längliche Ballons mit fester Außenhaut und Motorantrieb. Sie werden von einer Gasfüllung in der Luft schwebend gehalten. Der mit Gas gefüllte Ballon ist leichter als der gleiche Bal-

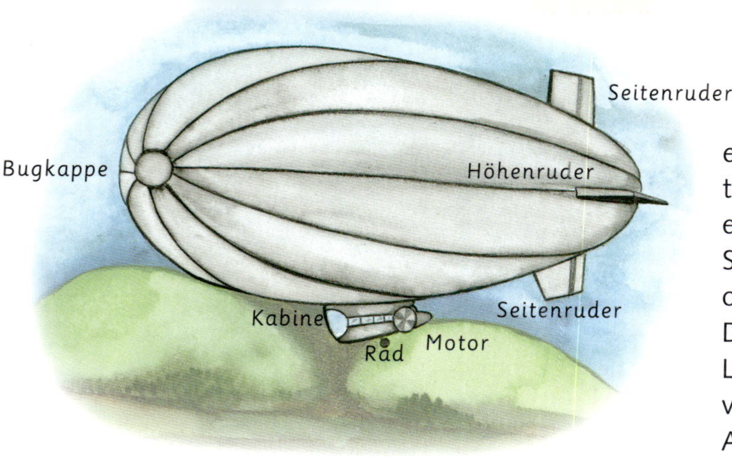

lon voll Luft. Deshalb schwebt er in der Luft und kann sogar noch eine Kabine mit Menschen oder Frachten mittragen. Viele sagen zu einem Luftschiff auch *Zeppelin*, weil das erste brauchbare Luftschiff von Graf von Zeppelin gebaut worden war. Es war 128 Meter lang und startete am 2. Juli 1900. Die zwei 15-PS-Motoren brachten es auf 32 km/h.

Lunge: Die Lungen bestehen aus unzähligen kleinen Bläschen, die von feinsten Blutgefäßen umschlossen sind. Wenn wir einatmen, nehmen die Blutgefäße ➔ Sauerstoff aus der Luft auf. Das Blut transportiert ihn von dort in die Körperzellen. Da entsteht aus dem Sauerstoff und einigen Stoffen aus unserem Essen ➔ Kohlendioxid. Das nennt man *innere Atmung*. Dabei wird die Energie frei, die wir zum Leben brauchen. Das Kohlendioxid wird vom Blut zur Lunge zurückgebracht. Beim Ausatmen geben wir es wieder ab.

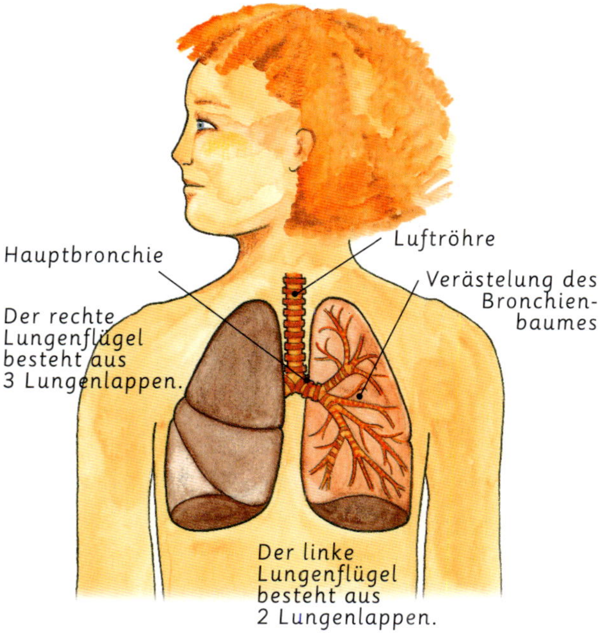

Lupe nennt man ein Vergrößerungsglas, das von kleineren Gegenständen oder Schriften ein größeres Bild erzeugt. Eine Lupe besteht aus einer oder manchmal auch mehreren Sammellinsen (➔ Linse). Ist noch ein Lämpchen mit eingebaut, so hat man eine Leuchtlupe. Die Lesebrillen vieler älterer Leute sind zwei Lupen in einem Brillengestell.

Lurche sind Amphibien. Das griechische Wort *amphibios* heißt *beidlebig* und weist darauf hin, dass die Lurche sowohl im Wasser als auch auf dem Lande leben. Lurche nehmen also eine Übergangsstellung unter den Wirbeltieren ein: Fische leben ganz im Wasser und atmen durch Kiemen. Reptilien, Vögel und Säugetiere leben auf dem Trockenen und atmen durch Lungen. Aber die ➔ Larven der Lurche atmen durch Kiemen und die ausgewachsenen Tiere, zum Beispiel der Grasfrosch, leben auf dem Land und atmen durch Lungen.

M

Magen: Wenn wir essen, zerkleinern unsere Zähne beim Kauen die Nahrung. Schluckt man, rutscht der Speisebrei durch die Speiseröhre in den Magen. Der Magen ist ein Muskelsack. Hier wird die Nahrung zunächst gespeichert, mit Magensaft vermischt und weiter zerkleinert. Dann wird dieser Nahrungsbrei aus dem Magen in kleinen Portionen in den Dünndarm weitergegeben, wo er weiter verdaut wird. ➔ Verdauung.

Magnet: Ein Magnet zieht Dinge aus Eisen, Kobalt und Nickel an und wird von solchen Dingen angezogen. Um Magnete herum entsteht ein Magnetfeld. Das ist der Bereich der magnetischen Wirkung. Alle Magnete haben zwei Pole: Nordpol und Südpol. An den Polen ist die magnetische Wirkung am stärksten. Gleiche Pole stoßen einander ab, unterschiedliche Pole ziehen einander an. Auch die Erde wirkt wie ein Riesenmagnet. Deshalb wird die Südpolspitze eines ➔ Kompasses zum Nordpol der Erde hin ausgerichtet. Es gibt auch Elektromagnete. Man verwendet sie im Schrottkran. Elektromagnete kann man abschalten.

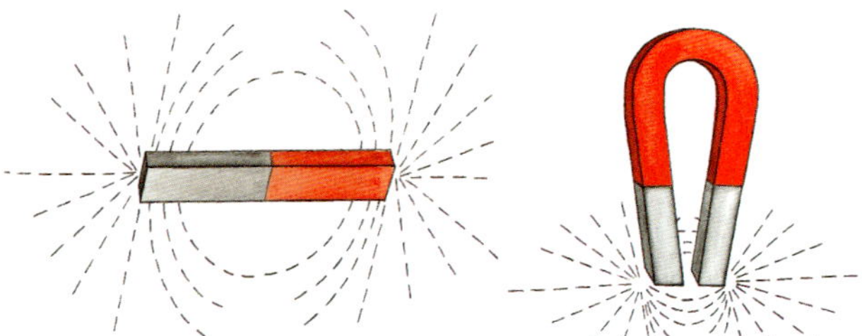

Stabmagnet und Hufeisenmagnet mit Magnetfeldlinien

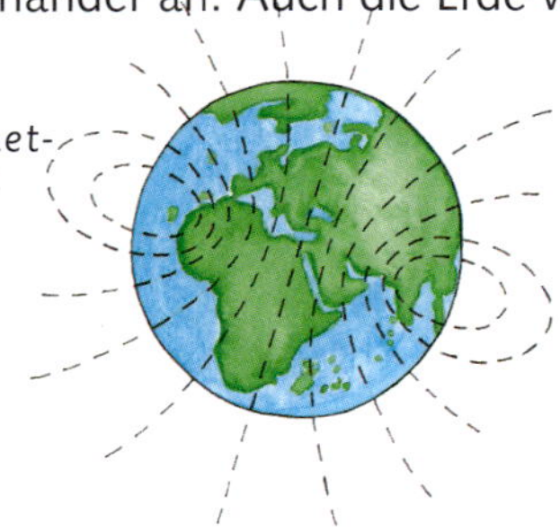

Erde mit Magnetfeldlinien

Maiglöckchen kannst du im Mai finden, beim Spazierengehen im Wald. Diese Pflanze ist ungefähr 20 cm groß und hat kleine weiße Blüten, die aussehen wie Glöckchen und wunderbar riechen. Aus den Glöckchen werden später rote Früchte. Aber Vorsicht, die sind sehr giftig! Maiglöckchen stehen unter ➔ Naturschutz: Man darf sie pflücken, aber auf keinen Fall die Wurzeln beschädigen.

Maikäfer: In der Nacht schwärmen diese schokoladenbraunen Käfer aus. Wenn sie gegen eine Lichtquelle prallen und zu Boden fallen, sammeln Kinder sie gerne auf. Erwachsene mögen diese Käfer weniger, weil ihre Larven, die ➔ Engerlinge, von Pflanzenwurzeln leben und dadurch Schaden anrichten. Früher sind

die Maikäfer massenweise aufgetreten und haben ganze Wälder kahl gefressen. Deshalb wurden sie chemisch bekämpft und sind heute recht selten geworden.

Mais hast du bestimmt schon gegessen als Popcorn (Puffmais) oder aus der Dose als Gemüsemais. Die Pflanze, die uns diese Körner liefert, stammt aus Mittel- und Südamerika. Sie wurde dort bereits 5 000 Jahre vor Christus angebaut. Christoph ➔ Kolumbus oder seine Nachfolger haben sie nach Europa mitgebracht. Inzwischen wird überall Mais angebaut. Die Pflanze wird bis zu 2 m hoch und trägt ein bis zwei Kolben mit Körnern. Sie dient als Nahrung für Tiere und Menschen.

Gemälde von Friedensreich Hundertwasser

Malerei: Alles, was der Mensch malt, ist Malerei. Die ältesten Bilder sollen 40 000 Jahre alt sein. Zuerst hat der Mensch mit Erd- und Pflanzenfarben auf Fels- und Höhlenwände gemalt (➔ Höhlenmenschen, S. 140). Später mit verschiedenen Farben: Ölfarben, Kreide, Tusche … auf verschiedenen Flächen: Holz, Papier, Stoff, Leinwand ... und mit verschieden Hilfsmitteln: Feder, Pinsel, Finger ... Es gibt auch mehrere Stilrichtungen: Manche versuchen, in ihren Gemälden zu zeigen, wie die Welt wirklich ist, und andere wollen zeigen, wie sie die Welt sehen.

Berühmte Maler

Leonardo da Vinci
1452–1519, Italien
Albrecht Dürer
1471–1528, Deutschland
Michelangelo Buonarotti
1475–1564, Italien
Rembrandt H. van Rijn
1606–1669, Holland
Paul Cézanne
1839–1906, Frankreich
Auguste Renoir
1841–1919, Frankreich
Claude Monet
1840–1926, Frankreich
Vincent van Gogh
1853–1890, Holland
Wassily Kandinsky
1866–1944, Russland
Pablo Picasso
1881–1973, Spanien
Salvador Dalí
1904–1989, Spanien
Friedensreich Hundertwasser
1928–2000, Österreich

Mammut: Die Mammuts starben am Ende der letzten Eiszeit aus. Sie lebten vorwiegend in den kalten nordischen Steppen

und hatten daher ein dickes Fell. Unsere Vorfahren in der Jungsteinzeit kannten die Mammuts noch. Sie machten große, organisierte Jagden auf Mammuts und trieben sie in Fallgruben. Die Jagd war aber auch nicht ungefährlich, denn viele Jäger wurden von den 5 m langen Stoßzähnen, die die Mammuts zur Verteidigung einsetzten, verletzt.

Manager: 1. Einen Angestellten, der eine wichtige Position in einer Firma hat, nennt man heutzutage *Manager.* Er trägt viel Verantwortung und steht oft unter körperlicher und seelischer Anstrengung. **2.** Die Leute, die Künstler und Berufssportler betreuen, nennt man auch Manager. Sie kümmern sich um Konzerte und Wettkämpfe, um Verträge und → Interviews, so dass der Künstler oder Sportler genug Ruhe und Zeit hat.

Mandarine: Eine Mandarine sieht aus wie eine Orange, ist aber kleiner, meistens süßer und lässt sich leicht schälen. Die 5 bis 6 cm große Frucht ist gelblich bis orangefarbig und wächst in wärmeren Gebieten. Am Mittelmeer gibt es schon Mandarinenbäume.

Mandeln: 1. Mandeln sind die Früchte des Mandelbaumes. In der weichen grünlichen Schale ist eine sehr harte Frucht mit Kern. Der Kern wird so gegessen oder gemahlen und im Teig verarbeitet zu Kuchen und Keksen. Aus Mandeln, Zucker, Rosenwasser und Gewürzen kann man sehr leicht Marzipan herstellen. **2.** Mandeln nennt man auch die mandelförmigen Organe, die hinten im Rachen liegen. Sie dienen vor allem der Abwehr von Infektionskrankheiten. Aber wenn sie sich zu oft entzünden, werden sie herausoperiert.

Manege → Zirkus.

Mann und Frau → S. 196/197.

Marathonlauf: 449 vor Christus siegten die Athener im Kampf gegen die Perser bei Marathon nordöstlich von Athen. Der Sage nach schickten sie einen Boten nach Athen, um den Sieg zu verkünden. Er lief die 42 195 Meter so schnell, dass er danach tot zusammenbrach. Seit 1896 ist der Marathonlauf eine olympische Sportart für Männer, seit 1984 auch für Frauen. Es ist der längste Laufwettbewerb. Heute gibt es Volksmarathon. Da können alle mitmachen, die sich so viel Ausdauer zutrauen.

Märchen werden von allen Völkern der Erde erzählt. Es sind fantasievolle Geschichten, in denen Tiere oder Dinge reden können, merkwürdige Wesen wie Hexen,

Zwerge, Riesen oder Drachen vorkommen. Die Märchen wurden ursprünglich nur mündlich überliefert, das heißt nur durch Erzählen weitergegeben. Die Gebrüder ➔ Grimm haben die erste deutsche Märchensammlung zu Papier gebracht. Lies auch nach unter ➔ Andersen.

Kennst du dieses Märchen?

Es war einmal ein kleines süßes Mädchen, das hatte jedermann lieb, der es nur ansah, am allerliebsten aber seine Großmutter, die wusste gar nicht, was sie alles dem Kinde geben sollte. Einmal schenkte sie ihm ein Käppchen von rotem Sammet, und weil ihm das so wohl stand und es nichts anders mehr tragen wollte, hieß es nur das …

Marder: Der Baum- oder Edelmarder lebt im Wald. Er kann sehr gut klettern und springen. Tagsüber schläft er in Kobeln von Eichhörnchen oder in verlassenen Vogelnestern. Mit Beginn der Dämmerung geht er auf Jagd. Der Stein- oder Hausmarder hält sich in der Nähe von Menschen auf, manchmal sogar in Gebäuden. Alle Marderarten leben von Kleintieren, Insekten und Pilzen. Manchmal zerbeißt der Steinmarder auch Gummileitungen und Dichtungen. Deshalb wird er auch *Automarder* genannt. Auch Autodiebe nennt man so.

Margarine: 1869 wurde Margarine als Butterersatz in Frankreich entwickelt. Heute weiß man, dass Margarine für die Gesundheit vieler Menschen besser ist als Butter. Margarine wird vor allem aus Ölen und Fetten von Pflanzen hergestellt: Sojaöl, Sonnenblumenöl, Palmöl, Rüböl, Kokosfett und Palmkernfett. Sie kann außerdem Vitamine, Aromastoffe, Farbstoffe, Salz und etwa ein Fünftel Wasser enthalten.

Marienkäfer: Der kleine rote Käfer mit den schwarzen Punkten gilt als Glücksbringer. Seine leuchtende Farbe ist eine Warnfarbe. Sie soll andere Tiere davon abhalten, ihn zu fressen, weil er schlecht schmeckt. Bei Bedrohung scheidet er einen gelben, übel riechenden Saft aus. Der Marienkäfer ist ein nützliches Insekt. Er lebt von Blatt- und Schildläusen, die unseren Gartenpflanzen schaden.

Marionette: Wenn Kopf, Arme und Beine einer Puppe mit Fäden an einem Holzkreuz festgebunden sind, dann ist das eine Marionette. Mit diesem Holzkreuz lenkt

Fortsetzung auf Seite 198

Das Geschlecht

Schon als Babys unterscheiden sich die Menschen durch ihre Geschlechtsorgane. Die äußeren Geschlechtsorgane der Jungen, *Hodensack, Hoden* und *Penis,* sind bereits nach der Geburt gut zu erkennen. In den Hoden werden die Spermien gebildet und Flüssigkeiten, die zum Wachstum für einen Mann wichtig sind. Beim Mädchen liegen die inneren Geschlechtsorgane im Unterleib. *Eierstöcke, Eileiter, Gebärmutter* und *Scheide* sind untereinander mit Muskelbändern verbunden und an den Beckenknochen aufgehängt. Außen sieht man nur die großen und kleinen *Schamlippen* mit dem *Kitzler.* Hier, in den Scheidenvorhof, mündet auch die Harnröhre ein.

Die Pubertät

Seit dem Kindergarten kennen sich die beiden, das Mädchen und der Junge. Jetzt hat sie auf einmal eine beste Freundin, mit der sie tuschelt und lacht und ausprobiert, wie man sich schminkt. Sie schaut ihn manchmal merkwürdig an, doch meistens hat sie nur Augen für die älteren Jungen. Er geht dann lieber mit seinen Kumpels in den Wald und raucht und trinkt heimlich Bier. Ihm fallen nur noch starke Sprüche ein, er ist cool. Zu Hause gibt's oft Streit: Die Musik ist zu laut, die Kleidung zu unordentlich, sein Zimmer ein Chaos. Keine Sorge, das gehört zur Pubertät, bei beiden! Aber das ist nicht alles. Der Körper macht tiefgreifende Veränderungen durch: Die Geschlechtsteile wachsen und werden behaart. Bei den Jungen wird die Stimme tiefer, der Bart sprießt, der Körper streckt sich. In den Hoden reifen Spermien. Beim Mädchen entwickeln sich jetzt in den Eierstöcken die Eier. Die erste Blutung (Periode) setzt ein. Die Brust bildet

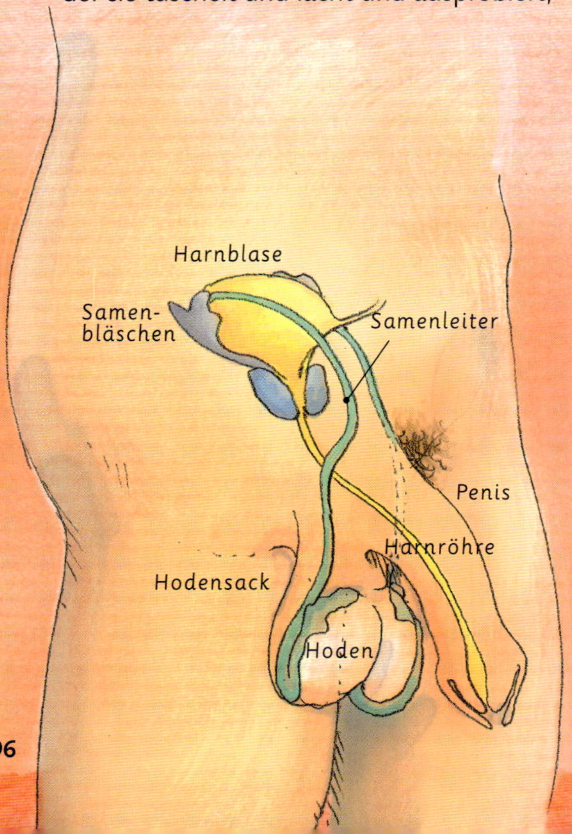

sich aus, der Körper wird weicher und das Becken (die Gegend um den Po herum) breiter. Das Mädchen könnte nun ein Kind bekommen.

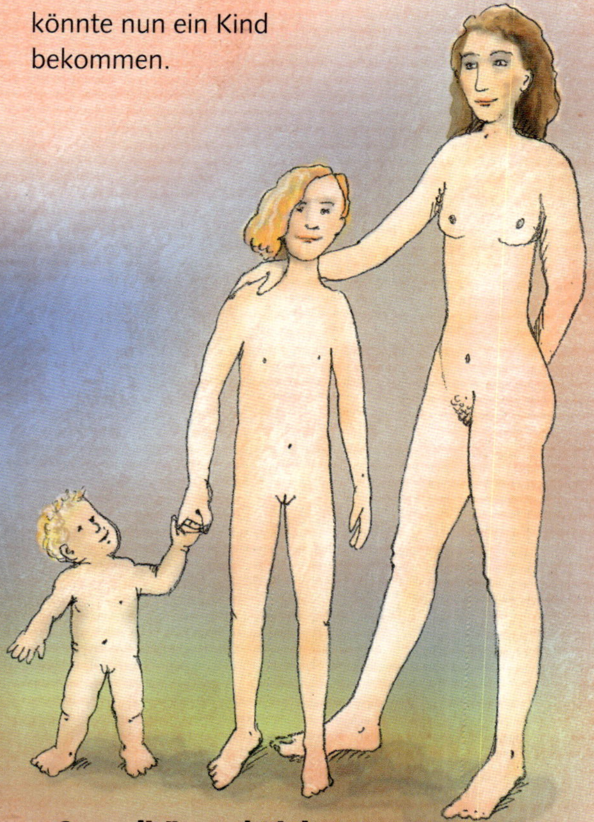

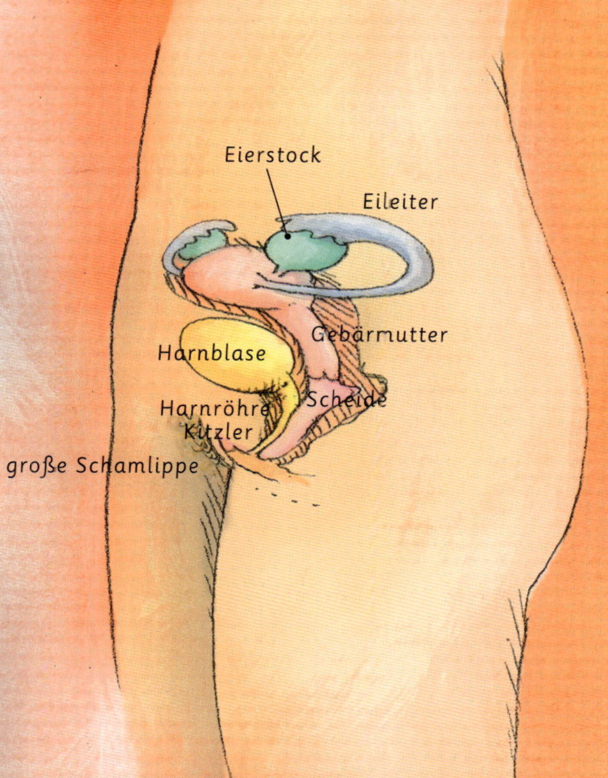

Sexualität und Liebe

Im Deutschen werden die Wörter *Mann* und *Frau* auch speziell für Partner in der ➔ Ehe benutzt. Wenn Menschen sich durch Liebe zueinander hingezogen fühlen, gehen sie manchmal eine Ehe ein. Der Ehemann sagt *meine Frau* und die Ehefrau *mein Mann*. Aber nicht alle Paare, die sich lieben, heiraten auch. Manche leben so zusammen. Sie haben Geschlechtsverkehr, so nennt man das, wenn zwei Menschen sich streicheln, gegenseitig die Geschlechtsteile berühren, miteinander Sex haben und sich dabei unglaublich gut fühlen. Wenn man hindurchsehen könnte, wenn ein Mann und eine Frau Sex haben, dann würde das so aussehen wie auf dem Bild unten. Es gibt auch Männer-Paare oder Frauen-Paare, die zusammenleben, weil sie sich lieben (➔ Homosexualität).

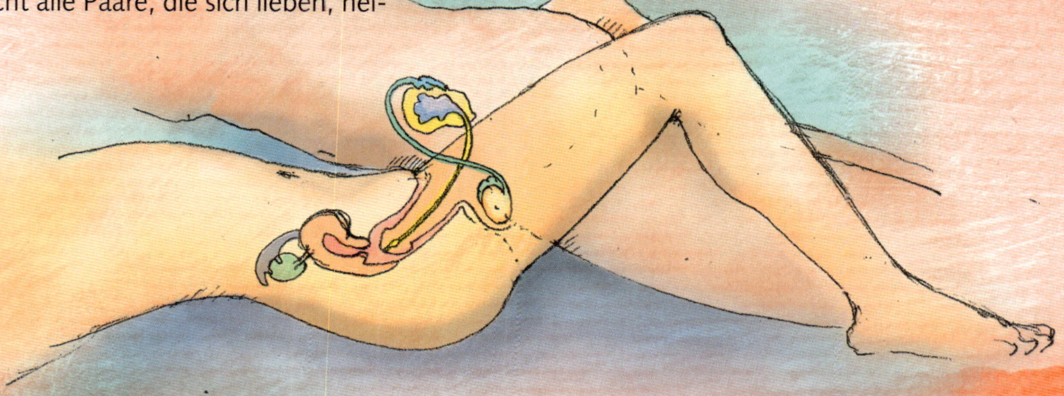

ein Marionettenspieler die Puppe. Der Spieler ist aber nicht zu sehen, und man meint, die Marionette bewege sich von alleine. Es gibt Menschen, die lassen sich immer durch andere bestimmen und lenken: die nennt man deshalb auch Marionetten.

Markt: Der Markt war ursprünglich der zentrale Platz einer Siedlung. Da hat man sich getroffen zum ➔ Handeln, also zum Kaufen, Verkaufen oder Tauschen von Waren. Im ➔ Mittelalter gab es sehr große Märkte und manche Städte waren deswegen sehr berühmt. Für die meisten Menschen war es die einzige Möglichkeit, Dinge zu kaufen, denn Geschäfte wie heute gab es nicht, und es war nicht so einfach, zu reisen. Auch heute gibt es noch Märkte, auf denen Händler und Bauern Obst, Gemüse und vieles mehr verkaufen.

Martinstag: Der Festtag des heiligen Martin wird am 11. November gefeiert. Martin war ein Soldat, der eines Abends auf seinem Pferd an einem armen Bettler vorbeiritt. Der arme Mann fror und Martin teilte seinen eigenen Mantel mit dem Schwert. Dann gab er dem Armen eine Hälfte. In der folgenden Nacht soll Christus mit der Mantelhälfte bei Martin erschienen sein. Daraufhin verließ Martin das Militär, ließ sich taufen und wurde später Bischof. Zum Andenken an den heiligen Martin ziehen die Kinder heute mit Laternen durch Städte und Dörfer und singen Martins- und Laternenlieder.

Marmor ist ein körniges Gestein, das aus Kalk besteht. Besonders edel ist weißer Marmor. Man verwendet ihn seit über 2 000 Jahren für die Bildhauerei und als feinen Baustoff zum Verkleiden von Wänden und Fußböden. Wenn andere ➔ Mineralien im Marmor enthalten sind, kann er streifige oder fleckige Färbungen bekommen. Der berühmteste Marmor kommt aus Carrara in Italien.

Maschine: Vorrichtungen, die auf irgendeine Weise ➔ Kraft erzeugen oder übertragen und dabei Arbeit verrichten, nennt man *Arbeitsmaschinen.* Die einfachen Arbeitsmaschinen sind ➔ Hebel, Rollen, Flaschenzüge und schiefe Ebenen, über die man etwas hochschiebt. *Kraftmaschinen* müssten genauer *Energiemaschinen* heißen, weil sie eine Energieart in eine andere umsetzen. Ein Elektromotor setzt zum Beispiel elektrische Energie in Drehbewegung um.

Flaschenzug

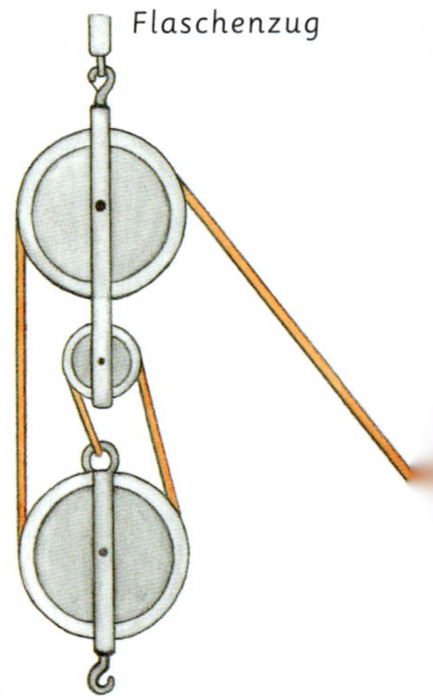

Masern sind eine sehr ansteckende Infektionskrankheit. Die Masern werden durch Tröpfchen von Mensch zu Mensch übertragen. Erst 10 Tage nach der Ansteckung wird man krank. Man hat Fieber, Husten, Schnupfen, Halsweh und ist sehr lichtempfindlich. Nach 3 bis 4 Tagen kommt ein Hautausschlag dazu. Dieser ist für einige Tage zu sehen. Meistens ist dann die Krankheit fast schon vorbei. Durch eine →Impfung kann man vorbeugen.

Maske: Eine Maske ist so etwas wie ein zweites Gesicht. Aus Stoff, Pappe, Holz oder anderen Materialien wird sie geformt und am Kopf festgebunden. Durch Löcher kann der Maskenträger sehen und atmen. Ursprünglich wurden Masken bei religiösen Handlungen und Festen getragen. Heute werden sie an Fastnacht, bei Maskenbällen und Umzügen getragen.

Mathematik ist eine der ältesten Wissenschaften. Ihre ursprünglichen Aufgaben waren das Zählen, Rechnen und Messen. Sie erforscht Zusammenhänge zwischen Zahlen und geometrischen Figuren. Die Mathematik entwickelt Gesetze über die Zusammenhänge von Zahlen und gemessenen Größen, wie z. B. Zeiten und Längen. Vor 25 000 Jahren begannen die Menschen, mit ihren 10 Fingern zu rechnen, heute setzen sie nicht nur Taschenrechner, sondern riesige Computer ein.

Maulwurf: Maulwürfe ernähren sich hauptsächlich von Insektenlarven und Regenwürmern. Sie leben in unterirdischen Gängen, die sie

mit ihren Grabbeinen graben. Maulwürfe erreichen eine Länge von 15 cm. Ihr Fell ist weich und fast ganz schwarz. Weil sie überwiegend unter der Erdoberfläche leben, haben sich ihre Augen zurückgebildet. Sie sind fast blind.

Maus: Das kleine pelzige Tier hat schwarze Knopfaugen, einen dünnen Schwanz und lange Nagezähne. Diese wetzen sich beim Knacken von Nüssen und Samen allmählich ab. Sie wachsen aber immer wieder nach. Mäuse bauen sich weiche Nester. Sie werfen 6-mal jährlich 3 bis 10 Junge. Diese sind nackt und blind. Aber schon nach wenigen Wochen sind sie ausgewachsen und können selbst Junge bekommen. Deshalb vermehren sich die Mäuse so stark, dass sie oft zur Plage werden.

Max und Moritz, zwei freche Lausbuben, hat Wilhelm Busch erfunden und in dem Werk *Bubengeschichten in sieben Streichen* wüten lassen. Sie ärgern nämlich die Erwachsenen und machen sich lustig über ihre Moralvorstellungen und Scheinheiligkeit.

May, Karl: Karl Mays Bücher über den wilden Westen und den Vorderen Orient sind in der ganzen Welt berühmt: *Winnetou, Der Schatz im Silbersee, Old Surehand* und viele andere. Er wurde 1842 als 5. Kind eines Webers geboren und starb 1912. Bis zu seinem 5. Lebensjahr war er blind. Er wurde Lehrer, später hat er einige Jahre im Gefängnis verbringen müssen. In seinen Reiseerzählungen hat er fremde Länder ganz genau beschrieben, obwohl er diese nie besucht hatte. Erst nach Erscheinen seiner Bücher, als er berühmt geworden war, konnte er weite Reisen unternehmen.

Medizin: 1. Medizin ist die Wissenschaft, die sich mit kranken und gesunden Menschen und Tieren befasst. Ärzte erforschen Krankheiten und suchen nach Mitteln zu ihrer Vorbeugung, Behandlung und Heilung. Dein ➔ Arzt muss an der Universität Medizin studiert haben. **2.** In der Umgangssprache sagt man *Medizin* statt *Medikamente* oder *Arzneimittel*. Hast du schon deine Medizin genommen?

Meer: Über zwei Drittel der Erdoberfläche oder rund 362 000 000 km^2 sind von zusammenhängenden Wassermassen bedeckt. Diese nennt man *das Meer* oder *Weltmeer.* Durch ➔ Erdteile wird das Meer in drei große Ozeane gegliedert: Atlantischer, Indischer und Pazifischer ➔ Ozean. Nordsee, Ostsee und Mittelmeer heißen Nebenmeere, weil sie vom großen Weltmeer durch Erdteile oder Inseln abgegrenzt werden.

Meerschweinchen: Das Meerschweinchen wurde aus Südamerika eingeführt und ist heute ein sehr beliebtes Haustier. Das Wildmeerschweinchen, das in den Bergen von Peru vorkommt, hat kurze, bräunliche Haare und wurde schon von den Indios als Haustier gehalten. Es ernährt sich von Pflanzen und Obst. Es braucht einen ausreichend großen Käfig, denn zeitweise muss es sich zurückziehen

Wie kommt das Salz ins Meer?

Überall auf der Welt gibt es zwischen den Gesteinen der Gebirge Salz. Das gilt natürlich auch für die Felsengebirge unter dem Meer. Deshalb enthielt das Meer wohl schon seit seiner Entstehung Salz. Sicher ist aber, dass bis heute ständig von Regen und Flüssen Salz aus dem Land ausgewaschen wird. Das Flusswasser transportiert dieses Salz dann laufend ins Meer. Wenn aber auf der Wasseroberfläche durch die Sonnenwärme Wasser verdunstet, verdunstet das Salz nicht mit. Es bleibt also im Meer und wird ständig ein winziges bisschen mehr.

können, besonders am Tag braucht es Ruhe. Meerschweinchen sind von Natur aus sehr scheue Tiere.

Meise: Die bekanntesten Meisenarten sind die Kohlmeise, die Blaumeise und die Haubenmeise. Die kleinen Singvögel leben im Sommer von Insekten und im Winter von Körnern. Sie brüten in Höhlen oder Nistkästen.

Melone: In fast allen warmen Ländern werden Melonen angebaut. Sie wachsen am Boden und haben je nach Art einen Durchmesser von 10–30 cm. Bei uns kann man verschiedene Melonensorten, wie die großen Wassermelonen mit rotem Fruchtfleisch oder die Zuckermelone mit weißem Fruchtfleisch und gelber Schale, kaufen. Melonen gehören zu den Kürbisgewächsen und sind mit den Gurken verwandt.

Mensch → S. 202.

Menschenrechte: Schon immer haben kluge Menschen gesagt, dass alle Menschen die gleichen Rechte haben müssten. Aber zum Beispiel Frauen oder Sklaven oder Indianer wurden nicht als Menschen anerkannt. Schon im Altertum haben Sklaven rebelliert und für Freiheit gekämpft. Menschenrechte sind also Rechte, die für alle gelten sollen. Die wichtigsten sind zum Beispiel die Rechte auf Leben, auf freie Meinungsäußerung, auf freie Wahl der Religion. Leider werden auch heute noch diese Grundrechte nicht überall anerkannt.

Menschen bewohnen fast alle Regionen der Erde. Eisige Polargebiete und einsame Inseln in den Ozeanen gehören ebenso zu den Siedlungsgebieten wie die Ränder der heißesten Wüsten und der kalten Hochgebirgszonen. Überall können sie ihr Leben erfolgreich organisieren. Biologisch gesehen gehört der Mensch zu den ➔ Säugetieren, genauer zu den *Primaten*. Der aufrechte Gang, die stärkere Ausbildung des Gehirns, Denkfähigkeit und Sprache sowie die Fähigkeit, Werkzeuge zu erfinden und gezielt einzusetzen, unterscheiden den Menschen vom Säugetier.

So könnte die Entwicklung des Menschen ausgesehen haben

Vor über 20 Millionen Jahren lebten in Afrika menschenaffenähnliche Waldbewohner. Daraus entwickelten sich vor 14 bis 8 Millionen Jahren Vorfahren, die das offene Waldland bewohnten. Die vielen Knochenfunde deuten darauf hin, dass nun eine Art Vormensch, man nennt ihn Australopithecus (das heißt *der südliche Affe*), entstand. Er ging möglicherweise schon aufrecht und hatte kleinere Eckzähne. Er benutzte bereits einseitig abgeschlagene Steine als Werkzeuge. Aus dieser Gruppe von Urmenschen ging vor etwa 2 Millionen Jahren der *Homo habilis* (der *fähige Mensch*) hervor. Er verwendete zweiseitig zugeschlagene Steine als Werkzeug, zum Beispiel als Schaber und Messer. Der Übergang zum Frühmenschen, dem *Homo erectus* (der *aufrecht gehende Mensch*), dürfte wohl vor eineinhalb Millionen Jahren erfolgt sein. Das Gehirn war nun schon so groß wie bei einem neugeborenen Kind. Er verbreitete sich von Afrika nach Asien und Europa. Man fand von ihm Spuren in Spanien, in Italien, in Heidelberg und Thüringen. Er benutzte Schutzhütten und das Feuer. Das waren notwendige Voraussetzungen, um die kalten Jahreszeiten zu überstehen. Die lange Kindheit der Nachkommen machte Verständigung in Form von Sprache und Organisation lebensnotwendig. Vor ungefähr 200 000 Jahren hat der allmähliche Übergang zum *Homo sapiens neandertalensis* (der Neandertaler, der *wissende Mensch*) stattgefunden. Allerdings entwickelte sich der moderne Mensch, der *Cro-Magnon-Mensch*, der sich vom heutigen Menschen *Homo sapiens sapiens* nur geringfügig unterscheidet, wieder in Afrika. Er besiedelte von hier aus die ganze Welt. Er ist der Vorgänger aller Menschenrassen.

Messing stellt man durch Zusammenschmelzen der Metalle Kupfer und Zink her. Man nennt dies eine *Legierung.* Messing rostet nicht und hat eine hohe Festigkeit. Deshalb wird es in vielen Bereichen der Metallindustrie verarbeitet. Man macht daraus z. B. Kerzenleuchter, Wasserhähne, Verschraubungen und Gehäuseteile. Du kannst jetzt zum Spaß nach einem Messingbergwerk fragen.

Metall: Eisen, Aluminium und Kupfer sind die bekanntesten Metalle. Es gibt aber noch viele andere. Es sind chemische Grundstoffe, die fast alle fest sind. Nur Quecksilber ist von Natur aus ein flüssiges Metall. Metalle leiten Wärme und elektrischen Strom gut weiter. Im geschmolzenen Zustand kann man viele miteinander vermengen. Dabei entstehen Legierungen wie zum Beispiel Edelstahl.

Meteor: Das ist eine Leuchterscheinung, die manchmal am Nachthimmel zu sehen ist. Sie wird von kleinen Himmelskörpern verursacht, die in die → Atmosphäre eindringen. Durch die Zusammenstöße mit Luftteilchen senden sie Lichtenergie aus. Diese Körper nennt man *Meteoroid.* Sie sind nur wenige Meter dick. Landet ein kleiner Rest von einem großen Meteoroiden auf der Erde, so nennt man diesen *Meteorit.* Die bekannteste Art von Meteoren sind die Sternschnuppen.

Hier hat ein Meteorit eingeschlagen.

Mickey Mouse → Comic.

Miete: 1. Leiht man sich einen Gegenstand von einem Besitzer, so zahlt man dafür einen Geldbetrag, die Miete. Man kann zum Beispiel eine Wohnung, ein Büro, einen Laden, ein Auto, Wäsche und Kleider mieten. **2.** In der Landwirtschaft legt man Futtervorräte für den Winter auf freiem Feld oder der Hoffläche an. Gras, Rüben oder Kartoffeln werden angehäuft und mit Planen oder Stroh und Erdreich möglichst regendicht abgedeckt. Diese Vorratsberge nennt man *Mieten.*

Mikrofon: Ein Mikrofon ist das Gegenteil von einem Lautsprecher. Spricht oder singt man in ein Mikrofon, so bewegt der Schall eine sehr empfindliche Folie, die *Membran.* Sie wandelt die Schwingungen in elektrische Signale um. Diese elektrischen Schwingungen leitet man über Kabel oder Antennen zum Empfänger. Dort werden sie verstärkt und kommen zu einem Lautsprecher. Darin bewegen die elektrischen Signale wieder eine Membran, die Geräusche entstehen lässt. Diese hören wir dann.

Mikroskop nennt man ein Gerät, durch das man starke Vergrößerungen kleinster, naher Gegenstände sieht. Das gelingt

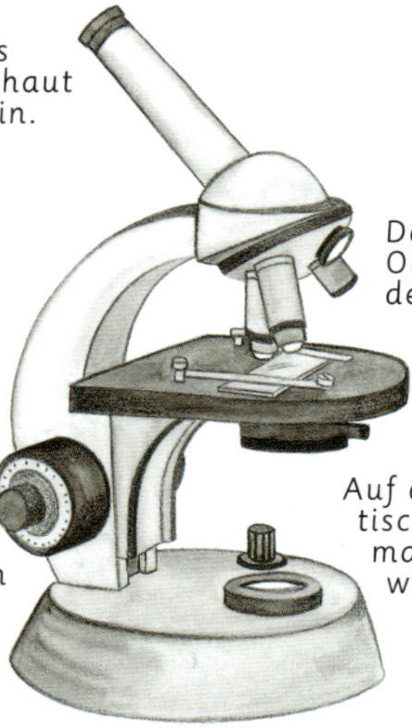

Dieses »Monster« ist ein Katzenfloh unter dem Mikroskop.

durch die Kombination mehrerer optischer ➔ Linsen oder ➔ Lupen. Der kleine Gegenstand wird durch eine Lampe oder einen Spiegel mit Sonnenlicht zusätzlich beleuchtet. Neben den optischen Mikroskopen mit Linsen gibt es moderne Rastermikroskope. Beim Rasterelektronen-Mikroskop tastet ein Elektronenstrahl den Gegenstand ab und gibt dann ein Bild auf einen Monitor.

Mikrowelle: Wirft man einen Stein ins Wasser, entstehen auf der Wasseroberfläche Wellen. Der Stein hat das Wasser in Schwingungen versetzt. Erzeugt man elektrisch in einem Gerät ganz kleine elektrische Wellen und richtet sie auf Fleisch, Gemüse oder Gebäck, so durchdringen die Schwingungen die ➔ Stoffe und dabei erwärmen sie sich. Blitzschnell kann so Essen erwärmt werden.

Milch ist eine Nährflüssigkeit, die alle nötigen Stoffe enthält für das neugeborene Säugetier. Du hast als Baby vermutlich auch Milch getrunken. Wahrscheinlich, war das Muttermilch. Man kann Babys aber auch mit Kuhmilch aufziehen. Aus Milch werden Sahne, Butter, Jogurt, Quark, Käse oder Kefir hergestellt. Schafsmilch und Ziegenmilch kann man auch trinken oder Käse daraus herstellen, allerdings liefert ein Schaf oder eine Ziege viel weniger Milch als eine Kuh. In manchen Kulturkreisen verwendet man keine Tiermilch, sondern eine pflanzliche Milch aus Sojabohnen.

Milchstraße: Die Germanen glaubten, die Milchstraße sei der Himmelsweg der verstorbenen Seelen. Heute wissen wir, dass das unregelmäßige, schwach leuchtende Band am Nachthimmel ein Sternsystem ist. Man nennt es auch *Galaxis.* Etwa 6 000 mit bloßem Auge sichtbare und noch einige 100 Milliarden weitere Sterne gehören dazu. Auch unsere Sonne mit der Erde und den anderen ➔ Planeten gehört zum Milchstraßensystem.

Mine: 1. Wenn dein Bleistift auf den Boden fällt, ist die Mine meistens kaputt. Dein Kugelschreiber hat auch eine Mine, die so lange schreibt, bis sie leer ist. **2.** Mine ist ein anderes Wort für *Bergwerk.* Das ist also ein Ort, wo wichtige Stoffe im Boden abgebaut werden. Es gibt zum Beispiel Gold- und Silberminen. **3.** Auch Sprengkörper nennt man Minen. Kleine Dosen sind mit einem Sprengsatz gefüllt. Sie explodieren zum Beispiel durch Druck. Sie werden am Boden versteckt, um zu verhindern, dass Menschen und Fahrzeuge durchkommen. Lange nachdem Kriege vorüber sind, verletzen vergessene Minen Menschen, meistens sind das sogar Kinder.

Mineralien sind einheitlich zusammengesetzte Naturstoffe, aus denen unsere Erdkruste gebildet wird. Kalkspat, Gips und Opal gehören dazu, aber auch Gold, Platin und → Diamant. Viele kommen als → Kristalle vor, wie Steinsalz, Bergkristall oder Schwefelkies, den man auch *Katzengold* nennt. Sind verschiedene Mineralien miteinander vermengt, so bilden sie Gesteine, wie zum Beispiel Granit aus Feldspat, Quarz und Glimmer. Enthalten die Gesteine Metall, so nennt man sie *Minerale.*

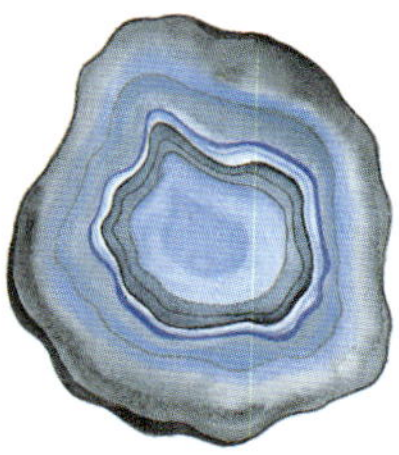

Achatdruse

Amethyst

Schwefelkristalle

Minister → Regierung.

Missionar: Ein Missionar wird entsendet, um die Botschaft des Christentums an Nichtchristen zu verkünden. Missionare gab es bereits am Anfang des Christentums. Eigentlich sollte ein Missionar seinen Glauben friedlich verkünden, aber oft wurde mit Gewalt missioniert. Vor allem in Amerika, Afrika oder Asien.

Mittelalter: Als Mittelalter bezeichnet man die Zeit von ungefähr 500 nach Christus bis etwa 1 500. Dieser Zeitraum steht zwischen dem → Altertum und der Neuzeit. Das Ende des Mittelalters war die Entdeckung Amerikas. Im Mittelalter herrschten Kaiser, Könige und Fürsten über das Volk ganz wie sie wollten. In dieser Zeit wurden Burgen, Kirchen und Kathedralen gebaut. Die Städte, die von starken Mauern umgeben waren, wurden im Angriffsfall die Zuflucht der Bürger und Bauern. Da der Platz innerhalb der Stadtmauern sehr begehrt war, musste eng aufeinandergebaut werden: oftmals waren die Häuser unten an den Straßen wesentlich schmaler und oben waren sie aneinandergebaut. In den Städten fanden große Märkte statt: Bauern und Handwerker tauschten dort ihre Waren, *Bader* rasierten, brachen faule Zähne aus und operierten sogar,

Gaukler wie z. B. Zauberer oder Akrobaten unterhielten das Volk. Am Ende des Mittelalters fand Johannes Gutenberg heraus, wie man Bücher druckt, anstatt sie mühsam von Hand abzuschreiben.

Mittelmeer: Das Mittelmeer liegt zwischen Südeuropa, Nordafrika und Vorderasien. Warme und regenarme Sommer machen die Küsten und die Inseln zu beliebten Ferienzielen. Die Straße von Gibraltar verbindet das Mittelmeer mit dem Atlantik, der Suezkanal in Ägypten mit dem Roten Meer.

MMS ist die Abkürzung für **M***ultimedia* **M***essage* **S***ervice*. Als Nachfolger des Kurznachrichtendienstes ➔ SMS ermöglicht es die Übertragung von Texten, Farbbildern, Tönen und Videos.

Mode: Wenn du immer nach der neuesten Mode angezogen bist, musst du öfter neue Kleider kaufen. Denn die Mode wird geschickt gelenkt durch Modeschöpfer. Sie zeigen regelmäßig ihre neuen Kreationen auf Modenschauen, und viele Leute wollen dann eben auch solche Kleider tragen. Es gibt eine Mode für alles: Autos, Fahrräder, Musik, Frisuren, Möbel und sogar für Essen.

Kapselquerschnitt

Die Kapsel sieht man, wenn der Mohn verblüht ist.

Mohn: Der rote Klatschmohn blüht von Mai bis September auf Äckern und an Wegrändern. Aus dem Milchsaft des Schlafmohns gewinnt man Säfte wie Opium und Morphium. Diese werden in der Medizin verwendet, als Rauschgift (➔ Drogen) schaden sie den Menschen jedoch.

Mönch nennt man einen Mann, der sein Leben nur Gott weiht und nach bestimmten Regeln lebt. Mönche gibt es in vielen Religionen, z. B. im ➔ Islam und im ➔ Buddhismus. Besonders viele Mönche hat die katholische Kirche. In ihr gibt es unterschiedliche Orden, z. B. Benediktiner und Franziskaner.

Mondphasen

Mond nennt man einen Himmelskörper, der einen anderen ➔ Planeten ständig umkreist. Auch die Erde hat einen Mond, unseren Mond. Er umkreist sie in rund 29 Tagen und 13 Stunden. Weil der Mond – wie auch die Erde – selbst kein Licht aussendet, sehen wir nur den Teil von ihm, der gerade von der Sonne angestrahlt wird. Auf dem Mond wiegen alle Dinge nur ungefähr ein Sechstel von dem, was sie auf der Erde wiegen. Das liegt daran, dass der Mond selbst viel weniger Masse hat als die Erde. Auch die ersten Menschen auf dem Mond spürten das. Das waren die Amerikaner Neil Armstrong und Edwin Aldrin (➔ Astronaut).

Warum der Mond täglich anders aussieht

Färbe einen Schuhkarton innen schwarz. Das soll der Nachthimmel sein. Schneide 4 kleine Gucklöcher aus.

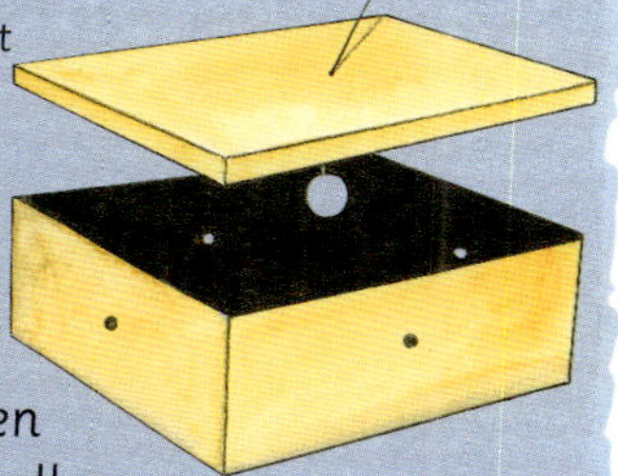

Hänge einen Tischtennisball an einem Faden in der Mitte des Deckels auf und klebe den Faden so fest, dass der Ball bei geschlossenem Deckel in der Mitte der Schachtel hängt. Das ist dein Mond. Schneide in eine Schachtelecke ein Loch für eine Taschenlampe. Dichte die Lampe mit Knetmasse ab und schalte sie ein. Sie ist deine Sonne. Schau den Mond nacheinander durch die Gucklöcher an.

Schau nicht ins Licht, sondern auf den Mond. Du siehst immer den Teil des Mondes, der von der Sonne beleuchtet wird.

Moor nennt man ein dauernd feuchtes, schwammiges Gebiet. Meist ist es unzugänglich. Der Untergrund besteht aus abgestorbenen Pflanzenteilen, die eine dicke Schicht aus → Torf bilden. Moore entstehen, wenn Feuchtigkeit liebende Gräser und Moose durch viel Regen und Nebel wachsen können und das Wasser nicht abfließen kann. Oft wachsen Moore auch an den Ufern flacher Seen ins Wasser hinein. Torfmoos, Heidekraut, Birken und Erlen findet man dort. In manchen Gegenden heißen Moore auch Bruch, Fehn, Venn, Lohe, Luch oder Ried und Filz.

Moos: Als Moose bezeichnet man eine große Anzahl von kleinen, wurzellosen Pflanzen, die in allen Zonen der Erde vorkommen. Sie haben keine Blüten, sondern sie pflanzen sich durch Sporen fort. Das sind Körnchen, die vom Wind verweht

Lebermoos

Laubmoos

werden. Die Moose nehmen Wasser durch die Stängel und die Blätter auf. Da viele Pflänzchen dicht beieinanderstehen und dicke Moospolster bilden, speichern sie bei Regen viel Wasser und geben es erst nach und nach wieder ab. Sie regeln den Wasserhaushalt der Natur.

Morgenland → Abendland.

Mosaik ist eine Fläche aus bunten Stein- oder Glasstückchen, die nebeneinander verlegt sind. Es ergibt sich ein farbiges Muster und manchmal entstehen auch richtige Bilder. Die ältesten Mosaik-Funde sind 5 000 Jahre alt. Mit Papierstückchen oder -kügelchen kannst du auch Mosaikbilder herstellen.

Moschee: Die Moschee ist das Gotteshaus der Moslems (→ Islam). Die gläubigen Moslems versammeln sich dort zum Gebet. Die Moschee ist meist ein großer Kuppelbau mit mehreren Türmen, die man Minarette nennt. Von da aus ruft der Vorbeter, der *Muezzin,* die Gläubigen fünfmal täglich zum Gebet.

Moslem: Ein Moslem ist ein Anhänger des → Islam. Die Moslems bilden die zweitgrößte Religionsgemeinschaft der Welt.

Motor: Motoren sind → Maschinen. Sie wandeln irgendeine → Energie in Bewegung um. Im Automotor wird die chemische Energie des Benzins in die Bewegung der Kolben umgewandelt. Die wird auf die Räder übertragen. Im Elektromotor wird Elektrizität in die Drehbewegung einer Achse umgewandelt. Damit treibt man andere Maschinen an: Rührquirl, Bohrmaschine, Waschmaschine oder viele andere. Auch → Dampfmaschinen sind Motoren.

Daimlers Reitwagen, 1885

Motorrad: Das erste Motorrad der Welt war 1885 Daimlers Reitwagen aus Holz. Mit einem 0,37-kW-Petroleum-Motor fuhr es 12 km/h! Heute haben Motorräder Rahmen aus Stahlrohr und Benzinmotoren mit Luft- oder Wasserkühlung. 1990 wurde mit einem 7 Meter langen Motorrad mit zwei Harley-Davidson-Motoren ein Weltrekord aufgestellt: 519,6 km/h. Motorradfahren macht Spaß. Es ist aber gefährlich, auch wenn man Helm und Schutzkleidung trägt.

Motte: Motten, z. B. Kleider-, Mehl- und Wachsmotte, gehören zu den kleinen Schmetterlingen. In der warmen Jahreszeit erscheinen meist nur die Männchen, die Weibchen verbergen sich und legen durchschnittlich 100 Eier an einer Futterstelle ab. Die Raupen fressen an trockenen Früchten, Mehl, Wachs, Federn, Wolle, Pelz und Kleidern. Lüften und Klopfen der Kleider, Säckchen mit Lavendelblüten und Zedernholzstücke vertreiben die Motten.

Mount Everest heißt der höchste Berg der Erde. Er liegt im ➔ Himalaya und ist 8 846 Meter hoch. Der Neuseeländer *E. Hillary* und der indische Lastenträger *Tenzing Norgay* erreichten als erste Menschen den Gipfel am 29. Mai 1953. Seinen Namen hat der Berg von dem britischen Vermessungsoffizier *Sir George Everest*.

Möwe: Diese Vögel haben sich hervorragend an die schwierigen Lebensbedingungen der Küste angepasst. Sie können schwimmen und haben ein sehr gutes Flugvermögen, so dass ihnen selbst starker Wind nichts ausmacht. Sie leben von kleinen Tieren aus dem Wasser oder auch von Abfällen der Menschen. Möwen brüten in Kolonien. Sie legen ihre Eier meist in eine einfache Bodenvertiefung.

Mücke: Mücken gehören zu den zweiflügeligen Insekten mit langen, dünnen Beinen. Besonders auffallend sind die vielgliedrigen Fühler. Die Larven leben im Wasser, auf faulenden Stoffen oder in Gallen. Das sind knotenartige Verdickungen an Blättern und Stängeln. Die Weibchen vieler Arten saugen Blut und übertragen damit oft gefährliche Krankheiten.

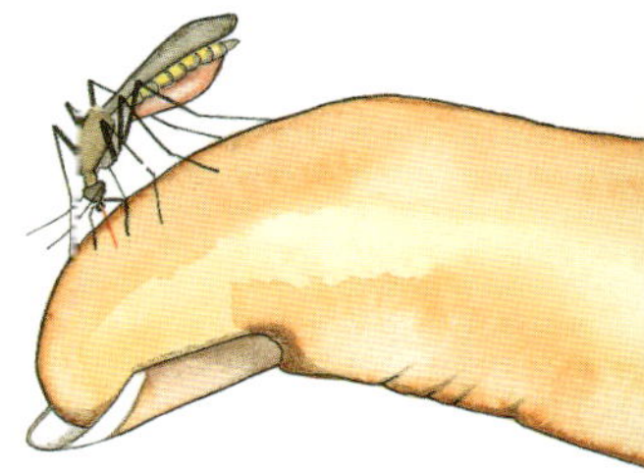

Müll ist Abfall wie ➔ Abgase und ➔ Abwasser, aber in fester Form. Weil wir zu viel verpacken und viele Sachen wegwerfen, statt zu flicken und zu reparieren, fällt viel zu viel Müll an. Es wurden schon viele alte Bergwerke und ganze Gebirgstäler damit gefüllt. Damit Europa nicht im Müll versinkt, müssen wir Müll vermeiden und Abfälle wiederverwerten: Papier, Altglas, Blechdosen, Altkleider, Plastikfolien und so weiter kann man gesondert sammeln und neue Dinge daraus herstellen. Küchenabfälle werden zu ➔ Kompost.

Mumie: Eine Mumie ist eine Leiche, die durch besondere Maßnahmen oder unter natürlichen Bedingungen erhalten wurde.

Die bekanntesten Mumien hat man in Ägypten gefunden, aber die Ureinwohner Australiens und Neuguineas sowie die Azteken und die Inkas haben auch Mumien hinterlassen. Unter natürlichen Bedingungen entstehen Mumien in der Wüste, im Moor oder in großer Kälte.

Mumps ist eine Virusinfektion. Zwischen der Ansteckung und der Krankheit vergehen 2 bis 3 Wochen. Sie beginnt mit Fieber und einer Entzündung der Speicheldrüsen. Typisch ist die dicke, schmerzende Backe. Oft ist eine leichte Hirnhautentzündung dabei. Seltener kommt es zu einer Entzündung der Hoden bei Jungen oder zu einem bleibenden Hörschaden. Eine → Impfung schützt vor dieser Erkrankung.

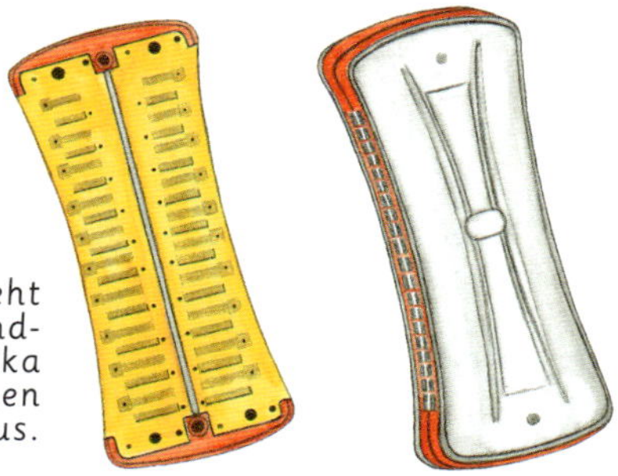

So sieht eine Mundharmonika von innen aus.

Mundharmonika: Das flache längliche Musikinstrument wird oft zu Volks- und Wanderliedern gespielt. Dabei führt man es mit den Händen zwischen Oberlippe und Unterlippe und bläst es an. Unter dem Blech-Schutzdeckel liegt ein flaches Holzkästchen mit 10 bis 14 Einschnitten. Das sind Luftkammern, die mit kleinen Metallzungen bedeckt sind. Beim Einblasen oder Ansaugen der Luft schwingen die Zungen und ergeben verschiedene Töne.

So machten die Ägypter Mumien

Die Ägypter öffneten den Körper des Toten und nahmen die inneren Organe heraus. Diese reinigten sie mit Wein und Gewürzen und die Bauchhöhle spülten sie mit Zedernöl aus. Dann entfernten sie das Gehirn mit einer Art Pinzette, die sie durch die Nase einführten. Den gereinigten Körper und die Organe legten sie für längere Zeit in Salzlauge, damit dem Körper das Wasser entzogen wurde. Danach legten sie die Organe in den Körper zurück und stopften ihn zusätzlich mit Harz und Leinenkissen oder Sägespänen aus. Dann rieben sie den Körper mit Salben aus Zedernholz ein und umwickelten ihn mit harzbestrichenen Leinenbinden. Zum Schluss setzten sie dem Kopf eine bemalte Maske auf. Das alles dauerte 70 Tage.

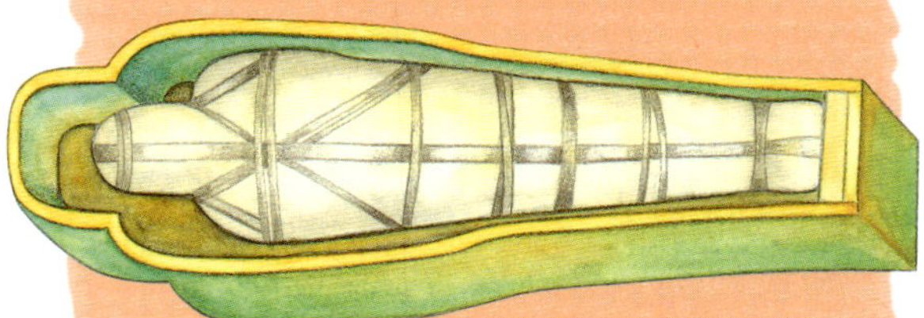

Münze sagt man zum Hartgeld aus Metall. Münzen sind als Kleingeld weltweit verbreitet. Sie haben meist weniger Wert als Geldscheine. Früher stellte man sie aus Edelmetallen wie Gold und Silber her. Das gibt es heute nur noch bei besonderen Gedenkmünzen. Vermutlich hatten die Chinesen schon vor über 3 000 Jahren Münzen aus ➔ Bronze. *Münze* heißt auch das Werk, das Münzen prägt.

Murmeltier: Das etwa 70 cm lange Tier ist dicht behaart und hat unter der Haut eine dicke Fettschicht. Es kann im Gebirge in Höhen bis zu 3 000 m leben. Im Winter schläft es 6 bis 7 Monate lang. Dabei sinkt seine Körpertemperatur auf 3 °C ab, sein Herz schlägt nur noch 5- bis 10-mal in der Minute und es atmet nur noch alle paar Minuten. Nach dem Erwachen ist es sehr schlank. Es frisst Gräser, Kräuter und Wurzeln. Um zu beobachten, richtet es sich auf und warnt bei Gefahr seine Artgenossen mit einem Pfiff.

Muscheln zählen zu den Weichtieren. Sie leben vorwiegend im Meer. Man kennt etwa 25 000 Arten. Sie schützen sich vor Fressfeinden und Verletzungen mit einem Kalkgehäuse. Viele Muscheln sind essbar, wie z. B. Miesmuscheln, Austern oder Jakobsmuscheln.

Meeresrauschen am Ohr

Nach den Sommerferien, nach einer schönen Ferienreise ans Meer, sitzt man über den Schätzen, die man im Reisegepäck mitgebracht hat. Von der Brandung glatt geschliffene Holzstücke, Seilstücke von unbekannten Schiffen, wunderschön glänzende, verschiedenfarbige Steine, gedrehte Schneckengehäuse und Muscheln. Hält man die leeren Schalen ans Ohr, glaubt man, das ferne Rauschen der See zu vernehmen. Man kommt ins Träumen, man spürt wieder die Sonne und den Sand unter den Füßen. Tatsächlich hört man aber nur das eigene Blut im Ohr rauschen

Museum: Das lateinische Wort bedeutet *Ort für gelehrte Beschäftigung.* Die Mehrzahl zu Museum heißt *Museen.* Im Museum sind Kunstgegenstände oder wissenschaftliche Dinge oder Erinnerungsstücke aus früherer Zeit gesammelt und ausgestellt. Es gibt zum Beispiel Kunstmuseen, technische Museen oder auch Heimatmuseen. Zu bestimmten Öffnungszeiten kann man Museen besichtigen.

Musik hat etwas mit Lärm zu tun, aber mit gezähmtem Lärm. Die Menschen haben wahrscheinlich schon immer Musik gemacht, gesungen aus Freude oder Trauer und mit Gegenständen Töne erzeugt. Die ältesten Musikinstrumente, die es noch gibt, stammen aus Russland. Sie wurden vor 35 000 Jahren aus Mammutknochen gefertigt und zum Schlagen oder Blasen benutzt. Mit der Zeit wurden alle möglichen Instrumente erfunden und gebaut und viele Musikstile entwickelt. Dann hat man eine Methode gefunden, die Musikstücke aufzuschreiben, so dass sie jeder nachlesen, nachspielen oder nachsingen kann: die Noten. So, wie wir die Noten heute schreiben, macht man das erst seit Ende des 16. Jahrhunderts.

Muskel: Muskeln dienen der Bewegung des Körpers. Sie bestehen aus fleischigem Gewebe. Ein Muskel kann sich zusammenziehen und dabei verkürzen. Den Befehl dazu geben Nerven. Wenn der Muskel wieder locker lässt, kann er durch einen Gegenmuskel in die Länge gezogen werden. Muskeln können sich auch zusammenziehen, ohne dass man das will. Das ist dann ein Muskelkrampf.

Berühmte Musiker

Johann Sebastian Bach
1685–1750, Deutschland

Georg Friedrich Händel
1685–1759, Deutschland

Joseph Haydn
1732–1809, Österreich

Wolfgang Amadeus Mozart
1756–1791, Österreich

Ludwig van Beethoven
1770–1827, Deutschland

Peter Tschaikowski
1840–1893, Russland

Franz von Liszt
1811–1886, Ungarn

Igor Strawinsky
1882–1971, Russland

Karlheinz Stockhausen
geboren 1928, Deutschland

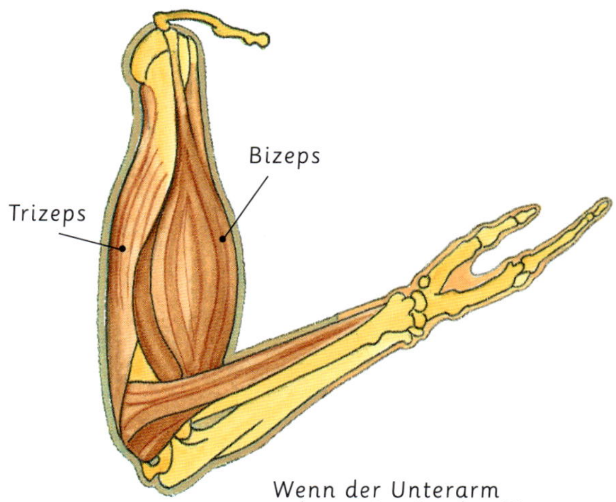

Wenn der Unterarm gebeugt ist, ist der Bizeps angespannt, der Trizeps entspannt.

N

Nabel: Vor der Geburt ist das → Baby durch die Nabelschnur mit seiner Mutter verbunden. Mitten am Bauch des Babys ist sie angewachsen. Durch die Nabelschnur fließt Blut von der Mutter zum Kind und umgekehrt. Bei der Mutter wird das Blut gereinigt und mit Sauerstoff und Nährstoffen angereichert. Nach der Geburt wird die Nabelschnur natürlich nicht mehr gebraucht, weil das Baby jetzt selbst atmen und trinken kann. Die Nabelschnur wird abgetrennt, das Restchen trocknet ein und fällt nach etwa einer Woche ab. Es bleibt jedoch für immer eine kleine Vertiefung zu sehen: der Nabel.

Nahrungskette

Nachricht: Zeitungen, Radio und Fernsehen bringen jeden Tag viele Nachrichten, die uns mitteilen, was in der Welt passiert ist. Da viel zu viel passiert, muss ausgewählt werden, was für die meisten Leser oder Zuhörer interessant ist. Für dich gibt es vielleicht andere Nachrichten, die nicht in Zeitungen stehen, gute oder schlechte. Eine gute Nachricht könnte sein: »Du hast einen Preis gewonnen!«

Nacht → Tag und Nacht.

Nachtigall

Nachtigall: Ab April kann man den unauffällig gefärbten Zugvogel beobachten: in den Auwäldern der großen Flüsse, in Feldgehölzen, verwilderten Gärten und Parkanlagen. Das Männchen beginnt in der Nacht seinen lauten Gesang mit vielen wunderschönen Strophen. Dadurch werden die Weibchen angelockt.

Nahrungskette: Eine Schmetterlingsraupe frisst ein Blatt. Die Raupe wird von einer Spinne gefressen, die Spinne von einem Singvogel und dieser von einem Greifvogel: Das nennt man eine Nahrungskette. Da der Mensch Pflanzen und Tiere isst, steht er am Ende vieler Nahrungsketten und bekommt alle Giftstoffe zurück, die er in der Natur verstreut hat.

Narkose dient zur Betäubung von Patienten für Operationen. Man unterscheidet zwischen örtlicher Betäubung und Vollnarkose. Bei der örtlichen Betäubung wird nur eine bestimmte Körperstelle unempfindlich gemacht gegen Schmerzen, bei der Vollnarkose verliert man das Bewusstsein und fällt in eine Art Tiefschlaf. Das erste Narkosemittel, das man kannte, war Lachgas. Es wurde zuerst auf Jahrmärkten als Attraktion verkauft. Ein Arzt kam schließlich auf die Idee, es zur Betäubung seiner Patienten einzusetzen.

Narzisse: Narzissen gehören zu den Frühblühern, die aus einer Zwiebel wachsen. Sie haben 6 Staubblätter und 6 Blütenblätter, die unten zu einer Röhre verwachsen sind. Die weiße Narzisse wird von Schmetterlingen besucht. Gelbe Narzissen, die wir auch *Osterglocken* nennen, locken Hummeln an. Aus wilden Narzissen werden kostbare Öle für Parfüme gewonnen.

Blüte im Querschnitt

Nase: Mitten im Gesicht sitzt deine Nase. Sie hat zwei Nasenlöcher. Wenn du durch die Nase einatmest, wird die Luft leicht gereinigt und erwärmt. In dieser Luft sind unzählige kleine Teilchen, die deine Riechschleimhaut erreichen. Der Reiz, der dadurch entsteht, wird durch Nerven an dein Gehirn weitergeleitet. Und so kannst du denken: *es riecht gut* oder *es stinkt* oder *ich rieche nichts.*

Nashorn: Das Nashorn, ein plumpes dickhäutiges Säugetier in den tropischen Gebieten von Afrika und Asien, ernährt sich von Pflanzen. Es kann bis zu 5 m lang und 2 000 kg schwer werden. Wird es gereizt, greift es blindlings an und wird sehr gefährlich. Früher wurden aus der harten

Haut Schilde, Panzer und Schüsseln hergestellt. Aus dem Horn machte man Trinkbecher, die angeblich giftige Getränke aufschäumen ließen. In Apotheken verkaufte man Hornpulver als Liebesmittel. Deshalb sind viele Arten fast ausgerottet.

Naturschutz sind Maßnahmen zur Erhaltung und Pflege der Natur, Landschaften, seltener Pflanzen und Tierarten (➔ Die Natur braucht den Menschen nicht). Das bedeutet: Erhaltung der Lebensräume von Tieren, also zum Beispiel Hecken und Schilfgürtel, und der Schutz bestimmter Tiere. Diese dürfen nicht gefangen und getötet werden. Der Igel, die Spitzmaus, die Fledermaus und viele, viele andere gehören dazu. Geschützte Wildpflanzen dürfen von ihrem Standort nicht entfernt werden: Die Akelei, das Alpenveilchen und das Edelweiß zum Beispiel darf man nicht pflücken, andere, teilweise geschützte Arten, dürfen nicht mit der Wurzel ausgegraben werden: Maiglöckchen, Schneeglöckchen und Narzissen zum Beispiel. In deiner Schule gibt es bestimmt Bildtafeln, auf denen die wichtigsten geschützten Arten verzeichnet sind.

Neandertaler ➔ Mensch.

Nebel: Wenn Wasserdampf abkühlt oder mit feinen Staubteilchen zusammentrifft, entstehen winzige Wasserteilchen. Sie sind viel kleiner als Tropfen und schweben deshalb noch in der Luft. Geschieht das in großer Höhe, so bilden sich aus den Wasserteilchen ➔ Wolken. Passiert dasselbe nahe am Erdboden, so nennt man die in der Luft schwebenden Wasserteilchen *Nebel.* Nebel ist also eine am Boden liegende Wolke. Gefrorener Nebel wird zu *Reif.*

Die Natur braucht den Menschen nicht

Die Natur war vor dem Menschen da. Alles, was auf der Erde ohne Einwirkung des Menschen entstanden ist, ist Natur. Das sind Berge, Flüsse, Seen, Pflanzen und die ganze Tierwelt. Der Mensch hat sich aber verbreitet und die Natur stark verändert: Vor 2 000 Jahren war Europa noch ganz bedeckt von Wäldern. Dann wurden Straßen gebaut, Dörfer, Städte und Fabriken. Wälder wurden gerodet für den Schiffsbau, für Ackerland oder Viehweiden. Diese Eingriffe haben Folgen: Viele Tierarten sind ausgestorben, manche Pflanzen gibt es nicht mehr, die Luft ist verschmutzt. Aber: Wir brauchen die Natur! Deshalb müssen wir beginnen, unsere Lebensräume zu erhalten.

Nektar: Viele Insekten ernähren sich von Nektar und die ➔ Bienen stellen damit den Honig her. Der Nektar ist eine zuckerhaltige Flüssigkeit. Bei manchen Blüten kannst du den Nektar selbst saugen. Zupf dir eine Blüte der Weißen Taubnessel ab und sauge leicht am unteren Ende! Am besten nimmst du dir aber eine, die nicht direkt am Straßenrand steht.

Die Weiße Taubnessel brennt nicht.

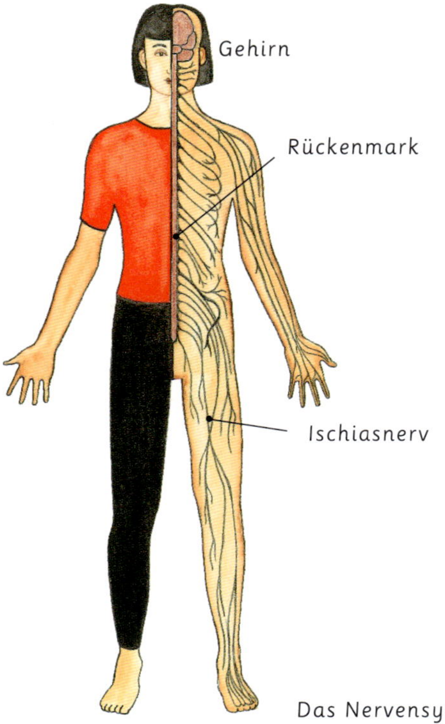

Das Nervensystem

Nerven sind Leitungen, die Informationen und Befehle durch unseren Körper weitergeben: Ein Geruch liegt in der Luft. Deine Nase stellt das fest. Die Nerven leiten diese Information ans Gehirn weiter. Dein Gehirn verarbeitet diese Information: Es erkennt diesen Geruch – oder nicht, es empfindet ihn als angenehm – oder auch nicht, und es gibt dir vielleicht den Befehl, zu fliehen: Nichts wie weg, weil es brennt! Alle Farben, Formen, Töne, Gerüche, Schmerzen sind das Ergebnis des Zusammenspiels von Sinnesorganen, Nerven und Gehirn. Und die Gesamtheit dieser Leitungen nennt man *Nervensystem.*

Nest: Viele Tiere, zum Beispiel Insekten, Fische und Säugetiere, besonders aber die Vögel, bauen sich Nester als Wohnstätten. Sie dienen zum Schutz vor Feinden, gegen die Witterung und zur Aufzucht von Jungen. Nester sind oft kunstvolle Brutstätten, die aus Zweigen, Lehm, Federn oder Tierhaaren gebaut werden. Eine Wasserspinne baut ihr Nest aus Luftblasen unter Wasser. Die Wespen verwenden abgenagtes Holz, das mit Speichel zu Pappmaschee wird. Webervögel flechten riesige Nester aus Grashalmen.

Webervögelnest

Niederlande: Das Königreich der Niederlande mit der Hauptstadt *Amsterdam* und dem Regierungssitz *Den Haag* ist nordwestlicher Nachbar Deutschlands. Seine Fläche würde neunmal in Deutschland passen. Weil es dort im Mittelalter eine Grafschaft Holland gab, nennt man heute noch die Niederlande manchmal *Holland.* An der langen Küste zur Nordsee gab es früher viele → Windmühlen, manche stehen heute noch. Berühmt ist das Land durch Blumen, vor allem Tulpen, Gemüseanbau und die Käseherstellung.

Niere: Die beiden Nieren liegen links und rechts neben der Wirbelsäule. Sie entfernen die schädlichen Abfallstoffe aus dem Blut. Diese Giftstoffe werden dann mit dem Urin ausgeschieden. Um den Urin bilden zu können, brauchen die Nieren sehr viel Wasser. Verdurstet ein Mensch, so stirbt er eigentlich an Giften, die die Niere nicht mehr ausscheiden kann.

Nikolaus → Wer ist Nikolaus?

Nil: Arabisch heißt der Nil *Bahr en-Nil.* Er ist mit 6 671 km Länge der größte Strom Afrikas und der längste Fluss der Erde. An der Quelle heißt er *Kagera.* Dann fließt er in den Viktoriasee und kommt als *Viktoria-Nil* wieder heraus. An der Mündung in Ägypten bildet er eine riesige Verbreiterung. So etwas nennt man *Delta.*

Nilpferd: Das große Tier, das auch *Flusspferd* genannt wird, lebt in den Flüssen von Afrika. Es kann bis zu 4 m lang werden und bis zu 3 000 kg wiegen. Im Wasser bewegt es sich watend

Wer ist Nikolaus?

Den Nikolaus gibt es nicht nur bei uns. In Amerika z. B. heißt er SANTA CLAUS, in England FATHER CHRISTMAS. Meistens kommt er rot gekleidet und auf einem Rentierschlitten daher. Der eigentliche Nikolaus aber ist ein Heiliger der katholischen und der orthodoxen Kirche: DER BISCHOF VON MYRA. Diese Stadt liegt in der Türkei. Er lebte im 4. Jahrhundert und soll Wundertaten vollbracht und Kinder beschenkt haben. Sein Namenstag ist am 6. Dezember und deshalb werden bei uns an diesem Tag die Kinder beschenkt.

und schwimmend vorwärts. Wenn es untertaucht, ragen nur die Ohren, Augen und Nasenlöcher aus dem Wasser. Nilpferde sind zwar sehr träge, können aber dennoch dem Menschen gefährlich werden, wenn man ihnen zu nahe kommt. Die Eckzähne werden wie Elfenbein verarbeitet und aus der Haut kann man Riemen schneiden.

Nixen sind im Wasser lebende Geister. Es gibt sie nicht wirklich, aber viele Sagen und Märchen erzählen von ihnen. Sie können als Pflanzen, Tiere oder Menschen erscheinen, meistens aber in der Gestalt einer Meerfrau mit dem Oberkörper einer Frau und dem Unterkörper eines Fisches.

Nomaden sind Völker oder große Familien, die nicht immer am gleichen Ort leben. Meist sind es Hirtenvölker, die Herden besitzen und mit diesen auf weiten Wanderwegen zu den Weiden ziehen. Die Familien sind mit Hausrat und Zelten das ganze Jahr unterwegs. Manche legen Entfernungen bis über 1 000 km zurück. Nomaden gibt es heute noch in den ➔ Steppen Nordafrikas und Asiens. Früher waren auch die Indianer Nordamerikas Nomaden, die den großen Büffelherden folgten.

Nonne: 1. Angehörige eines Frauenordens der katholischen Kirche heißen *Nonnen.* Die Ordensmänner nennt man ➔ Mönche. Nonnen und Mönche tragen besondere Trachten, an denen man erkennen kann, zu welchem Orden sie gehören. Viele von ihnen leben in Klöstern. **2.** In der Tierkunde gibt es eine Schmetterlingsfamilie namens *Nonne.* Sie ist ein Schädling der Fichten. Die Raupen dieser Nonnen können in ihrem Leben bis zu 1 000 Fichtennadeln fressen. **3.** Es gibt auch eine Form von Dachziegeln, die man *Nonne,* und eine, die man *Mönch* nennt.

Nordpol: 1. Der Nordpol der Erde ist der Punkt, der auf der Nordhalbkugel am weitesten vom ➔ Äquator entfernt ist. Er liegt mitten im Nordpolarmeer und ist vereist. Am Nordpol geht die Sonne am 21. März auf. Danach scheint sie ein halbes Jahr rund um die Uhr. Am 23. September geht sie unter und es ist ein halbes Jahr lang Nacht. Vom Nordpol aus gibt es nur eine Himmelsrichtung: Süden. **2.** In der Physik nennt man einen der beiden Pole eines ➔ Magneten *Nordpol.*

Forscher bei einer Nordpolexpedition

Nordsee: Die Nordsee ist ein Nebenmeer des Atlantischen Ozeans. Deutschland grenzt daran und hat einige Nordseeinseln, wie z. B. Helgoland und Sylt. Die deutsche Nordseeküste und die Inseln sind beliebte Ferienziele. In die Nordsee münden die Flüsse Elbe, Weser, Ems und Rhein. An den Mündungen liegen wichtige Hafenstädte wie z. B. Cuxhaven, Bremerhaven und Emden. Auch die Niederlande, Belgien, Frankreich, Großbritannien, Norwegen und Schweden haben Nordseeküsten. Die Gesamtfläche der Nordsee ist rund eineinhalb mal so groß wie Deutschland.

Note: 1. Noten gibt es in fast allen Schulen. In Deutschland ist die beste Note eine 1, die schlechteste eine 6. In der Schweiz ist es genau umgekehrt, da jubeln die Kinder, wenn sie eine 6 schreiben! In Amerika ist ein A das Beste und in Frankreich werden perfekte Klassenarbeiten mit 20 Punkten bewertet. **2.** Töne schreibt man mit Noten auf. Man kann die Tonhöhe am Stand auf der Notenlinie erkennen und die Länge

ganze Note, halbe Note, Viertelnote, Achtelnote, Sechzehntelnote

des Tons am Aussehen der Note. **3.** Wenn sich Staatschefs wichtige Briefe schreiben, so nennt man das *Note.* Diese Noten werden nicht mit der Post verschickt, sondern von Diplomaten überreicht.

Notruf: In vielen Ländern gibt es Notrufeinrichtungen, mit denen man im Ernstfall Polizei, Feuerwehr oder einen medizinischen Notfalldienst erreichen kann. In Deutschland kann man diese Dienste kostenfrei über eine Notrufsäule oder über das Telefon anrufen. 110 ist die Nummer der Polizei und bei 112 wird man mit der Feuerwehr verbunden. Wenn du einmal einen Notfall melden musst, bleibe ganz ruhig und nenne nacheinander *wer, wo, was:* 1. deinen Namen – 2. wo du dich gerade befindest – 3. welche Art von Notfall vorliegt.

Nuss: Werden die ölhaltigen Kerne einer Pflanze von einer harten Schale umgeben, bezeichnet man dies als *Nuss.* Nüsse bildet der Haselnussstrauch, die Buche und die Eiche. Die Früchte von Walnussbaum und Kokospalme sind eigentlich keine Nüsse, sondern Steinfrüchte. Aber Achtung! Die Kerne von den Steinfrüchten Pfirsich, Kirsche oder Pflaume darf man nicht essen, weil sie schädlich sind.

Oase: In ➔ Wüsten oder ➔ Steppen gibt es kleine Gebiete, in denen reichlich Pflanzen wachsen. Sie liegen an Quellen oder Flüssen oder dort, wo unter der Erdoberfläche Wasser vorhanden ist. Diese Gebiete nennt man Oasen. Im Inneren der Wüsten machen die ➔ Karawanen in den Oasen Halt und werden mit Wasser und Nahrung versorgt. Oft leben Menschen dort, die auch Getreide und Obstbäume anpflanzen, besonders Dattelpalmen.

obdachlos: Verliert jemand seine Wohnung, bezeichnet man ihn als *obdachlos.* Das kann durch Krieg oder Naturkatastrophen geschehen. Manchmal müssen auch Menschen ihre Wohnung verlassen, weil sie arbeitslos geworden sind und die Miete nicht mehr bezahlen können. Dies trifft Familien mit Kindern besonders schlimm, die dann in Notunterkünften untergebracht werden.

Obst: Wer knackfrische Äpfel, saftige Birnen und Orangen, leuchtend rote Kirschen und Himbeeren, samtene Pfirsiche, duftende Erdbeeren, ➔ Nüsse und Bananen kauft, dem zeigt sich im Obst die ganze Vielfalt der Natur. Die Obstsorten werden in Gruppen unterteilt: Die Namen bezeichnen die Art ihrer Samen (z. B. Kernobst) oder ihre Herkunft (z. B. Südfrüchte). In vielen Obstsorten sind neben Vitaminen und Mineralien auch andere Stoffe enthalten, die uns gesund erhalten.

Kernobst: Apfel, Birne

Steinobst: Kirsche, Pflaume

Beerenobst: Stachelbeere, Erdbeere

Südfrüchte: Banane, Ananas

Oder: In Tschechien bei der Stadt Olmütz entspringt der Fluss Odra. Nach 120 km fließt er nach Polen. Bei der Einmündung der Neiße zwischen Guben und Eisenhüttenstadt wird er Grenzfluss zwischen Polen und Deutschland. Auch in Polen heißt dieser Fluss *Odra,* in Deutschland heißt er *Oder.* Von der Quelle bis zur Mündung in das Stettiner Haff ist die Oder 854 km lang. Ihr Wasser fließt schließlich bei Swinemünde in die Ostsee.

Ohr: Das Ohr ist ein kompliziertes und vielseitiges ➔ Organ vieler Tiere und des Menschen. Teile des Ohres nehmen Geräusche auf und dienen uns zum Hören. Dazu gehören die *Ohrmuschel,* der *Gehörgang* bis zum *Trommelfell* und die *Paukenhöhle* mit den drei Gehörknöchelchen *Hammer, Amboss* und *Steigbügel.* Daran schließt sich das Innenohr an mit der *Schnecke* und den drei *Bogengängen.* In der Schnecke hören wir, in den Bogengängen befindet sich unser Gleichgewichtssinn. Das Ganze ist mit dem knöchernen *Labyrinth* umschlossen.

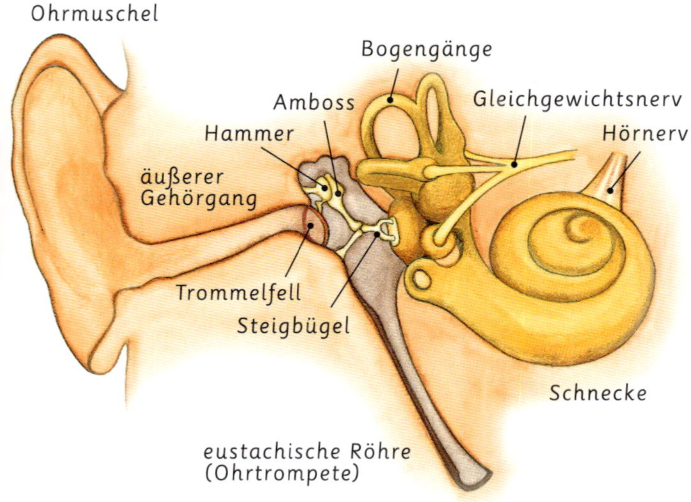

Ohrwurm: 1. Die dunkelbraunen Insekten haben ihren Schlupfwinkel unter Rinden und Steinen. Im Garten nisten sie sich gerne in umgedrehte Blumentöpfe mit Holzwolle ein, die man in Obstbäume hängt. Ohrwürmer sind nämlich nützliche Allesfresser. Die Männchen erkennt man an den viel längeren Hinterleibszangen. Warum die Tierchen so heißen, weiß man nicht, denn ganz bestimmt kriechen sie nicht in Ohren! **2.** Ein Musikstück, das man gerne hört und das einem immer wieder in den Sinn kommt, ist ein Ohrwurm.

Ölpest nennt man die Verschmutzung von Meerwasser durch Erdöl. Bei Schiffsunfällen, durch Bohrinseln oder wenn Tankschiffe ihre Tanks spülen, gelangt rohes Erdöl auf die Wasseroberfläche. Dort schwimmt es in Fladen oder großen Ölteppichen und verklebt Pflanzen und Tiere. Diese sterben dadurch qualvoll. Mit Spezialschiffen und Bindemitteln versucht man, möglichst viel von dem Öl wieder abzusaugen. ➔ Ölalarm! S. 222.

Olympische Spiele ➔ S. 223.

Oper: Stell dir vor, du bist in der Oper. Schöne Stimmen erklingen im Chor. Eine Art Theaterstück wird gesungen. Das Orchester spielt im *Orchestergraben* vor der kunstvoll gestalteten Bühne. Zwei Schauspieler in prächtigen Kostümen singen nun ein wunderschönes Liebeslied. Damit du vom *Balkon* des Opernhauses

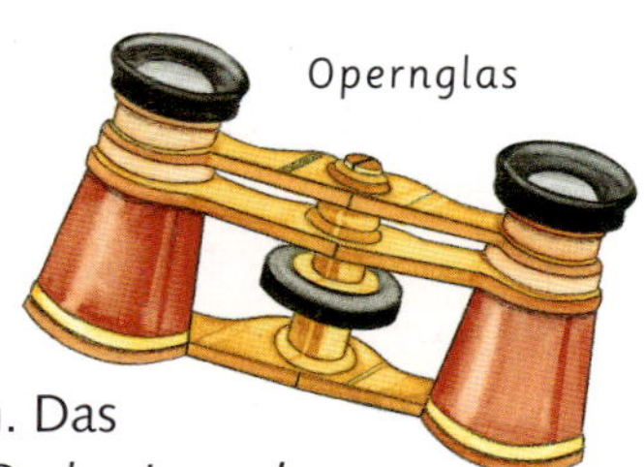

aus besser sehen kannst, schaust du durch dein *Opernglas*. Jetzt fällt der Vorhang. Die festlich gekleideten Zuschauer im Opernhaus klatschen begeistert Beifall und rufen: *Da capo!*, das heißt: *Noch einmal!*

Opernhaus in Venedig

Operation: 1. Um manche Krankheiten oder Verletzungen heilen zu können, muss man einen operativen Eingriff vornehmen. Man öffnet den Körper des Menschen, um kranke Gewebeteile herauszunehmen oder gebrochene Knochen wieder zusammenzufügen. Dafür wird der Patient betäubt (➔ Narkose). Heute operiert man auch mit Sonden, das sind dünne Röhrchen, durch kleine Körperöffnungen. Medizinische Eingriffe führt der ➔ Chirurg durch.
2. Einsätze beim Militär nennt man auch *Operationen*.

Optimist bist du, wenn du fröhlich bist und meistens die guten Seiten des Lebens siehst. Pessimist bist du, wenn du meinst, es wird immer alles schlechter: die nächste Klassenarbeit, das Wetter ... Nehmen wir an, ein Glas wäre bis zur Hälfte gefüllt. Der Optimist sagt, es sei halb voll, der Pessimist, es sei halb leer.

Ölalarm!

Versuche, Öl vom Wasser abzuscheiden: Fülle vier Margarinedosen bis 2 cm unter den Rand voll Wasser. Gieße auf jede Dose zwei Esslöffel Speiseöl. Die Fettaugen sind deine Ölpest. Führe eine Vogelfeder mehrmals durch das ölige Wasser und betrachte sie genau. Wie kann ein Wasservogel damit leben?

Versuche, das Öl wieder abzuschöpfen. Probiere es mit allen Geräten, die dir einfallen. Streue auch Sägespäne, feinen Sand oder Gartentorf darauf und probiere es wieder. Wird dein Wasser je wieder ölfrei? Gieße es am Ende auf eine Wiese. So wenig Speiseöl ist unschädlich.

OLYMPISCHE SPIELE

So waren sie:

So, wie wir die Olympischen Spiele heute kennen, waren sie nicht immer. Sie haben ihren Ursprung im Altertum. Damals, in der Stadt Olympia, haben sich die Griechen in verschiedenen Wettkämpfen gemessen. Es durften aber nur freie Bürger aus griechischen Staaten teilnehmen, Frauen und Sklaven also nicht!

So sind sie heute:

Die heutigen Olympischen Spiele wurden ins Leben gerufen durch den Grafen Pierre de Coubertin. Seiner Meinung nach ist es nicht wichtig, ob man nun gewinnt oder nicht, denn: *Dabei sein ist alles.* Und das ist das Motto der Olympischen Spiele geblieben. Die modernen Spiele wurden erstmals 1896 in Athen ausgetragen und von da an alle vier Jahre in einer anderen Stadt. Seit 1924 gibt es nicht nur Sommer-, sondern auch Winterspiele.

Beide sind das größte sportliche Ereignis der Welt. Über 10 000 Sportler aus mehr als 200 Ländern messen sich in Leichtathletikwettkämpfen, aber auch in anderen Sportarten wie Ringen, Rudern, Schwimmen, Turnen, Fußball, Basketball oder den Wintersportarten Eisschnelllauf und Biathlon.

Das sind die Regeln:

Ursprünglich durften nur Amateure teilnehmen, also Menschen, die für ihren Sport überhaupt kein Geld bekommen. 1971 hat das Olympische Komitee diese Bestimmungen etwas gelockert und später auch Berufssportlern erlaubt, mitzumachen. Im Stadion muss die *olympische Fahne* mit den 5 olympischen Ringen gehisst werden. Diese 5 Ringe sollen die 5 Kontinente darstellen (ohne die Antarktis).

Das *olympische Feuer* muss entzündet werden und ein Sportler spricht für alle den *olympischen Eid.*

Wenn ein Sportler den ersten Platz erreicht hat, wird er mit der *Goldmedaille* geehrt. Dabei wird die *Hymne* seines Landes gespielt. Auch die Zweiten und Dritten erhalten Medaillen in Silber und Bronze. Seit 1994 finden Winterspiele und Sommerspiele nicht mehr alle 4 Jahren im selben Jahr statt, sondern nacheinander mit einem Abstand von 2 Jahren.

Orang-Utan bedeutet *Waldmensch.* Der Orang-Utan gehört zur Familie der Menschenaffen. Diese ➔ Affen sind die nächsten Verwandten des Menschen (dazu gehören auch Schimpanse und Gorilla). Obwohl er höchstens 1,50 m groß wird, kann der Orang-Utan seine Arme über 2,20 m breit spannen. Orang-Utan-Babys werden vier Jahre lang gestillt. Diese Affen können bis zu 30 Jahre alt werden. Sie leben in Urwäldern Sumatras und Borneos und stehen unter ➔ Naturschutz.

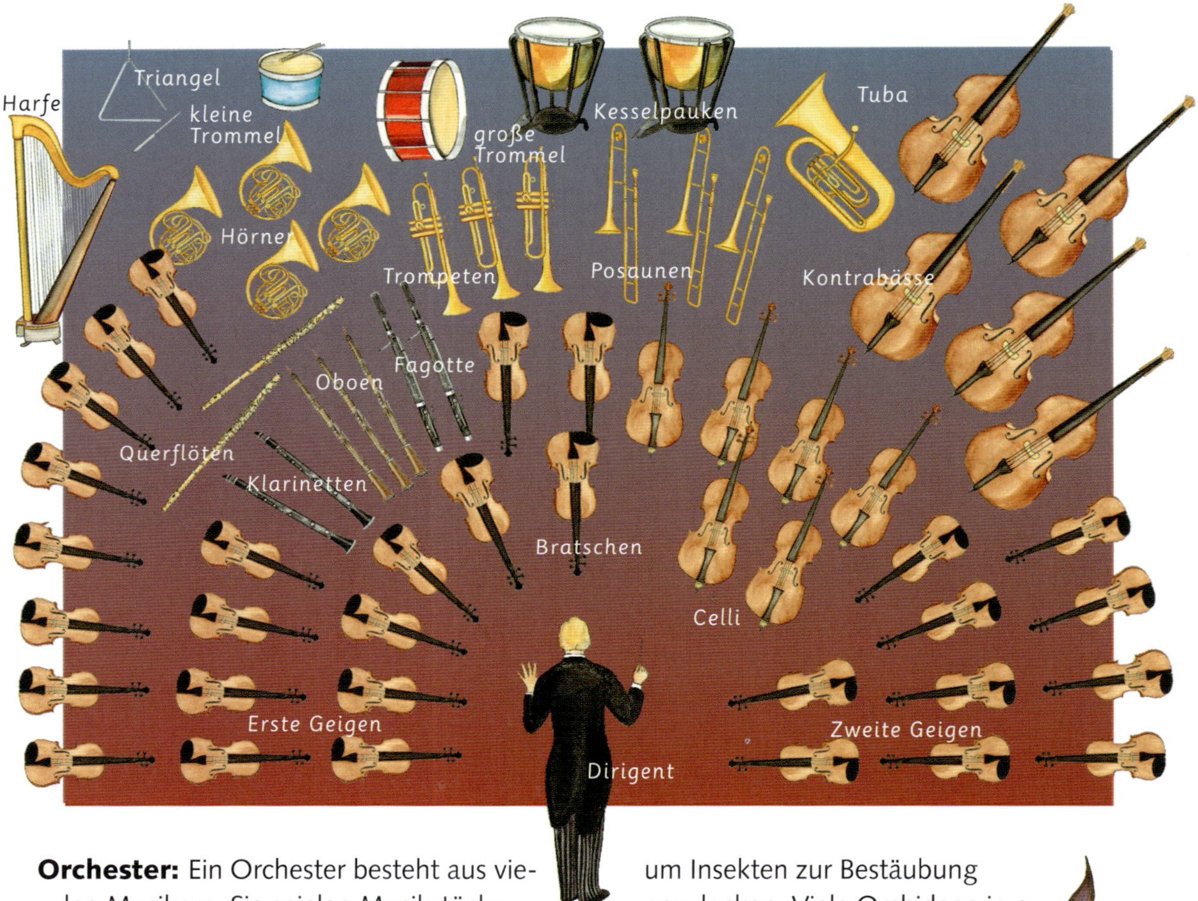

Orchester: Ein Orchester besteht aus vielen Musikern. Sie spielen Musikstücke unter der Leitung eines *Dirigenten.* Diese Musikstücke haben ➔ Komponisten komponiert. In einem Orchester kannst du Streichinstrumente, Holzbläser, Blechbläser und Schlagzeuge hören.

Orchideen kommen überwiegend in den Tropen und Subtropen vor. Diese Pflanzen haben meist große, stark duftende Blüten, um Insekten zur Bestäubung anzulocken. Viele Orchideen in den Tropen wachsen nur auf Bäumen und speichern das Wasser, das sie brauchen, in ihren Blättern. Bei uns gibt es auch einige Orchideenarten, wie den *Frauenschuh,* das *gefleckte Knabenkraut* oder den *Nestwurz.* Sie alle stehen unter ➔ Naturschutz.

Der »Frauenschuh« ist eine heimische Orchidee.

Organ: 1. Ein Organ ist ein Körperteil mit einer bestimmten Aufgabe, zum Beispiel ➔ Leber, ➔ Lunge, ➔ Herz, ➔ Nase. Alle Organe bilden zusammen einen *Organismus.* **2.** Die Stimme nennt man auch Organ. **3.** Die Zeitung eines Vereins oder einer politischen Partei sagt die Meinung dieser Vereinigung, sie ist also auch ein Organ.

Orgel: Dieses große Instrument findest du meist in Kirchen. So entstehen die Töne: Mit Tasten und Pedalen gibt der Organist Luftströme in Pfeifen frei. Ganz früher drückte man Luft mit Wasser in die Pfeifen, später nahm man einen Blasebalg (das ist eine Art Luftpumpe) dazu. Heute verwendet man elektrische Gebläse. Die älteste Orgel der Welt ist im Museum der Stadt Dion in Griechenland zu sehen. Ihre Pfeifen aus Bronze sind etwa 1 800 Jahre alt. Seit über 1 200 Jahren gibt es Orgeln in Deutschland.

Die Passauer Domorgel ist mit über 16 000 Pfeifen eine der größten der Welt.

Orient: Statt Orient kannst du auch *Morgenland* sagen: Das sind die Länder, die in der Richtung des Sonnenaufgangs liegen. Der Orient reicht von der Türkei bis nach Japan und China. Vielleicht kommt dir das Wort *Orient* bekannt vor? Wenn man seinen Standort nach der Sonne festlegt, *orientiert* man sich. Lies nach bei ➔ Abendland.

Orkan nennt man einen ➔ Wind mit größter Geschwindigkeit. Er braust mit Windstärke 12, das sind über 118 km/h, häufiger übers Meer als übers Land. In den tropischen Gebieten (➔ Klima) können Orkane über 200 km/h Windgeschwindigkeit erreichen.

Ostern ist das älteste Fest der christlichen Kirche. Die Christen feiern zu diesem Zeitpunkt die Auferstehung Jesu. Ostern ist aus einem jüdischen Fest entstanden. Der Name *Ostern* jedoch kommt wahrscheinlich von der Göttin *Ostara.* Sie war eine germanische Frühlingsgöttin. Ostern wird jedes Jahr gefeiert und zwar immer am ersten Sonntag nach dem ersten Vollmond nach Frühlingsbeginn. ➔ Woher kommt der Osterhase? S. 226.

Österreich ➔ S. 227.

Ostsee: Die Ostsee ist ein Nebenmeer des Atlantischen ➔ Ozeans. Sie heißt auch *Baltisches Meer* und ist fast so groß wie die Schweiz und Deutschland zusammen. Städte mit großen Ostseehäfen sind Rostock, Lübeck und Kiel. An die Ostsee grenzen Deutschland, Dänemark, Schweden, Finnland, Russland, Estland, Lettland, Litauen und Polen. In die Ostsee münden z. B. die Flüsse Oder, Weichsel (in Polen), Memel (in Litauen) und Dvina (in Lettland). Ostseewasser ist nur schwach salzig.

Woher kommt der Osterhase?

Wenn man das wüsste! Es gibt ihn jedenfalls erst seit 400 Jahren. Vorher haben verschiedene Tiere die Eier gebracht: der Hahn oder der Fuchs in Deutschland, der Kuckuck in der Schweiz und der Storch im Elsass! Rot gefärbte Eier stammen aus dem → Orient. Dort steht die Farbe Rot für ein langes, glückliches Leben. Das Ei und der Hase sind → Symbole der Fruchtbarkeit. Sie passen also beide gut zum Frühjahr. Vor Ostern liegt die Fastenzeit, in der man keine Eier essen durfte. Was glaubst du, wie viele Eier sich da bis Ostern angesammelt hatten! Kein Wunder also, dass Eier dann eine beliebte Speise und ein passendes Ostergeschenk wurden!

Ozean: Große → Meere zwischen den → Erdteilen bezeichnet man als *Ozeane.* Suche auf einer Karte den Atlantischen Ozean, den Pazifischen Ozean und den Indischen Ozean.

Ozon ist eine Sonderform von → Sauerstoff. Es bildet sich oft im Sommer, wenn Abgase von Autos und Industrieanlagen stark von der Sonne bestrahlt werden. Ozon ist auch in kleinen Mengen sehr giftig und reizt die Atmungsorgane. Wenn das Ozon in unserer Luft eine festgesetzte Grenze überschreitet, gibt es *Ozonalarm,* das heißt: Einige Industrieanlagen werden abgeschaltet und Autos dürfen nur in dringenden Fällen fahren.

Was ist ein Ozonloch?

Ozon bildet sich auch in der → Atmosphäre etwa 20 bis 35 km über der Erde. Dort ist es für uns lebenswichtig, denn es filtert aus dem Sonnenlicht Anteile, die unsere Haut verbrennen und die Atmosphäre aufheizen. Das Gas FLUORCHLORKOHLENWASSERSTOFF (FCKW) zerstört Ozon. Es wird zum Beispiel für Spraydosen und Schaumstoffe verwendet. Viele Länder haben es jetzt verboten. Nun ist aber schon viel FCKW in der Atmosphäre und zerstört dort weiter die Ozonschicht. Über weiten Gebieten vor allem um den Südpol der Erde ist der Ozonanteil stark reduziert. Man spricht vom Ozonloch in der Atmosphäre, das sich stark vergrößert hat.

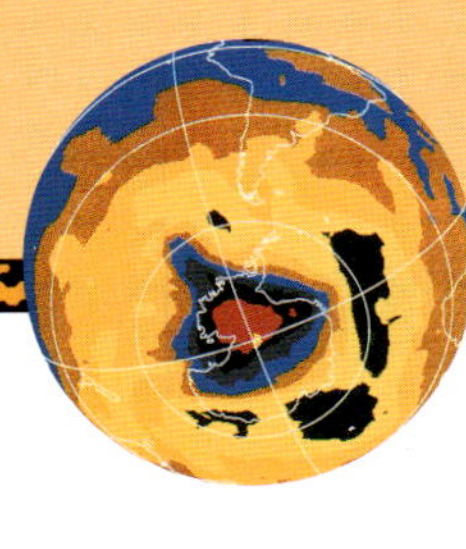

ÖSTERREICH

Lage und Größe

Österreich liegt mitten in Europa. Mit 83 859 km² hat es rund ein Viertel der Fläche Deutschlands. Die Nachbarländer sind Schweiz, Liechtenstein, Deutschland, Tschechien, Slowakei, Ungarn, Slowenien und Italien. In Österreich leben etwa 8,2 Millionen Einwohner. Vom Westen zum Osten ist es ungefähr so lang wie die Strecke Berlin–München: 580 km. Die längste Nord-Süd-Entfernung beträgt 294 km.

Österreichs Rekorde:

Höchster Berg:
Großglockner 3 797 m
Größter See: Neusiedler See
135 km² gehören zu Österreich
Längster Fluss: Donau
350 km fließen durch Österreich
Größte Stadt:
Wien 1 600 000 Einwohner

Landschaften

Ein großer Teil Österreichs wird von den Alpen eingenommen. Dort machen viele Menschen Ferien mit Skifahren, Wandern und Bergsteigen. Der Westen des Landes ist Hügel- oder Flachland, dort leben mehr Menschen und es gibt da auch mehr ➔ Industrie.

Der Staat und seine Bundesländer

Offiziell heißt der Staat *Republik Österreich.* Seine Hauptstadt ist Wien. Er ist in neun Bundesländer unterteilt:

Bundesland	Hauptstadt
Burgenland	Eisenstadt
Kärnten	Klagenfurt
Niederösterreich	St. Pölten
Oberösterreich	Linz
Salzburg	Salzburg
Steiermark	Graz
Tirol	Innsbruck
Vorarlberg	Bregenz
Wien	Wien

P

Palmen haben hohe, unverzweigte Stämme und große Blätter, die Palmwedel. An den Meeresstränden heißer Länder wachsen *Kokospalmen,* die bis zu 30 m hoch werden. Aus dem Fruchtfleisch der getrockneten ➔ Kokosnüsse wird das Kokosfett gewonnen. Aus dem Fruchtfleisch und den Samen der *Ölpalme* werden verschiedene Öle gepresst. Man braucht sie zur Herstellung von Speisefetten wie Margarine und für Schmierfette und Seifen. Die *Dattelpalmen* liefern süße Früchte. Auch das Holz, die Fasern und die Blätter der Palme kann man verwenden.

Panda: 1. Der große schwarz-weiße Panda lebt in den Wäldern des chinesischen Berglandes. Er ernährt sich hauptsächlich von Bambussprossen. Pandas stehen unter

Naturschutz, denn diese Tierart ist vom Aussterben bedroht. **2.** Der kleine Panda ist ein Allesfresser. Er lebt im Himalayagebirge in Höhen bis zu 1 800 m.

Panther (oder Panter) sind schwarze ➔ Leoparden.

Pantomime: Ihr habt das in der Schule bestimmt schon gespielt: Einer zeigt durch Körpersprache ein Tuwort, einen Beruf oder etwas anderes, und die Mitspieler müssen herausfinden, was er gemeint hat. Das ist schon ein bisschen Pantomime. Richtige Pantomime ist eine Bühnendarstellung. Die dauert länger und der Darsteller versucht, eine ganze Geschichte zu erzählen, manchmal auch mit Tanz und Musik.

Panzer: 1. So nennt man den Körperschutz aus Fell, Leder oder Eisen, den Krieger früher trugen. Die mittelalterlichen Ritterrüstungen sind solche Panzer. **2.** Auch ein modernes Waffensystem heißt so. Das sind meist Kettenfahrzeuge, die mit Stahlplatten nach außen geschützt sind. Der bekannteste ist der Kampfpanzer mit einer drehbaren Kanone und Maschinengewehren. **3.** Krokodile und Schildkröten haben Panzer. Das ist eine schützende Körperhülle aus Horn- und Knochenplatten.

Papagei: Die bunten Klettervögel leben in den heißen Ländern unserer Erde. Mit ihren harten, hakenförmigen Schnäbeln, die sie auch zum Klettern benutzen, können sie Nüsse und Samen aufknacken. In Südamerika leben die großen farbenprächtigen *Aras* und die grünen *Amazonen*. Bei den Edelpapageien in Australien haben die Männchen und die Weibchen so unterschiedliche Federn, dass man sie lange Zeit verschiedenen Arten zuordnete. Papageien kann man gut zähmen und sie lernen leicht sprechen. Graupapageien können ganze Sätze lernen und sie bei passenden Situationen sagen.

Amazone

Kakadu

Ara

Papier ➔ Woraus wird Papier hergestellt? S. 230.

Pappel: Fast überall auf der Welt wachsen Pappeln. Die Silberpappel ist ein bis zu 30 m hoher Baum. Wenn sich ihre Blätter im Wind bewegen, leuchten die weißen Unterseiten silbrig auf. Die *Schwarzpappel*, die man in Flussauen findet, hat ihren Namen von der schwärzlichen rissigen Rinde. Im Wald wächst die *Zitterpappel* oder *Espe*. Ihre rundlichen Blätter haben einen langen Stiel, der seitlich zusammengedrückt ist. Deshalb zittert ihr Laub schon beim geringsten Wind. Man sagt deshalb: *Du zitterst ja wie Espenlaub!*

Papst: Der Papst ist das Oberhaupt der katholischen Kirche. Wenn er stirbt, müs-

Woraus wird Papier hergestellt?

Papier wird aus Pflanzenfasern, einigen Hilfsstoffen und Wasser hergestellt. Die Pflanzenfasern gewinnt man hauptsächlich aus zerkleinertem Holz, aus dem zunächst Zellstoff (wie Watte) gemacht wird. Zellstoff, Baumwolle, Leinenfasern oder Hanffasern werden dann mit Kalkpulver, Harz oder Farbstoffen zu einer dünnen Suppe gleichmäßig in Wasser verrührt. Nach und nach wird das Wasser wieder abgesiebt, gefiltert und herausgepresst. Die dünne Faserschicht muss dann noch getrocknet werden. Auch Altpapier kann man statt neuer Fasern wiederverwenden.

sen die Kardinäle, das sind ausgewählte Bischöfe, einen neuen Papst wählen. Dafür treffen sie sich alle im ➔ Vatikan und bleiben so lange, bis ein neuer Papst gewählt ist. Jeder katholische Christ ist eigentlich wählbar, aber seit 1389 haben die Kardinäle nur Kardinäle gewählt. Der Papst ist auch das Oberhaupt des Vatikanstaates. Falls du ihn mal triffst, rede ihn mit *Heiligkeit* oder *Heiliger Vater* an. Das ist so üblich.

Papst Benedikt XVI. beim Weltjugendtag in Köln

Paradies: 1. Die Bibel erzählt, dass die ersten Menschen im *Garten Eden,* im Paradies, gelebt hätten. Adam und Eva waren dort glücklich und ohne alle Sorgen und Nöte. Wenn es dir auch so geht, dann fühlst du dich *wie im Paradies.* Adam und Eva wurden aus dem Paradies vertrieben. Nun hoffen die Christen, dass sie nach dem Leben auf unserer Erde ins Paradies, in den ➔ Himmel, kommen. **2.** Paradies nennt man auch die Vorhalle von Kirchen und Klöstern.

Parlament: Ein Parlament besteht aus vielen ➔ Abgeordneten. Die Bürger haben sie gewählt (➔ Wahl). Das Parlament wählt und kontrolliert die Regierung, ändert und verbessert Gesetze und beschließt neue. Es bestimmt, wie viel Geld die Regierung ausgeben kann oder darf. In Deutschland zum Beispiel heißt das Parlament *Bundestag.* In der Schweiz heißt es *Stände-* und *Nationalrat.* In Österreich nennt man es auch *Nationalrat.* Vielleicht hast du auch schon vom *Europäischen Parlament* gehört: Es tagt in Straßburg.

Partei: Parteien sind für eine → Demokratie sehr wichtig. Menschen mit ähnlichen Meinungen und Zielen treten einer Partei bei oder gründen eine neue. Zusammen können sie etwas bewirken in der → Politik ihrer Gemeinde oder ihres Landes. Sie stellen sich vor der → Wahl vor, halten Reden bei Wahlveranstaltungen, verteilen z. B. Luftballons oder Kugelschreiber und versuchen, so viele Leute wie möglich von ihrer Meinung zu überzeugen. In einer Diktatur gibt es meistens nur eine Partei!

Pass-Straße zum Ortler, Südtirol

Der Personalausweis ersetzt innerhalb Europas den Pass.

Pass: 1. Wenn du erst mal 16 bist, kannst du einen Pass beantragen. Darin werden genaue Angaben zu deiner Person gemacht, z. B. Augenfarbe und Körpergröße. Einen Pass braucht man, um in einige Länder außerhalb von Europa zu reisen und sich dort auszuweisen. Für europäische Länder genügt der Personalausweis.
2. Pass nennt man auch die Straße, die über ein großes Gebirge, z. B. die Alpen, führt.

Pastor → Pfarrer.

Pate: In der christlichen Religion soll ein Pate für die religiöse Erziehung eines Kindes sorgen und Zeuge bei der Taufe sein.

Patent: Wenn du technische Geräte, Vorrichtungen oder besondere technische Arbeitsweisen erfindest, die neu sind, kannst du ein Patent beantragen. Das Patent- und Markenamt in München, Bern oder Wien prüft dann, ob die Sache wirklich neu ist. Anschließend stellt es dir ein Patent aus. Das ist eine Urkunde, die garantiert, dass nur derjenige die Erfindung in irgendeiner Weise herstellen oder verkaufen darf, der das Patent besitzt. Legosteine und Barbiepuppen z. B. sind durch ein Patent geschützt.

Pazifik → Ozean.

Pelikan: Pelikane bauen ihre Nester in Sumpfgebieten zwischen dem Schilf. Sie können gut fliegen und mit ihren Ruderfüßen sehr gut schwimmen. Mehrere der großen Wasservögel gehen gemeinsam, manchmal sogar in Treiberketten, auf

Jagd. Sie treiben die Fische zusammen und fangen sie dann mit ihrem Schnabel und sammeln sie in dem weiten, dehnbaren Hautsack. Der Schnabel des Krauskopfpelikans kann bis zu 40 cm lang werden!

Penis: Als Penis bezeichnet man das männliche *Glied* (➔ Mann und Frau). Die *Eichel* mit der Harnröhrenöffnung, die leicht verschiebbare *Vorhaut* und der *Schaft* bilden die äußerlich sichtbaren Teile. Innen befinden sich zwei *Schwellkörper.* Wenn diese mit Blut vollgepumpt werden, richtet sich das Glied (= Penis) auf. Manche sagen, *mein Schwanz* oder *mein Pimmel steht*. Da sich viele Nervenenden im Glied befinden, löst dies ein gutes, wohliges Gefühl aus.

Perlen: Im Inneren der Schalen von Muscheln gibt es eine bunt schillernde Schicht. Man nennt sie *Perlmutter* oder *Perlmutt.* Gerät zum Beispiel ein kleines Sandkorn in die Muschelschale, so umkleidet die Muschel auch dieses Körnchen nach und nach mit dem Perlmutt. Es kann dabei so groß wie eine Erbse oder gar wie eine Walnuss werden. Dieses Kügelchen nennt man *Perle* und verwendet es als Schmuck.

Perle in
einer Auster

Pfadfinder: Die ersten Pfadfindergruppen gründete Lord Baden-Powell 1907 in England. Bald darauf gab es Pfadfinder auch bei uns. Die Pfadfinder sind die größte freiwillige Jugendbewegung der Welt. Sie arbeiten, spielen und lernen in kleinen Gruppen nach festgelegten Regeln. Sie wollen einander und anderen helfen und

für die Verständigung aller Völker der Erde arbeiten. Man erkennt sie an einer Tracht, zu der ein Halstuch gehört.

Pfarrer: Der Pfarrer, man nennt ihn auch *Pastor,* ist der Inhaber eines Pfarramts. Er ist für Gottesdienste zuständig, für Taufen, Hochzeiten und Beerdigungen. Er kümmert sich um die Seelen der Menschen seines Pfarramts. Um dieses Amt übernehmen zu können, hat er Theologie studiert.

Pfau: Der Pfau gehört zur Familie der Fasanen. Der prächtige ➔ Hühnervogel, der gern in Parkanlagen gehalten wird, lebt in seiner asiatischen Heimat im Buschland. Er hat ein metallisch schillerndes Gefieder und auf seinem Kopf eine Federkrone. Seine langen Schwanzfedern trägt er wie eine Schleppe. Sie sind mit Augenflecken bedeckt, die man sehr gut sehen kann, wenn er sie zu einem Rad aufschlägt.

Pferde ➔ S. 234.

Pfirsich ➔ Obst.

Pflanzen: Der große Unterschied zwischen Tieren und Pflanzen ist der: Pflanzen erzeugen ihre Nahrung aus Licht, Luft und Wasser selbst, während Tiere etwas fressen müssen. Die einfachsten Pflanzen sind die ➔ Algen. Bei Farnen und Blütenpflanzen sind *Wurzel, Spross* und *Blätter* voll ausgebildet. Pflanzen sind sehr wichtig für uns, weil sie Sauerstoff abgeben.
➔ Blumen.

Warum sind die meisten Pflanzen grün?

Pflanzen sind grün, weil sie in ihren Blättern viele Zellen haben, die Blattgrün (= Chlorophyll) enthalten. Mit Hilfe des Sonnenlichts wandelt das Chlorophyll das Gas Kohlendioxid und Wasser in Kohlenhydrate um. Dieser Vorgang heißt FOTOSYNTHESE. Auch Pflanzen, die nicht grün sind, sondern zum Beispiel rot, enthalten Blattgrün. Es ist nur von anderen Farbstoffen überdeckt. Grüne Pflanzen enthalten auch andere Farbstoffe. Das kannst du im Herbst sehen, wenn das Chlorophyll zerfällt. Lies dazu auch: Warum verfärben sich Blätter im Herbst? S. 48.

Pflaume ➔ Obst.

Pferde: Helfer und Freunde des Menschen

Kein anderes Tier hat dem Menschen so viel Macht verliehen wie das Pferd. Ein Reiter hatte den besseren Überblick und kam viel schneller vorwärts als die anderen. Das edle Haustier galt deshalb schon unseren Vorfahren als Symbol für Freiheit, Ungebundenheit und Glück. In vielen alten Sagen wird berichtet, Götter hätten das Pferd aus Sonne und Wind erschaffen. Dabei waren die Urahnen dieses Tieres, die vor 50 Millionen Jahren lebten, nur etwa so groß wie ein Fuchs.

Urpferdchen

Unsere Hauspferde stammen von Wildpferden ab, die heute nahezu ausgestorben sind. Aus den Wildformen heraus hat der Mensch zahlreiche Rassen gezüchtet.

Je nach Temperament und Körperbau unterscheidet man zwei große Gruppen: die Warm- und die Kaltblutpferde. Die *Warmblüter,* zu denen auch das Vollblut gezählt

Diese Pferde können eine Geschwindigkeit von bis zu 60 Kilometer in der Stunde erreichen.

wird, sind Reit- und Rennpferde. Die *Kaltblüter* mit ihrem massigen Körperbau eignen sich vor allem als Zug- und Arbeitspferde. Kaltblutpferde können ein Stockmaß bis zu 180 cm und ein Körpergewicht bis zu 1 000 kg haben. Zusätzliche Informationen findest du bei ➔ Pony.

Ein Kaltblutpferd zieht Baumstämme aus dem Wald. Das schont den Waldboden. Traktoren dagegen machen tiefe Rinnen.

Das Stockmaß ist die Höhe vom Boden bis zum Widerrist.

Bei der Pferdehaltung ist es von großer Bedeutung, dass man die Eigenarten dieser Tiere gut kennt. Pferde sind Herdentiere, die viel Auslauf brauchen. Sie fühlen sich nur wohl und sicher, wenn sie Artgenossen um sich haben. Die friedliebenden Tiere sind Fluchttiere. Ein Reiter (➔ Reiten) muss immer darauf gefasst sein, dass ein Pferd, das erschrickt, scheut und auf und davon galoppiert.

Dieser Pflug wurde von zwei Menschen bewegt. Einer zog und einer schob.

Pflug heißt ein Gerät in der Landwirtschaft. Man wendet, lockert und mischt damit den Ackerboden. Früher war es nur ein Holzpflock, der durch die Erde gezogen wurde. Seit etwa 500 Jahren gibt es Pflüge mit stählernen Pflugscharen. Das sind gebogene Stahlbleche, die durch die Erde gezogen werden und dabei den Boden wenden. Als noch Pferde den Pflug zogen, hatte er nur eine Pflugschar, moderne Traktoren ziehen viele Pflugschare miteinander.

moderner Pflug

Pharao war im alten Ägypten die Bezeichnung für den Königspalast. Später nannte man dann auch den König so. Manche Pharaonen ließen sich riesige Gräber bauen, die ➔ Pyramiden. In diesen hat man Tausende von Jahren später ihre ➔ Mumien gefunden. Berühmte Pharaonen sind zum Beispiel Ramses, Tutanchamun oder Cheops.

Philosophie: Das griechische Wort bedeutet *Liebe zur Weisheit.* Die Philosophie ist eine Wissenschaft. Die Menschen, die sie betreiben, nennt man *Philosophen.* Sie suchen Antworten auf die Fragen: *Was ist der Grund und der Ursprung aller Dinge? Was bin ich? Was kann ich wissen? Was soll ich tun? Was darf ich hoffen?* Berühmte Philosophen waren die Griechen Sokrates, Platon und Aristoteles, der Franzose Descartes und der Deutsche Immanuel Kant.

Physik: Die Griechen nannten die Erforschung der ganzen Natur *physiké theoria.* Mit der Zeit wurde das Wissen von der Natur aber so groß, dass sich einige Wissenschaften davon abspalteten: Die ➔ Astronomie, die ➔ Biologie, die ➔ Chemie und die Geologie, die sich mit dem Aufbau der Erde beschäftigt. So ist die Physik heute die Wissenschaft von Vorgängen der unbelebten Natur, die man mit Experimenten, Messungen und mathematischen Formeln erfassen kann. Sie sucht nach allgemein gültigen Gesetzen für die Natur.

Die Sargmaske des Tutanchamun ist 54 cm groß und aus Gold. Man kann sie in Kairo, (im Ägyptischen Museum) besichtigen.

Der Grüne Knollenblätterpilz ist tödlich giftig.

Pilze: Im Spätsommer und Herbst wachsen zahlreiche Pilze auf Wiesen und Weiden, besonders aber im Wald. Manche sind essbar, andere giftig. Wir sehen nur den Fruchtkörper, die eigentliche Pflanze besteht aus einem Geflecht aus zarten, weißen Fäden, das den Boden durchwuchert. Das nennt man *Myzel.* Pilze ernähren sich von faulenden Tier- und Pflanzenresten. Auch Lebensmittel, zum Beispiel Brot und Marmelade, können von *Schimmelpilzen* befallen sein. Man darf sie dann nicht mehr essen. *Hefepilze* helfen beim Backen – der Teig geht auf und wird locker – oder verarbeiten Zucker zu ➔ Alkohol.

Pinguine sind Meeresvögel, die auf der Südhalbkugel unserer Erde leben. An Land steht der Pinguin aufrecht und benutzt den Schwanz als Stütze. Der größte Pinguin ist der *Kaiserpinguin* (1,20 m).

Pippi Langstrumpf ist die Hauptperson im ersten Buch von Astrid ➔ Lindgren. Die starke und kluge Pippi ist bei Kindern auf der ganzen Welt beliebt. Sie lebt mit ihrem Pferd und ihrem Affen, Herrn Nilsson, in

Fliegen unter Wasser

Der Körper des Pinguins ist fast gleichmäßig mit harten Federchen bedeckt. Dieser Meeresvogel kann aber nicht fliegen, denn er hat keine Schwungfedern. Seine Flügel dienen ihm unter Wasser als Flossen und Ruder. Die Füße sind mit Schwimmhäuten versehen. Sie sind bei dem Unterwasserflug des Vogels das Steuer.

Filmszene aus Pippi Langstrumpf: »Pippi in Taka-Tuka-Land«

der Villa Kunterbunt. Pippi hat keine Mutter mehr und ihr Vater regiert als König im Taka-Tuka-Land. Zusammen mit ihren Freunden Thomas und Annika erlebt Pippi Langstrumpf viele spannende und lustige Abenteuer.

Pirat: Schon seit dem Altertum mussten sich Schiffsreisende vor den Piraten fürchten, die ihre Schiffe kaperten (= erbeuteten) und ausraubten. Piraterie wurde mit dem Tod bestraft. Einige Könige erließen jedoch Freibriefe, in denen sie Seeleute berechtigten, feindliche Schiffe auszurauben und zu versenken. Selbst heute noch existieren Piraten, die mit schnellen Booten Schiffe kapern und die Ladung stehlen.

Planeten sind große Himmelskörper, die nicht selbst leuchten. Sie umkreisen einen selbstleuchtenden Stern. Um unsere Sonne kreisen die Planeten *Merkur, Venus, Erde, Mars, Jupiter, Saturn, Uranus, Neptun* und *Pluto.*

Gibt es Menschen auf anderen Planeten?

Auf den neun Planeten unseres Sonnensystems gibt es kein Leben wie auf der Erde. Entweder ist es da zu heiß oder zu kalt für Pflanzen, Tiere und Menschen. Außer unserem Sonnensystem gibt es aber noch viele Millionen andere Sterne mit Planeten. Deshalb kann man nicht ganz ausschließen, dass es dort ähnliche Lebensformen gibt wie bei uns. Beweisen kann man es aber bis heute nicht. UFOs, das sind UNBEKANNTE FLUGOBJEKTE und E.T.s, also EXTRATERRESTRISCHE (= Außerirdische), konnte bisher noch niemand nachweisen.

Plankton nennt man alle tierischen und pflanzlichen Lebewesen, die im Wasser schweben und sich kaum selbst bewegen können. Sie treiben mit der Strömung des Wassers umher. Viele haben Formen, die das Absinken im Wasser verlangsamen: Gasblasen oder Ölkugeln im Körper oder lange Körperfortsätze. Plankton ist eine wichtige Grundnahrung für Fische und Bartenwale. Die Mehrzahl heißt *Planktonten.* Zu den Planktonten gehören vor allem die einzelligen ➔ Algen, aber auch ➔ Quallen.

Plastik: 1. Plastik ist ein anderes Wort für → Kunststoffe, vor allem für die weicheren Sorten, die man leicht verformen kann. **2.** Plastik heißt auch die Gestaltungskunst, die Bildhauerkunst. Auch einzelne Werke von Bildhauern nennt man Plastiken. Sie sind meist aus Ton, Marmor oder Metall. **3.** In der Medizin gibt es die plastische Chirurgie. Da bezeichnet eine Plastik die Wiederherstellung eines zerstörten Körperteils.

Diese moderne Plastik von Henry Moore hat den Namen »Die große Liegende«.

Politik: Alle Maßnahmen, die das Zusammenleben vieler Menschen regeln, sind eigentlich Politik. In deiner Gemeinde kannst du am besten feststellen, was Politik ist: Bei → Wahlen stellt jeder Kandidat die Politik seiner → Partei vor und erklärt, was er tun wird für seine Gemeinde. Sein Ziel ist, dass es allen Bürgern besser geht. Zum Beispiel will er einen Kindergarten bauen lassen, Bauplätze ausweisen oder Industrie ansiedeln, um Arbeitsplätze zu schaffen. Im Staat gibt es verschiedene Richtungen der Politik, zum Beispiel Außenpolitik, Innenpolitik, Ausländerpolitik, Friedenspolitik.

Polizei: Wenn jeder nur vernünftig wäre – würde man trotzdem die Polizei brauchen. Die Polizei ist da, um die Sicherheit der Bürger zu garantieren. In Deutschland untersteht die Polizei den verschiedenen Ländern. Es gibt aber auch spezielle Polizeieinheiten wie die *Bundespolizei*, die *Bahnpolizei*, die *Wasserpolizei* und die *Schifffahrtspolizei*. Diese sind dem Bund unterstellt.

Wer mit abgefahrenen Reifen fährt, lebt gefährlich. Der Polizist misst die Tiefe des Reifenprofils.

Pony: 1. Zur Familie dieser kleinen Pferderasse gehören zum Beispiel die *Shetland-* und die *Islandponys*. Sie haben ein Stockmaß bis zu 120 cm. Gemessen wird

diese Größe vom Fuß bis zum höchsten Punkt des Rückens, dem Widerrist. 1913 wurde bei einer Ponyschau in England das kleinste Shetlandpony gezeigt. Es hatte ein Stockmaß von 68 cm. **2.** Pony nennt man auch Haare, die in die Stirn gekämmt und gleichmäßig abgeschnitten werden.

Porzellan: *Porcellane* ist der italienische Name einer weiß glänzenden Meeresschnecke. Später nannte man eine Mischung aus den → Mineralien *Kaolin, Feldspat* und *Quarz* so. Man macht aus diesen einen Brei, formt ihn und erhitzt die geformten und getrockneten Teile auf 1 000 bis 1 480 °C. So entstehen Gefäße, Geschirr oder Zierfiguren aus feinem, weißem Material. Vor etwa 1 400 Jahren wurde diese Technik in China erfunden. In Deutschland ist erst 1708 die Herstellung von weißem Porzellan gelungen.

Prärie: Prärie nennt man eine Landschaft in Nordamerika. Hier findet man fast nur Gräser, allerdings viele verschiedene. Früher lebten in der Prärie → Indianer. Die Prärie ist Weideplatz für Viehherden. Eine Landwirtschaft wäre nur mit Bewässerung möglich.

Präsident nennt man einen Vorsitzenden. Er hat die Aufgabe, einen Verein, eine Regierung oder andere Menschengruppen zu leiten. Welche Präsidenten kannst du aufzählen?

Presse: 1. Eine Presse ist eine Vorrichtung zum Zusammendrücken, Formen, Schneiden oder Entwässern von → Stoffen. Eine Knoblauchpresse hast du vielleicht schon gesehen. **2.** Alles, was in Schrift oder Bild aus der Druckerpresse kommt und für viele Leser bestimmt ist, nennt man *Presse.* Es gibt unzählige Zeitungen und Zeitschriften. Alle zusammen bilden die Presse.

Programm: 1. Ein Programm ist meistens eine Liste von Ereignissen oder Maßnahmen, die zu erwarten sind: zum Beispiel ein Musikprogramm, das Fernsehprogramm, ein Parteiprogramm. **2.** Beim → Computer ist ein Programm eine Liste von Befehlen. Diese Liste erstellt ein Programmierer in einer Programmiersprache. Das Ziel eines Programms ist es, eine Aufgabe zu bewältigen. Ein Programm kann dich zum Beispiel auffordern, deinen Namen einzutippen. Dann wartet es so lange, bis du irgendetwas eingetippt und die Taste *Eingabe* gedrückt hast. Dann erscheint dies auf dem Bildschirm. Das erscheint dir ganz einfach, weil du die ganzen Befehle nicht sehen kannst.

Propeller ist englisch und heißt *Antreiber.* Man nennt die Luftschraube der Flugzeuge so, mit welcher der Motor das Flugzeug antreibt. Auch Schiffsschrauben nennt man Propeller. Außerdem gibt es Propel-

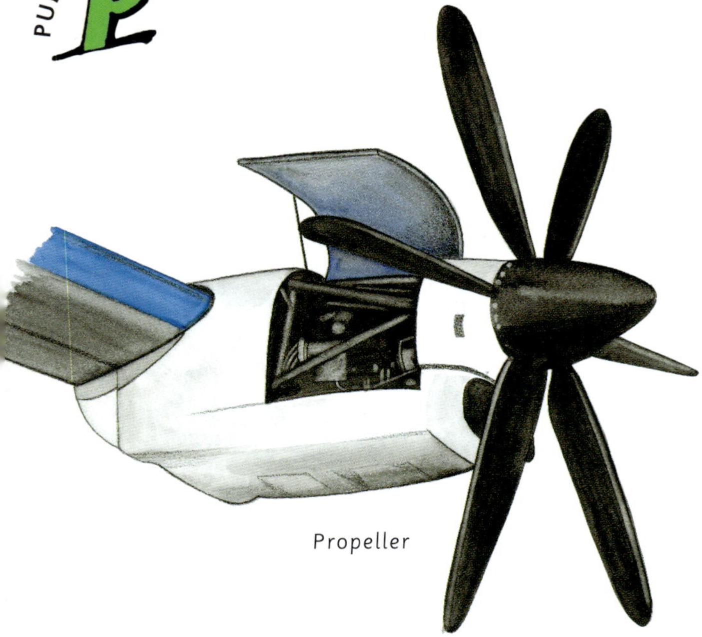

Propeller

lerturbinen. Das sind besondere Schaufelräder, die ➔ Generatoren antreiben, wenn Wasser daraufströmt.

Pubertät ➔ Mann und Frau.

Puls: Das ➔ Herz pumpt das Blut in regelmäßigen Abständen durch unseren Körper. Daher kannst du, wenn du den Finger etwas seitlich auf den Hals drückst, ein Pochen spüren, den Schlag deines Herzens. Wenn du dich bewegst, geht dein

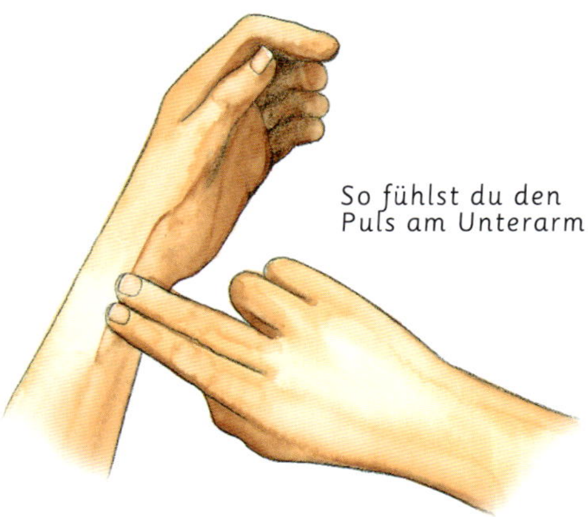

So fühlst du den Puls am Unterarm.

Puls schneller, wenn du dich z. B. danach hinsetzt, verlangsamt sich der Pulsschlag wieder. Zähle einmal, wie oft dein Herz in einer Minute schlägt. Dann kannst du ausrechnen, wie oft es an einem Tag schlägt.

Pumpe nennt man eine Arbeitsmaschine, die Flüssigkeiten oder Gase befördert und durch Rohre weiterleitet. Wenn ein Ort keinen Trinkwasserbehälter auf einem Berg (= Hochbehälter) oder Wasserturm hat, muss das Trinkwasser in hohen Häusern mit Pumpen nach oben gedrückt werden. Manchmal muss man auch Abwasser abpumpen. Dafür haben Wasch- und Spülmaschinen eine Pumpe. Auch Erdöl wird mit Pumpen aus der Erde heraufgeholt.

Käthe-Kruse-Puppen

Puppe: 1. Seit Urzeiten haben Kinder auf der ganzen Welt mit Puppen gespielt. Schon vor 4 000 Jahren gab es in Ägypten

Holzpuppen mit beweglichen Armen und Beinen. Man weiß das, weil man in vorgeschichtlichen Kindergräbern solche Puppen gefunden hat. In Deutschland werden Puppen bereits seit 500 Jahren hergestellt. **2.** Während ihrer Entwicklung verwandeln sich ➔ Insekten in unbewegliche Puppen, bevor sie ihre endgültige Form annehmen.

Puppenspiel: Wer kennt den Kasper nicht? Das Kaspertheater zum Beispiel oder andere Theaterstückchen mit Figuren nennt man *Puppenspiel.* Es gibt Puppenspiele mit ➔ Marionetten, mit Stock- oder Stabpuppen, mit Handpuppen und Puppenspiele mit flachen Figuren, das Schattenspiel zum Beispiel.

Augsburger Puppenkiste: Die Stadt unter Wasser; König Lamural und seine Nixen

Puzzle: Ein Puzzle ist ein Geduldsspiel. Ein Bild oder ein Gegenstand muss aus vielen Teilen zusammengesetzt werden, die genau ineinanderpassen müssen. Manche Puzzles bestehen aus Tausenden von Teilen und erfordern viel Zeit und Geduld.

Wenn du die Figuren zusammenfaltest, erhältst du eine Pyramide.

Wenn du in eine Pyramide hineinblickst, sieht das so aus.

Pyramide: 1. Eine Pyramide ist ein geometrischer Körper. Seine Grundfläche ist meist quadratisch. Die vier Seitenflächen laufen zu einer Spitze zusammen **2.** Man nennt auch die riesigen Bauten der ➔ Pharaonen in Ägypten so, denn sie haben diese Form. Bis heute weiß man nicht genau, wie die Menschen solch riesige Steine auftürmen konnten. Die Cheopspyramide ist heute noch 137 Meter hoch! In Mittelamerika haben Mayas, ➔ Azteken und Inkas ebenfalls Pyramiden gebaut.

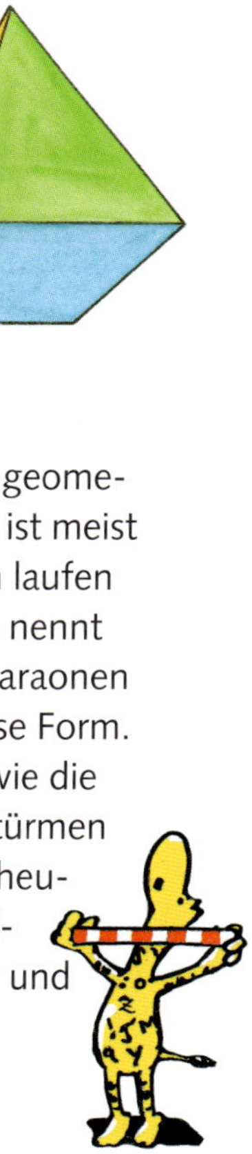

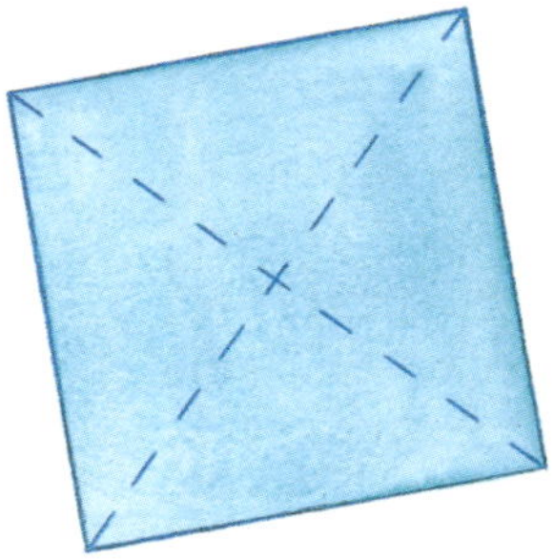

Quadrat: Das ist ein Viereck, bei dem alle vier Seiten gleich lang sind. Außerdem sind die beiden *Diagonalen* gleich lang (das sind die gestrichelten Linien). Auch alle vier Winkel an den Ecken sind gleich groß. Man nennt diese Winkel *rechte Winkel.*

Quallen sind einfach gebaute Wassertiere mit einer einzigen Öffnung zum Essen und Ausscheiden. Sie leben frei schwimmend im Meer. Ihr Körper besteht aus einer weichen Masse und sieht aus wie ein Schirm mit Fangarmen. Diese sind mit Nesselzellen besetzt. Damit wird die Beute gelähmt. Für Menschen kann die Berührung mit den Nesselzellen schmerzhaft sein und sogar Narben hinterlassen.

Quarantäne kommt aus dem Französischen und bedeutet *Zeitraum von vierzig Tagen.* Früher gab es noch viel mehr gefährliche und ansteckende Krankheiten. Damals mussten Schiffe, auf denen man Krankheiten vermutete, 40 Tage lang auf dem Meer warten, bevor sie in den Hafen fahren durften. Zum Glück dauert die Quarantäne jetzt nicht mehr so lang. Sie richtet sich nach der Art der vermuteten Krankheit oder der Gefahr von Ansteckung. Das Wort bedeutet jetzt, dass Personen (oder Tiere) von ihren Mitmenschen (oder von anderen Tieren) für eine bestimmte Zeit getrennt werden.

Die größten Quallen

Einige Quallen erreichen erstaunliche Ausmaße: Die ARKTISCHE RIESENQUALLE kann einen Schirmdurchmesser von mehr als zwei Metern haben. Die GELBE HAARQUALLE wird einen Meter groß. An ihrer Schirmunterseite hat sie mehr als 150 Fangarme. Ausgestreckt sind diese bis zu 40 Meter lang, können sich aber sehr schnell auf die Länge von 4 Metern zurückziehen.

Gelbe Haarqualle

Quartett: 1. Quartett heißt ein Kartenspiel, bei dem man durch Abfragen oder Kartenziehen immer vier zusammenpassende Karten bekommen muss. **2.** In der Musik ist ein Quartett eine Musik für vier Instrumente oder für vier Stimmen. Streichquartette werden von vier Streichinstrumenten gespielt, Bläserquartette von vier Blasinstrumenten.

Quecksilber ist das einzige → Metall, das bei gewöhnlicher Temperatur flüssig ist. Es ist sehr schwer: 1 Liter wiegt über 13 kg! Es glänzt silbrig und bildet leicht winzige Kugeltröpfchen. Schon bei Zimmertemperatur verdampft es leicht. Früher hat man es oft in Fieberthermometern verwendet. Wenn ein Thermometer zerbrach, war das gefährlich: Quecksilberdampf und die Verbindungen anderer Stoffe mit Quecksilber sind sehr giftig.

Quelle: Regenwasser versickert oft im Boden. Es sinkt so weit ab, bis es an Bodenschichten kommt, die es nicht durchlassen, zum Beispiel Lehm oder Stein. Über diesen Schichten fließt es langsam weiter, bis eine Schicht an der Erdoberfläche endet. Dort läuft oder sprudelt das Wasser heraus. Diese Stelle nennt man *Quelle*. Heiße Quellen kommen tief aus der Erde, wo Wasser durch flüssiges Vulkangestein erhitzt wurde. Manchmal tritt auch Erdöl von selbst aus einer Ölquelle.

Schichtquelle

Quitte: Diese gelbe Frucht wächst am Quittenbaum oder -strauch. Sie hat die Form eines Apfels oder einer Birne und ist meist mit einer haarigen Haut überzogen. Das harte Fruchtfleisch kann man nicht roh essen. Die Frucht schmeckt aber als Quittengelee, als Marmelade oder in Konfekt sehr gut.

Quittung: 1. Wenn du etwas kaufst, bekommst du normalerweise einen Kassenzettel. Du kannst aber auch eine Quittung verlangen. Denn manchmal braucht man eine Quittung als Kaufbeweis. Auf einer Quittung steht nämlich, was du gekauft hast, was es gekostet hat, das Datum und der Name des Geschäfts. Kauf und Bezahlung werden durch eine Unterschrift bestätigt. **2.** Wer eine Dummheit macht, kann dafür auch eine Quittung bekommen: fürs freihändig Fahren z. B. eine Beule!

Quiz: Wenn du auf alle Fragen die richtige Antwort kennst und auch schnell genug zu Wort kommen kannst, dann hast du große Chancen, ein Quiz zu gewinnen – ob im Radio, im Fernsehen oder sonstwo. Quizspiele gibt es auch zu kaufen, und manche Kinder spielen das gerne.

Rabe: Raben gehören zur Familie der Rabenvögel. Wegen ihrer Größe (bis zu 65 cm) und ihres pechschwarzen Gefieders wurden sie im Mittelalter oft als Hexenvögel gefürchtet und verfolgt. Heute weiß man, dass Raben sehr intelligente Vögel sind.

Rad: Das Rad ist die wichtigste technische Erfindung der Menschheit. Räder gibt es seit mehr als 5 000 Jahren. Davor transportierte man schwere Lasten auf Schlitten oder man schleifte sie über den Boden und legte dann runde Hölzer darunter. Baumscheiben eignen sich nicht als Rad, weil sie beim Trocknen zerplatzen. Das erste brauchbare Rad war deshalb aus Brettern ausgesägt und zusammengefügt worden. Speichenräder entwickelte man um die Räder leichter zu machen.

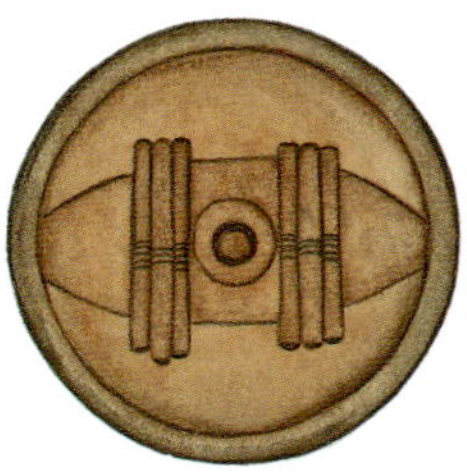

Rad aus Ur (Mesopotamien)

hölzernes Wagenrad mit Speichen

Speichenrad eines Fahrrades

Alurad eines Pkw

Radar ist ein Kunstwort, eine Abkürzung für den englischen Begriff **ra**dio **d**etecting **a**nd **r**anging (= Auffinden und Entfernungsmessung durch Funk).

Wie funktioniert Radar?

Radar funktioniert so ähnlich wie ein Echo mit Funksignalen (→ Funk). Das Besondere ist, dass die Signale als gerichtetes Bündel von einem Sender ausgestrahlt werden. Am Sender ist auch gleich ein Empfänger. Treffen die Signale zum Beispiel auf ein Flugzeug, so kommen sie zurück wie der Schall vom Echo. Man kennt die Richtung der Signale und misst die Zeit, die sie hin und zurück brauchen. Daraus berechnet man den Ort, an dem sich das Flugzeug befindet.

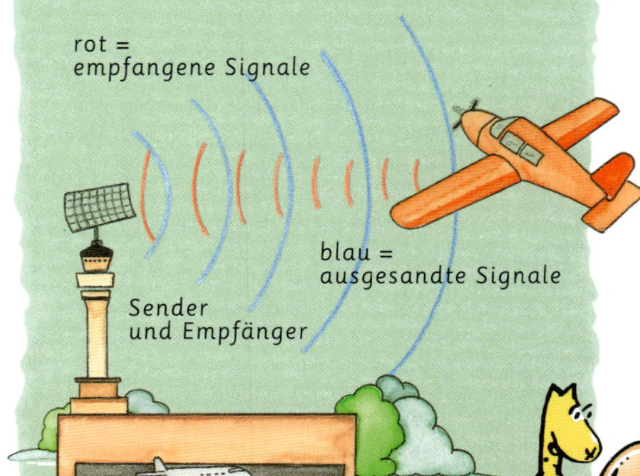

Radio ➔ Rundfunk.

Radioaktivität nennt man die Eigenschaft einiger Atomkerne (➔ Atom), sich ohne äußere Einwirkung in andere Atomkerne umzuwandeln. Das ist ein natürlicher Vorgang, der schon immer in der Natur geschah. Dies ist auch für die Umwelt nicht schädlich. Bei dieser Umwandlung oder dem Zerfall werden Energie und verschiedene Strahlen frei, die man sichtbar und hörbar machen kann. Man unterteilt in Alpha-, Beta- und Gammastrahlung. Erzeugt man künstlich radioaktive Strahlen, kann es zu gefährlichen Mengen kommen, die für viele Lebewesen schädlich sind.

Dieses Zeichen warnt vor radioaktiver Strahlung.

Rakete: Im Gegensatz zum ➔ Düsenantrieb braucht der Strahlenantrieb einer Rakete keine Luft. Raketentanks enthalten Treibstoffe, die ohne Außenluft verbrennen. Der für die Verbrennung nötige Sauerstoff ist im Treibstoff gespeichert. So können Raketen auch außerhalb der Atmosphäre im Weltraum fliegen. Sie dienen als Transporter für Weltraumstationen und ➔ Satelliten. Mit Sprengstoff beladene Raketen werden als Waffen eingesetzt.

Ramadan: In der islamischen Religion ist es Sitte, im Monat Ramadan von Sonnenaufgang bis Sonnenuntergang nichts zu essen. Das gilt aber nicht für Kinder, Alte, Kranke und Menschen auf Reisen. Der Ramadan wird auch als *Fastenmonat* bezeichnet.

Rasse ist die Bezeichnung für die besondere Art Zum Beispiel unterscheiden sich die Pferderassen *Araber* und *Haflinger* deutlich voneinander, dennoch könnten sie gemeinsame Nachkommen zeugen. Bei Haustieren ist die Rasse meist das Ergebnis gezielter Züchtung. Bei Menschen wird der Begriff *Rasse* heute kaum noch verwendet, weil alle Menschen, auch unterschiedlicher Hautfarbe, ganz eng verwandt sind.

Rätsel: Ein Rätsel ist eine Aufgabe für das Gehirn. Die Lösung soll man durch logisches Denken und Beobachten herausfinden. Es gibt verschiedene Rätselarten: Bilderrätsel, Rechenrätsel, Kreuzworträtsel. Rätselspiele bei Hörfunk und Fernsehen nennt man ➔ Quiz.

Start der europäischen Trägerrakete Ariane

Ratten gehören zu den Nagetieren. Durch ihre erstaunliche Intelligenz und ihr Verhalten in der Gruppe haben sie es geschafft, sich über die ganze Erde zu verbreiten. Ratten waren im Mittelalter sehr gefürchtet, weil Rattenflöhe die Pest, eine tödliche Seuche, übertrugen. Durch das enge Zusammenleben im Nest können sich die Schwänze der Ratten zufällig verknoten und verkleben. Diese bedauernswerte Gruppe nennt man Rattenkönig. 1907 fand man 27 Ratten so aneinandergekettet!

Raubtiere: Viele Fleisch fressende Säugetiere, zum Beispiel Löwen, Katzen, Bären, Marder, Hyänen und Robben, gehören zu den Raubtieren. Ihr Gebiss mit den typischen Reißzähnen ist besonders geeignet, Beute zu erlegen. Raubtiere haben wichtige Aufgaben im Naturhaushalt: Sie fressen kranke Tiere und begrenzen die Anzahl der Pflanzen fressenden Tiere. Diese würden sich sonst explosionsartig vermehren: Ein Mäusepaar kann bis zu 50 Junge im Jahr bekommen!

Rauchen → Tabak.

Raumfahrt nennt man Flüge zur Erforschung des Weltraums außerhalb der Lufthülle der Erde. Dazu werden künstliche → Satelliten, Raumsonden, Raumschiffe oder Raumstationen mit Raketen in das → Weltall befördert.

Das Foto zeigt ein Computermodell der Internationalen Raumstation ISS, die 2010 fertig gestellt sein soll. Auf ihr werden Astronauten und Forscher aus 16 Ländern ihre Arbeit aufnehmen.

Raupe → Schmetterling.

Rauschgift → Drogen.

Rechtsanwalt: Wenn einer einen Menschen getötet hat, hat er gegen ein Gesetz verstoßen. Deshalb wird er angeklagt. Er muss aber die Gelegenheit haben, sich vor dem → Gericht zu verteidigen. Dazu braucht er einen Rechtsanwalt. Der hat nämlich in einem Jurastudium an einer Universität die Gesetze studiert. Dieser Anwalt erklärt die Handlung (vielleicht hat der Getötete den anderen in Wut versetzt?) und versucht so, die Strafe zu mildern, oder er beweist sogar, dass sein *Mandant* unschuldig ist. Für seine Arbeit verlangt er natürlich Geld. Wenn der Angeklagte kein Geld hat, bekommt er einen *Pflichtverteidiger.* Ein Anwalt erledigt aber auch außerhalb des Gerichtes noch andere Arbeiten in Vertretung seiner Mandanten. Aber immer hat seine Arbeit etwas mit Gesetz und Recht zu tun.

Rekorde in der Raumfahrt:

ERSTER KÜNSTLICHER SATELLIT:
Sputnik I
am 4. Oktober 1957 (Sowjetunion).
ERSTER BEMANNTER RAUMFLUG:
Jurij Alexejewitsch Gagarin am 12. April 1961 (Sowjetunion).
ERSTE FRAU IM WELTRAUM:
Walentina W. Tereschkowa
am 16. Juni 1963 (Sowjetunion).
GRÖSSTE GESCHWINDIGKEIT EINES BEMANNTEN RAUMFAHRZEUGS:
Apollo 10 bei Rückkehr in die Atmosphäre am 26. Mai 1969: 39 879 km/h (USA).
ERSTE BEMANNTE MONDLANDUNG:
Neil Armstrong und Edwin Aldrin am 21. Juli 1969 (USA).
ERSTES RÄDERFAHRZEUG AUF DEM MOND:
Lunochod I. Start am 17. November 1970 (Sowjetunion).
WEITEST ENTFERNTE RAUMSONDE VON DER ERDE:
Pioneer 10. Am 31. März 1997 war sie 9 600 000 000 km von der Erde entfernt.
ERSTER FAHRZEUGEINSATZ AUF DEM MARS :
Sojourner am 4. Juli 1997 (USA).
INTERNATIONALE RAUMSTATION:
Aufbau beginnt am 20. November 1998.
ERSTER WELTRAUMTOURIST:
Dennis Tito am 28. April 2001.

Recycling ist die Wiederverwertung von Abfällen. Viele sind zu wertvoll für den Müll. Dinge, die verbraucht sind oder bei der Herstellung anderer Sachen als Abfall entstehen, kann man oft als → Rohstoff für Neues verwenden. Viele Kunststoffe kann man wiederverwerten und aus Altpapier lässt sich neues Papier machen. Auch zur Herstellung von Marmeladengläsern zum Beispiel werden nicht nur neue Rohstoffe verwendet (→ Glas). Für drei neue Gläser werden Scherben von zwei alten mit eingeschmolzen.

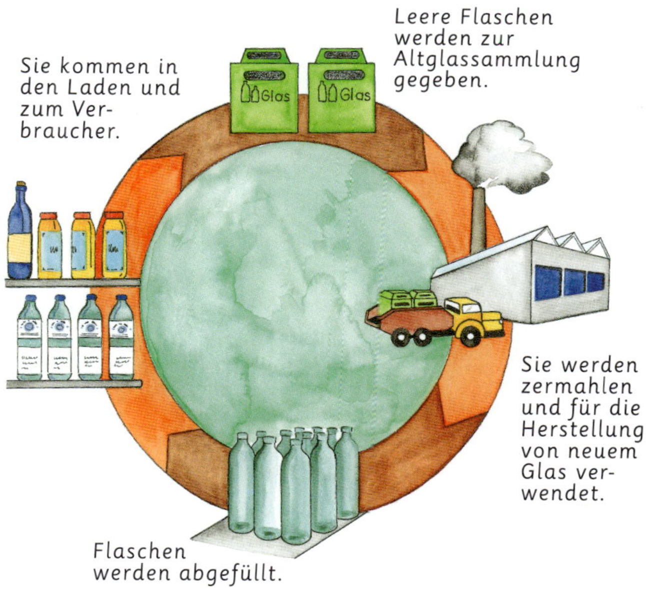

Redakteur kommt aus dem Französischen und bedeutet eigentlich *Schreiber.* Der Redakteur schreibt Texte für *Massenmedien* wie Zeitungen, Radio, Fernsehen. In

Buchverlagen hat er die Aufgabe, den Inhalt von Büchern zu überarbeiten und bis zum Druck zu betreuen.

Regen ➔ Wetter.

Regenbogen: Der Regenbogen ist eine Lichterscheinung in der Atmosphäre. Man sieht ihn nur dann, wenn ein Regengebiet von der Sonne beschienen wird. Das Sonnenlicht wird von den Regentropfen gebrochen. Dabei werden die im ➔ Licht enthaltenen ➔ Farben unterschiedlich abgelenkt. So wird das Licht in seine einzelnen Farben zerlegt: Violett, Indigo, Blau, Grün, Gelb, Orange und Rot. Von den Tropfen werden sie zu unserem Auge zurückgeworfen. Weil wir auf die Entfernung einzelne Tropfen nicht unterscheiden können, erscheint der Regenbogen als fortlaufendes Band.

Du kannst selbst einen Regenbogen machen!

Stelle dich mit dem Rücken zur hell scheinenden Sonne. Sprühe Wasser mit einem Gartenschlauch ganz fein verteilt hoch in die Luft. Nimm dazu eine Düse oder deinen Daumen vor das Schlauchende. Schwenke den Sprühstrahl etwas hin und her. Wenn du die richtige Richtung hast, siehst du darin einen Regenbogen. Auch Lampenlicht kann man in Farben zerlegen, man bekommt aber keinen vollständigen Regenbogen mit allen Farben.

Regenwald: Der Regenwald ist ein Waldtyp mit üppigem Pflanzenwachstum. Er wächst in feuchten Gebieten, die immer sehr warm sind, zum Beispiel in Südamerika, in Zentralafrika oder in Indien. Dieser Wald enthält besonders viele Pflanzen und Bäume sowie unzählige Tiere. Er ist in Hunderten von Jahren gewachsen. Man unterscheidet drei *Baumstockwerke* über der Bodenschicht: eine Unterwuchsschicht bis 15 Meter, eine Kronenschicht von

30 bis 40 Metern und die letzte Schicht mit Urwaldriesen von 50 bis 60 Metern. Der Regenwald ist für die ganze Erde sehr wichtig als Sauerstoff-Lieferant und weil er das Klima reguliert. Leider wird er täglich kleiner, denn er wird abgeholzt oder niedergebrannt. Die Menschen dort brauchen Ackerland oder Holz, die Regierungen brauchen Geld und verkaufen Holz an reichere Länder. Nicht wenige Firmen bei uns verdienen gut dabei. Organisationen wie → Greenpeace versuchen, etwas dagegen zu unternehmen.

Regenwürmer sind sehr nützliche Tiere. Ein Regenwurm ernährt sich von Blättern, die er ins Erdreich zieht und dort verrotten lässt, damit sie für ihn verwertbar werden. Durch diesen Vorgang wird der Boden von innen heraus gedüngt. Außerdem lockern die Tiere durch das Graben ihrer unterirdischen Gänge den Boden auf.

Regierung: Eine Regierung ist die lenkende Macht in jedem Land. Sie gestaltet die inneren und äußeren Verhältnisse eines Staates und achtet darauf, dass die Gesetze, die sich der Staat gegeben hat, eingehalten werden. In Deutschland und Österreich bildet die stärkste → Partei die Regierung. Den Chef der Regierung nennt man *Kanzler* oder *Kanzlerin*. In der Schweiz regieren die Bundesräte.

Reh: Am Waldrand äst ein scheues Reh (= es frisst). Der schlanke Wiederkäuer ernährt sich von Gras, Blättern, Trieben und Früchten. Rehe haben große Augen und Ohrmuscheln. Ihr kurzer Schwanz ist von einem weißen Fleck, dem *Spiegel,* umgeben. Das Fell des Waldtieres ist im Sommer rotbraun und im Winter graubraun. Der Rehbock wirft in jedem Herbst sein Geweih (= Gehörn) ab und bildet im nächsten Jahr ein größeres. Es kann bis zu 6 *Enden* (= Spitzen) haben.

Reiher: Dieser Verwandte des Storches lebt in der Nähe von Gewässern. Er frisst Fische, Mäuse und Heuschrecken. Wenn er seine Beute belauert, steht er mit zurückgezogenem Hals am Gewässerrand oder

auf der Wiese. Hat er ein Beutetier erspäht, stößt er den Hals plötzlich vor, um es zu packen oder aufzuspießen.

Reim: Viele Gedichte haben Verse, die sich am Ende reimen, zum Beispiel so: *Berg* und *Zwerg, Glück* und *Stück.* Nicht nur viele Gedichte, sondern auch die meisten Lieder sind gereimt.

Reis: In vielen Ländern der Welt ernähren sich die Menschen hauptsächlich von Reis. Reis gehört zu den Gräsern und wird meist

Arbeiterin beim Setzen der Jungpflanzen

auf stark bewässerten Feldern angebaut. Normalerweise besitzt der Reis eine vitamin- und nährstoffreiche Schale, die von den Menschen in Asien mitgegessen wird. Bei uns gibt es den Reis meistens geschält, weil er dann schöner aussieht.

Reiten: Schon sehr früh hat der Mensch Tiere gezähmt, um auf ihrem Rücken zu reiten. Pferde, Esel, Maultiere, Kamele und Elefanten sind Reittiere. Beim Zureiten werden die Pferde an das Gewicht des Reiters und an seine Anweisungen (der Reiter nennt das *Hilfen*) gewöhnt. Diese gibt er mit den Schenkeln, den Händen (Zügelführung) und der Gewichtsverlagerung. Im Reitsport unterscheidet man Dressurreiten und Springreiten.

Rekord: Falls du länger die Luft anhalten kannst als jeder andere in deiner Klasse, dann hältst du den Klassen-Rekord im Luft-Anhalten. Kannst du das länger als jeder andere Mensch der Welt, dann hältst du den Weltrekord und darfst vielleicht ins *Guinnessbuch der Rekorde.* Rekorde gibt es vor allem im Sport, aber auch in allen anderen Bereichen: in der Tierwelt (die größte → Qualle), in der Technik (die schnellste → Eisenbahn) und so weiter.

Religion: Schon immer hat der Mensch versucht zu verstehen, woher er kommt, warum er da ist und was nach dem Tod kommt. Antworten auf diese Fragen hat er in den Religionen gefunden: Übernatürliche oder unpersönliche Mächte lenken die

Welt. Diese Mächte verehrt der Mensch, er betet zu ihnen und opfert ihnen, weil er sich mit ihnen verbunden fühlt. Alle diese Verhaltensweisen sind Ausdruck von Religion. Es gibt große Religionen mit vielen Gläubigen und ➔ Sekten. Naturreligionen verehren das Göttliche in der Natur. Polytheistische Religionen glauben an viele Götter (➔ Hinduismus). Monotheistische Religionen wie Judentum (➔ Juden), Christentum (➔ Christen) und ➔ Islam verehren nur einen Gott. Der ➔ Buddhismus ist auch eine Religion, obwohl er ursprünglich keine Götter verehrte.

Ren, Rentier: In den kalten Wäldern der Länder im Norden unserer Erde lebt das Wildren. Es hat ein besonders dichtes, im Sommer mehr braunes und im Winter mehr graues oder weißgraues Fell. Im Gegensatz zu anderen Hirscharten tragen Männchen und Weibchen ein Geweih. Das Hausren ist die einzige Hirschart, die man zum Haustier züchten konnte. Die Menschen halten es als Reit- und Zugtier. Aus der Rentiermilch bereiten sie Butter und Käse. Die Felle werden zu Kleidungsstücken oder Zelten verarbeitet.

Rennfahrer fahren für Autofirmen bei Autorennen. Für die Autofirmen ist das eine gute Werbung für ihre Marke.

Formel-1-Weltmeister seit 2000

2000	Michael Schumacher	Deutschland
2001	Michael Schumacher	Deutschland
2002	Michael Schumacher	Deutschland
2003	Michael Schumacher	Deutschland
2004	Michael Schumacher	Deutschland
2005	Fernando Alonso	Spanien
2006	Fernando Alonso	Spanien

Rente: Fast jeder arbeitende Erwachsene zahlt regelmäßig in eine Rentenversicherung Geld ein. Geht er im Alter von 67 Jahren in den Ruhestand, bekommt er jeden Monat einen gewissen Betrag, die Rente, aus der Rentenversicherung zurück. So ist seine Lebensgrundlage gesichert. Rentenversicherungen gibt es jedoch nicht in allen Staaten. Die alten Leute werden dann, wenn sie nicht mehr arbeiten, von ihren Kindern versorgt. Deshalb haben diese Familien oft viele Kinder. Dies ist auch eine Ursache für die Überbevölkerung mancher Länder.

Reporter: Ein Reporter berichtet über besondere Ereignisse. Ein Zeitungsreporter schreibt darüber, der Fotoreporter zeigt das Geschehen in Bildern, der Rundfunkreporter berichtet im Radio, der Fernsehreporter mit Filmen. Wenn diese Reportagen spannend und wahr sind, hat der Reporter gute Arbeit geleistet.

Revolution: 1. Du hast bestimmt schon von der französischen Revolution gehört: Durch einen großen Volksaufstand wurde der König gestürzt und die Herrschaft des Volkes ausgerufen. Manchmal wird die Regierung nicht vom Volk, sondern vom Militär gestürzt. Auch das ist eine Revolution. Veränderungen ohne Gewalt nennt man *friedliche Revolution.* Ein Beispiel ist die Wiedervereinigung Deutschlands 1990. **2.** Eine schnelle Veränderung, z. B. in der Technik, nennt man ebenfalls Revolution. Die Erfindung der → Dampfmaschine im 19. Jahrhundert führte zur *industriellen Revolution.* Seitdem verändert sich die Gesellschaft immer schneller.

Rhein: Der Rhein ist der längste Fluss in Deutschland und der verkehrsreichste Fluss in Europa. In der Schweiz entspringen Vorderrhein und Hinterrhein. Bei Chur im Kanton Graubünden vereinen sie sich zum Alpenrhein, der bei Bregenz in den → Bodensee fließt. In Konstanz fließt das Rheinwasser in den Untersee und verlässt ihn bei Stein am Rhein als Hochrhein. Der stürzt über den Rheinfall bei Schaffhausen. Ab Basel heißt er Oberrhein. Von Bingen bis Andernach wird er Mittelrhein genannt, anschließend Niederrhein. In den Niederlanden fließt er als *Neder Rijn* und mündet als *Oude Rijn* bei Hoek van Holland in die Nordsee. 1 320 km hat er dann hinter sich.

Blick auf den Rhein bei Bacharach

Rhythmus bezeichnet einen wiederkehrenden Vorgang. Nicht nur in der Musik, wo du den Rhythmus hören und spüren kannst, sondern auch in der Natur: Ebbe und Flut, Tag und Nacht, Wechsel der Jahreszeiten. Dein tägliches Leben hat bestimmt auch einen Rhythmus.

Richter: Der Richter arbeitet bei → Gericht. Er ist ein Jurist, wie der → Rechtsanwalt auch, und Beamter im Dienst des Staates.

Er ist aber nur an Gesetz und Recht gebunden und ansonsten unabhängig. Der Richter legt das Strafmaß fest oder spricht den Angeklagten frei.

Riechen: Einer unserer 5 Sinne ist das Riechen. Durch Schnüffeln verwirbelt man die Luft in der ➔ Nase. Dabei gelangen Duftstoffe zu den Riechzellen. Einige Tiere, z. B. die ➔ Hunde, können viel besser riechen als wir Menschen.

Riese: In vielen ➔ Märchen und Sagen treiben Riesen ihr Unwesen. In Griechenland nannte man sie *Giganten* oder *Titanen.* Aus der Bibel ist der Riese *Goliath* bekannt. Der größte deutsche Mann war Christoffel Münster. Er hat 1632–1676 gelebt und war 248 cm groß. Herzog Ludwig von Hannover ernannte ihn zu seinem Leibwächter.

David und Goliath

Rind: Das älteste Nutztier des Menschen ist das Rind. Es liefert Milch, Butter und Fleisch. Aus seiner Haut gewinnt man Leder und Felle, die Knochen werden zu Leim verarbeitet und die Haare zu Filz. Die Vorfahren dieser Wiederkäuer waren Wildrinder, wie der *Auerochse*, der bereits 1627 ausgestorben ist. Auch der *Wisent*, der *Bison* und der ➔ Yak gehören zu den Wildrindern. Eine schlimme Krankheit ist der *Rinderwahnsinn* (auch *BSE*). Er ist über die Ernährung auch auf den Menschen übertragbar.

Risiko: Ein Risiko ist ein Wagnis. Wenn du ein Risiko eingehst, kann es immer passieren, dass etwas schiefgeht. Falls du kein Risiko eingehen willst, bleibst du am besten im Bett, denn das Risiko, dass du herausfällst und dir die Knochen brichst, ist nicht sehr groß!

Ritter ➔ S. 254.

Robbe: Wenn man dicht am Boden auf Bauch und Ellbogen vorwärtsruscht, nennt man das *robben.* Weil sich nämlich Robben so bewegen. Robben sind ➔ Säugetiere, die sehr gut schwimmen

Fortsetzung auf S. 255

Ein Turnier

Vom Turnierplatz konnte man den hellen Klang der Waffen, die Kommandorufe der Reiter und das Schnaufen der Pferde hören. Heute übten wieder die Ritter und die Knappen, ihre Helfer zu Fuß, den Kampf. Schild, Lanze, Schwert und Rüstung mussten in vielen Kampfübungen erprobt werden, um in dem berittenen Berufskriegerheer Schlagkraft zu entwickeln.

Werdegang eines Ritters

Mit 7 Jahren begann seine ritterliche Ausbildung als *Page*. Dieser ist eine Art Diener bei der Frau eines Ritters. Mit 14 Jahren wurde er *Knappe* und mit 21 Jahren erhielt er den *Ritterschlag*. Der König belohnte seine Treue und die Kriegsdienste mit Grund und Boden, man nannte das *Lehen*. Der junge Ritter war dann für den Schutz der Bewohner und von Hab und Gut in diesem Gebiet verantwortlich.

Das Leben eines Ritters

Man lebte auf Burgen nach strengen Regeln und sicherte so das Land gegen Eindringlinge und Feinde. Die Ritter gelobten, ihrem Herrn treu zu dienen, gegen alles Unrecht zu kämpfen und Witwen und Waisen zu schützen. Die Ritter waren christlichen Grundsätzen verpflichtet. Deshalb glaubten sie, an Kreuzzügen teilnehmen zu müssen, um das heilige Land, besonders Jerusalem, von Heiden (= Andersgläubigen) zu befreien. In diesen Kriegen ist von den Kreuzzugsteilnehmern viel Unrecht begangen worden und viele kamen dabei um.

Warum gibt es heute keine Ritter mehr?

Im späten Mittelalter verloren die Ritter ihre Macht, da die Landesfürsten und die Bürger neue Heere aufstellten, die mit den Feuerwaffen und anderer Kriegsführung erfolgreicher waren. Um überleben zu können, wurden manche Ritter zu Raubrittern, die unzählige Handelsstraßen unsicher machten. Astrid ➔ Lindgren hat dies in ihrem Buch *Ronja Räubertochter* beschrieben.

und tauchen können. Sie ernähren sich von Fischen und leben in kalten Meeresgewässern. Leider werden sie wegen ihrer Pelze getötet. Deswegen versuchen Tierschützer, den Robben und Robbenbabys zu helfen. ➔ Seehund.

Robin Hood, der wagemutige Held in vielen englischen Erzählungen, lebte im Wald und beraubte zusammen mit seinen Freunden die Reichen. Die Beute verteilte er immer an die Armen, die ihn dafür liebten. Wahrscheinlich ist das alles ja nur Erfindung, aber seine Heldentaten erfreuen trotzdem immer wieder die Kinder aller Länder.

Roboter sind Maschinen, die von Computern gesteuert werden. Sie waren zuerst als Nachbildung des Menschen gedacht und wurden auch so gebaut.

Was ein Roboter kann

Roboter sind heutzutage überall im Einsatz. In der Autoindustrie sind sie sehr geschätzt. Von einem Mikroprozessor (= Chip) gesteuert arbeiten sie präziser als Menschen und können auch gesundheitsschädliche Arbeiten verrichten, zum Beispiel Lackierarbeiten. Richtig programmiert, mit Sensoren ausgerüstet, können sie sogar tasten und sehen, ein Hindernis umfahren und Arbeiten verrichten, für die man Fingerspitzengefühl braucht. Sie könnten sogar Eier nach Größe und Gewicht sortieren. Außerdem sind sie nie krank, arbeiten fleißig und meckern nicht.

Rodeln ist ein beliebter Freizeitsport. Man sagt auch *Schlittenfahren* dazu. Rennrodeln ist ein spannender Wettbewerb um die höchsten Geschwindigkeiten. Rennrodler liegen in Rückenlage auf dem Schlitten und steuern ihn mit den Fersen oder durch Verlagern ihres Körpergewichtes. Gefahren wird auf einer künstlichen Rodelbahn aus Eis. Der erfolgreichste deutsche Rennrodler ist Georg Hackl.

Roggen, eine Getreideart, wächst auch in Europa, ist aber seltener als Weizen oder Mais. Es gibt Sommerroggen und Winterroggen. Der Winterroggen bringt aber größere Erträge. Roggen hat lange

Halme und ist meist bläulich. Seine Ähren wachsen zweizeilig und haben *Grannen* (= Borsten). Er wird als Viehfutter und als Brotgetreide angebaut. Sein Stroh dient teilweise zur Herstellung von Matten, Papier und Zellstoff.

Roggen hat ziemlich lange Grannen.

Rohstoffe sind ➔ Stoffe, die noch nicht verarbeitet wurden, die aber für die Herstellung von allen Dingen gebraucht werden: Eisenerz, Erdöl, Kohle, Kalkstein, Lehm, aber auch Schafwolle, Baumwolle und Holz sind Rohstoffe, aus denen man andere Sachen herstellen kann. Welche Rohstoffe braucht man für ➔ Glas?

Rollerskates ist ein anderer Name für Inliner oder ➔ Inlineskates.

Römer ➔ Altertum.

Röntgenstrahlen: Wilhelm Conrad Röntgen entdeckte 1895 eine neue Art von Strahlen. Sie waren unsichtbar, brachten aber einen besonders behandelten Papierschirm zum Leuchten. Er nannte sie zuerst X-Strahlen. Er erkannte, dass sie viele verschiedene Stoffe durchdringen konnten, zum Beispiel auch ein Buch mit 1 000 Seiten. Man durchleuchtet damit auch den menschlichen Körper, um Krankheiten festzustellen. Zu viele Röntgenstrahlen sind aber gesundheitsschädlich.

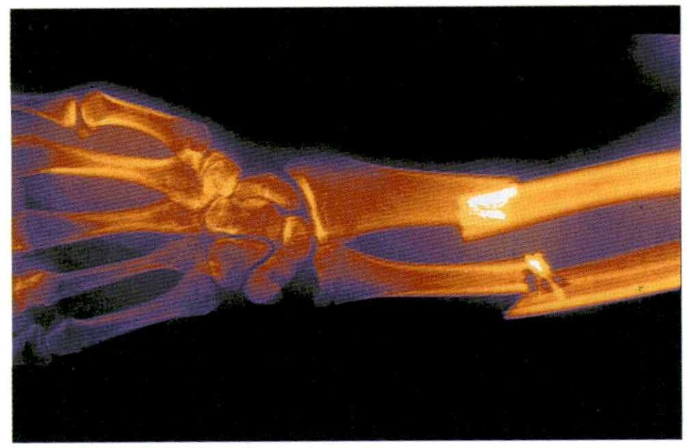

Röntgenaufnahme von einem Knochenbruch am Unterarm

Rose: Die Rose ist seit dem späten Mittelalter ein Symbol für Liebe und Freundschaft. Wenn man einen Menschen ganz besonders mag, überreicht man ihr oder ihm eine rote Rose. Es gibt unzählige Rosenarten, wie zum Beispiel die weiße Rose, die Wildrose oder die Portlandrosen. Es gibt sie in vielen Farbtönen, besonders in weiß, rosa, rot und gelb. Eine blaue aber gibt es bis heute nicht! Aus den Blütenblättern besonders stark duftender Arten wird Rosenöl gewonnen, das man zur Herstellung von Parfüm verwendet.

Edelrose

Wildrose

Die Frucht der Rose nennt man Hagebutte.

Rosine: Trocknet man Trauben künstlich oder an der Sonne, so erhält man *Rosinen* oder *Zibeben.* Kleine dunkle Früchte heißen auch *Korinthen,* kernlose helle heißen *Sultaninen.* Bei vielen leckeren Backwaren, zum Beispiel Rosinenbrot, Früchtebrot oder Hefegebäck, werden Rosinen dem Teig beigefügt. Manchmal wird Mutti unwirsch, wenn die Rosinen schon vor dem Essen herausgepickt worden sind. Vor allem: Keiner war's!

Rotkehlchen: Das Rotkehlchen lebt in Hecken und im Unterholz von Waldrändern und Parkanlagen. Es verdankt seinen Namen seiner orangeroten Brust. Der kleine Vogel ernährt sich von Kleingetier, das am Boden lebt. Im Herbst und Winter sucht er auch Beeren oder ist Gast an unseren Futterhäuschen.

Ruine: *Ruina* ist das lateinische Wort für *Einsturz.* Deshalb nennt man die Reste eines Gebäudes, das durch Brand, Bomben oder einfach aus Altersschwäche eingefallen ist, Ruine. Nach dem letzten Krieg gab es in Deutschland viele Ruinen. Heute besichtigen wir manchmal eine Burgruine, in der man ahnen kann, wie die → Ritter im Mittelalter lebten.

WDR-Rundfunkstudio in Köln

Rundfunk: Die Übertragung von Bildern, Sprache und Musik durch Radio- oder Fernsehsender bezeichnet man als Rundfunk, in der Schweiz als *Rundspruch.* Die Einrichtungen, die Sendungen gestalten und über → Funk aussenden, sind die Sendeanstalten oder Rundfunksender. Unser Radio und der Fernsehapparat (→ Fernsehen) sind Rundfunkempfänger. Am 22. Dezember 1920 sendete die Hauptfunkstelle in Königs Wusterhausen bei Berlin das erste Musikkonzert aus.

S

Sage: Auf Seite 75, beim Stichwort ➔ Drache, kannst du etwas über die Sage von Siegfried lesen. Eine Sage ist eine Erzählung, die seit Jahrhunderten von Mund zu Mund weitergegeben wurde. Jeder Erzähler hat ein bisschen mehr dazugedichtet. Die meisten Sagen aber enthalten ein kleines Stück Wahrheit.

Salamander: Gelbe Flecken auf der schwarzen Haut des Feuersalamanders warnen seine Feinde vor der brennenden Flüssigkeit, die seine Hautdrüsen absondern. Salamander gehören zu den *Schwanzlurchen* (➔ Lurche). Wegen ihrer nackten, schleimbedeckten Haut leben sie in feuchten Waldgebieten unter Laub oder in Erdhöhlen. Tagsüber kommt der Salamander nur bei Regen ins Freie. Nachts jagt er nach Schnecken, Würmern und Insekten. Wenn es kalt wird, verfällt er in eine Winterstarre (➔ Winterschlaf).

Salz, damit ist meist *Kochsalz* gemeint. Ohne Salz aufzunehmen, kann kein Mensch lange überleben. Früher, als es noch keine schnellen Transportmittel gab, war Salz sehr teuer. Man musste es oft über mehrere Hundert Kilometer hertransportieren auf so genannten *Salzstraßen.* Meersalz und Salz aus Salzseen oder Sole (aus Salzquellen) werden durch Trocknen erzeugt. Steinsalz wird in Bergwerken abgebaut.

Salzgewinnung in Salzgärten in Portugal

Samen dienen der Vermehrung und Verbreitung von Samenpflanzen. Sie entstehen, wenn eine Eizelle der Pflanze befruchtet wurde. Jeder Samen enthält alle Anlagen für eine neue Pflanze. Fällt Samen auf fruchtbaren Boden, beginnt er zu keimen: Aus dem Keimling entwickelt sich eine neue Pflanze. Bei Menschen und Säugetieren nennt man den Samen des Mannes das *Sperma.* Es wird in den Hoden gebildet und für die Befruchtung einer weiblichen Eizelle benötigt. ➔ Mann und Frau; ➔ Baby.

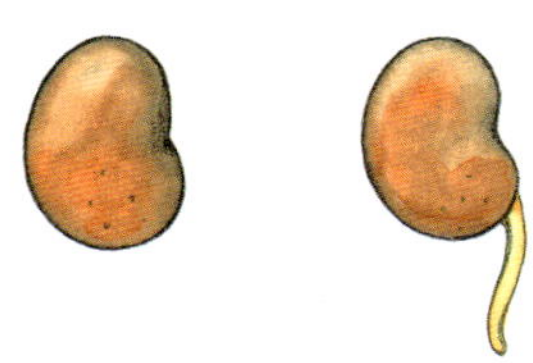

Die Keimwurzel der Bohne durchbricht die Samenschale und wächst in den Boden hinein.

Dann durchbricht der Spross die Erdoberfläche und reckt sich zum Licht.

Satellit ist ursprünglich ein lateinisches Wort für Leibwächter. Die Astronomen verwendeten das Wort für → Monde, die andere Himmelskörper umkreisen. In der Raumfahrt sind Satelliten Raumfahrzeuge, die irgendeinen → Planeten umkreisen.

Sauerstoff ist ein farbloses, geruchloses Gas, das für Menschen und Tiere lebensnotwendig ist. Es ist in reiner Form in unserer → Atmosphäre enthalten. Etwa ein Fünftel der Luft besteht aus Sauerstoff. Es ist der Teil der Luft, den unser Körper bei der → Atmung aufnimmt und zur Verbrennung der Nährstoffe im Körper braucht. Sauerstoff ist für jede Verbrennung nötig, auch um ein Feuer zu machen.

Säugetiere → S. 260/261.

Satellitenfernsehen: Bilder aus dem Weltall

Wenn ihr euren Fernsehempfang von einer Satellitenantenne (= Schüssel) bekommt, dann waren die Signale für die Bilder schon einmal im Weltall. Satelliten schweben außerhalb der Erde im Weltall und drehen sich mit der Erde. Aber der Satellit macht keine Fernsehbilder. Er empfängt nur Signale vom Fernsehsender auf der Erde und gibt sie weiter: entweder an den nächsten Satelliten oder zurück zur Erde. So können die Signale auch Täler hinter hohen Bergen erreichen und rund um die Erde weitergereicht werden. Lies auch bei → Schwerelos im All, S. 273.

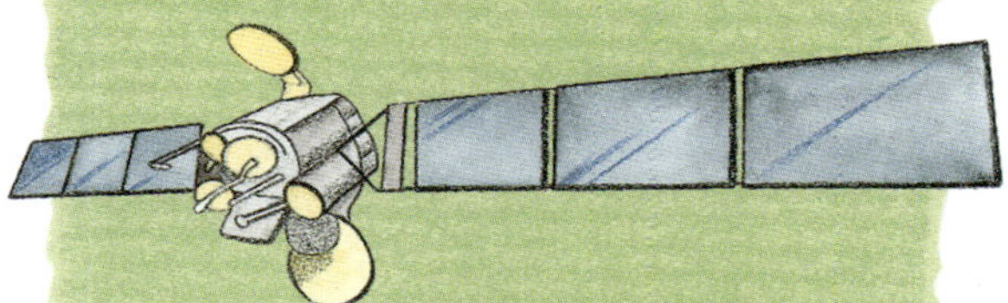

Säure ist in vielen Lebensmitteln enthalten, zum Beispiel in Essig, Zitronen und Äpfeln. Es gibt auch wesentlich stärkere Säuren, wie Salzsäure oder Schwefelsäure in Autobatterien. Sie zerstören Stoffe, Leder, Fleisch, Haut, Holz, Metalle und manche

Fortsetzung auf S. 262

Wo findet man Säugetiere?

Im Laufe der Entwicklungsgeschichte haben sich die Säugetiere alle Lebensräume der Erde erobert. Die meisten der über 4 000 Säugerarten leben auf dem Land, manche im Wasser und nur einige Arten – wie die Fledermäuse – können fliegen.

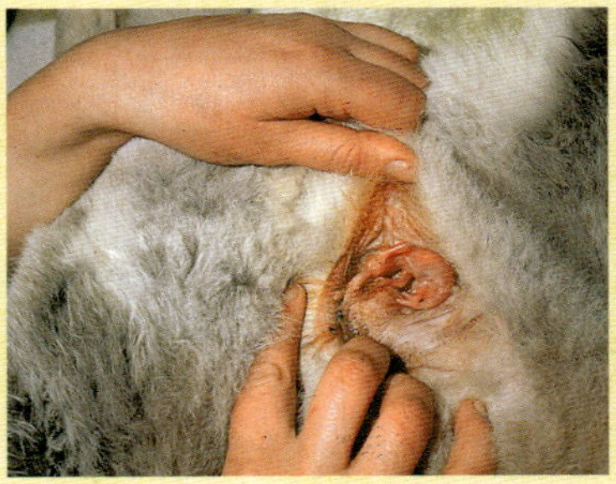

So sieht es im Inneren des Kängurubeutels aus. Das Junge ist noch unbehaart und verbringt noch mehrere Monate geschützt in der Hautfalte.

Wie sind Säugetiere gebaut?

Der Mensch gehört auch zu den Säugetieren, denn auch Babys werden gesäugt. Alle Säugetiere haben eine *Wirbelsäule*, *Lungen* und eine gleichmäßig warme *Körpertemperatur.* Sie säugen ihre Jungen mit Milch aus besonderen *Milchdrüsen*, bis sie sich selber ernähren können. Der Blauwal hat die fetteste Milch: Die Hälfte davon ist Fett, also 50 von 100 Teilen! Beim Menschen sind es etwa 3 von 100 Teilen.

Die meisten Säuger schützen ihren Körper gegen Wärmeverlust durch ein *Fellkleid.* Bei den Walen hat es sich allerdings zurückgebildet, beim Menschen sind es nur noch wenige Reste wie das Kopfhaar, Haare unter den Achselhöhlen und die Behaarung um die Geschlechtsorgane. Allen Säugern ist ein besonderes *Kiefergelenk* gemeinsam, das auch bei der Zuordnung von Versteinerungen vorgeschichtlicher Funde hilft. Das Gebiss hat sich im Laufe der Entwicklung an die verschiedensten Nahrungsgrundlagen angepasst: Löwen, Hunde und Katzen gehören zu den Fleischfressern. Das Eichhörnchen, die winzige Zwergspitzmaus und das Pferd zählt man zu den Pflanzenfressern. Bären und Schweine rechnet man zu den Allesfressern. Den Menschen müsste man rein biologisch ebenfalls hier nennen.

Am Beutelgrund liegen die Milchzitzen.

Der Weg des neugeborenen Kängurus

Erst wenn das Jungtier größer ist, kann es aus dem Beutel sehen oder ihn für erste Ausflüge verlassen.

Unterteilung der Säugetiere

Innerhalb der Säugetiere unterscheidet man 3 Ordnungen: Das Känguru zum Beispiel gehört zu den *Beuteltieren.* Die Geburtsorgane sind so klein, dass die Jungen als Frühgeburt zur Welt kommen und noch 6 bis 8 Monate im Beutel der Mutter bleiben. Dort werden sie gesäugt, bis sie sich selbst ernähren können. Der Ameisenigel und das Schnabeltier gehören zu den *Kloakentieren,* weil die Harn- und Geschlechtsorgane in den

Die Heimat des Schnabeltiers ist Australien.

letzten Darmabschnitt münden. Sie legen Eier. Die meisten Säuger (auch der Mensch) bilden die Ordnung der *Plazentatiere.* Der Mutterkuchen, den man Plazenta nennt, ernährt im Mutterleib das befruchtete Ei, bis sich daraus ein Junges entwickelt hat. Über die Nabelschnur wird es mit allen lebensnotwendigen Stoffen versorgt. Der Mutterkuchen wird, wenn die Jungen geboren sind, als *Nachgeburt* ausgestoßen. Bei manchen Säugetieren, z. B. der afrikanischen Kuhantilope, sind die Jungen nach kurzer Zeit in der Lage, mit der Herde mitzuziehen. Manche benötigen aber noch Jahre, bis sie selbständig sind. So ist das auch beim Menschen.

Rekorde bei den Säugetieren

Das größte Säugetier überhaupt ist der Blauwal. Er ist so schwer wie etwa 2 000 Menschen. Sein Herz hat etwa das Gewicht eines Autos. Die Lunge und die Leber sind jeweils etwa so schwer wie zwei Kleinwagen. Ein Blauwalbaby wiegt bei der Geburt so viel wie ein schweres Auto und täglich wächst es drei Zentimeter und nimmt 100 Kilo an Gewicht zu. Das kleinste Säugetier, die Zwergspitzmaus, ist ein Superleichtgewicht von nur fünf Gramm, so viel wie ein Eurostück. Weil das Tier so winzig ist und sehr viel Wärme verliert, muss das Herz etwa 800-mal in der Minute schlagen.

Ein Wurf Welpen drängt sich um die Milchzitzen der Hündin.

Steine. Sie sind also sehr gefährlich. Ob etwas Säure enthält, kannst du mit Lackmuspapier prüfen oder mit Saft von Rot- oder Blaukraut. Säure färbt beides rot.

Dieses Symbol sagt dir, dass die Flüssigkeit ätzend ist.

saurer Regen: Viele ➔ Abgase enthalten Stoffe, wie z. B. Schwefel, die zusammen mit der Feuchtigkeit der Luft ➔ Säuren bilden. Diese Säuren vermischen sich mit Regen und fallen als saurer Regen auf die Erde. Dort schädigen sie Pflanzen und Gebäude. Das Gestein an Gebäuden wird regelrecht zerfressen. Saurer Regen ist eine der Ursachen für das Waldsterben. Nur durch weltweit weniger Abgase ist saurer Regen vermeidbar. ➔ Umweltschutz.

gesunde Fichte kranke Fichte

Saurier sind riesige Echsen aus der Urzeit. Schau mal unter ➔ Dinosaurier nach. Dort kannst du lesen, wo und wann sie gelebt haben.

Schach bedeutet auf Persisch *König.* Bei diesem Brettspiel kämpfen zwei Könige mit ihren Mannschaften gegeneinander auf einer Fläche aus 64 weißen und schwarzen Quadraten. Jeder Spieler versucht den Gegner so in die Enge zu treiben, dass der König angegriffen und

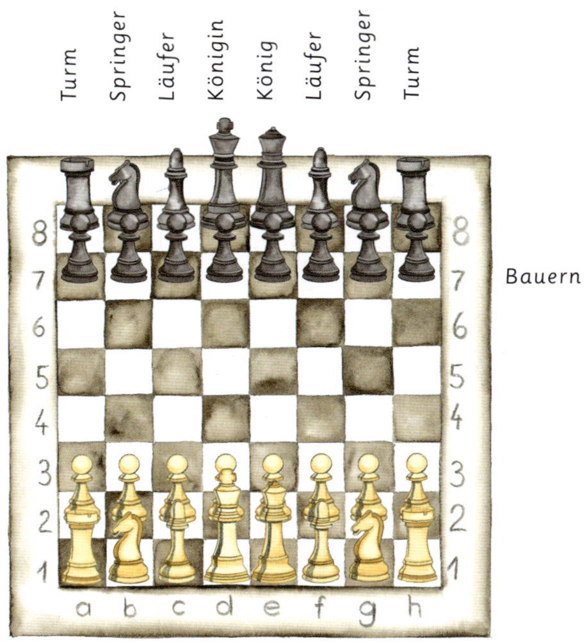

geschlagen werden kann. Der König ist dann *matt.* Tot, bedeutet das auf Persisch. Dieses Spiel erfordert viel Konzentration und Denkvermögen, weil sich die Figuren nur nach bestimmten Regeln bewegen dürfen. Jeder Spieler muss einen Schlachtplan entwickeln. Vor einigen Jahren hat der ➔ Computer *Deep Blue* den Schachweltmeister *Kasparow* geschlagen!

Schaf: Auf der Wiese am Hang weidet eine friedliche Schafherde. In ihrer Mitte steht der Schäfer, der die Tiere auf der Wanderung von einer Weide zur anderen führt. Der Schäferhund soll ein Lamm zurücktreiben, das sich zu weit von der Herde entfernt hat. Ein- oder zweimal im Jahr werden die Schafe geschoren, um Schafwolle zu gewinnen. Neben der warmen ➔ Wolle liefern diese Tiere auch Milch und schmackhaftes Fleisch.

Schakal: Der Schakal gehört, genau wie der Wolf oder der Fuchs, zu den Hunden. Schakale leben in Rudeln. Das kläglich klingende Geheul begleitet die Streifzüge. Auf ihren nächtlichen Beutezügen jagen sie Kleintiere und fressen auch Aas. Die alten Ägypter verehrten Anubis, einen Gott, der in Gestalt eines Schakals die Totenwelt bewachte.

Schall: Alles, was wir mit dem Ohr wahrnehmen, bezeichnen wir als Schall. Er entsteht immer dann, wenn ein Schallerreger schwingt. Das kann eine Gitarrensaite sein oder die Luftsäule in der Blockflöte, eine Glocke oder die Tür, an die du klopfst. Schall breitet sich in festen Körpern, Flüssigkeiten oder Gasen aus, im luftleeren Weltraum nicht. In der Luft legt Schall etwa 340 m in einer Sekunde (= 1 200 km/h) zurück. Fliegt ein Flugzeug schneller, so durchbricht es die *Schallmauer.* Dabei fliegen keine Steine, aber es ertönt ein gewaltiger Knall. Der entsteht, weil sich der Schall beim Flugzeug »staut«. Der ganze Lärm ist dort, wo auch das Flugzeug gerade ist.

Scharlach ist eine Infektionskrankheit, das heißt, sie ist ansteckend. Die Bakterien, die dafür verantwortlich sind, werden durch Tröpfchen in der Luft übertragen. Am zweiten Krankheitstag erscheint ein rotfleckiger Hautausschlag und die Zunge wird himbeerrot. Drei bis vier Tage nach der Ansteckung kommt es zu hohem Fieber, Kopfschmerzen, Erbrechen und starken

Halsschmerzen. Scharlach muss mit starker ➔ Medizin behandelt werden, weil er sonst gefährlich wird.

Scheck: Mit einem Scheck kann man bezahlen: Ein postkartengroßes Papier ist bedruckt mit der Kontonummer. Man trägt den Betrag ein, der bezahlt werden soll, dazu kommen Datum und Unterschrift. Damit gibt man seiner Bank den Auftrag, dem, der den Scheck bringt, so viel auszuzahlen, wie darauf steht. In dem Fall ist es ein *Barscheck.* Einen *Verrechnungsscheck* darf die Bank nicht auszahlen, sie muss die Geldsumme auf das Konto (➔ Bank) des Überbringers überweisen.

Scheide nennt man den inneren Teil der weiblichen Geschlechtsorgane. Das ist ein muskulöser Schlauch, der mit Schleimhaut ausgekleidet und sehr dehnbar ist. Er verbindet die äußeren Geschlechtsorgane (➔ Mann und Frau) mit der Gebärmutter.

Scheidung: Mama und Papa verstehen sich nicht mehr. Sie streiten oft, es fallen böse Worte. Noch schlimmer, sie sprechen gar nicht mehr miteinander. Sorgen, ➔ Stress, Krankheit, Alkoholsucht oder Arbeitslosigkeit haben das Leben der Familie so belastet, dass die Eltern auseinandergehen wollen. Manchmal möchte ein Elternteil auch zu einem anderen Partner ziehen. Die Eltern lassen sich dann scheiden. Nach einer Verhandlung bei Gericht wird die Scheidung ausgesprochen. Für die Kinder ist das ganz besonders schlimm. Zu wem sollen sie gehen? Zu Mama? Zu Papa? Aber sie haben doch beide lieb!

Schifahren ➔ Skifahren.

Schiffe ➔ S. 266/267.

Griechische Landschildkröte

Europäische Sumpfschildkröte

Schildkröten gehören zu den wenigen Reptilien, die sich aus der Urzeit unverändert erhalten haben. Sie sind wechselwarme Tiere, das heißt, dass ihre Körpertemperatur nicht immer gleich ist, sondern je nach Außentemperatur schwankt. Sie schützen sich vor Gefahren mit einem dicken Knochen- und Hornpanzer, in den sie sich ganz zurückziehen können. Die größte Schildkröte ist die im Wasser lebende Lederschildkröte. Sie kann bis zu 2 m lang und 900 kg schwer werden.

Schilf ist ein hohes Gras, das an Ufern von Seen und Teichen wächst. Man nennt es auch *Schilfrohr*. Die Halme werden bis zu 4 m hoch. Sie sind fest, aber trotzdem sehr biegsam, so dass sie auch bei starkem Wind nicht umknicken. Das Schilf bietet vielen Wasservögeln, zum Beispiel Enten und Teichhühnern, ein sicheres Versteck für ihre Brutplätze.

Schimmel kann zweierlei bedeuten: **1.** ein ganz weißes Pferd, **2.** winzige Pilze, die sich z. B. auf Essensresten absetzen und sich dort vermehren zu einer Schimmelschicht. Diese Pilze können für uns Menschen sehr giftig sein. Es gibt aber auch Schimmelpilze, die zur Herstellung von Lebensmitteln (z. B. Käse) oder Medikamenten (z. B. Penicillin) genutzt werden. Penicillin tötet Krankheitserreger ab.

Schimpanse: Diese Menschenaffen (➔ Affe) aus den Urwäldern Mittelafrikas leben in Familienhorden zusammen, in denen es eine strenge Rangordnung gibt. Geschickt klettern sie auf Bäume und hangeln sich von Ast zu Ast, um zu ihrer Nahrung zu kommen. Diese besteht hauptsächlich aus Früchten und Blättern. Schimpansen verbringen auch die Nacht auf Bäumen in Nestern, die sie aus Zweigen gebaut haben. Die etwa 150 cm großen Tiere stehen wegen vieler äußerlicher Ähnlichkeiten dem Menschen sehr nahe. Sie gelten als intelligent, lernfähig, können einfache Aufgaben lösen und mit ihren Greifhänden Werkzeuge gebrauchen.

Schlaf: Der Körper erholt sich regelmäßig durch Schlaf. Das Bewusstsein ist dabei stark vermindert oder ausgeschaltet. Bewegungen werden nicht mit dem Willen gesteuert. Schlafentzug kann zu schweren gesundheitlichen Schäden führen.

Mit dem Gift aus den Giftzähnen töten oder betäuben Giftschlangen ihre Opfer.

Schlangen gehören wie Eidechsen oder Krokodile zu den Reptilien (= Kriechtiere). Ihre Beine haben sich jedoch zurückgebildet. Man kann davon nur noch zwei Rückstände an der Wirbelsäule entdecken. Die meisten Schlangenarten legen Eier in eine Grube und kümmern sich nicht weiter um ihren Nachwuchs. Es gibt aber auch lebend gebärende Arten. Schlangen sind Fleischfresser. Sie töten ihre Beute entweder mit Gift oder erwürgen sie. ➔ Schlangen, S. 268.

Die ersten Schiffe

Vermutlich war es der tägliche Kampf um Nahrung und Überleben, der unsere Vorfahren dazu brachte, sich auf das lebensbedrohende Element Wasser zu wagen. Wahrscheinlich haben sie beobachtet, dass Wasser bestimmte Dinge trägt. So haben sie mehrere Baumstämme zum ersten *Floß* zusammengebunden und Stangen als Ruder und Paddel benutzt. Schließlich wurden Stämme ausgehöhlt, denn ausgehöhltes Holz schwimmt noch leichter (Viel später erst entdeckten die Menschen, dass sogar Eisen mit einem großen Hohlraum schwimmen

kann!). In dem so entstandenen *Einbaum* konnte man sich zum Rudern sogar hineinsetzen. Bei uns in Mitteleuropa gab es allerdings gegen Ende der letzten Eiszeit keine Bäume. Man vermutet, dass die Jäger und Sammler dieser Gegend sich deshalb einfache Boote aus Fellen und Tierknochen gebaut haben. Diese brauchten sie, um den Rentierherden über die riesigen Ströme von Schmelzwasser zu folgen. Auch im alten Ägypten war Holz knapp. Hier baute man zuerst Boote aus der Papyruspflanze.

Segel- und Ruderschiffe

Erst 1 500 Jahre später bauten die Ägypter Schiffe aus Holz. Eine große Hilfe bei der Schifffahrt war die Erfindung des Segels. Dieses konnte in der ersten Zeit allerdings nur gebraucht werden, wenn der Wind von hinten kam. Sonst musste man rudern, paddeln oder staken. In der Folgezeit bauten viele Völker Handels- und Kriegsschiffe. Die Ruderer waren oft Kriegsgefangene oder Sklaven, die an ihren Plätzen festgekettet waren. Sie wurden geschlagen, wenn sie den Rudertakt nicht einhalten konnten.
Schließlich lernte man, die Windkraft besser auszunutzen. Mit ihren dreieckigen Segeln konnten arabische Seeleute als Erste auch gegen den Wind fahren. Man nennt das *kreuzen.* Große ➔ Segelschiffe wurden gebaut, die die Entdeckung neuer Erdteile möglich machten. Christoph ➔ Kolumbus brauchte 55 Tage, um mit seinen drei Schiffen Amerika zu erreichen. *Ferdinand Magellan* entdeckte 1519 mit 5 Segelschiffen die Meeresstraße an der Spitze von Südamerika. Er fand auf dieser Reise den Tod, nur eines der Schiffe kam zurück. *Sir Francis Drake* schließlich umsegelte von 1577 bis 1580 die Erde.
Im 18. und 19. Jahrhundert befuhren große Fregatten und schnelle Klipper die Weltmeere und betrieben Handel auf der ganzen Welt. Ein deutsches Segelschiff hatte sogar 5 Masten.

Klipper, die schnellen Handelsschiffe des letzten Jahrhunderts, mit Wind von achtern (von hinten)

Santa Maria, Galeone des Christoph Kolumbus

Dampfschifffahrt

Nach der Erfindung der ➔ Dampfmaschine wurde Dampf als Antrieb von Schiffen nutzbar gemacht. Auf den Flüssen fuhren große *Raddampfer*. Bald darauf wurden Schiffe mit Schraubenantrieb gebaut. Maschinen- und Schiffsbautechnik verbesserten sich immer weiter. Gigantische Ozeanriesen und große *Luxusdampfer* befahren heute die Weltmeere. *Frachter* befördern Tonnen von Kohle und Erz, *Kühlschiffe* bringen verderbliche Ware. Erdöl wird in *Tankern* über die Meere transportiert.

Containerschiffe laden oft mehr als 4 000 ➔ Container. Es gibt aber auch atomgetriebene ➔ U-Boote. Unter *Luftkissenboote* wird mit starkem Druck Luft gepresst, von einem Flugzeugpropeller werden sie vorangetrieben. Auf Schiffen, die man *Flugzeugträger* nennt, können sogar Düsenjäger starten und landen.

Schlangen

Die größte Schlange mit bis zu 10 m Länge ist die Würgeschlange ANAKONDA.
Die TEXAS-KLAPPERSCHLANGE ist die reaktionsschnellste. Innerhalb einer halben Sekunde erkennt sie das Opfer, stößt und beißt zu, spritzt Gift in die Wunde und schnellt mit dem Kopf zurück.
Die giftigste Schlange der Welt ist die SANDRASSELOTTER.
SCHMUCKBAUMNATTERN gehören zu den einzigen fliegenden Schlangen. Sie können mit ihren Flughäuten bis zu 80 m gleiten.

Klapperschlange

Schleuse: Manche Flüsse haben plötzlich ein ganz steiles Gefälle, das ein Schiff nicht befahren kann. Da braucht man dann eine Schleuse, die das Schiff von einer Höhe zur anderen bringt. Zwischen den verschiedenen Wasserständen ist eine Schleusenkammer, die man oben und unten öffnen oder schließen kann. Wie ein Schiff gehoben wird, siehst du auf den drei Bildern:

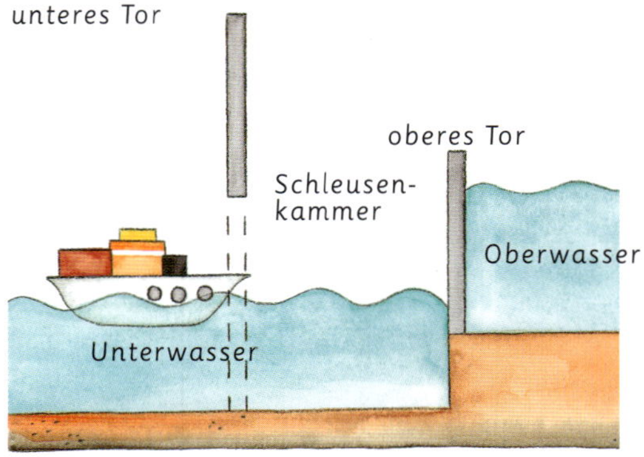

Das obere Schleusentor ist geschlossen, das untere Tor offen, das Schiff fährt ein.

Das untere Tor wird geschlossen, Wasser läuft von oben in die Kammer ein.

Das untere Tor bleibt geschlossen, das obere Tor wird geöffnet, das Schiff fährt aus.

Schlüsselblume: Im Frühling blüht auf Wiesen und in lichten Wäldern die Schlüsselblume. Ihren Namen verdankt sie vermutlich ihrer Form, die einem alten Schlüssel ähnlich sieht. Es gibt viele Geschichten um diese → Heilpflanze, die auch *Himmelsschlüssel* oder *Wiesenprimel* genannt wird: Fand ein Mädchen in der Karwoche (das ist die Woche vor Ostern) eine Schlüsselblume, so glaubte man, dass sie bald heiraten und so viele Kinder bekommen würde, wie Blüten am Stängel waren.

schmecken → Zunge.

Schmerz: Wenn du die Treppe hinunterfällst, hast du wahrscheinlich Schmerzen. Schmerz ist ein Warnsignal des Körpers: Es will dir sagen, dass etwas nicht in Ordnung ist. In der Haut befinden sich viele winzige Schmerzpunkte. Wenn diese gereizt werden, melden sie das über Nerven ans Gehirn weiter. Das ergibt ein unangenehmes Gefühl, den Schmerz. Man kann auch innere Schmerzen empfinden, am Magen zum Beispiel oder im Kopf. Und wer sehr unglücklich ist, leidet an seelischen Schmerzen.

Schmetterling: Unter den → Insekten bilden die Schmetterlinge eine artenreiche Gruppe. Auf ihren vier Flügeln liegen Schuppen wie Dachziegel in regelmäßigen Reihen und geben den Flügeln die Färbung. Der Saugrüssel ist meist spiralig eingerollt. Damit können die Schmetterlinge tief in Blütenkelche eintauchen und Pflanzensäfte saugen. Aus den Eiern schlüpfen → Larven, die man *Raupen* nennt. Ist die Raupe ausgewachsen, verpuppt sie sich. Während der Ruhezeit wandelt sie sich in einen Schmetterling um.

Schwalbenschwanz

Zitronenfalter

Pfauenauge

Schnecken: Zu den Schnecken, die zu den Weichtieren zählen, gehören etwa 85 000 Arten. Manche haben ein Gehäuse, andere sind nackt. Alle Schnecken bewegen sich auf einem scheibenförmigen Kriechfuß. Setzt man eine Schnecke auf eine

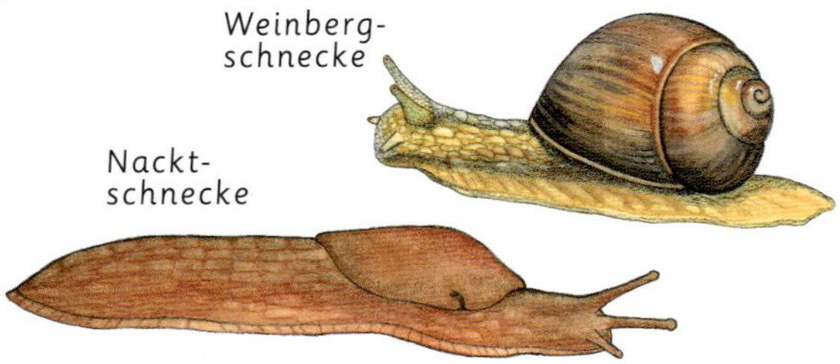

Glasplatte, kann man die wellenförmige Voranbewegung von unten gut erkennen. Mit einer Reibplatte, die mit kleinen Zähnchen bestückt ist, hobeln sie Nahrung ab. Es gibt Wasserschnecken mit ➔ Kiemen und Landschnecken mit Lungen.

Schnee: Ist es in hohen Wolken kälter als 0 °C, so kommen darin neben Wassertröpfchen auch Eisnadeln vor. Wolken enthalten aber auch noch Wasserdampf (➔ Dampf). Der gefriert unmittelbar an den Eisnadeln an und bildet dabei Schneekristalle. Sie sehen aus wie feine Sterne mit sechs Strahlen. Sind die Luftschichten unter der Wolke kalt genug, so fallen sie als Schnee bis zur Erde. Meist sind mehrere Schneekristalle zu Schneeflocken vereint. (➔ Kristalle).

Schneekristalle: drei von über tausend Formen

Schneeglöckchen: Noch sind die letzten Reste des Schnees nicht weggeschmolzen, da blüht in Gärten und in feuchten Laubwäldern bereits das Schneeglöckchen. Seine weißen Blüten hängen einzeln am Ende des Stängels und erinnern an die Form eines Glöckchens. Jede Blüte hat 6 Blätter. Die drei äußeren sind doppelt so lang wie die inneren, die an der Spitze grüne Flecken haben.

Schnupfen: Viren (➔ Virus) können eine Entzündung der Nasenschleimhaut verursachen. Die Nase läuft oder sie ist verstopft, weil die Nasenschleimhaut angeschwollen ist und vermehrt Flüssigkeit produziert. Manchmal muss man auch niesen! Diesen Zustand nennt man Schnupfen.

Schock bedeutet Kreislaufversagen: Der Körper ist nicht mehr richtig mit Blut versorgt und leidet an Sauerstoffmangel. Ohne ➔ Sauerstoff funktionieren die Organe nicht mehr richtig. Wenn wichtige Organe wie ➔ Herz, ➔ Lunge, ➔ Niere oder ➔ Gehirn nicht mehr gut arbeiten, kann das lebensgefährlich werden. Für einen Schock kann es verschiedene Ursachen geben: starker Blutverlust bei schweren Verletzungen oder Herzversagen. Wenn jemand einen großen Schreck bekommt, kann er auch unter Schock stehen, aber das ist dann meistens nicht lebensgefährlich.

Schokolade: Als die Spanier Mittelamerika eroberten, lernten sie von mexikanischen → Azteken *chocolatl* kennen, einen Trank aus → Kakao. Sie brachten ihn mit nach Europa. Heute wird Schokolade aus Kakaopulver, Kakaobutter, Puderzucker, Gewürzen und Milch oder Sahne hergestellt. Mindestens ein Drittel muss Kakaopulver und Kakaobutter sein. Bei weißer Schokolade fehlt der Kakao. Sie enthält nur die gelblich weiße Kakaobutter.

Schrift: Früher haben die Menschen ihr Wissen mündlich weitergegeben: die Eltern an die Kinder und die Großeltern an die Enkel. Dabei hat sich natürlich vieles verändert, wie das eben so ist, wenn man erzählt. Als aber die Schrift erfunden war, konnte alles genauso, wie es war, aufbewahrt werden. Die Erfindung der Schrift war also für die Menschheit von großer Bedeutung.

Schule: Menschen haben schon immer lernen müssen, aber nicht immer in Schulen wie heute. Erst seit 200 Jahren gibt es in Europa Schulen, die alle Kinder besuchen können. Vorher hatten meistens nur die Kinder reicher Eltern die Möglichkeit, lesen, schreiben und rechnen zu lernen. Heute darf und muss jedes Kind zur Schule gehen, denn Schulbesuch ist Pflicht. Zuerst geht man zur *Grundschule*. Danach folgt die *Hauptschule*, die *Realschule*, das *Gymnasium* oder die *Gesamtschule*. In der Gesamtschule sind die anderen drei Schularten zusammengefasst. Für behinderte Kinder und Jugendliche (z. B. Blinde, Körper- oder Lernbehinderte) gibt es *Sonderschulen*, die auf die Fähigkeiten und Behinderungen ihrer Schüler besonders Rücksicht nehmen.

Schrift

Kann deine Schrift jeder lesen? Wahrscheinlich schon, wenn du einigermaßen ordentlich schreibst, denn in Europa schreibt man mit den Zeichen des lateinischen → Alphabets. Und dieses lernen fast alle Menschen auf der Welt, auch wenn sie selbst eine andere Schrift schreiben. Vor langer Zeit haben die Ägypter mit → Hieroglyphen geschrieben, einer Bilderschrift. Chinesen haben heute noch eine Art Bilderschrift, die aus mehr als 5 000 verschiedenen Bildzeichen besteht.

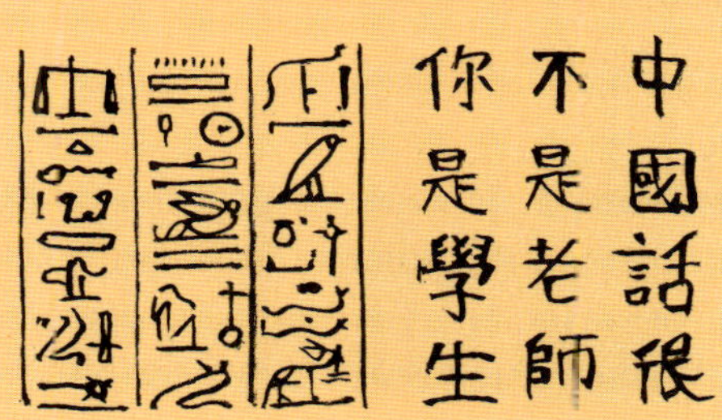

Hieroglyphen

chinesische Schrift

Schwalbe: Pfeilschnell, mit aufgesperrtem Schnabel, jagt der Singvogel durch die Luft. Der geschickte Flugjäger fängt und verzehrt Insekten während des Fluges. Die *Rauchschwalben* bauen ihre Nester aus Lehm und Speichel innerhalb von Ställen und Einfahrten. Die geschlossenen Nester der *Mehlschwalben* hängen außerhalb von Gebäuden. Sie haben nur an der Seite ein Schlupfloch. Zweimal im Jahr brüten die Schwalben 4 bis 6 Eier aus. Im Herbst ziehen sie dann in großen Schwärmen nach Afrika.

Rauchschwalben

Schwamm: 1. Schwämme gehören zu den einfachsten Wassertieren. Sie sitzen fest am Meeresboden. Der Körper ist von vielen Wasserröhren durchzogen. Sie beginnen an der Außenwand als Poren und enden in einem inneren Hohlraum. Durch die Kanäle strudeln kleinste Nahrungsteilchen, die mit dem Wasser von den Zellen auf der Oberfläche aufgenommen werden. Feine Kalk- und Kieselnadeln stützen den Körper. Trocknet man den Schwamm, bekommt man einen Badeschwamm. **2.** Es gibt auch Pilzarten, die man Schwämme nennt.

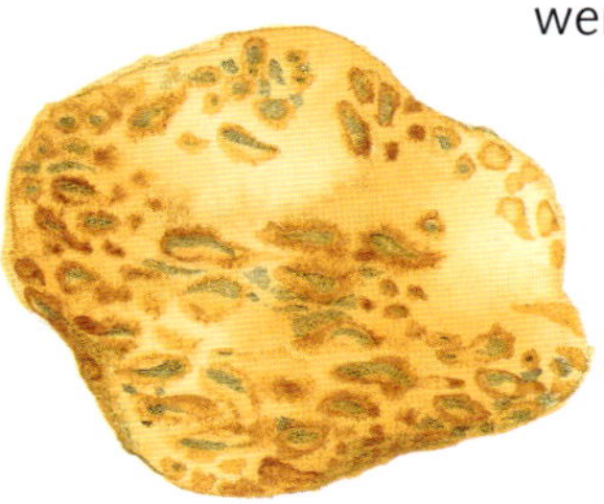

Schwan: In vielen Parks und Seen kann man die großen weißen Vögel beobachten. Beim Schwimmen ist ihr langer, schlanker Hals s-förmig gebogen. Mit ihrem Schnabel gründeln sie (➔ Enten) oder nehmen Wasserpflanzen, Würmer, Schnecken und Insektenlarven von der Wasseroberfläche auf. Aus Schilf und Binsen bauen sie an der Uferzone Nester. An Land sind sie sehr unbeholfen, sie können aber gut und schnell fliegen. Man hört ihr pfeifend-singendes Fluggeräusch schon von weitem.

Der Höckerschwan hat einen schwarzen Höcker auf seinem orangefarbenen Schnabel.

Schwangerschaft ➔ Baby.

Schwerelos im All

Wäre es nicht wunderschön, schwerelos im Weltall zu schweben und dabei immer auf den gleichen Ort am ➔ Äquator zu schauen? Dazu müsstest du deine Schwerkraft loswerden. Das wäre dann der Fall, wenn du wie ein Fernsehsatellit weit draußen im Weltall unheimlich schnell um die Erde kreisen könntest. Fliehkraft und Gewichtskraft wären gleich groß und du könntest über einem Ort der Erde schweben. Dazu müsstest du aber etwa 34 000 km über der Erde mit einer Geschwindigkeit von rund 10 500 km/h durch das Weltall sausen.

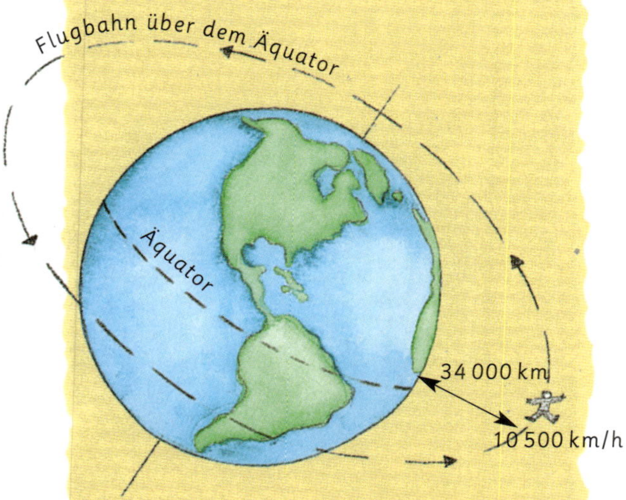

Schweine ernähren sich überwiegend von Pflanzen, können aber auch tierische Nahrung verdauen. Man zählt sie zu den Allesfressern. Es gibt Hirscheber, Wild-, Fluss-, Busch-, Pinsel- und Warzenschweine. Das *Hausschwein* wurde aus dem *Wildschwein* gezüchtet und wird seit ungefähr 5 000 Jahren vom Menschen als Haustier gehalten. Es liefert Fleisch, Fett und Leder.

Schweiß: Die Schweißdrüsen in der ➔ Haut produzieren eine salzige Flüssigkeit, die man Schweiß nennt. Er hilft, die Körpertemperatur zu regulieren: Wenn man schwitzt, wird die Haut nass. Die Feuchtigkeit auf der Haut verdunstet, dabei wird Wärme verbraucht. Dieser Vorgang kühlt den Körper. Bei starkem Schwitzen kann man mehrere Liter Flüssigkeit verlieren.

Schweiz ➔ S. 274.

Schwerkraft: Auf alle Körper und Dinge auf der Erde wirkt eine Kraft, die zum Mittelpunkt der Erde gerichtet ist. Die heißt *Gewichtskraft.* Gäbe es diese Kraft nicht, so würden wir von der Erde davonfliegen wie ein Tischtennisball, den man auf den Drehteller eines Plattenspielers legt. Denn die Erde dreht sich sehr schnell. Und durch die Drehung erfährt alles eine *Fliehkraft,* wie dieser Ball. Die Fliehkraft hebt einen Teil der Gewichtskraft auf. Zieht man also die beiden Kräfte voneinander ab, bleibt das, was die Physiker *Schwerkraft* nennen.

SCHWEIZ

Lage und Größe: Zwischen Deutschland, Liechtenstein, Österreich, Italien und Frankreich liegt die Schweiz. Sie hat über 7 Millionen Einwohner, die auf einer Fläche von 41 285 km^2 leben. 8,5-mal könnte man die Schweiz auf der Fläche Deutschlands auslegen. Von der deutschen Grenze bei Schaffhausen bis zur italienischen Grenze bei Chiasso fährt man knapp 300 km, von der Grenze nach Frankreich bei Genf zur österreichischen Grenze bei Nauders etwa 550 km.

Schweizer Rekorde:

DER HÖCHSTE BERG:
Dufourspitze (4 634 m)
DER GRÖSSTE SEE:
Genfer See (347,5 km^2 liegen auf Schweizer Gebiet)
DER LÄNGSTE ALPENGLETSCHER:
Aletschgletscher (24 km lang)
DIE TIEFSTE SCHLUCHT:
Via Mala im Hinterrheintal (durchschnittlich etwa 700 m tief).

Landschaften: Der Schweizer Jura im Westen des Landes ist ein Mittelgebirge aus Kalkstein. Das Mittelland liegt zwischen dem Jura und den Alpen. Hier sind die größten Städte wie Basel, Zürich, Bern und Genf. Hier leben auch die meisten Menschen.
Am bekanntesten ist die Alpenlandschaft mit vielen hohen Bergen wie Dufourspitze (4 634 m), Matterhorn (4 478 m) und Eiger (3 970 m) mit Bergbahnen und Skigebieten.

Sprachen: In der Schweiz spricht man vier verschiedene Sprachen: Deutsch im Norden, Französisch im Westen, Italienisch im Süden und Rätoromanisch im Osten.

Der Staat und seine Kantone: Amtlich heißt der Staat *Schweizerische Eidgenossenschaft.* Seine Hauptstadt ist Bern. Er ist in 20 Kantone und 6 Halbkantone gegliedert.

Kanton/ Halbkanton*	Hauptort
Aargau	Aarau
Appenzell-Außerrhoden*	Herisau
Appenzell-Innerrhoden*	Appenzell
Basel-Land*	Liestal
Basel-Stadt*	Basel
Bern	Bern
Fribourg	Fribourg
Genf	Genf
Glarus	Glarus
Graubünden	Chur
Jura	Delémont
Luzern	Luzern
Neuenburg	Neuenburg
Schaffhausen	Schaffhausen
Schwyz	Schwyz
Solothurn	Solothurn
St. Gallen	St. Gallen
Tessin	Bellinzona
Thurgau	Frauenfeld
Nidwalden*	Stans
Obwalden*	Sarnen
Uri	Altdorf
Waadt	Lausanne
Wallis	Sitten
Zug	Zug
Zürich	Zürich

Schwimmen: Manche Tiere können von Geburt an schwimmen. Menschen müssen es erst lernen. Man kann auf verschiedene Arten schwimmen: Beim *Brustschwimmen* liegt man mit der Brust nach unten und stößt mit Armen und Beinen das Wasser nach hinten weg. Beim *Kraulen* macht man Schaufelbewegungen mit den Armen und schlägt dabei mit den Beinen auf und ab. Sehr schnell ist auch das *Schmetterlingsschwimmen.* Man schlägt dabei mit den Armen wie ein Schmetterling.

Sciencefiction ist die Bezeichnung für Bücher, Filme, Hörspiele und Comics, die von wissenschaftlichen und technischen Entwicklungen in einer Welt in der Zukunft handeln. Meistens kommen Roboter darin vor, und die Helden reisen durch das Weltall und begegnen außerirdischen Lebewesen.

Seehund: Seehunde gehören zur Familie der → Robben, die in Rudeln alle nördlichen Meere bewohnen. Ihre Ohren- und Nasenlöcher sind verschließbar. Im Wasser schwimmen sie mit geschmeidigen Wellenbewegungen. Ein Seehundbaby kann das sofort nach der Geburt. An Land aber robben sich die Seehunde schwerfällig durch Vorstrecken und Zusammenziehen voran. Ein Seehund wird bis zu 180 cm lang und wiegt mehr als 100 kg. Wenn eine Seehundmutter zwei Junge zur Welt bringt, kann sie nur eines ernähren. Das andere bleibt zurück und fängt laut an zu heulen. Deshalb heißt das Seehundbaby auch *Heuler.* Es müsste sterben, wenn es nicht von Menschen aufgezogen würde.

Was schwimmt?

Nimm drei gleich große leere Margarinedosen. Fülle eine ganz voll Wasser. Die zweite lässt du auf einer großen mit Wasser gefüllten Schüssel schwimmen. Du füllst diese Dose dann so weit mit Sand, dass der Rand noch einen Finger breit aus dem Wasser schaut. Die dritte füllst du ganz mit Sand.

Nun vegleichst du das Gewicht aller drei Dosen auf der Küchenwaage. Die ganz mit Sand gefüllte Dose ist schwerer als die mit Wasser gefüllte. Sie wird untergehen. Die teilweise mit Sand gefüllte Dose ist leichter als die mit Wasser gefüllte. Sie schwimmt. Auch ein Boot kann nur so lange schwimmen, wie es ein bisschen leichter ist als das gleiche Boot voll Wasser wäre.

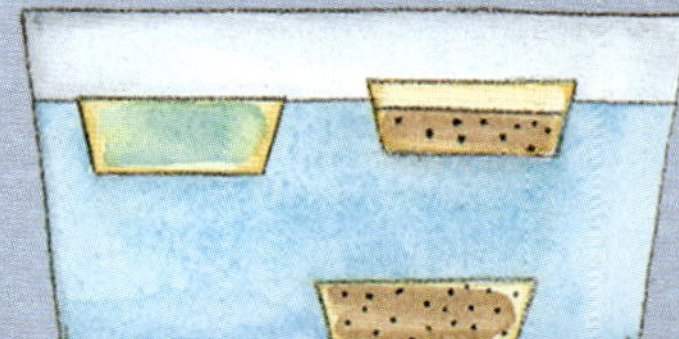

seekrank: Im Hafen lag das Schiff noch ganz ruhig im Wasser, aber nun auf dem offenen Meer hebt und senkt es sich mit jeder Welle. Der Druck in der Magengegend nimmt zu, dann stellt sich durch das viele Schaukeln Übelkeit ein. Zuletzt muss man würgen und sich erbrechen: Man ist seekrank. Das Gehirn konnte die ungewohnten Bewegungen nicht mehr verarbeiten. Ein alter Seemann rät: viel essen, in die Ferne schauen und mitschiffs an der frischen Luft bleiben.

Seele nennt man den Teil des Menschen, den religiöse Menschen für unsterblich halten, weil er nicht aus Fleisch und Blut besteht. Manche nennen das auch *Geist.* Die Vorstellung ist für viele Menschen angenehm, dass etwas von ihnen nach dem Tod übrig bleibt!

Seepferdchen: Kopf und Oberkörper des Seepferdchens erinnern an ein kleines Pferd. Die 12 bis 18 cm großen Tierchen sind aber eine Fischgattung, deren Körper mit Knochenplatten bedeckt ist. Seepferdchen schwimmen in aufrechter Haltung zwischen den Meerespflanzen. Das Weibchen legt die Eier in der Brusttasche des Männchens ab. Dieses brütet sie darin 4 Wochen lang aus. Erst wenn die Jungen geschlüpft sind, verlassen sie die Brusttasche.

Seeräuber → Pirat.

Seestern: Seesterne gehören zur Familie der wirbellosen Tiere mit Stacheln. Sie leben im Meer. Es gibt ungefähr 1 500 Arten, die 3 cm bis 1 m groß sind. Die meisten haben fünf Arme, manche haben sieben. Durch Einsaugen und Auspressen von Flüssigkeit können sie sich mit den Saugfüßchen an der Unterseite ihrer Arme fortbewegen. Seesterne können wunderschön rot oder bläulich sein, andere sind gelblich oder braun. Verloren gegangene Arme können sich ziemlich schnell neu bilden.

Segelschiff: Rudern ist mühsam, vor allem bei großen Schiffen. Das merkten die Ägypter wohl schon vor rund 6 000 Jah-

Segelschulschiff Gorch Fock

Wo hat der Seestern seinen Mund?

Der Seestern ernährt sich von Muscheln und kleinen Krebsen. Aber wie, das sieht man nicht. Sein Mund befindet sich nämlich auf der Unterseite des Seesterns. Zum Essen stülpt er seinen Magen über seine Beute. Mit seinen Saugnäpfen kann er dann kleine Muscheln aufmachen und verspeisen.

ren. Deshalb spannten sie bei Rückenwind ein rechteckiges Segel als Hilfsantrieb auf ihren Ruderschiffen aus. Aber erst seit etwa 800 Jahren baute man in Europa große Segelschiffe mit mehreren Masten und Segeln zur Überquerung der Ozeane. Heute ist Segeln nur noch bei Segelschulschiffen und Sportbooten verbreitet.

sehen ➔ Auge.

Seide wird schon seit ungefähr 5 000 Jahren in China hergestellt. Man nutzt die Fäden, mit denen die Seidenraupe ihren Kokon (= die ➔ Puppe der Seidenraupe) spinnt. Lange Zeit wurde die Herstellung von Seide als ein großes Geheimnis bewahrt. Ertappte Verräter wurden mit dem Tod bestraft. Erst nach und nach verbreitete sich die Seidenherstellung im ➔ Abendland.

Seilbahn: Normale Eisenbahnen können keine steilen Hänge befahren. Die Räder würden durchdrehen. Deshalb baut man *Standseilbahnen,* deren stufenförmige Wagen auf Schienen laufen und an einem dicken Stahlseil hochgezogen und heruntergelassen werden. Auch *Seilschwebebahnen* haben Zugseile, aber keine Schienen. Ihre Kabinen haben oben an einem Arm kleine Räder, die auf einem gespannten Seil laufen. So überquert man auch Schluchten.

Seilschwebebahn

Sekte: In allen wichtigen Religionen haben immer wieder einige Mitglieder die Lehre anders verstanden und sich in kleinen Gruppen abgesondert. Solche Gruppen nannte man Sekten. Heute nennt man so eigentlich nur noch religiöse Gruppen, die auf ihre Mitglieder starken Druck ausüben: So musst du dich verhalten, so musst du dich kleiden, das ist gut und das ist böse, dieses Oberhaupt darfst du nicht kritisieren … Vorsicht vor solchen Gemeinschaften!

Sesamstraße heißt eine Fernsehsendung für Vorschulkinder, die es schon gab, als deine Eltern klein waren. Vielleicht kommt der Name von der Zauberformel »Sesam, öffne dich«, denn alle Kinder sind verzaubert, wenn Samson, Tiffy, Ernie, Bert und das gefräßige Krümelmonster den Kindern Rechnen und Lesen beibringen und die Welt erklären!

Seuche, so nennt man eine ansteckende Krankheit, die sich sehr schnell verbreitet. Im Mittelalter gab es oft Seuchen: Hygiene in unserem Sinne war noch nicht bekannt. Unrat und Kot wurden einfach auf die Straße geworfen und Ratten verbreiteten sich überall. Die Ratten brachten Flöhe mit sich. Diese übertrugen die Krankheit *Pest,* eine furchtbare Seuche, an der viele Menschen starben. Auch heute noch gibt es in besonders armen Ländern Seuchen. Man kann sich jedoch mit Impfstoffen vor vielen Krankheiten schützen.

Sexualität ist die körperliche Beziehung zwischen Lebewesen. Dabei sind die Geschlechtsorgane sehr wichtig. Ohne die sexuelle Anziehung würden sich Lebewesen nicht fortpflanzen. Sexuelle Anziehung bei Menschen gibt es meistens, aber nicht nur, zwischen → Mann und Frau. Sie gehört zu den schönen Dingen im Leben.

Sieben Weltwunder nennt man die Bau- und Kunstwerke, die im → Altertum schon berühmt waren:
1. die ägyptischen → Pyramiden bei Gizeh: 137 m, 136 m und 62 m hoch,
2. die Hängenden Gärten der Königin Semiramis in Babylon: eine terrassenförmige Gartenanlage mit Bewässerungssystem,
3. der Tempel der Artemis in Ephesus, einer Stadt im alten Griechenland (heute in der Türkei): 133 m lang und 69 m breit,

Der Koloss von Rhodos

4. die Zeusstatue des Bildhauers Phidias in Olympia: Sie bestand aus Elfenbein und Gold,
5. das Mausoleum in Halikarnassos: ein 46 m hohes Grabmal,
6. der Koloss von Rhodos: eine 35 m hohe Bronzefigur an der Hafeneinfahrt von Rhodos. Schiffe konnten zwischen den Beinen der Figur hindurchfahren,
7. der Leuchtturm von Pharos bei Alexandria (Ägypten): 136 m hoch.

Von diesen Weltwundern sind heute nur noch die Pyramiden bei Gizeh erhalten geblieben.

Silber ist ein Edelmetall und wird deshalb gern für Schmuck und besondere Münzen oder Medaillen verwendet. Es ist sehr schwer: Ein Silberwürfel mit 10 cm Kantenlänge würde über 10 kg wiegen! Reines Silber ist sehr weich, schön weiß glänzend und lässt sich fein polieren. In der Natur findet man es in Silbererzen, selten sogar in reiner Form. Das meiste Silber kommt heute aus Mexiko.

Skalp: Ein Skalp ist die abgezogene Kopfhaut mit den Haaren des Feindes. Die Kräfte des Besiegten sollten so auf den Sieger übergehen. Schon bevor Amerika besiedelt wurde, haben europäische Völker und Stämme die besiegten Feinde skalpiert. Während des Krieges der Franzosen und Engländer mit den Indianern gaben die Gegner ihren Kriegern jeweils eine Belohnung für den Skalp des Feindes.

Skateboard: Erstmals war das Skateboardfahren vor fast 40 Jahren in Amerika modern. Fast jeder Jugendliche konnte sich für die 60 bis 70 cm langen Rollbretter begeistern, und die Straßen und Plätze waren von Skateboard-Artisten bevölkert. Doch die Bewegung hielt nicht sehr lange an und schlief zwischendurch fast völlig ein. Neuerdings ist Skateboarden aber wieder modern geworden, und man findet Trendläden, die Skateboards und Skaterbekleidung anbieten.

Skelett heißt das Gerüst, das den Körper von Menschen und Tieren stützt. Manche Tiere haben ein Außenskelett aus Chitin, das wie eine Schale z. B. den Körper der Käfer stützt. Menschen, Säugetiere, Vögel und Fische haben ein Innenskelett aus Knochen und Knorpel. Das menschliche Skelett besteht aus etwa 200 Einzelknochen. Gesunde Menschenknochen sind so elastisch wie Eichenholz und so druckfest wie Sandstein. Manche Knochen nennt man auch *Bein*. Schau dir das Bild auf Seite 280 an!

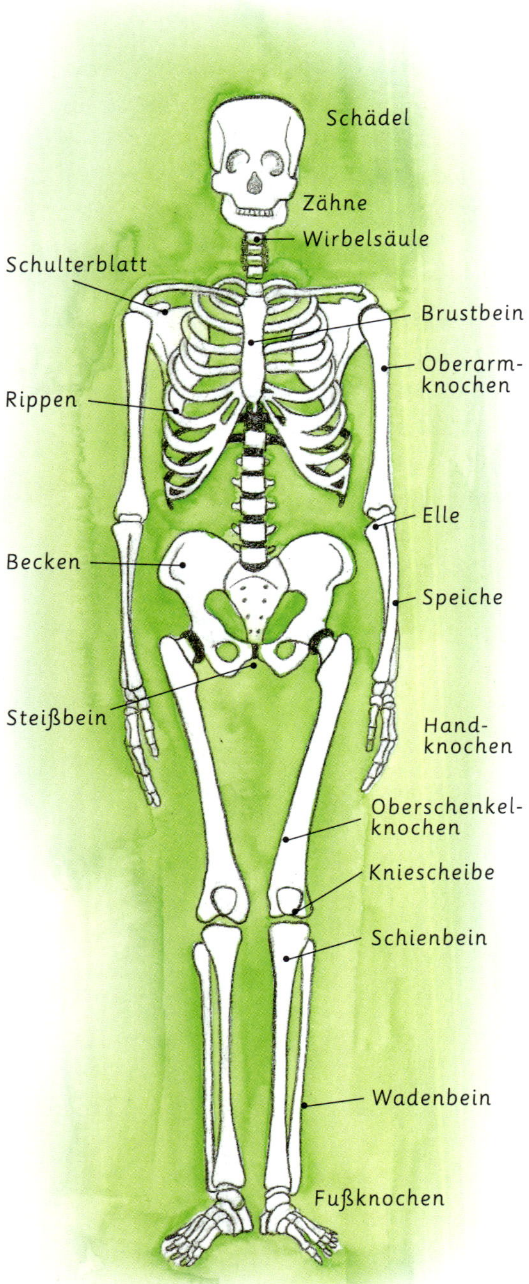

Das menschliche Skelett

Skifahren: Schon vor 3 000 Jahren haben sich Menschen schnell auf langen, dünnen Brettern bewegt, den Skiern. In den Alpen hat man mit dem Skifahren erst vor hundert Jahren angefangen. Diese Skisportarten kennst du sicher: Abfahrtslauf, Slalom und Skispringen. Eine der gesündesten Sportarten ist der Langlauf, bei dem weite Strecken zurückgelegt werden. Heute gibt es sogar Wettkämpfe im akrobatischen Skifahren!

Mit Skiern kann man schnell fahren.

Mit breiten Schneeschuhen kann man im Schnee gehen.

Skinhead (man spricht das *skinhäd)* ist ein Wort aus dem Englischen. Man nennt so jemanden mit kahl geschorenem Kopf, Bomberjacke und schweren Schnürstiefeln. Ein Skinhead ist selten allein. Er gehört zu einer Gruppe, in der er sich stark fühlt.

Sklave: Menschen, die wie Tiere verkauft wurden, die keine Rechte hatten, nannte man Sklaven. Ihre leidvolle Geschichte begann schon vor ein paar Tausend Jahren in Ägypten. Die Ägypter zwangen Kriegsgefangene zum Bau der Pyramiden. Auch im alten Rom gab es Sklavenmärkte. Noch zu Anfang des 19. Jahrhunderts blühte der Sklavenhandel in Amerika: Aus Afrika verschleppte Menschen wurden unter grausamen Bedingungen auf den riesigen Plantagen des Südens von Nordamerika eingesetzt. Erst nach dem amerikanischen Bürgerkrieg 1861–1865 wurde dem ein Ende gesetzt.

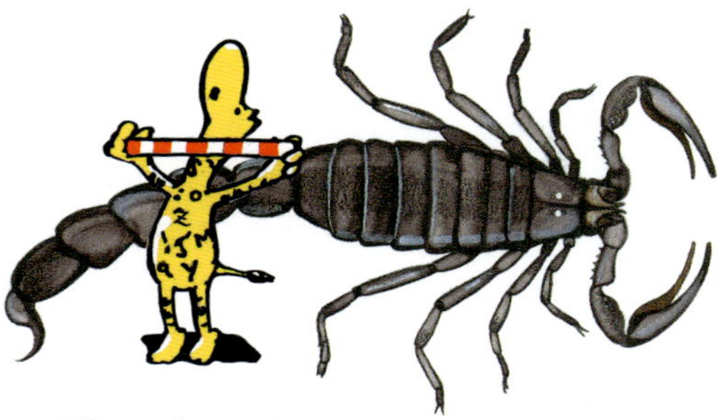

Skorpione kommen nur in warmen und trockenen Regionen vor. Sie gehören zu den Spinnentieren und jagen Insekten und kleine Spinnen. Dazu packen sie ihre Beute mit den Scheren und betäuben sie mit ihrem Giftstachel, der sich am Hinterleibsende befindet. Einige Arten können bis zu 18 cm lang werden. Ihr Gift ist auch für den Menschen gefährlich.

Slum: Viele Leute träumen vom schönen Leben in der Stadt. Sie verlassen ihre Heimat und reisen in die Großstädte wie viele Tausend andere. Aber Arbeit gibt es nur wenig, Wohnungen sind teuer. Sie ziehen oft in alte Häuser, die meist abbruchreif sind, oder sie bauen sich am Rande der Stadt eine Hütte aus Plastik, Wellblech oder Brettern. Es gibt keine Straßen, kein fließendes Wasser, keine Toilette und Müllabfuhr. Berge von Abfall, stinkende Gräben mit Abwasser, Krankheiten und Gewalt gehören zum Alltag. Sie wohnen in einem Slum (man spricht das *slam*).

Smileys, auch *Emoticon* genannt, werden im Internet oder in der elektronischen Post verwendet. Sie sind aus mehreren Zeichen zusammengesetzt und sollen etwas über den Benutzer aussagen. Du kannst sie lesen, indem du den Kopf zur linken Seite neigst. Der häufigste Smiley :-) zeigt ein lächelndes Gesicht.

Smileys

:-) Benutzer ist freundlich.
:-(Benutzer ist traurig.
8-) Benutzer trägt eine Sonnenbrille.
R-) Benutzer trägt eine zerbrochene Sonnenbrille.
@-) Benutzer trägt einen Turban.
:+) Benutzer hat eine große Nase.
(-) Benutzer braucht einen Haarschnitt.
*<|:o)> der Nikolaus
P-) ein Pirat
(-: Benutzer ist Linkshänder.

Smog: Dieses Kunstwort wurde aus den englischen Wörtern *fog* (Nebel) und *smoke* (Rauch) gebildet. Smog entsteht oft, wenn sich im Herbst oder Frühling in Tälern oder Buchten warme Luftschichten über kalte schieben. Dann können die → Abgase von Heizungen, Fabriken und Autos nicht abziehen. Sie mischen sich mit feuchtem Nebel und werden sehr schädlich für die Gesundheit.

SMS ist die Abkürzung für *Short Message Service*, auf Deutsch »Kurznachrichten-Dienst«. Das ist ein Angebot der Mobilfunk-Anbieter, das es ermöglicht, eine kurze schriftliche Nachricht von einem → Handy zum anderen zu schicken. Dazu muss man den Text über die Nummerntasten des Telefons eingeben.

Snowboard (man spricht das *snoubord)*: Die ersten Snowboards wurden schon vor 20 Jahren auf den Pisten bewundert: breite Skibretter, auf denen man mit beiden Beinen steht. Nach und nach entwickelten sich Wettkampfdisziplinen, und es wurden verschiedene Meisterschaften ausgetragen. Heute gibt es schon fast so viele Snowboarder wie Skifahrer und das Interesse an dem nicht mehr ganz so neuen Sport wächst von Jahr zu Jahr.

Software (man spricht das *zoftwär)* ist das, was du bei einem → Computer nicht anfassen kannst. Es sind die unzähligen Befehle, die den Computer laufen lassen. Und wenn zufällig ein Befehl nicht richtig ist, hört der Computer auf zu arbeiten. Er hat sich *aufgehängt* oder er ist *abgestürzt,* sagen Fachleute.

Die Sojapflanze wird bis 2m groß.

Soja enthält viele für den Menschen wichtige Eiweiße und wird deshalb oft als Ersatz für Fleisch oder Milch verwendet (→ Essen und Trinken). Aus der Sojabohne kann man eine Art Milch gewinnen, aus der dann ein Sojakäse hergestellt wird: *Tofu.* Sojaprodukte werden von Menschen bevorzugt, die auf tierisches Eiweiß verzichten wollen oder müssen. Soja wird hauptsächlich in Asien angebaut.

Solarenergie → S. 284/285.

Sommersprossen haben manche gar nicht, manche nur auf der Nase, andere zum Beispiel auch auf den Armen – eben überall da, wo die Haut der Sonne ausgesetzt wird. Da sprießen sie dann, die kleinen niedlichen bräunlichen Hautflecken. Der Grund: Die Farb-

pigmente unter der Haut verteilen sich nicht gleichmäßig, sondern in Flecken. Das ist meist bei hellhaarigen Menschen so. Sommersprossen sind harmlos! Wer sie nicht will, sollte sich vor Sonnenlicht schützen.

Sonne: Unsere Sonne ist eine riesige selbstleuchtende, glühende Gaskugel. So etwas nennt man auch *Fixstern*. Sie wird von der Erde und acht anderen ➔ Planeten umkreist. Die Sonne ist fast eine und eine halbe Million mal so groß wie die Erde. Auf ihrer Oberfläche ist es ungefähr 5 700 °C heiß. Dadurch versorgt sie mit ihrer Strahlung die Erde mit Energie in Form von Wärme und Licht. Ohne die Sonne gäbe es kein Leben auf der Erde.

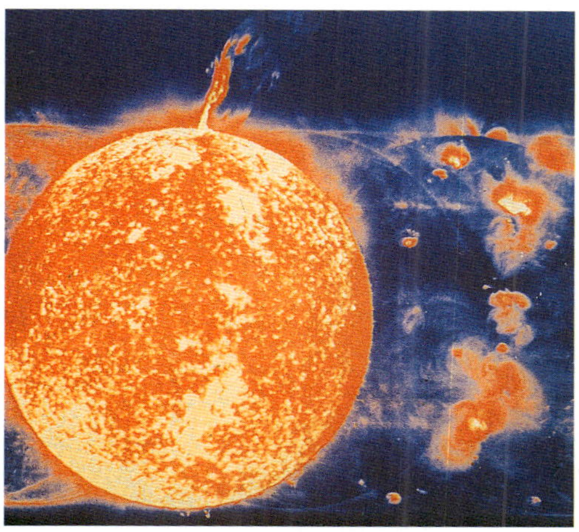

Satellitenaufnahme von der Sonne

SOS-Kinderdorf: Kinder ohne Eltern nennt man *Waisen*. Wenn sich sonst niemand um sie kümmert, werden sie in Waisenhäusern versorgt. *Hermann Gmeiner* fand aber, jedes Kind braucht eine Mutter, und

Fortsetzung auf S. 286

Was passiert bei einer Sonnenfinsternis?

Eine Sonnenfinsternis findet stets dann statt, wenn der Mond einen Schatten auf die Erde wirft. Dann ist das Sonnenlicht auf einem Teil der Erde auch bei Tag nicht sichtbar. Das kannst du im Experiment sehen: Stelle mit Hilfe von Knetmasse eine Pappscheibe mit 3 Löchern auf den Tisch. Das sind Orte auf der Erde. Eine Kerze im Halter stellst du 40 cm hinter die Pappscheibe. Das ist deine Sonne. Den Mond baust du aus einem Tischtennisball auf einem Nagel in Knetmasse. So steht auch er auf dem Tisch. Schau durch eines der Löcher zur Kerzensonne hin und schiebe den Mond zwischen Kerze und Pappe. Auf einmal siehst du die »Sonne« nicht mehr, weil der »Mond« einen Schatten auf deinen Ort wirft. Es ist Sonnenfinsternis!

ist Energie, die von der Sonne kommt. Davon gibt es unvorstellbar viel. Auf die Erde treffen durch die Sonnenstrahlen jedes Jahr rund 750 Billiarden Kilowattstunden. Das ist eine Zahl mit 16 Nullen. Man könnte damit 14 270 Billionen 60-Watt-Glühlampen dauernd leuchten lassen. Leider kann man die Energie der Sonne nicht jederzeit und überall leicht nutzen. Man kann sie weder ein- noch ausschalten noch hin- und hertragen.

Elektrische Energie ist beliebter, weil man sie Tag und Nacht bereithalten und leicht mit ➔ Kabeln vom Elektrizitätswerk in jedes Haus bringen kann. Im Haus wird sie wieder umgewandelt in Licht, Wärme oder die Bewegung von Motoren. Doch ohne die Sonne könnte man nur ➔ Kernenergie in elektrische Energie umwandeln. Das kommt daher, dass alle anderen Energiearten ursprünglich von der Sonne kommen.

Ohne Sonne keine **Wasserkraftwerke:** Das Wasser für die Wasserkraftwerke kann nur abwärtsfließen, weil die Sonne es zunächst über Meeren, Seen und Flüssen zu Wolken verdunsten lässt. Danach treibt der Wind die Wolken über das Land. Das Wasser kommt so als Regen und Schnee in die Berge und Flüsse zurück. Während es abwärtsfließt, kann es Turbinen in Wasserkraftwerken antreiben und so elektrische Energie erzeugen.

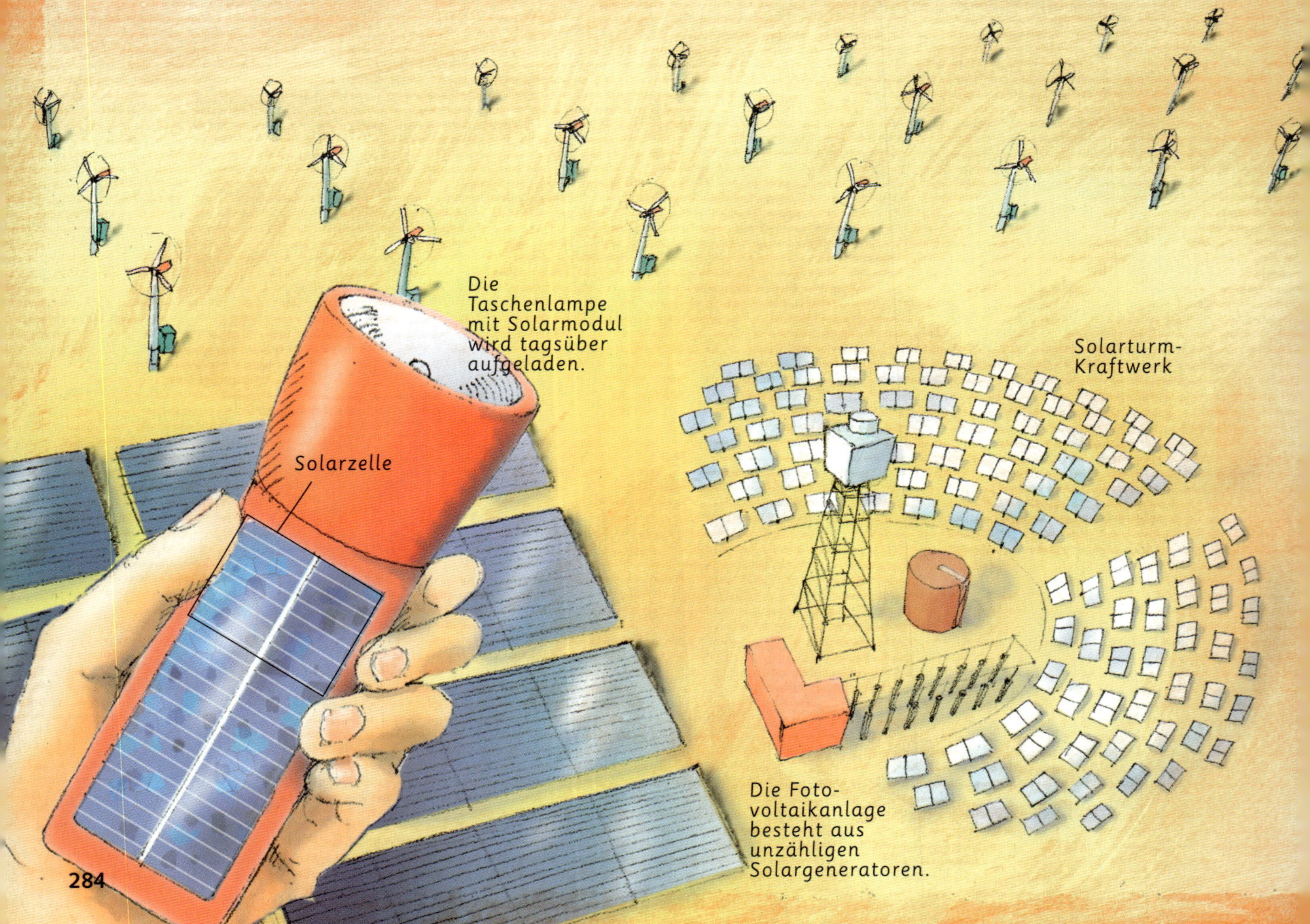

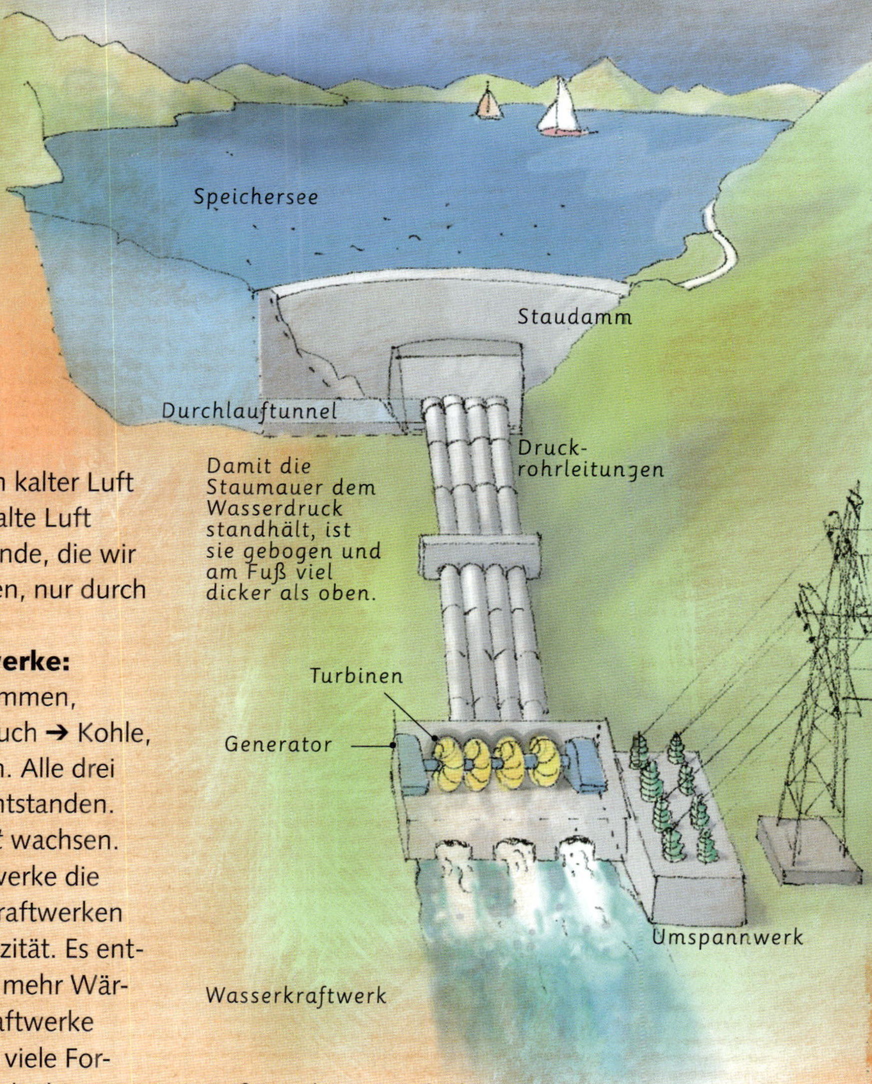

Wasserkraftwerk

Ohne Sonne keine **Windkraftwerke:** Generatoren kann man auch mit einem starken Windrad antreiben, um elektrische Energie zu bekommen. Solche Einrichtungen heißen *Windkraftanlagen*. Doch wer sorgt für den ➔ Wind? Die Sonne wärmt unsere ➔ Atmosphäre auf. Warme Luft steigt in kalter Luft nach oben. Von unten strömt kalte Luft nach. So entstehen auch die Winde, die wir mit den Windkraftwerken nutzen, nur durch die Energie der Sonne.

Ohne Sonne keine **Heizkraftwerke:** Um elektrische Energie zu bekommen, kann man in Heizkraftwerken auch ➔ Kohle, ➔ Erdöl oder Erdgas verbrennen. Alle drei sind aus Pflanzen oder Tieren entstanden. Die konnten nur im *Sonnenlicht* wachsen. Also nutzen auch die Heizkraftwerke die Energie der Sonne. Bei diesen Kraftwerken entsteht jedoch nicht nur Elektrizität. Es entstehen auch ➔ Abgase und viel mehr Wärme, als man in der Nähe der Kraftwerke brauchen kann. Deshalb tüfteln viele Forscher daran, die Sonnenenergie direkt in Elektrizität oder Wärme umzuwandeln.

Sonnenenergie ohne Umwege: Sonnenkollektoren können zum Beispiel Wasser wärmen. Lies nach auf Seite 86: Heizung für das Freibad.

Solarofen nennt man eine Anlage, in der mit Spiegeln viel Sonnenlicht auf einen Punkt gelenkt wird. Dadurch kann man sehr hohe Temperaturen erreichen. Auch so lässt sich Dampf für Kraftwerke erzeugen.

Solarzellen liefern elektrische Energie direkt aus Sonnenlicht. Sie bestehen aus zwei äußerst dünnen Schichten aus Silizium. Das gewinnt man aus Quarzsand. Durch die Sonnenstrahlen wird in den Solarzellen elektrische Energie frei. Man kann die Zellen wie ganz schwache Taschenlampenbatterien benutzen. Drei zusammen haben etwa die gleiche Spannung (1,5 Volt). Mehrere zusammengeschaltete Solarzellen nennt man ein *Solarmodul*. Viele Module ergeben zusammen einen *Solargenerator*. Die Umwandlung von Sonnenlicht in elektrische Energie nennen die Fachleute *fotovoltaisches Verfahren*.

Waisenhäuser sind kein guter Platz für Kinder. Er gründete deshalb 1949 das erste SOS-Kinderdorf in Imst in Tirol. Dort leben jeweils 5 bis 10 Kinder mit einer Kinderdorfmutter wie eine Familie zusammen in einem Haus. Inzwischen gibt es auf der ganzen Welt über 400 SOS-Kinderdörfer und über 1 000 ähnliche Einrichtungen, in denen Menschen betreut werden.

sozial: Du denkst nicht nur an dich selbst, sondern kümmerst dich um deine Mitmenschen? Dann bist du sozial eingestellt. Menschen sind von Natur aus soziale Wesen. Sie können eigentlich nur in Gruppen leben, in einer Gemeinschaft, in der die verschiedenen Aufgaben verteilt werden. Ein *Sozialstaat* ist ein ➔ Staat, der seine Bürger in der Not nicht alleinlässt. Er gibt ihnen zum Beispiel *Sozialhilfe,* das Allernötigste, was sie zum Leben brauchen.

sparen: Wasser kannst du sparen – aber nicht, indem du es in eine Spardose steckst! In diesem Fall bedeutet sparen: wenig verbrauchen. Sparen sagt man jedoch meistens, wenn es ums Geld geht. Falls man Geld hat, sollte man nicht alles ausgeben, sondern einiges auf einem Sparkonto bei der ➔ Bank aufbewahren. Man bekommt ➔ Zinsen dafür. Man spart, um sich später etwas Besonderes kaufen zu können oder als Vorsorge für alle Fälle.

Spatz sagen die meisten Menschen zum ➔ Sperling.

Specht: Während der Paarungszeit ist das Hämmern der Spechte im Wald zu hören. Mit ihrem harten Schnabel klopfen sie in schneller Folge auf die Stämme. Damit grenzen sie ihr Revier ab und locken Weibchen herbei. Sie meißeln mit ihrem Schnabel auch Bruthöhlen in alte Bäume und holen sich Insekten aus der Rinde oder knacken Samen, die sie vorher eingeklemmt haben. Der Buntspecht wird etwa 23 cm groß und der Grünspecht sogar 32 cm.

Mit Hilfe von Krallen und Stützschwanz kann der Specht aufrecht am Stamm sitzen.

Sperling: Fast überall auf der Welt findet man viele Arten dieser graubraunen, tschilpenden Vögel. Sie ernähren sich von Samen, Körnern und Insekten. Weil sie so viel Getreide fressen, werden die fröhlichen *Haussperlinge* oft als Schädlinge betrachtet. Im Mittelalter wurde ihr Kot als Mittel gegen Zahnweh und Sommersprossen verwendet!

Spiele ➔ S. 287.

Dartspiel

Im Spiel das Leben lernen

Überall auf der Welt spielen Kinder und Erwachsene. Gespielt wurde schon immer. Kinder lernen durch Spielen: Mit ➔ Puppen oder mit Werkzeugen üben sie Verhaltensweisen ein. In Rollenspielen erproben sie den Umgang mit anderen Menschen. Kinder und Erwachsene brauchen Spiele, um sich zu entspannen und zu erholen. Fast immer waren Spiele eine Beschäftigung für mindestens zwei Menschen. Durch Computerspiele hat sich das geändert.

Denk- und Geschicklichkeitsspiele

Auf der ganzen Welt kennt man Karten- und Brettspiele. Eines der ältesten Brettspiele ist das *Spiel von Ur.* Es wurde vermutlich schon vor 4500 Jahren im biblischen Ur gespielt: 7 Spielsteine werden über 20 Felder des Spielfeldes geführt.

Mancala spielten vor vielen Tausend Jahren und spielen heute noch Menschen in den verschiedensten Teilen der Welt: Als Spielfeld dient ein Ton- oder Holzbrett mit 12 Spielmulden. Afrikanische Kinder graben diese Mulden einfach in die Erde. Spielsteine sind Erbsen, Bohnen oder Steine. Als königliches Spiel gilt ➔ Schach. Es ist wohl schon im 7. Jahrhundert in Indien entstanden und wurde manchmal auch mit lebendigen Figuren gespielt.

Große Bedeutung haben auch Geschicklichkeits- und Geduldsspiele mit Murmeln, Bällen, Seilen, Reifen, Pfeilen oder auf dem Rücken von Tieren. Und die Menschen messen sich sogar miteinander: Wer spielt besser? Wettkämpfe aller Art werden weltweit ausgetragen, zum Beispiel die ➔ Olympischen Spiele.

Geschicklichkeitsspiel mit einer Schnur

Hüpfspiel

Boccia

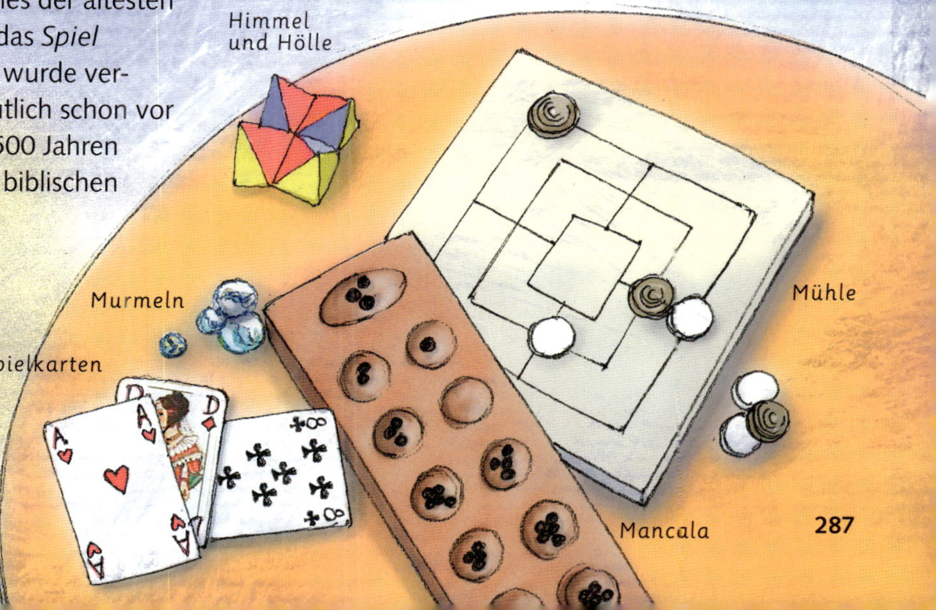

Himmel und Hölle

Murmeln

Spielkarten

Mühle

Mancala

Spinne: Spinnentiere haben acht Beine. Sie besitzen im Gegensatz zu den Insekten keine Flügel und Fühler. Sie haben auch keine Netzaugen, sondern acht Punktaugen. Wir unterscheiden zwei große Gruppen: die angriffslustigen Jagdspinnen, die ihre Beute im Lauf oder Sprung erlegen, und die Spinnen, die ihre Beute im Netz fangen.

Spion: 1. Ein Spion, ein heimlicher Kundschafter, versucht, geheime Nachrichten an jemanden weiterzugeben, der sie eigentlich nicht bekommen sollte. Verfeindete Länder versuchen, sich gegenseitig durch Spione auszuhorchen. Manchmal werden auch Erfindungen ausspioniert und verraten. Das nennt man *Industriespionage.* **2.** Ein Guckloch an Zellentüren im Gefängnis oder an der Wohnungstüre nennt man auch Spion.

Sport bezeichnet alles, was ein Mensch tut, um seine körperlichen Fähigkeiten zu fördern. Die Menschheit hat schon immer Sport getrieben, am Anfang nur aus Freude oder als Vorbereitung für Jagd und Krieg, zum Beispiel Bogenschießen und Speerwerfen. Den modernen Sport mit festen Regeln haben vor fast 100 Jahren die Engländer erfunden. Deshalb benutzt man im Sport so viele englische Wörter, zum Beispiel Trainer, Foul, fair, kicken, stoppen, boxen, Start. Auf jeden Fall ist Sport gesund und wird deshalb auch in Schulen unterrichtet.

Wie fangen Spinnen ihre Beute?

Die Kreuzspinne baut ein sehr kunstvolles Netz: Zunächst spannt sie drei Fäden zu einem Dreieck. Danach zieht sie viele Quer- und Längsfäden ein. So ein dünner Faden einmal um die Erde gespannt, würde weniger wiegen als ein Apfel. Innen wird dann ein klebriger Faden spiralförmig eingebaut. Da die Spinne sich nur auf den Rahmenfäden und den Speichen bewegt, bleibt sie selbst nicht kleben. Wenn das Netz fertig ist, hängt die Spinne mit dem Kopf nach unten und wartet auf Insekten. Hat sich ein Beutetier im Netz verfangen, stürzt sie schnell herbei, schlägt ihren Oberkiefer in das Tier und tötet es mit ihrem Gift. Dann spinnt sie die Beute mit vielen Fäden ein, träufelt Speichel in das Beutetier, um die Weichteile aufzuweichen, und saugt es aus.

Sprache: Eine Sprache ist eine bestimmte Zusammensetzung von Lauten. Mit ihr kann man sich innerhalb einer Gruppe von Menschen verständigen. Es gibt ungefähr 3 000 Sprachen auf der ganzen Welt. Die meistgebrauchten sind Chinesisch, Englisch und Spanisch.

Sprichwort: *Der Apfel fällt nicht weit vom Stamm* sagen die Leute, wenn du etwas so ähnlich machst wie deine Eltern. Meistens drückt sich in so einem Sprichwort eine alte Erfahrung aus: Kinder verhalten sich oft ähnlich wie die Eltern. Ein anderes Sprichwort-Beispiel findest du bei ➔ Hebel!

Squash (man spricht das *skwosch)* ist ein Ballspiel für zwei Spieler. Mit einer Art Tennisschläger und einem Weichgummiball spielen sie gegen eine Wand.

Staat: Auf der Welt gibt es über 190 Staaten, große und kleine. Manche von ihnen sind demokratisch (➔ Demokratie). Die Menschen, die in diesen Staaten leben, leben freiwillig dort und wählen ihre Regierung selbst. Staaten, in denen Herrscher unbeschränkte Macht haben, nennt man ➔ Diktaturen. Häufig bestimmt hier das Militär mit Gewalt, wer das Land regieren darf. Jeder Bürger eines Staates hat eine *Staatsangehörigkeit:* meistens dieselbe wie seine Eltern. Die Staatsangehörigkeit ist wichtig, wenn man zum Beispiel für längere Zeit in einem Staat leben oder arbeiten möchte. Auch heiraten kann man nur, wenn man seine Staatsangehörigkeit nachweisen kann.

Staatsanwalt: Bei ➔ Gericht gibt es einen Anwalt, der die Rechte des Staates vertritt. Wenn jemand ein Gesetz verletzt hat, klagt der Staatsanwalt ihn an und versucht, ihm die Tat nachzuweisen. Er beantragt eine entsprechende Strafe Staatsanwälte müssen mehrere Jahre lang an der Universität die Gesetze studieren. Man nennt das *Jurastudium.*

Stachelschweine haben eigentlich überhaupt nichts mit Schweinen gemeinsam, denn man zählt sie zur Familie der Nagetiere. Zum Schutz gegen Feinde hat sich ihr Rückenfell zu Stacheln umgewandelt, die sie bei Bedarf aufrichten können.
In Europa ist nur das Erdstachelschwein heimisch.

Stadt: Eine Stadt ist eine größere Wohnsiedlung. Große Städte gab es schon im Altertum und im Mittelalter, aber die industrielle ➔ Revolution im neunzehnten Jahrhundert führte zum schnellen Anwachsen der Städte, denn jeder wollte da wohnen, wo es Arbeit und Lohn gab. Eine Stadt ist wie ein kleiner ➔ Staat und muss auch regiert werden. Dafür wählen die Bürger einen *Bürgermeister* und *Stadträte*. Die Hauptstadt eines Staates ist nicht immer die größte Stadt.

Die älteste Stadt der Welt

ist Jericho. Sie liegt in Palästina 250 Meter unter dem Meeresspiegel und ist somit auch die am tiefsten liegende Stadt der Erde. Bei Ausgrabungen hat man immer wieder Ruinen der vorherigen Siedlung gefunden. Die ältesten Reste stammen aus der Zeit 9 000 vor Christus, sind also etwa 11 000 Jahre alt. Um die Stadt zog sich eine 6 Meter hohe Festungsmauer mit einem Turm von ungefähr 9 Meter Höhe und fast 10 Meter Durchmesser.

Stahl ist besonders behandeltes oder veredeltes Eisen, das man schmieden, walzen oder pressen kann. *Edelstahl* enthält neben Eisen andere ➔ Metalle, die ihn zum Beispiel rostfrei machen. Edelstahl rostet nicht mehr, wenn er mehr als ein Achtel des Grundstoffes Chrom enthält.

Star: 1. Der metallisch schwarz glänzende Singvogel mit den weißen Tupfen fängt Insekten im Flug. Er macht sich oft recht unbeliebt, wenn er in Schwärmen über Kirschbäume oder Weinreben herfällt. Dafür aber gilt er als nützlich, wenn er Raupen und Schnecken frisst. Der gelehrigste Star ist der schwarze *Beo*. Er lernt sehr gut sprechen. **2.** Ein bekannter Sänger oder Sportler ist für seine Fans ein umjubelter Star. Dieses Wort stammt aus dem Englischen und bedeutet *Stern.* **3.** Auch eine Augenkrankheit nennt man Star. Es gibt den *grauen* und den *grünen* Star. Der grüne ist gefährlich, weil man blind werden kann.

Star Wars ist englisch und heißt übersetzt »Krieg der Sterne«. Das ist der Titel von bisher fünf zusammenhängenden ➔ Sciencefiction-Filmen des amerikanischen Filmregisseurs George *Lucas*. Die ersten drei Teile erschienen um 1980. Sie erzählen, wie Luke Skywalker mit seinen Freunden in der Zukunft gegen Darth Vader und die Macht des Bösen kämpft. Drei neue Teile kamen 1999, 2002 und 2005 heraus und berichten, wie es zu diesen Ereignissen kam.

Staudamm: Staudämme baut man, um Bäche oder Flüsse an ihrem Lauf zu hindern. Häufig werden sie als Talsperren angelegt. Man baut quer durch ein Tal eine dicke Mauer oder einen ➔ Damm aus

Glen-Canyon-Staudamm in den USA

riesigen Steinbrocken. Dahinter bildet sich dann ein Stausee. Das Wasser kann man für die Versorgung mit Trinkwasser nutzen oder durch riesige Rohre ins Tal stürzen lassen. Dort treibt es Turbinen und ➔ Generatoren in ➔ Kraftwerken an.

Steinbock: Diese Wildziegenart kann gut klettern und springen. Steinböcke leben im Gebirge zwischen der Baum- und Schneegrenze in kleinen Herden zusammen. Die Böcke schließen sich dem Rudel allerdings nur während der Brunftzeit (= Paarungszeit) an. Sie tragen nach hinten gebogene Hörner, die bis zu 100 cm lang werden können. Steinböcke waren schon fast ausgestorben. Sie konnten in Reservaten – das sind Schutzgebiete – wieder angesiedelt werden.

Steinzeit ➔ S. 292.

Steppe: Eine Steppe ist meistens eine weite Ebene, die mit Gras oder Sträuchern bewachsen ist. Bäume sind in Steppen selten, weil es oft zu trocken für sie ist. Die ungarische *Puszta*, die nordamerikanische *Prärie* oder die argentinische *Pampa* in Südamerika sind Steppen. Die *Tundra* im Norden Asiens ist eine Kältesteppe. Für große Bäume ist die warme Jahreszeit dort zu kurz.

sterben ➔ Tod.

Stern: Fixsterne – so heißen Sterne richtig – sind im Weltraum riesige Kugeln aus glühendem Gas. Unser nächster Fixstern ist die ➔ Sonne. Wir können mit bloßem Auge über 6 000 Sterne im Weltraum erkennen. Von Sternwarten aus sieht man mit Fernrohren noch viel mehr. Seit dem Altertum stellt man sich vor, einige Sterne würden Sternbilder ergeben und das Schicksal der Menschen bestimmen (➔ Astrologie). Viele Sterne werden von nicht selbst leuchtenden ➔ Planeten umkreist. ➔ Warum funkeln die Sterne? S. 293.

STEINZEIT

Mit der Steinzeit beginnt die Menschheitsgeschichte (wenn du wissen willst, was vorher war, lies nach bei ➔ Mensch). Vor etwa 2 Millionen Jahren lernten die Menschen, Werkzeuge und Waffen aus Steinen zu fertigen. Holz und Knochen benutzten sie bereits, aber Steine noch nicht. Sie suchten sich sehr harte Steine aus. Durch geschicktes Schlagen splitterten sie scharfe Steinteile ab und stellten so schneidende Werkzeuge und Waffen her: Faustkeile, Schaber, Stichel und Spitzen.

Man unterscheidet 3 größere Zeitabschnitte:

- die Altsteinzeit begann etwa 2 000 000 Jahre vor Christus bis 10 000 vor Christus,
- die Mittelsteinzeit um 10 000 bis 5 000 vor Christus,
- die Jungsteinzeit um 5 000 bis 1 800 vor Christus.

Am Anfang der Steinzeit waren die Menschen Jäger und Sammler. Sie suchten in Höhlen Schutz vor Kälte und Nässe. Im Laufe der Altsteinzeit entwickelten sich die Menschen zu sesshaften Viehzüchtern und Ackerbauern. Sie begannen, Häuser zu bauen aus Holz und aufgeschichteten Knochen, die Dächer waren aus Fell.

Von der Mittelsteinzeit weiß man, dass die Menschen religiöse Feierstätten hatten und ihre Toten sorgfältig bestatteten.

In der Jungsteinzeit bauten die Menschen Getreide an, züchteten Haustiere, stellten Kleidung her, formten Gefäße und begannen sogar, sich künstlerisch zu betätigen: Aus dieser Zeit sind sehr schöne Höhlenmalereien erhalten.

Die Steinzeit ging zu Ende, als vor etwa 6 000 Jahren in Ägypten und Asien und vor 4 000 Jahren in Europa die Menschen lernten, Metalle wie Bronze und Eisen zu bearbeiten. Damit fing die Bronzezeit an, später die Eisenzeit.

Warum funkeln die Sterne?

Schaust du im Sommer über eine heiße Asphaltstraße, so siehst du die Luft darüber zittern. Bäume und Häuser dahinter wackeln scheinbar, weil das Licht, das von Bäumen und Häusern in dein Auge fällt, in der heißen Luft abgelenkt wird. Das Licht der Sterne muss auf seinem Weg zu uns die ganze → Atmosphäre der Erde durchdringen. Dabei kommt es durch kältere und wärmere Luftschichten. Diese Luftschichten lenken das Licht ein kleines bisschen unterschiedlich von seiner Bahn ab. Dadurch scheint das Licht aus unserer Sicht hin und her zu flackern, obgleich die Sterne andauernd leuchten.

Sternschnuppe → Meteor.

Steuer: Sobald die Bürger eines Staates Geld verdienen oder ausgeben, müssen sie einen Teil davon als Steuer abgeben. Damit kann der Staat zum Beispiel Straßen bauen, Schulgebäude errichten, Lehrer und Polizisten einstellen, Politiker bezahlen, arme Menschen unterstützen (→ sozial). Es gibt verschiedene Steuern: Die eine wird direkt ans Finanzamt bezahlt, zum Beispiel die *Lohnsteuer*. Die indirekte bekommt der Staat über einen Umweg: Wenn wir etwas kaufen, enthält der Preis bereits einen Steueranteil; den leitet der Verkäufer ans Finanzamt weiter. Beispiele sind: Steuer auf Benzin, Öl, Tabak und *Mehrwertsteuer*.

Stimme: 1. Wird Atemluft nicht direkt in die Luftröhre geleitet, sondern über die Stimmbänder, so schwingen diese und erzeugen einen Klang. Singstimmen sind die besten Musikinstrumente. Bei Sängerinnen gibt es die Stimmlagen *Sopran* (hoch) und *Alt* (tief), bei Sängern *Tenor* (hoch) und *Bass* (tief). Es gibt auch Zwischenlagen wie *Mezzosopran* und *Bariton*. **2.** *Stimme* nennt man auch eine Meinungsäußerung bei einer → Abstimmung.

Stoff ist nicht nur das, woraus man Kleidung herstellt. Als Stoff bezeichnet man alles, woraus etwas besteht oder hergestellt wurde, zum Beispiel → Kunststoff. Das Fremdwort dafür heißt *Material*. Grundstoffe sind Stoffe, die in der Natur vorkommen und nicht aus anderen Stoffen zusammengesetzt sind oder hergestellt wurden, zum Beispiel Gold. Die Chemiker sagen dazu *Elemente*.

Storch: Früher konnte man auf Kirchtürmen oder hohen Dächern die großen Storchennester mit den langbeinigen Vögeln sehen. Aber Störche brauchen in ihrer Umgebung nasse Wiesen und Sümpfe, um dort mit ihrem langen roten Schnabel Eidechsen, Schlangen, Fische und Frösche fangen zu können. Durch die Trockenlegung vieler Sumpfgebiete finden sie immer weniger Nahrung. Deshalb ist der Storch in vielen Gegenden nicht mehr als Brutvogel anzutreffen. Im Winter fliegen die Störche in ihre Winterquartiere im Süden von Afrika. Im Volksglauben gelten Störche als Glücks- und Kinderbringer.

Stottern: Wie bei allen Tätigkeiten sind auch beim Sprechen Muskeln beteiligt. Wenn nun diese Muskeln falsch angesteuert werden, treten beim Sprechen Fehler auf: Man stottert. Dieser Fehler wird oft durch eine unglückliche Kindheit oder ein schreckliches Ereignis hervorgerufen.

Strauß: Dieser große Laufvogel kann nicht fliegen. Er erreicht eine Höhe bis zu 3 m und ein Gewicht von über 150 kg. Wenn er läuft, beträgt seine Schrittlänge bis zu 4 m. Dabei erreicht er eine Geschwindigkeit bis zu 70 km/h. Straußenweibchen legen die großen Eier in eine Sandmulde. Dort werden diese abwechselnd vom Männchen und Weibchen bebrütet. Die Flügel- und Schwanzfedern der Strauße sind als Schmuck sehr begehrt. Schon im ➔ Mittelalter trugen die Ritter Büsche aus diesen Federn am Helm.

Streik: Nehmen wir einmal an, Arbeiter in einer Fabrik möchten mehr Lohn haben. Die ➔ Gewerkschaften verhandeln mit den Arbeitgebern. Ohne Erfolg, diese möchten nicht mehr bezahlen. Also beschließen die Arbeiter, einige Tage lang nicht zu arbeiten. Das bringt den Arbeitgeber in Druck, denn es wird keine Ware mehr hergestellt, und deshalb kann er auch nichts verdienen. Also überlegt sich jetzt der Arbeitgeber, dass er doch lieber etwas mehr bezahlt und verhandelt noch einmal. Streik ist also eine Möglichkeit der Arbeitnehmer, ihrem Chef zu zeigen: Du brauchst uns!

Stress: Es knallt. Man verspürt höchste Aufmerksamkeit, das Herz schlägt schneller, der → Puls rast. Man ist bereit zur Flucht. Das ist Stress. Er schützt uns vor Gefahren. Ständiger Stress, zum Beispiel durch viel Arbeit, Hektik, Angst oder Überanstrengung, kann schwere Krankheiten zur Folge haben.

Strom: 1. Ein Strom ist ein großer Fluss, wie zum Beispiel die Donau oder der Rhein. **2.** Strom sagt man oft auch zur elektrischen Energie. Elektrischer Strom fließt, wenn Elektrizität transportiert wird. Und das geschieht immer dann, wenn man aus elektrischer Energie Licht, Wärme oder Bewegung von Motoren gewinnen möchte. Weil man sich diesen Transport früher wie das Strömen von Wasser vorgestellt hat, sagt man heute noch Strom.

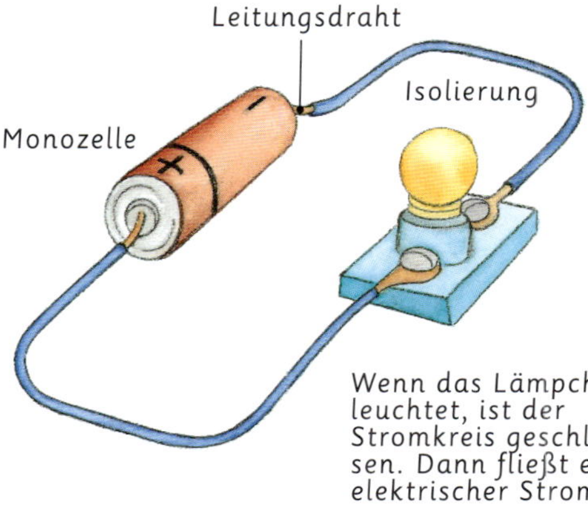

Wenn das Lämpchen leuchtet, ist der Stromkreis geschlossen. Dann fließt ein elektrischer Strom.

Was passiert bei einem Stromschlag?

Elektrische Leitungen (→ Kabel) im Haus sind geschützt. Man nennt das Isolierung. Auch Steckdosen sind geschützt, so dass man nur besondere geschützte Stecker von Geräten hineinstecken kann. Hochspannungsleitungen im Freien sind nicht geschützt. Berührt man ungeschützte Leitungen, gelangt elektrische Energie in den Körper. Der elektrische Strom, der dann fließt, bringt das Herz aus seinem → Rhythmus. Es ist, als ob es stolpert und stehen bleibt. Das ist tödlich. Dazu können noch innere Verbrennungen kommen. Stecke also niemals einen kaputten Stecker, ein schadhaftes Gerät oder ein Gerät mit schadhafter Leitung in eine Steckdose. Auch irgendwelche anderen Dinge darfst du nie einstecken. Das ist lebensgefährlich!

»Vorsicht, Hochspannung«

Suchmaschine: Nimm mal an, dass du für die Schule einen Bericht über Dinosaurier schreiben musst. Hier kann dir ein ➔ Computer und das ➔ Internet mit speziellen Suchprogrammen oder Suchmaschinen helfen: Du tippst das Wort *Dinosaurier* ein und klickst auf *Suchen.* Eine riesenlange Liste zeigt dir dann, wo es Dokumente mit Informationen über Dinosaurier gibt. Die meisten helfen dir nicht weiter. Mit etwas Übung erkennst du aber schnell die wirklich wichtigen Adressen.

Sucht: Süchtig ist man, wenn man etwas unbedingt braucht und davon nicht lassen kann. Diese Abhängigkeit kann so groß sein, dass der Körper schmerzhaft reagiert, wenn er das Mittel nicht bekommt. Am häufigsten kommt das bei Giften vor: Alkohol, Nikotin, ➔ Drogen. Man kann aber auch süchtig nach Essen sein, und sogar nicht essen kann süchtig machen (➔ Hunger), auch Spielen an Spielautomaten kann eine Sucht sein.

Ein Jugendlicher raucht Crack, ein kokainhaltiges Rauschgift

Südfrüchte: Alle obstartigen Früchte, die nur in den warmen Ländern wachsen, gehören zu den Südfrüchten: Ananas, Bananen, Orangen, Zitronen, Datteln, Erdnüsse, Feigen, Mangofrüchte und noch viele andere.

Südpol: 1. Der Südpol der Erde ist der Punkt, der auf der Südhalbkugel am weitesten vom ➔ Äquator entfernt ist. Er liegt mitten im Erdteil *Antarktis* und ist mit Gletschern vereist. Am Südpol geht die Sonne am 23. September auf. Danach scheint sie ein halbes Jahr rund um die Uhr. Am 21. März geht sie unter und es ist ein halbes Jahr lang Nacht. Vom Südpol aus gibt es nur eine Himmelsrichtung: Man kann nur nach Norden gehen.
2. In der Physik nennt man einen der beiden Pole eines ➔ Magneten Südpol.

Sudoku ist ein Zahlenpuzzle. Es besteht aus einem Quadrat, eingeteilt in neun Felder zu je neun Kästchen. Die bereits eingetragenen Ziffern, müssen so ergänzt werden, dass in jeder Zeile, jeder Spalte und jedem Feld die Zahlen 1 bis 9 nur einmal vorkommen. Für Kinder gibt es auch Vierer- und Sechser-Sudokus!

Sumpf: Manchmal lässt der Erdboden durch Lehm, Ton oder Steinschichten kein Was-

Eine typische Sumpflandschaft, die Everglades in Florida

ser versickern. Wenn das Wasser dann auch nicht abfließen kann, weil der Boden ganz eben ist oder eine Mulde bildet, bleibt die Erde feucht und weich. Es entstehen Sümpfe. Oft entstehen sie am Rand von Seen und sind dicht mit Sumpfpflanzen besetzt. Wenn Sümpfe lange Zeit bestehen, bilden sich daraus meistens → Moore.

Sumpfdotterblume: Von März bis Mai blüht an feuchten Plätzen die gelbe Sumpfdotterblume. Ihre Blätter sind nierenförmig und glänzend. Die Pflanze hält sich mit kurzen, dicken Wurzeln im Boden fest. Sie speichert Nährstoffe in Knollen. Aus diesen kann sie schon sehr bald im Frühjahr Nahrungsstoffe entnehmen.

Surfen: 1. Am Meer in der Brandung kannst du junge Menschen sehen, die auf einem Brett auf den Wellen reiten. Das sind Surfer. Es gibt auch Surfbretter mit Segeln. Die können über flache Wasserflächen flitzen. **2.** Wer von der Computer-Leidenschaft ergriffen ist, kann stundenlang im → Internet herumstöbern. Mit einem Mausklick flitzt er von Seite zu Seite, lädt Daten herunter, hört Musikstücke an oder kauft ein. Das nennt man Surfen (gesprochen *söfn)*.

Symbol: Symbole siehst du jeden Tag und merkst es gar nicht: Das Pluszeichen beim Rechnen zum Beispiel sagt dir, dass du addieren musst. Alle → Verkehrszeichen sind Symbole. Das schönste Symbol ist die Friedenstaube. Eigentlich ist es nur das Bild einer weißen Taube. Trotzdem versteht jeder, was gemeint ist.

Synagoge: In der Synagoge versammeln sich Menschen mit jüdischem Glauben (→ Juden) zum Gottesdienst, zum Beten oder zu geselligen Veranstaltungen.

T

Tabak baute man überwiegend in Südamerika an, doch im Laufe der Zeit verbreitete sich die Pflanze über die ganze Welt. Die Tabakblätter werden geerntet, an Stangen zum Trocknen aufgehängt und je nach Qualität ein bis zwei Jahre gelagert, so dass sich Aromastoffe aufbauen. Es gibt Tabak zum Rauchen, Kauen oder Schnupfen. Tabak enthält Teer und Nikotin. Teer schädigt die Lungen, Nikotin ist ein Gift, das einen Menschen töten kann. In den Zigaretten ist es zwar nicht lebensgefährlich, es schädigt aber den Körper.

getrocknetes Blatt   blühende Tabakpflanze

Tachometer nennt man das Instrument, das zum Beispiel bei Autos die Geschwindigkeit anzeigt, die gerade gefahren wird. Bei anderen Maschinen wird auch der Drehzahlmesser so genannt. Das Wort hat der englische Ingenieur Bryan Donkin um 1800 aus den beiden griechischen Wörtern *táchos* = Schnelligkeit und *métron* = Maß gebildet.

Tag und Nacht sind zusammen die Zeit, in der sich die Erde einmal um sich selbst dreht.

So kommt es zu Tag und Nacht

Stelle einen → Globus in einem ganz dunklen Zimmer auf. Richte eine starke Taschenlampe oder Schreibtischlampe auf den Globus. Die Lampe ist deine Sonne. Die Wand hinter dem Globus verhängst du mit einem schwarzen Tuch oder einer dunklen Wolldecke. Das ist dein Weltraum. Du weißt vielleicht, dass sich die Erde nicht nur um die Sonne, sondern auch um sich selbst dreht. Drehe also langsam den Globus. Siehst du: Nur eine Seite ist hell. Dort ist es Tag. Zum Weltraum hin ist es Nacht.

Lampe = Sonne Globus = Erde

schwarze Wand = Weltall

Takt 1. Wenn du musizierst, spielst du die einzelnen Noten oder Töne nicht gleichförmig hintereinander. Du betonst manche Töne stärker, andere weniger. Du hast dabei einen bestimmten ➔ Rhythmus, einen Takt. Die Töne, die zu einem Takt zusammengehören, stehen zwischen zwei Taktstrichen. **2.** Hast du Achtung vor anderen Menschen und nimmst auf sie Rücksicht, dann hast du Taktgefühl. **3.** Die Arbeitsschritte eines Verbrennungsmotors nennt man auch Takt. Die meisten Motoren sind Viertaktmotoren. ➔ Auto.

Das erste Lied ist im 3/4-Takt, das zweite im 4/4-Takt geschrieben.

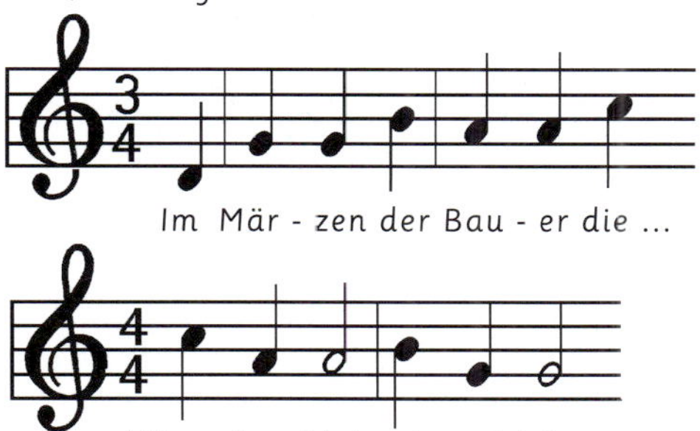

Tal: Ein Fluss und seine Umgebung bilden stets einen Einschnitt in die Landschaft: ein Tal. Täler können die Form eines V haben, wenn der Fluss tief in die Landschaft eingeschnitten hat. U-förmige Täler wurden meist vor Jahrtausenden von ➔ Gletschern in die Landschaft gegraben. Die Talform hängt davon ab, ob ein Fluss nur in die Tiefe gräbt oder ob Regen und Wind auch die Talränder abtragen.

V-Tal

U-Tal

Talent: Wenn dir Sport, eine Sprache oder das Spielen eines Musikinstruments sehr leichtfallen, bist du dafür begabt: Du hast Talent. Seine Talente fördert man durch viel Übung. Erfolgreiche Sportler zum Beispiel haben jahrelang trainiert, bevor sie erste Plätze erreichen konnten.

Talisman: Manche Kinder nehmen einen Glücksbringer mit, wenn sie in der Schule eine Arbeit schreiben. Wenn man fest daran glaubt, fühlt man sich sicherer und stärker. Viele Menschen verwenden Steine oder andere Gegenstände als Talisman, aber leider helfen sie nicht wirklich.

Tanker oder Tankschiffe sind die größten Schiffe der Handelsflotten. In den eingebauten Tanks transportieren sie flüssige Ladungen wie Öl, Trinkwasser oder auch Gas. Das größte Schiff der Welt ist der Öltanker *Jahre Viking.* Er wurde 1976 in Japan gebaut und kann 564 763 Tonnen

Fracht befördern. Das Schiff ist 458,45 Meter lang. Miss die Strecke einmal auf deiner Straße aus!

Tanne: Dieser immergrüne Nadelbaum kann bis zu 65 m hoch werden. Er hat aufrecht stehende Zapfen, in denen die geflügelten Samen stecken. Die Tannennadeln sind flach angeordnet, sie stehen nicht rund um den Ast herum. Es gibt verschiedene Tannenarten, die guten Boden brauchen. Wegen der Luftverschmutzung ist ein großer Teil der Weißtannen sehr stark geschädigt (➔ saurer Regen).

Tanz: Seit es Menschen gibt, tanzen sie zu Rhythmus und Musik. Früher glaubte man, dass der Tanz göttliche Kräfte verleiht und Dämonen abwehrt. Bei uns gibt es ➔ Ballett, Volkstänze, moderne Tänze und Tänze in Diskotheken.

Tarif: **1.** In einem Tarifvertrag einigen sich Arbeitgeber und Arbeitnehmer über den Lohn und die Arbeitsbedingungen. Er gilt für ein Jahr oder mehrere Jahre. **2.** Die Preise für Waren oder Leistungen sind der Tarif. Der Bahntarif zum Beispiel gibt an, wie viel man für eine bestimmte Strecke bezahlen muss.

Taschengeld: »Kauf dir doch die Hefte von deinem Taschengeld!« Aber er hatte sich genau ausgerechnet, dass er sich durch Sparen diese CD nach 4 Wochen kaufen könnte! Alle seine Pläne waren wertlos. So soll es nicht sein: Taschengeld ist ein bestimmter Geldbetrag, über den man frei verfügen kann, ohne die Eltern fragen zu müssen. Man lernt dadurch Planen, Sparen, Preise vergleichen und Einteilen.

Tattoo ist ein englisches Wort. Es bedeutet dasselbe wie Tätowieren. Beim Tätowieren werden Bilder oder Zeichen mit einer Nadel in die Haut eingeritzt und mit Farbe sichtbar gemacht. Bei einigen Naturvölkern hat die Tätowierung magische Bedeutung,

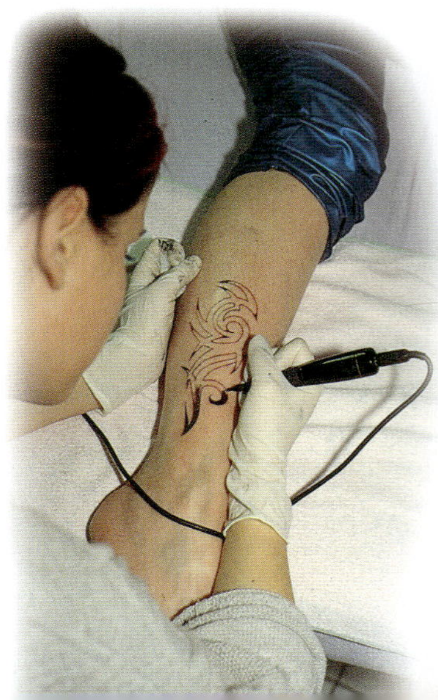

sie soll zum Beispiel vor bösen Geistern schützen. Viele Menschen tragen Tätowierungen aber einfach als Körperschmuck.

taub: 1. Wer taub ist, hört nichts. Taubheit kann durch Krankheiten oder Verletzungen entstanden sein. Sie kann aber auch angeboren sein. Wenn ein Kind schon von seiner Geburt an nichts hört oder in den ersten Lebensjahren taub wird, kann es vielleicht nicht mehr sprechen lernen. Es kann aber stattdessen lernen, sich mit seinen Händen durch eine Gebärdensprache zu verständigen. **2.** Wenn z. B. die Hände nicht richtig durchblutet sind, fühlen sie sich taub an.

Haustaube

Taube: Taubenvögel sind auf der ganzen Welt verbreitet. Die größte europäische Wildtaube ist die bis zu 40 cm große Ringeltaube. Tauben ernähren sich von Körnern und Sämereien. Diese werden in ihrem Kropf, einem Hautsack in der Speiseröhre, durchweicht. Dann erst kommen sie durch den Vormagen und den Drüsenmagen in den Darm. In diesem Kropf bildet sich auch die Kropfmilch, mit der die Jungen gefüttert werden. Schon seit etwa 5 000 Jahren werden Haustauben gehalten. Zu den Haustauben gehören auch die *Brieftauben*. Sie finden ihren Taubenschlag aus vielen Hundert Kilometern Entfernung wieder. Früher haben sie schnell Nachrichten überbracht. Große Mengen verwilderter Haustauben bevölkern unsere Städte. Weil sie mit ihrem Kot Gebäude und Denkmäler verunreinigen, sind sie nicht immer beliebt.

Ringeltaube

Türkentaube

Tauchen → Abenteuer unter Wasser. S. 302.

Taufe: Wenn du einer christlichen Kirche angehörst, bist du wahrscheinlich getauft. Der Pfarrer hat dich bei einer Feier in der Kirche mit etwas Wasser auf der Stirn in die Gemeinschaft der Christen aufgenommen. *Taufpaten* versprechen, auf die christliche Erziehung des kleinen Kindes zu achten. Es gibt auch christliche Gemeinschaften, die nur Erwachsene taufen.

Abenteuer unter Wasser

Tauchanzug, Flossen, Kamera und das Tauchgerät sind in Ordnung. Ich lasse mich rückwärts vom Bootsrand ins Wasser gleiten. Ein banger Augenblick: Funktioniert alles? Ja! Es ist märchenhaft, fast schwerelos unter dem Wasser dahinzugleiten und trotzdem zu atmen. Es ist ganz still und das Sonnenlicht kommt nur gedämpft in die Tiefe des Wassers. Einige grell bunte Fische bestaunen mich als Eindringling. Manche sind kugeldick, andere ganz platt oder lang und dünn wie Schlangen. Jetzt breitet sich ein fantastischer Korallenteppich vor mir aus: Eine bizarre Welt aus Geweihen, Keulen, Sternen, Fingern, Kugeln und Blumen …

Tausendfüßer: Diese lang gestreckten kleinen Tiere gehören zu den Gliederfüßern. Sie sind lichtscheu und halten sich an feuchten, dunklen Orten auf. Meist ernähren sie sich von pflanzlichen Stoffen. Nur der Steinläufer stellt Insekten, Asseln und Spinnentieren nach und tötet sie mit seinem Gift.

Tausendundeine Nacht: Ein Sultan tötete jeden Morgen seine junge Frau und heiratete eine andere, die er ebenfalls am nächsten Morgen tötete … Als er aber *Scheherezade* heiratete, erzählte sie ihm so spannende Märchen, dass er gar nicht merkte, wie tausendundeine Nacht vergingen. So gewann sie seine Liebe und wurde nicht getötet. Aus den Märchen von

Aladin und die Wunderlampe

Tausendundeiner Nacht kennst du bestimmt *Sindbad der Seefahrer*, *Ali Baba und die vierzig Räuber* oder *Aladin und die Wunderlampe*.

Wie viele Beine hat der Tausendfüßer wirklich?

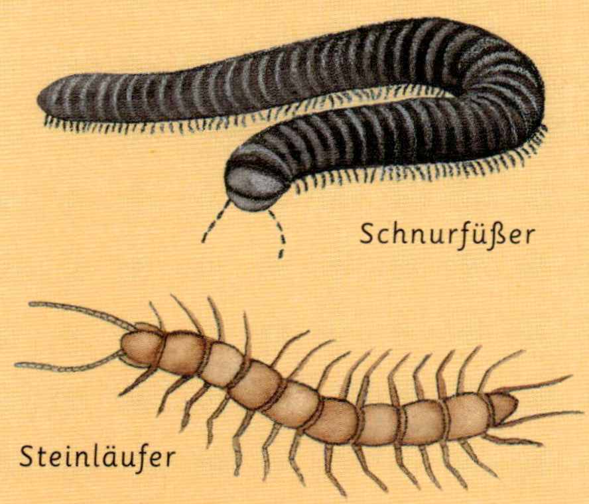

Vermutlich waren die Wissenschaftler, die dieser Tierart den Namen gaben, sehr beeindruckt von der Zahl der Beine. In Wirklichkeit schwankt die Anzahl zwischen 9 und 300 Beinpaaren. Der Tausendfüßer hat also höchstens 600 Beine. An jedem Körperring der Tiere befindet sich 1 Beinpaar. Der Doppelfüßer hat an jedem Körperring sogar 2 Beinpaare.
Beim Gehen werden an verschiedenen Körperabschnitten nur einige Beine nach vorne bewegt. So sieht es aus, als ob die Tiere wellenförmig vorwärtsgingen.

Technik nennt man alle Dinge und Verfahren, die die Menschen im Laufe der Geschichte entwickeln. Sie nutzen dabei die → Stoffe, die Gesetze und die Vorgänge in der Natur aus, um sich die Arbeit zu erleichtern. Technik ist das Arbeitsgebiet der Ingenieure, die ständig neue Sachen entwickeln oder vorhandene verbessern. Techniker und Handwerker führen diese neuen Entwicklungen dann aus.

Tee: Die Chinesen bereiteten bereits vor 1500 Jahren aus den Blättern des Teestrauchs ein beruhigendes Getränk zu, den Tee. Erst um 1600 kam der Tee nach Europa. Heutzutage wird Tee vor allem in Asien und Südamerika angebaut. Nach dem Ernten der Teeblätter lässt man diese welken, danach werden sie gewalzt, damit die → Zellen zerreißen und die Umwandlung zu dem wohlschmeckenden Teearoma stattfinden kann. Dann werden die Blätter getrocknet und zerkleinert. Aber nicht nur aus den Blättern des Teestrauchs, sondern auch aus getrockneten Kräutern, Blüten und Früchten kann man Tee zubereiten.

Aus den Blättern des Teestrauchs wird der schwarze und der grüne Tee hergestellt.

Telefax ➔ Fax.

Telefon mit Display

Telefon: Beim Telefon, man nennt es auch Fernsprecher, wird Sprache in einem Mikrofon in elektrische Schwingungen umgewandelt und durch eine Leitung oder mit Funktechnik zu einem anderen Teilnehmer übertragen (➔ Handy). Dort wer-

Erstes Telefon der Welt von Philipp Reis

den die Schwingungen im Hörer wieder in Tonsignale zurückverwandelt. Heute sind in einem Telefonhörer Mikrofon und Hörer, manchmal sogar die Tastatur untergebracht.

Telegramm: Kurze eilige Nachrichten kann man als Telegramm schicken. Gibt man bei der Post ein Telegramm auf, so wird die Nachricht mit Telefon, Fax oder E-Mail weitergegeben und beim Postamt des Empfängers aufgeschrieben. Ein Bote bringt das Telegramm nach Hause.

Tempel: Ein Tempel war früher ein Bauwerk, das einer Gottheit oder verschiedenen Göttern geweiht war. Heute bezeichnet man so nur noch ein Gotteshaus nichtchristlicher Religionen. *Konsumtempel* nennt man die riesigen Kaufhäuser, in denen man fast alles bekommt und die Menschen vor lauter Begeisterung

Ruine eines griechischen Tempels

viel mehr kaufen, als sie brauchen (Konsum = Verbrauch).

Temperatur: Die Temperatur sagt etwas über den Wärmezustand aus. Bei uns wird sie in Grad Celsius (°C) angegeben. Man misst sie mit einem ➔ Thermometer. Menschen haben eine Körpertemperatur von 36,4 °C bis 37,4 °C. Ist sie höher, so hat man Fieber. Die Lufttemperatur um uns herum kann zwischen Winter und Sommer sehr schwanken. In Mitteleuropa kann sie ungefähr von –25 °C bis +40 °C betragen.

Tennis: Bei diesem Ballspiel für zwei oder vier Spieler, das nennt man dann Doppel, wird ein Ball mit einem Schläger über ein Netz geschlagen. Gespielt wird auf Rasenplätzen, Hartplätzen oder in Hallen. Das berühmteste Tennisturnier findet jedes Jahr in Wimbledon (England) statt.

Terrarium: Das Terrarium besteht genau wie das Aquarium aus einem großen Glasbehälter. Es enthält jedoch kein Wasser, sondern Erde, Sand oder Steine. Es ist mit einem Deckel verschlossen. Man nutzt das Terrarium zur Haltung von Schlangen, Insekten, Spinnen oder anderen Tieren, die entweder sehr klein sind oder wüstenähnliche Temperaturen brauchen. Die notwendigen Temperaturen erzeugt man über Infrarotlampen, die Wärme abgeben. Sieh dir das Bild auf der nächsten Seite an.

Temperatur und Gefühl

Mit unseren Sinnen können wir Temperaturen nur sehr ungenau fühlen: Fülle 4 gleiche Plastikdosen halb voll mit Wasser. Dose 1 füllst du mit kaltem Wasser aus der Leitung. Dose 2 und 3 mit warmem Wasser von ungefähr 30 °C. Das Wasser in Dose 4 soll etwa 45 °C warm sein. Nun soll ein Freund, der die Temperaturen nicht kennt, die Hände in die Dosen 1 und 4 halten. Danach in Dose 2 und 3. Dann soll er die Dosen nach der gefühlten Temperatur sortieren. Sind sie sortiert, soll er den ganzen Vorgang wiederholen und nachprüfen. Er wird Dose 2 und 3 wieder vertauschen. Warum wohl?

Wüstenterrarium mit Leopardgecko

Terrorist: Terror bedeutet *Schrecken.* Wer sein Ziel durch Verbreitung von Angst und Schrecken mit Gewalt zu erreichen versucht, ist ein Terrorist. Solche Menschen töten zum Beispiel Unbeteiligte mit Bomben oder entführen Flugzeuge. Terroristen nennen sich selber häufig Widerstandskämpfer oder Befreiungskämpfer. Ihre Ziele sind oft die Unabhängigkeit eines Landesteils oder die Befreiung eines Gefangenen.

Testament: 1. Wer vor seinem Tod selbst entscheiden will, wer was von ihm erbt, der schreibt ein Testament. Soll es später gültig sein, muss es von Hand geschrieben werden. Außerdem muss es unterschrieben sein und ein Datum tragen. Oder es muss bei einem Notar aufgeschrieben und aufbewahrt werden. Um etwas zu ändern, muss man ein neues Testament machen. Es gilt immer das letzte. **2.** Christen nennen auch den Bund Gottes mit den Menschen in der → Bibel Testament.

Teufel oder *Satan* nennen religiöse Menschen das Böse in der Welt. Manche stellen sich den Teufel als eine Person vor. Wenn man allerdings dich *kleiner Teufel* nennt, ist das nicht böse gemeint. Vielleicht bist du nur ein bisschen wild!

Theater → S. 307.

Thermometer heißen Geräte zur Messung von → Temperaturen. Die → Technik nutzt dazu verschiedene Naturerscheinungen aus. In Flüssigkeitsthermometern dehnen sich Flüssigkeiten aus, wenn sie erwärmt werden. Kühlen sie ab, so ziehen sie sich wieder zusammen. Ein Röhrchen mit Alkohol zum Beispiel ist also mehr oder weniger gefüllt, je nachdem, wie warm es ist. So kann man die Temperatur ablesen. In modernen Thermometern wird die Temperatur in elektrische Signale umgewandelt und als Zahl angezeigt.

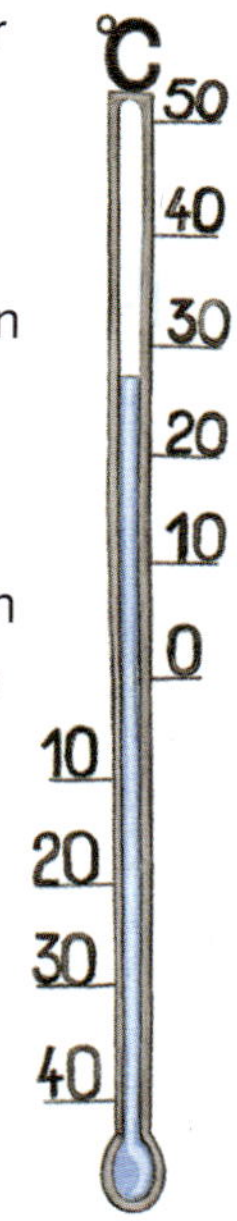

Tierarzt: Ein Tierarzt behandelt Krankheiten bei Tieren. Da Tiere aber nicht sprechen können, ist das ein Beruf, der sehr viel Erfahrung und eine gute Beobachtungsgabe erfordert. Der Tierarzt heilt Zahnschmerzen, gipst Brüche ein, hilft bei Tiergeburten

Fortsetzung auf Seite 308

Theater früher

Bereits 1000 Jahre vor Christus, im Altertum, gab es Theater. Die Sitze für die Zuschauer waren meist an einem Berghang in einem Halbkreis angeordnet. In der Mitte dieses Halbkreises war der Platz für den Chor und die Schauspieler. Diese trugen oft eine Maske und spielten mehrere Rollen. Im Mittelalter wurden Theaterstücke in Kirchen und auf Marktplätzen aufgeführt. Erst seit etwa 400 Jahren baut man in großen Städten Theaterhäuser.

Theater heute

Ein Theatergebäude besteht aus Bühnen- und Zuschauerhaus und Räumen für die Verwaltung. In eigenen Räumen sind auch die Bühnenrequisiten: Das sind zum Beispiel Kostüme, Möbel, Teppiche, Gebrauchsgegenstände. In Werkstätten werden Kulissen hergestellt: Die *Bühnenbildner* entwerfen und bauen die Vorderfronten von Häusern, malen Bäume und ganze Landschaften.

Von der Bühne sieht der Zuschauer nur einen kleinen Teil. Über der Bühne liegt der Schnürboden. Von diesem werden die Bühnenbilder heruntergelassen. Die Zuschauer können das aber nicht sehen, weil währenddessen der Vorhang geschlossen ist. Manche Theater haben auch eine Drehbühne. Das ist eine runde Scheibe. Während die Zuschauer dem Theaterstück zusehen, bereiten die *Bühnenarbeiter* bereits die Kulissen für den nächsten Akt vor. Dann dreht sich die Bühne und schon ist das neue Bühnenbild da.

Noch viele andere Menschen arbeiten in einem Theater: Neben den Schauspielern, Musikern, Tänzern und Sängern gibt es den *Intendanten,* den Direktor, der das Theater leitet. *Regisseur, Dirigent, Chorleiter* und *Ballettmeister* studieren das Bühnenstück ein. Die *Souffleuse* sitzt in einem Versteck am Bühnenrand und hilft den Schauspielern weiter, wenn sie ihren Text vergessen haben. Die *Maskenbildner* schminken die Schauspieler, frisieren sie und machen sie für ihre Rolle zurecht. Die Schauspieler tragen oft sehr teure Kostüme, die zu der Zeit passen, in der das Stück spielt.

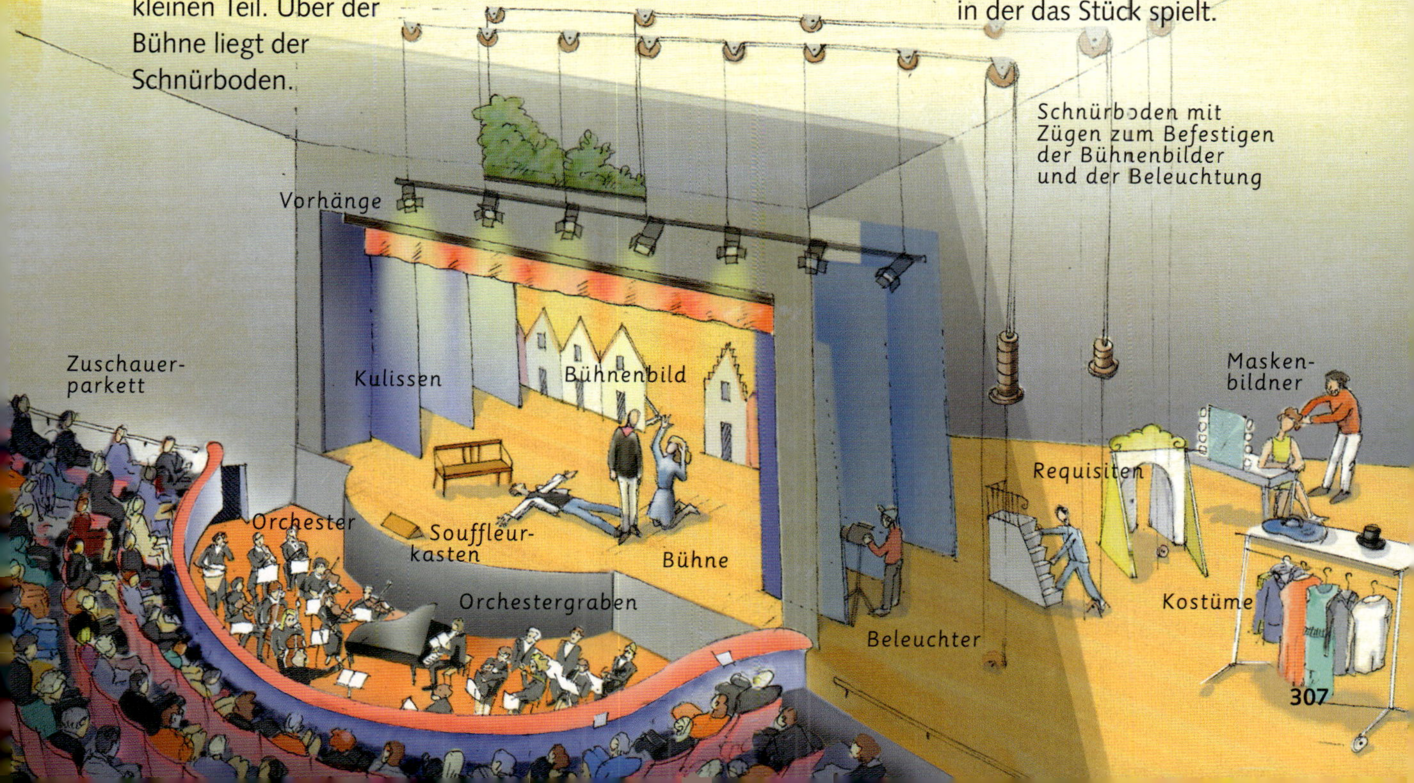

und führt sogar sehr komplizierte Operationen durch. Er überwacht auch die Tierhaltung in der Landwirtschaft. Alle Tiere, die zum Essen bestimmt sind, müssen von einem Tierarzt untersucht und durch einen besonderen Stempelaufdruck freigegeben werden. Mit deinem Haustier solltest du regelmäßig zum Tierarzt gehen und es impfen lassen.

Tierkreiszeichen: Seit Jahrtausenden bemühen sich Menschen, eine Ordnung in die Sterne am Nachthimmel zu bringen. Dafür teilten sie den von uns aus sichtbaren Sternenhimmel in 12 Sternbilder ein: Es gibt die Frühlingszeichen *Widder, Stier* und *Zwillinge*, die Sommerzeichen *Krebs, Löwe* und *Jungfrau*, die Herbstzeichen *Waage, Skorpion* und *Schütze* und die Winterzeichen *Steinbock, Wassermann* und *Fische*. Heute spielen sie nur noch eine Rolle in der ➔ Astrologie und im ➔ Horoskop.

Tierschutz: Tiere können Hunger, Schmerz und Angst empfinden. Deswegen wollen Tierschützer verhindern, dass Tiere gequält und nicht artgerecht gehalten werden. Auf Tierversuche und unnötige Tiertransporte soll verzichtet werden. Zum Tierschutz gehört auch der ➔ Naturschutz mit der Erhaltung von Lebensräumen für bedrohte Tiere. Lies auf Seite 215: ➔ Die Natur braucht den Menschen nicht.

Ein Tigerpaar bleibt nur kurz zusammen. Die Mutter zieht die 2 bis 3 Jungen alleine auf.

Tiger: Lautlos pirscht sich die größte aller Raubkatzen an ihre Beute heran, um dann die letzten 15 bis 20 m mit großen Sprüngen zurückzulegen. Bis zu 3 m lang kann ein Tiger werden! Im Durchschnitt frisst er täglich 15 bis 18 kg Fleisch. Durch seine schwarzen Längsstreifen ist der Tiger im Gras oder Unterholz hervorragend getarnt. Er kann auch gut schwimmen. Zu seiner Beute gehören neben Hirschen, Schweinen oder Büffeln auch Fische. Tiger leben in ➔ Asien.

Tintenfisch: Tintenfische sind gar keine Fische, sondern Weichtiere und mit den Schnecken verwandt. Am Kopf dieser etwa 40 cm großen Meeresbewohner sitzen zwei große Linsenaugen und acht oder zehn bewegliche Fangarme. Bei Gefahr stößt der Tintenfisch einen schwarzbraunen Farbstoff aus, mit dem er seine

Feinde einnebelt. Diese Farbe wird noch heute von Künstlern verwendet. Der Tintenfisch kann sich rasch fortbewegen, wenn er ruckartig Wasser aus seiner Mantelhöhle ausstößt. Das funktioniert etwa so, wie bei einem aufgeblasenen Luftballon, der wegsaust, wenn du ihn loslässt, weil die Luft ausströmt.

Tischtennis spielt man zu zweit oder zu viert auf einem Tisch mit einem kleinen Ball und kleinen Schlägern. Über die Mitte des Tisches ist ein Netz gespannt. Darüber soll der Ball geschlagen werden. Dabei darf er nur einmal auf jeder Seite des Tisches aufspringen.

Tod: Wir freuen uns über die Geburt eines neuen Lebewesens, über das Entstehen einer Pflanze und wissen doch, dass am Ende der Entwicklung der Tod steht. Wir sind traurig, weil das Meerschweinchen, der Hund nicht mehr auf unsere Worte reagiert. Noch trauriger sind wir, wenn ein lieber Mensch stirbt. Wir erhalten von ihm kein Zeichen mehr, dass er uns versteht. Das Herz steht still, kein Atem, kein Puls. Der Körper ist kalt und wird starr. Niemand weiß genau, was nach dem Tod passiert. Viele Menschen glauben, dass nach dem Tod die → Seele weiterlebt.

Tofu → Soja.

Toleranz: 1. Wenn du ertragen kannst, dass deine Mitmenschen andere Meinungen haben, andere oder keine Götter verehren, anders leben, bist du *tolerant.* Du sollst aber nicht tolerant sein, wenn Menschen gewalttätig werden, sondern dich mit anderen zusammenschließen und die Bedrohten schützen. **2.** Toleranz gibt es auch bei Maßen und Gewichten: Das ist die zulässige Abweichung, wenn die Messung nicht ganz genau sein kann.

Tollwut befällt vor allem Fleisch fressende Tiere wie Füchse oder Hunde. Diese gefährliche Krankheit kann durch einen Biss auch auf den Menschen übertragen werden. Durch → Impfungen ist es möglich, sich gegen die Krankheit zu schützen. In manchen Regionen sind auffällig viele

Füchse von der Tollwut befallen. Besonders vorsichtig muss man sein, wenn ein wildes Tier plötzlich zahm erscheint. Werden die erkrankten Tiere nicht behandelt, dann sterben sie.

Tomahawk: In der Algonkinsprache der nordamerikanischen Indianer war der Tomahawk zuerst eine Art Keule. Als die Europäer den Indianern die Metallaxt brachten, wurde diese so genannt. Bald war der Tomahawk nicht nur Werkzeug, sondern auch eine Waffe als Streitaxt oder Wurfbeil.

Es gibt verschiedene Arten von Tomahawks.

Tomate: Diese Pflanze mit roten, saftig fleischigen Früchten stammt aus den südamerikanischen Ländern Mexiko und Peru. Sie wurde nach der Entdeckung Amerikas (➔ Kolumbus) als Zierpflanze nach Europa gebracht. Erst seit etwa 100 Jahren wird die wärmebedürftige Pflanze als *Beerenobst* angepflanzt. Sie ist – wie die Kartoffel – ein Nachtschattengewächs.

Torf entsteht durch verrottende Pflanzen zum Beispiel in ➔ Mooren. Die Torfschicht kann mehrere Meter dick sein. Selbst heute noch verwendet man Torf als Isolationsmaterial in Häusern, als Brennmaterial und als Dünger im Garten. In Millionen von Jahren hat sich aus Torf unter hohem Druck und hohen Temperaturen die Braunkohle entwickelt.

Traktor: Das Wort kam vor fast 100 Jahren aus England und bedeutet *Schlepper* oder *Trecker*. Ein Traktor ist eine Zugmaschine, die vor allem in der Landwirtschaft eingesetzt wird. Große breite Hinterräder lassen den Traktor auch auf weicher Erde nicht zu stark einsinken. An Traktoren kann man große Geräte anbringen, zum Beispiel einen mehrscharigen ➔ Pflug, Sämaschinen oder Kartoffel-Erntemaschinen. ➔ Bauernhof.

Tomatenpflanze

Trampolin: Zuerst benutzten nur Artisten das stark federnde Sprunggerät. Sie können damit hoch genug springen, um sich in der Luft mehrfach zu drehen. Große Trampoline sind heute ein beliebtes Sportgerät. Sie bestehen aus einem Sprungtuch, das mit Stahlfedern oder Gummiseilen in einen Rahmen gespannt ist. Der Rahmen steht auf einem starken Gestell.

Träne: Die Tränenflüssigkeit hält das → Auge ständig feucht. Dadurch wird es gereinigt und vor Infektionen geschützt. Wenn man sehr unglücklich ist oder Schmerzen hat und weint, wird in kurzer Zeit viel Tränenflüssigkeit gebildet. Manchmal laufen einem auch beim heftigen Lachen Tränen über die Backen.

Traum: Wenn man einen Schlafenden beobachtet, kann man sehen, dass sich seine Augäpfel plötzlich hin und her bewegen. Jetzt träumt er. Man kann auch in wachem Zustand träumen: *Tagträume* nennt man das. Träumst du manchmal auch während des Unterrichts? → Wo kommen die Träume her? S. 312.

Tropen nennt man die Gebiete auf beiden Seiten des → Äquators. Wegen der Stellung der Erde zur Sonne ist es dort das ganze Jahr über täglich 12 Stunden hell und 12 Stunden dunkel. Es gibt keine unterschiedlichen Jahreszeiten und es ist das ganze Jahr sehr warm. Selten sinkt die Temperatur unter +20 °C. Nahe am Äquator ist es immer sehr feucht, da wächst der immergrüne Regenwald. Weiter nördlich und südlich werden die Regenzeiten kürzer und man findet → Steppen.

Tsunami kommt aus dem Japanischen und bedeutet »große Welle im Hafen«. Auf hoher See bemerkt man sie kaum, aber an der Küste wird sie bis zu 35 Meter hoch. Ausgelöst wird diese riesige Welle durch ein Seebeben, das ist ein Erdbeben unter Wasser, oder einen Vulkanausbruch. Die Welle breitet sich so schnell wie ein Flugzeug (bis 1000 km/h) kreisförmig aus, fegt mit unvorstellbarer Wucht über die Küste und zerstört alles. Bei einem Tsunami im Indischen Ozean starben 2004 über 250 000 Menschen. Ein englisches Kind hatte in der Schule über Tsunamis gehört, erkannte die Gefahr und konnte deshalb einige Menschen noch rechtzeitig warnen!

Wo kommen die Träume her?

Früher dachte man, Träume seien eine Botschaft der Götter, ein Hinweis auf die Zukunft. Heute weiß man, dass unser Gehirn die Erlebnisse des Tages verarbeiten und sich erholen muss. Das tut es in der Ruhephase, während wir schlafen. So entstehen die Träume. Man kann sie nicht lenken, sie geschehen ohne unseren Willen. Es gibt schöne Träume und weniger schöne, die ALBTRÄUME. Es ist wohl besser, vor dem Schlafen keine Horrorgeschichten zu lesen oder anzusehen, denn das Gehirn muss auch die verarbeiten!

Tunnel: Einen Weg unter der Erde oder durch einen Berg nennt man Tunnel. Das Wort haben wir von den Engländern übernommen. Früher sagte man Stollen oder unterirdischer Gang dazu. Das Wort ist verwandt mit dem Wort Tonne, weil Tunnel innen oft rund sind wie ein Fass oder eine Tonne. Der längste Straßentunnel ist der Laerdatunnel in Norwegen mit 25 km.

Beim Eurotunnel gibt es zwei Tunnel für den Reiseverkehr und einen für Reparatur- und Rettungsfahrzeuge.

Tulpe: Schon seit dem Mittelalter züchten die Menschen Tulpen für den Garten. Es gibt inzwischen unzählige Sorten in fast allen erdenklichen Farben. Tulpen speichern den Sommer über Nährstoffe in der Tulpenzwiebel, die sie dann im Winter verbrauchen. In Gärtnereien kann man diese Zwiebeln kaufen und in den Garten setzen.

Tulpen haben 6 Blütenblätter. Sie öffnen sich weit bei Sonnenschein.

Turbine: Turbinen sind Kraftmaschinen. Wasser, Dampf oder Luft, die strömen, haben Strömungsenergie. Strömen sie gegen die Propeller oder Schaufelräder einer Turbine, so entsteht eine Drehbewegung. Die Drehbewegung der Turbinen

Diese Dampfturbine funktioniert nach demselben Prinzip wie die Weihnachtspyramide aus dem Erzgebirge.

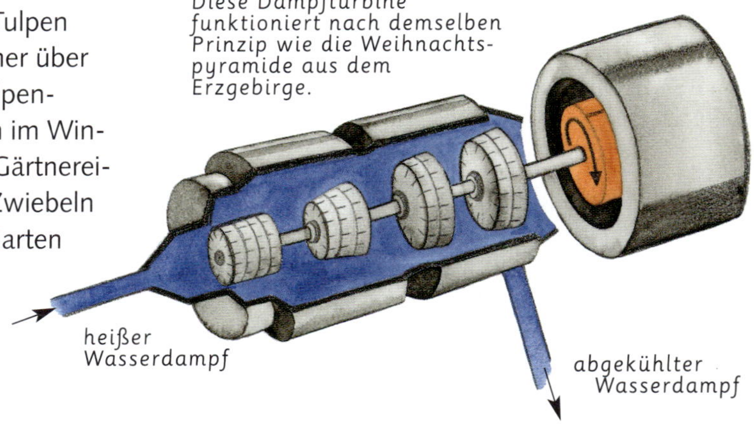

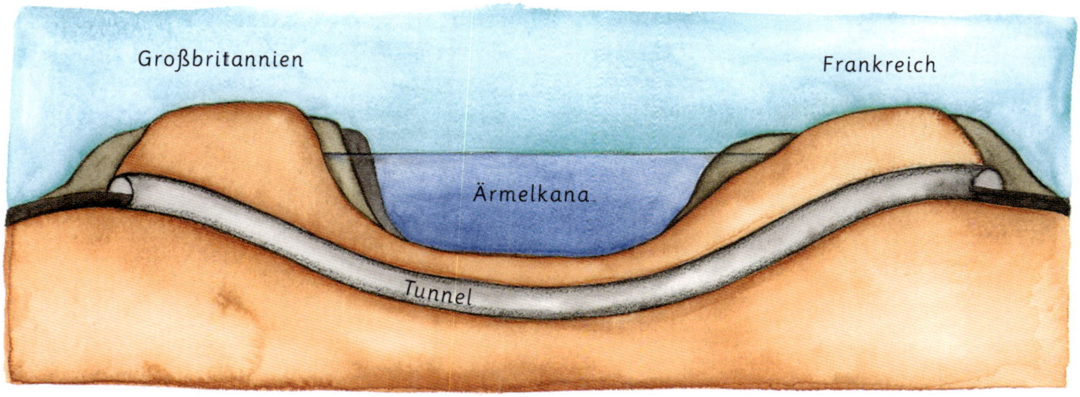

Der Eurotunnel führt unter dem Ärmelkanal hindurch. Er verbindet Frankreich mit Großbritannien.

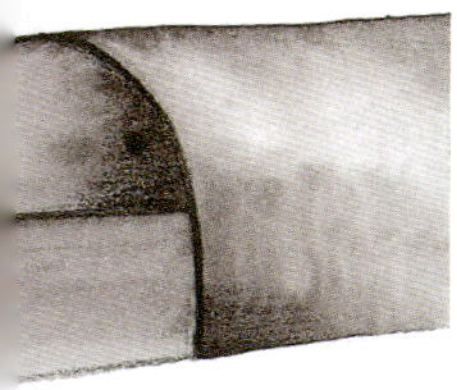

benutzt man zum Antrieb von ➔ Generatoren, Pumpen oder von Turboverdichtern (Turbodiesel). Das Flügelrad an der Weihnachtspyramide hier auf dem Bild ist auch eine kleine Turbine.

Turnen, das sind Übungen an Turngeräten wie dem Reck, den Ringen oder dem Trampolin. Bodenturnen und Gymnastik kommen meistens ohne Geräte aus. Ballspiele wie Prellball, Korbball und Faustball kennst du wahrscheinlich. Im Turnverein kann man auch Sportarten wie Fechten, Judo oder sogar Schwimmen üben. So bewegen wir unsere Muskeln und Gelenke und bleiben gesund. Mach mit, Turnvereine gibt es überall!

Turnier: 1. Ein Turnier war früher ein Kampfspiel zwischen zwei ➔ Rittern.
2. Heute sind Turniere sportliche Wettkämpfe: Reitturniere, Basketballturniere oder Tischtennisturniere zum Beispiel. Die Gewinner bekommen Pokale, Urkunden und andere Preise.

U

U-Bahn oder Untergrundbahn heißen Schnellbahnen, die in Großstädten unter der Erde in Tunneln fahren. U-Bahnen gibt es zum Beispiel in Berlin, München und Wien. Die erste U-Bahn der Welt wurde 1863 in London eröffnet. Sie wurde mit Druckluft betrieben. Heute haben London und New York die längsten U-Bahn-Netze der Welt. Inzwischen fahren U-Bahnen elektrisch. Sie haben keine Oberleitung, sondern eine Stromschiene neben dem Gleis.

U-Boot: Unterseeboote sind tauchfähige Schiffe. Zum Abtauchen lassen sie Wasser in Tanks. Zum Auftauchen muss das Wasser mit Druckluft wieder herausgepresst werden. Wie das funktioniert, erfährst du bei → Ein selbst gebautes U-Boot.

Ufo ist die englische Abkürzung von **u**nidentified **f**lying **o**bject und bedeutet

So stellen sich viele Menschen ein Ufo vor.

Ein selbst gebautes U-Boot

Schneide vier Luken und zwei Bodenlöcher in eine leere geschlossene Plastikflasche (Bild 1).

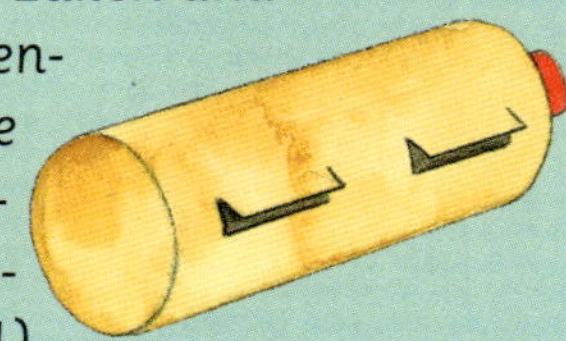

Mit Gummiringen befestigst du einen Zimmermannsnagel am Kiel und einen Korken oben als Turm. Zuerst füllst du das ganze Boot KIELOBEN mit Wasser (Bild 2).

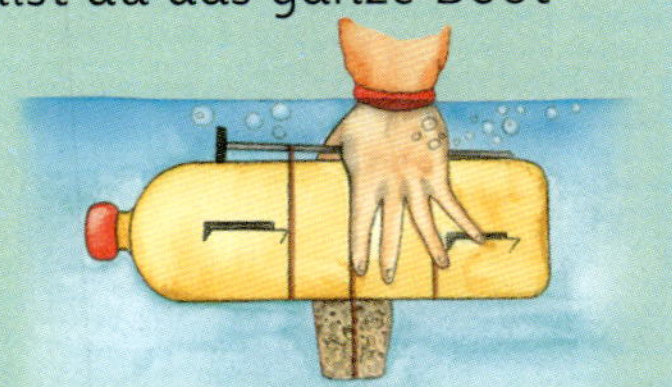

Dann lässt du es unter Wasser schwebend schwimmen (Bild 3).

Vielleicht musst du es mehr oder weniger beschweren. Nun bläst du Luft in eines der Löcher unter den RUDERN (Bild 4). Was geschieht?

unbekanntes Flugobjekt. Manche nennen das auch fliegende Untertasse. Noch nie hat jemand beweisen können, dass es solche Raumfahrzeuge aus anderen Planetensystemen gibt. Also, du darfst weiter forschen!

Uhr: Seit ewigen Zeiten tüftelten Menschen daran, den Tag in kleinere Zeiteinheiten zu unterteilen. Sie bauten *Sonnenuhren* mit einem fest stehenden Stab: Der Schatten des Stabs dreht sich im Lauf des Tages. *Wasseruhren* liefen leer oder voll, und man unterteilte die dabei vergangene Zeit. In *Sanduhren* rieselte Sand in bestimmter Zeit durch ein Glas.
Dann erfand man mechanische *Räderuhren* mit Gewichten als Antrieb und Pendeln als Zeit-steuerung. Später, ab 1500, gab es Uhren mit Federantrieb und einem Drehpendel, das man *Unruh* nennt. 1928 erfand man die sehr genaue *Quarzuhr*, in der ein Quarzkristall schwingt und die Anzeige steuert. Die genaueste Uhr ist die *Atomuhr*.

Sanduhr

Sonnenuhr

Eine Uhr, die – fast – nicht falsch geht

Die genaueste Uhr der Welt wurde 1949 erfunden. In ihr schwingen kein Pendel und kein Quarzkristall, sondern Atome vom Caesiumgas in einem Behälter. Diese Schwingungen werden gezählt und in Sekunden umgerechnet. Die Uhr korrigiert sich ständig automatisch. So kann sie höchstens eine Milliardstel Sekunde am Tag abweichen oder in 2 000 000 Jahren höchstens 1 Sekunde! Eine solche ATOMUHR steht in Braunschweig. Sie sendet ihre Signale per Funk über ganz Europa. Radio-controlled-Uhren empfangen die Signale und wandeln sie in eine normale Zeitanzeige um.

Uhu: Uhus zählt man zu den Eulen. Sie jagen in der Nacht und brauchen sehr scharfe Augen, um ihre Beute sehen zu können. Durch ihr sehr weiches Gefieder können sie fast geräuschlos fliegen und verscheuchen deshalb ihre Opfer nicht.

Umweltschutz: Alles, was um uns herum ist, Luft, Erde, Wasser und alles, was darauf und darin lebt, Pflanzen und Tiere – all das ist unsere Umwelt. Und jeder noch so kleine Teil hängt vom anderen ab und alles, was wir tun, hat Auswirkungen. Sogar wenn wir uns die Hände waschen, verändert dieses Seifenwasser das ➔ Abwasser und die Welt ein kleines bisschen. Wenn zum Beispiel ein Bauer Kartoffeln anpflanzt, werden sehr bald Kartoffelkäfer über die Pflanzen herfallen. Wenn der Bauer nichts tut, wird er nichts ernten können. Früher hat man in der Landwirtschaft deshalb die Kartoffelkäfer von Hand abgelesen. Ganze Schulklassen haben das an Sommernachmittagen erledigt und dafür ein bisschen Geld bekommen. Aber wer tut das heute noch? Du etwa? Deshalb spritzt der Bauer Gift und schon ist der Käfer tot! Das Gift ist aber noch da. Denn auf der Welt verschwindet nichts! Schau dir die Zeichnung an und du wirst sehen, dass das Gift schließlich wieder bei dir landet. Deshalb achten Umweltschützer bei allem, was sie tun, auf die Auswirkungen. Denn im großen Kreislauf kommt alles zu uns zurück. Falls du etwas zur Erhaltung unserer Umwelt tun willst: Es gibt einige Umweltschutz-Organisationen. ➔ Greenpeace zum Beispiel hat eine Jugendabteilung.

UNICEF ist die englische Abkürzung für das *Weltkinderhilfswerk* der Vereinten Nationen. Dieses hilft Kindern auf der ganzen Welt: Es kümmert sich vor allem in den

Das Gift versickert entweder direkt in der Erde oder es verdunstet und kommt als Regen zurück. Dann dringt es in den Boden ein, gelangt ins Grundwasser, in die Pflanzen, in die Tiere und auf diesem Weg auch in den Menschen.

armen Ländern um ausreichende Ernährung, Schulbildung, Gesundheitsvorsorge und kämpft gegen Kinderarbeit und Kindesmissbrauch.

Universität: Die Universität ist eine Art Schule nach der Schule. Auf die Universität geht man nach dem → Abitur. Man kann dort zum Beispiel Germanistik, Jura, Medizin, Mathematik, Informatik und viele andere Fächer studieren. Auch Lehrer wird man so. Man schließt das Studium mit einer Prüfung, dem Examen, ab. Manche machen dann noch den → Doktor.

Universum → Weltall.

Unkraut: Es gibt Pflanzen im Garten oder auf dem Feld, die baut man absichtlich an. Diese nennt man *Kulturpflanzen.* Alle anderen krautigen Pflanzen, die diesen Platz, Nahrung, Wasser oder Licht wegnehmen, bezeichnet man als *Unkraut.* Landwirte sehen diese schönen Pflanzen allerdings nicht gerne auf dem Acker, weil dadurch die Ernte schlechter wird. Durch Hacken und Jäten versucht man, das Unkraut zu vertreiben. Viele Landwirte nehmen Gift. Diese chemischen Mittel sind aber die schlechteste Lösung, da die Giftstoffe in unser Trinkwasser gelangen können. → Umweltschutz.

UNO → Vereinte Nationen.

Uran ist ein silbrig weiß glänzendes Schwermetall, das radioaktiv ist: Es sendet Strahlen aus, die in den Körper dringen und dort Zellen zerstören oder verändern können. Uran kommt in der Natur in bestimmten Gesteinen vor und ist aufgrund seiner → Radioaktivität ein wichtiger Stoff für die Kernergie und auch für Kernwaffen und Atombomben.

Urin wird von den → Nieren erzeugt und wird über die Blase beim Wasserlassen (= Pinkeln) ausgeschieden. Die Erzeugung von Urin regelt den Flüssigkeitshaushalt des Körpers: Wenn man viel trinkt, wird viel Urin erzeugt, und wenn man stark schwitzt und dadurch Flüssigkeit verliert, wird wenig Urin erzeugt. Außerdem werden mit dem Urin wasserlösliche Gifte und andere Stoffe ausgeschieden.

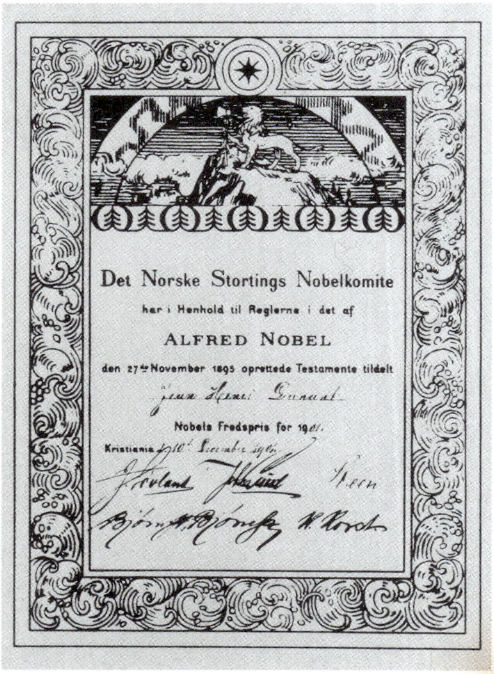
Det Norske Stortings Nobelkomite
har i Henhold til Reglerne i det af
ALFRED NOBEL
den 27de November 1895 oprettede Testamente tildelt
Jean Henri Dunant
Nobels Fredspris for 1901.
Kristiania 10de December 1901.

Urkunde zum Nobelpreis von 1901

Urkunde: Es gibt viele verschiedene Urkunden: Eine Urkunde bekommt, wer zum Beispiel Erster bei einem Leichtathletikwettkampf wird. Deine Geburt ist mit einer Geburtsurkunde bescheinigt worden. Eine Urkunde ist ein amtliches Dokument, das etwas zuverlässig bestätigt. Urkundenfälschung wird daher hart bestraft!

Urteil: **1.** Ein Urteil ist die Entscheidung eines Richters in einer Verhandlung bei ➔ Gericht. **2.** Wenn deine Freundin sich eine neue Frisur hat schneiden lassen, fragt sie dich wahrscheinlich nach deinem Urteil: Gefällt sie dir oder nicht?

Urwald: Einen Wald, der so ist, wie die Natur ihn hat werden lassen, den der Mensch noch nicht verändert hat, nennt man Urwald. Bis zum Mittelalter war der größte Teil Europas von Urwäldern bedeckt. Die Entwicklung der Landwirtschaft und die Industrialisierung haben die Wälder zerstört. Die meisten Wälder werden so wirtschaftlich wie möglich gepflanzt und gefällt. Deshalb gibt es die letzten Urwälder in den Ländern, die erst jetzt Industrie bekommen. ➔ Regenwald.

Große Gebiete des Urwalds werden abgebrannt, um Platz für Viehzucht und Holzplantagen zu gewinnen.

V

Vampir: 1. Vampire kennst du vielleicht aus einem Gruselfilm: Ein Sarg öffnet sich. Der Verstorbene steigt heraus. Seine langen Eckzähne wird er bald seinem Opfer in den Hals schlagen und dessen Blut aussaugen. **2.** Die Flügel dieser Fledermäuse aus den heißen Gebieten Amerikas können eine Spannweite bis zu 70 cm haben. Mit ihren Zähnen verletzen sie schlafende Tiere und lecken dann deren Blut. Weiche Hautpolster an den Handgelenken und Fußsohlen der Vampire verhindern, dass ihre Beutetiere aufwachen.

Valentinstag: Der Festtag des heiligen Valentin wird am 14. Februar gefeiert. Valentin ist der Heilige der Verliebten. Deshalb verschicken manche Menschen an diesem Tag Valentinskarten an ihre Freunde und Freundinnen, Ehefrauen und Ehemänner oder sie beschenken sich.

Vanille: Wer träumt nicht von einem heißen Sommer und einem Riesenberg Vanilleeis? Das Eis hat kleine dunkle Pünktchen und duftet wunderbar. Die Pünktchen stammen von den Schoten einer Orchidee, die den aromatischen Stoff *Vanillin* enthält. Man verwendet Vanillin als Gewürz oder in Parfüm. Man kann Vanillin aber auch aus Chemikalien künstlich herstellen.

Diese Vanille-Orchidee wächst in den Tropen.

Vatikan: Die Vatikanstadt ist das kleinste unabhängige Land der Welt. Es liegt in Italien, in der Nähe von Rom, auf dem Hügel Monte Vaticano. Im Vatikan lebt und regiert der ➔ Papst, das Oberhaupt der katholischen Kirche.

Vegetarier essen nichts von toten Tieren. Sie nehmen nur pflanzliche Nahrung zu sich. Manche Vegetarier verzichten sogar auf Tiererzeugnisse wie Milch und Eier. Diese Menschen nennt man *Veganer*. Manche tun das aus Tierliebe, andere aus gesundheitlichen oder religiösen Gründen.

Veilchen: Sehr zeitig im Frühjahr blüht das violette Märzveilchen. Von April bis Mai kann man dann das Waldveilchen finden. Die zarten Blütenstängel tragen jeweils nur eine Blüte. Man findet Veilchen an Waldrändern und in Gärten. Die Blume ist eine bekannte Heilpflanze.

Außerdem wird aus ihren duftenden Inhaltsstoffen Parfüm hergestellt.

Vene → Adern.

Ventil: Das Ventil am Fahrradreifen verhindert das Ausströmen der Luft aus dem Reifen. Ventile baut man ein, wo Flüssigkeiten oder Gase nicht ungebremst strömen sollen. Mit Ventilen steuert man den Druck oder die Geschwindigkeit des Strömens. Auf Gasflaschen gibt es Druckminderventile und an Automotoren Ventile, die das Benzin-Luft-Gemisch in den Motor einlassen. Auch ein Wasserhahn ist ein Ventil.

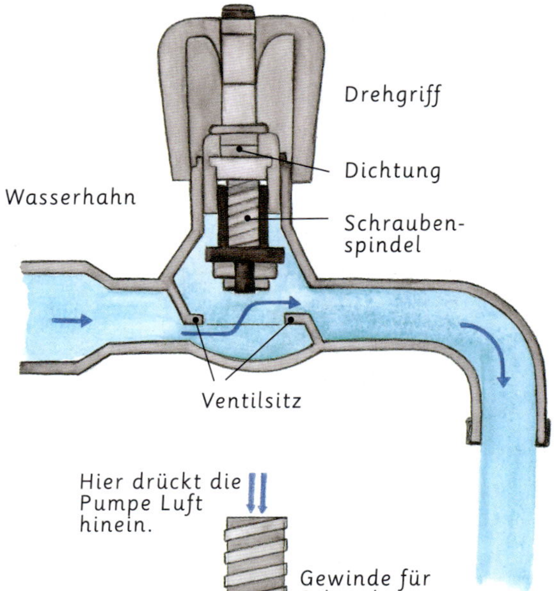

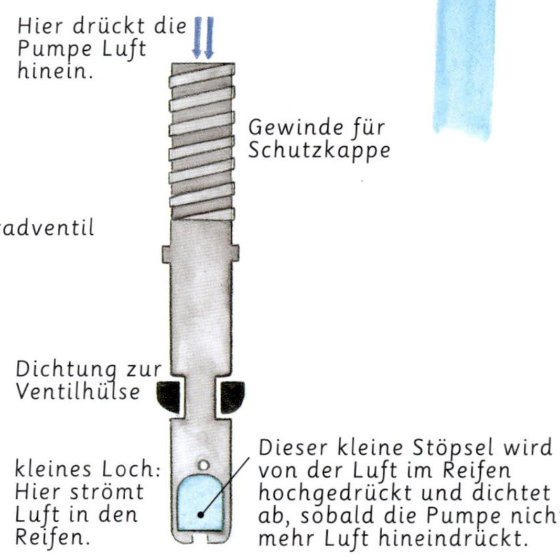

Ventilator: Ventus ist lateinisch und heißt *Wind*. Daher heißt eine Maschine, mit der man künstlich Wind machen kann, Ventilator. Mit Ventilatoren kann man die Luft bewegen oder sie durch einen Abzug erneuern. Ventilatoren können zum Absaugen oder Einblasen gebaut sein: Je nachdem, wie sich das Flügelrad im Inneren dreht und wie es geformt ist.

Verbrennungsmotor ➔ Motor.

Verdauung: Die Nahrung nützt uns nur etwas, wenn sie verdaut wird: Sie wird im Mund durch Kauen zerkleinert, mit Speichel vermischt und gelangt durch die Speiseröhre in den Magen. Hier wird alles gut vermischt und weiter zerkleinert, das erledigt der Magensaft. Jetzt gelangt der Speisebrei in den Dünndarm: Hier kommt Gallensaft aus der Leber dazu – der verteilt das Fett in feinste Tröpfchen. Aus der Bauchspeicheldrüse kommt noch ein Saft, der den Nahrungsbrei in seine kleinsten Bausteine zerlegt (➔ Essen und Trinken). Diese werden im Darm vom Blut aufgenommen und als Nährstoffe zu jeder einzelnen Zelle im ganzen Körper gebracht. Die unverdaulichen Reste scheidet der Körper als Kot durch den After aus.

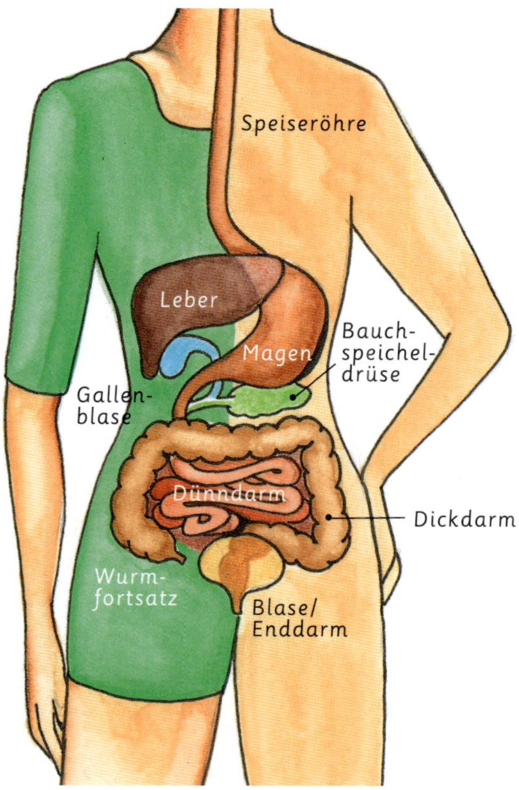

Verdunstung: Flüssigkeiten bilden in der Natur nicht nur dann ➔ Dampf, wenn sie sieden oder kochen. Schon bei viel niedrigeren Temperaturen entstehen an der Oberfläche von Flüssigkeiten immer wieder gasförmige Teilchen. Diesen Vorgang nennt man Verdunstung. Befeuchte deinen Handrücken: Er ist nach kurzer Zeit wieder trocken. Das Wasser ist verdunstet. Außerdem fühlt es sich kühl an, weil zum Verdunsten Wärmeenergie gebraucht wird, die deiner Hand entzogen wird.

Verein: Bist du im Turnverein, Sportverein, Musikverein? Die meisten Menschen sind in irgendeinem Verein. Sie möchten zusammen etwas unternehmen oder haben an derselben Tätigkeit Freude – also werden sie Mitglied eines Vereins. Jeder Verein hat einen Vorstand und gibt sich selbst Regeln. Man nennt das *Satzung.* Viele Vereine sind gemeinnützig, das heißt, sie nützen allen und werden deshalb vom Staat unterstützt.

Vereinte Nationen: Nach dem zweiten Weltkrieg wurde die **U**nited **N**ations **O**rganization gegründet, die UNO. Auf Deutsch bedeutet das Wort *Vereinte Nationen.* In der UNO sind fast alle Länder der Erde vertreten. Wenn es Probleme zwischen Staaten oder in einem Staat gibt, versucht die UNO zu

vermitteln. Die UNO hat viele Unterorganisationen gegründet: eine davon kümmert sich besonders um Kinder, die ➔UNICEF.

Vererbung: Wunderst du dich manchmal, dass du zum Beispiel dunkles Haar hast wie Papa und nicht blondes wie Mama? Oder kriegst du genauso schnell eine Wut wie Papa und lernst genauso schnell Klavier spielen wie Mama? Schuld daran ist vermutlich die Vererbung. Alle Lebewesen geben Eigenschaften über Gene an ihre Nachkommen weiter. Gene sind ein Teil jeder Zelle. Bei der Befruchtung verschmelzen die Zelle von Mutter und Vater zu einer neuen. So werden alle Anlagen weitergegeben. Aber nicht alle kommen zum Vorschein! Bei Menschen lässt sich schwer vorhersagen, was sich vererben wird. Bei Pflanzen ist das einfacher. Das hat *Gregor Mendel* erforscht.

Jedes Lebewesen hat zwei Erbanlagen (Gene) für eine bestimmte Eigenschaft, zum Beispiel die Fellfarbe. Eines dieser Gene stammt vom Vater, das andere von der Mutter.

Verfassung, nennt man eine Sammlung von Gesetzen, in denen die Rechte und Pflichten der Regierung und der Bürger aufgeschrieben sind. Es ist die wichtigste Rechtsgrundlage eines ➔ Staates. In Deutschland heißt die Verfassung *Grundgesetz.* Wenn die Regierung etwas beschließt, was das Grundgesetz nicht erlaubt, kann man beim Bundesverfassungsgericht in Karlsruhe dagegen klagen.

Vergissmeinnicht: Diese Pflanze blüht den ganzen Frühling und Sommer lang. Das Vergissmeinnicht braucht feuchten oder nassen Boden. Wegen seiner blauen Farbe gilt es als Zeichen der Liebe und der Treue.

Verkehr ist überall. An Land, auf Straßen oder Schienen (Autos, Fahrräder, Bahnen) und auch unter der Erde (U-Bahnen), auf dem Wasser (Schiffe) und sogar darunter (U-Boote) oder darüber (Luftkissenfahrzeuge) und in der Luft (Flugzeuge). *Verkehrsmittel* nennt man, was sich auf diesen Wegen bewegt: Züge, Busse, Autos, Räder, Boote … *Verkehrsteilnehmer* sind nicht nur die Menschen, die sich in den Fahrzeugen bewegen, sondern auch Fußgänger. Verkehrsregeln sorgen für Ordnung.

Vorfahrt an der nächsten Kreuzung

Unbeschrankter Bahnübergang

Gegenverkehr

Vorfahrt gewähren!

Halt! Vorfahrt gewähren!

Einfahrt verboten

Verbot für Radfahrer

Radfahrweg (Radfahrer müssen ihn benutzen)

Fußweg (Verbot für alle anderen)

Verkehrszeichen gelten für alle Verkehrsteilnehmer, also für Fußgänger, Radfahrer, Motorradfahrer und Autofahrer. Sie bringen Ordnung in den Straßenverkehr und zeigen den Verkehrsteilnehmern, wie sie sich verhalten sollen. *Warnzeichen* sind meist dreieckig und haben einen roten Rand. *Gebotsschilder* sind meist rund und blau. *Verbotsschilder* sind rund mit rotem Rand. *Hinweisschilder* haben unterschiedliche Formen und Farben. Auch Ampeln und Zeichen von Polizisten gelten als Verkehrszeichen.

Verlag nennt man eine Firma, die Zeitschriften oder Bücher herstellt und vertreibt. Der *Autor* schreibt ein Buch und die *Redakteure* und *Lektoren* kümmern sich darum, dass das Buch vom Inhalt her gut ist. Sie beschaffen Bilder und veranlassen, dass das Buch mit dem Computer schön gestaltet wird – man nennt das *setzen.* Das erledigt die *Setzerei.* Dann wird es gedruckt, das geschieht in einer *Druckerei*. Anschließend sorgt der Verlag dafür, dass das Buch in die Buchhandlungen kommt und gekauft wird. Vielleicht für dich?

Vers: Gedichte und Lieder haben eine oder mehrere *Strophen.* Jede dieser Strophen besteht aus Zeilen oder Reihen. Eine solche Zeile ist ein Vers. Manche Verse haben einen Endreim: zum Beispiel *Schluss – Kuss*. Sie haben aber alle einen Rhythmus, einen ➔ Takt, bei dem sich betonte und unbetonte Silben abwechseln. Du kannst das selbst hören, wenn du die folgenden Verse liest und zu jeder Silbe einmal klatschst:

Die Biene Liane
x **x** x x **x** x
fiel, plumps, in die Sahne
x **x** x x **x** x

Versicherung: Jedes Schulkind ist versichert. Zu Schulanfang kannst du eine bestimmte Summe bezahlen, damit ist dann noch mehr versichert. Wenn deine Brille in der Schule beschädigt wird, bekommst du das Geld für die Reparatur. Und woher kommt das Geld? Vom Versicherungsgeld all derer, denen nichts passiert ist. Viele zahlen für wenige. Man kann sich fast gegen alle Schäden versichern: Feuer, Diebstahl, Wasserschaden. Sogar den Todesfall kann man versichern. Das nennt man dann *Lebensversicherung*. Das Geld bekommen die Überlebenden.

Versteigerung nennt man auch *Auktion*. Dabei werden Gegenstände, zum Beispiel Kunstwerke, öffentlich an den Meistbietenden verkauft. Der Leiter der Versteigerung, der *Auktionator*, ruft den Gegenstand auf und nennt den Einstiegspreis. Wer den zahlen will, hebt die Hand. Dann wird gefragt: »Wer bietet mehr?« Wer das will, hebt die Hand und ruft sein Angebot. So wird der Preis so lange gesteigert, bis nur noch ein Bieter übrig bleibt. Der erhält den Zuschlag. Inzwischen kann man aber fast alles auch im Internet ersteigern, z. B. bei eBay.

Versteinerung ➔ Fossilien.

Vertrag: Nehmen wir an, zwei Menschen wollen zusammen eine Firma gründen. Dann gehen sie zu einem Rechtsanwalt und besprechen mit ihm, was im Vertrag stehen muss: Welche Rechte und Pflichten jeder hat, und wie viel Geld jeder in die Firma einzahlt. Es gibt schriftliche und mündliche Verträge. Beide sind in gleicher Weise gültig.

Verwitterung: Sind Gesteine, Bausteine, Metall oder Holz lange Zeit dem Wetter ausgesetzt, so verändern sie sich. Sie werden langsam zerstört durch Sonnenstrahlung, Frost, Regen, Abgase, Luft oder kleine Lebewesen wie Moos und Algen. Bröselnde Steine, faulendes Holz und rostiges Eisen sind Beispiele dafür. Diese Zerstörungen oder Veränderungen nennt man Verwitterung.

Video ist lateinisch und heißt *ich sehe.* Video bedeutet in der Fernsehtechnik alles, was mit Bild und Bildschirm zusammenhängt. Da gibt es z. B. den *Videoclip,* eine Werbesendung für eine Musik-CD und die *Videokassetten,* in denen auf einem Magnetband Bild und Ton aufgezeichnet werden können. Diese Kassetten werden über einen *Videorecorder* im Fernsehgerät wiedergegeben. Sicher kennst du *Videospiele,* die man am Computer oder Fernsehgerät spielt. Die neueste Entwicklung ist die *DVD*. Dabei handelt es sich um eine Kunststoff-Scheibe, ähnlich der ➔ CD oder CD-ROM, auf der Spielfilme in sehr guter Qualität gespeichert sind. Um sie anzusehen, braucht man einen *DVD-Rekorder*, der an das Fernsehgerät oder an den Computer angeschlossen wird.

Violine ➔ Geige.

virtuelle Realität bedeutet *künstliche Wirklichkeit.* Sie wird von einem Computer erschaffen. Lies nach bei ➔ Cyberspace.

Virus: 1. *Virus* ist einer, *Viren* sind mehrere Erreger von Infektionskrankheiten bei Menschen, Tieren und Pflanzen. Sie gehören zu den kleinsten und einfachsten Einheiten in der Natur, die sich vermehren können. Sie nisten sich in ➔ Zellen ein und zwingen sie, Nachkommen zu produzieren. Dabei gehen die Zellen kaputt. Wenn das in deinem Körper passiert, fühlst du dich krank. Gegen die meisten Viren kann man sich impfen (➔ Impfung) lassen.
2. Computerviren sind ➔ Programme, die z. B. über Disketten in den PC kommen und dort Schäden anrichten können. Der PC stürzt ab, die Festplatte ist gelöscht.

So sieht ein Masernvirus unter dem Mikroskop aus.

Vitamine ➔ Essen und Trinken.

Vögel ➔ S. 326.

Vogelgrippe ist eine Tierkrankheit, die vor allem für Geflügel wie Hühner, Puten, Enten und Schwäne gefährlich ist. Sie wird durch einen winzigen ➔ Virus übertragen. Erkrankte Tiere wirken geschwächt, fliegen nicht mehr richtig und bewegen sich merkwürdig. In seltenen Fällen können sich auch Säugetiere anstecken, beispielsweise Katzen und Schweine, oder sogar Menschen, wenn sie mit dem Blut, dem Speichel oder dem Kot kranker Vögel in Berührung kommen. Man merkt sehr schnell, ob Tiere krank sind, deshalb sind Menschen nicht sehr gefährdet. Trotzdem: Vorsichtshalber zahme, kranke oder tote Vögel und auch wilde Tiere nicht anfassen und auch keine Federn aufheben.

Völker: 1. Völker sind Menschengruppen, die durch Geschichte und Kultur zusammengehören. Meistens sprechen alle Angehörigen eines Volkes dieselbe Sprache. Die Menschen können aber verschiedener Abstammung sein: Zum Volk der Vereinigten Staaten (USA) gehören zum Beispiel

Fortsetzung auf Seite 327

VÖGEL

Der Wanderalbatros hat eine Spannweite von 4,25 Meter.

Vögel findet man in allen Gebieten der Erde. Sie haben sich perfekt an die verschiedensten Lebensbedingungen angepasst.

Alle Vögel haben Federn. Da die Tiere eine hohe Körpertemperatur haben, schützt das Federkleid mit den vielen übereinandergeschichteten Federn vor zu großem Wärmeverlust. Beim Fliegen ist das besonders wichtig, die Tiere würden sonst zu schnell durch den Flugwind auskühlen. Von allen Vögeln hat das Rotkehlchen die höchste Körpertemperatur: 44,6 °C. Das Alpenschneehuhn kann bei Außentemperaturen von –50 °C noch überleben.

Die meisten Vögel können fliegen. Die Vordergliedmaßen, also die Arme, sind zu Flügeln umgebildet. Die Flugmuskeln setzen am Brustbein an. Die Knochen der Vögel sind hohl und mit Luft gefüllt, damit sie weniger wiegen. Nonnenkraniche zum Beispiel fliegen bei ihren Wanderzügen in einer Höhe von 6 000 Metern. Eine Wildgans erreicht sogar eine Höhe von 8 800 Metern, also so hoch wie der höchste Berg der Welt. Gut entwickelte Augen helfen bei der Orientierung (➔ Zugvögel). Es gibt aber auch fluguntaugliche Vögel wie ➔ Strauße und ➔ Pinguine.

Alle Vögel haben Schnäbel. Die Kiefer sind mit Horn bedeckt. Sie können damit Nüsse knacken und Körner picken. Dabei helfen ihnen die Füße: Sie können damit scharren, greifen, schwimmen und klettern.

Alle Vögel legen Eier, die mit einer Kalkschale umgeben sind. Das kleinste Ei legt die Bienenelfe – eine Kolibriart. Es ist so groß wie ein Fingerhut und wiegt nur ein Viertel Gramm!

Der Hummelkolibri ist der leichteste Vogel. Er wiegt 1,5 Gramm.

Der Schwarzspecht hat Stoßdämpfer und einen speziellen Schutz für den Schädel. So wird sein Gehirn beim Hacken vor Erschütterungen geschützt.

Der Eil-Stachelschwanzsegler ist der schnellste Vogel. Er fliegt 335 km/h.

Die Jungvögel werden in Nestern durch die Körperwärme der Eltern ausgebrütet. Manche Jungvögel müssen noch eine Zeit lang im Nest gefüttert werden, es sind *Nesthocker.* Andere sind fertig entwickelt und heißen *Nestflüchter.* Ein kleines Entchen zum Beispiel kann nach dem Schlüpfen sofort schwimmen.

Der Schnabel des Riesentukan ist halb so lang wie der Vogel.

Eistaucher sind die reaktionsschnellsten Vögel. Sie tauchen unter, bevor sie eine Gewehrkugel erreichen kann.

Menschen vieler Hautfarben und → Rassen. **2.** Auch manche Tiere leben in Völkern, zum Beispiel die Bienen und Ameisen.

Völkerwanderung: So nennt man die Massenwanderung der Völker in Europa zwischen 400 und 600 nach Christus, als die Hunnen aus dem Osten, der Mongolei, Europa überfielen. Kaum war ein Volk vor den Hunnen in ein anderes Gebiet geflohen, musste sich dieses Volk wieder einen neuen Platz suchen. Das brachte Europa so durcheinander, dass das Römische Reich zusammenbrach. Die europäischen Staaten bildeten sich nun heraus.

Volleyball ist ein Netzspiel mit einem Ball. Zwei Mannschaften mit je 6 Spielern bringen nach bestimmten Regeln den Ball über das Netz. Dabei darf der Ball nicht auf den Boden und nicht außerhalb des Spielfeldes kommen.

Vormund: Alle wichtigen Geschäfte und Verträge erledigen deine Eltern für dich, bis du 18 Jahre alt bist: Sie handeln als dein Vormund. Wenn ein Kind keine Eltern mehr hat, wird ihnen vom Gericht ein Vormund zugeteilt.

Vorurteil: Alle Italiener klauen, alle Franzosen sind faul, Blondinen sind dumm … Das sind bekannte Vorurteile. Sie stimmen überhaupt nicht. Die dümmsten Vorurteile kann man ganz schnell erkennen: Sie beginnen mit »Alle …«. Vernünftige Menschen schauen erst einmal genau hin, hören zu, denken nach und erlauben sich dann erst ein eigenes Urteil.

Vulkan → S. 328.

Volleyball kann man auch am Strand spielen.

Wie es zu einem Vulkanausbruch kommt:
Im Inneren der Erde ist es so heiß, dass die Gesteine dort geschmolzen und flüssig sind. Diese Schmelze nennt man *Magma* oder *Lava.* Die Erdoberfläche ist abgekühlt und bildet deshalb eine feste Kruste. Nun kommt es vor, dass diese Kruste an einigen Stellen Risse bekommt oder dass sich die Flüssigkeit im Inneren ein Loch nach außen bohrt. Dann bricht heiße Lava aus: ein Vulkanausbruch! Passiert das immer wieder, so bildet sich ein Berg, ein Vulkan. Das Loch, aus dem die Lava ausbricht, heißt *Krater.* Besonders heftig ist der Ausbruch, wenn zuvor in die undichten Stellen der Erdkruste Wasser eingedrungen ist. Das verdampft in der Hitze und wird als Gas mit dem flüssigen Gestein vermischt. So gibt es einen gewaltigen Überdruck, der schließlich wie eine Explosion ausbricht. Ähnlich ist es in einer Sprudelflasche: Darin ist das ➔ Gas Kohlendioxid mit Wasser gemischt. Öffnest du zu plötzlich, schießt der Sprudel wie ein Vulkan heraus.

Der Untergang von Pompeji in Italien:
Pompeji war eine reiche Stadt mit Tempeln, prunkvollen Bädern, Theatern und schönen Häusern. Aber am Morgen des 24. August im Jahr 79 begann plötzlich die Erde zu wackeln und der Himmel verfinsterte sich. Eine riesige Wolke aus heißer Asche wurde vom Wind auf die Stadt zugetrieben. Einige Menschen versuchten zu fliehen, andere wollten lieber abwarten, um vielleicht noch etwas zu retten. Sie wurden von einstürzenden Dächern erschlagen, andere erstickten an den giftigen Schwefeldämpfen oder wurden vom glühenden Ascheregen verschüttet. Der Vesuv war ausgebrochen und begrub die ganze Stadt Pompeji unter einer 260 cm dicken Schicht aus heißer Vulkanasche. Menschen erstarrten in der Lava, so wie sie gerade gelebt hatten. Erst 1 700 Jahre später wurden sie von Altertumsforschern wieder gefunden.

W

Waage: Vor fast 5 000 Jahren kannten die Ägypter bereits Waagen. Inzwischen wurden viele verschiedene Waagen erfunden. Mit zweiarmigen *Balkenwaagen* wiegt man so: Auf der Schale an einem Balkenarm liegt die Last, die man wiegen

Balkenwaage

möchte. Auf der Schale am anderen Arm werden bekannte Gewichte aufgelegt. Ist der Balken waagerecht, so ist die Waage im Gleichgewicht. Die Last ist dann gleich schwer wie die Gewichte. In *Federwaagen* zieht ein Gewicht aufgrund der → Schwerkraft an einer Stahlfeder. Federwaagen sind deshalb Kraftmessgeräte. Bei *elektrischen Waagen* ändern sich elektrische Größen, wenn ein Gewicht auf die Waage gelegt wird. Die Änderung wird dann umgerechnet und als Zahlenwert elektronisch angezeigt.

Federwaage

Wachs ist ein fettähnlicher → Stoff. Er sieht milchig trüb aus. Erst bei etwa 20 °C kann man ihn kneten und ab etwa 40 °C wird er flüssig. Viele Arten werden künstlich aus Erdöl gewonnen, zum Beispiel Bohnerwachs und das meiste Kerzenwachs. In der Natur gibt es pflanzliche Wachse wie Palmwachs und Zuckerrohrwachs und tierische Wachse wie Schafwollwachs und Bienenwachs.

Wahl: Gibt es in deiner Klasse eine Klassensprecherin? Dann war sie vor ihrer Wahl *Kandidatin* und wurde mit der Mehrheit der Stimmen aller Schüler der Klasse gewählt. In der Politik ist es ähnlich. Wichtig bei Wahlen für politische Gremien ist, dass sie geheim sind. Man darf erst wählen, wenn man volljährig ist. In Deutschland ist man das mit 18 Jahren. Wahlen finden in regelmäßigen Abständen statt.

Stimmabgabe in einem Wahllokal

Währung nennt man die Geldsorte eines Staates. In den meisten Ländern Europas ist es der *Euro* (€), in der Schweiz ist es zum Beispiel der *Schweizer Franken.* Die wichtigsten Währungen in der Welt sind neben dem Euro der japanische *Yen* und der *US-Dollar* ($). Die Preise für Rohöl und Rohstoffe werden zum Beispiel in Dollar festgelegt.

Waise: Ein Kind, das keine Eltern mehr hat, ist ein Waisenkind. Es braucht einen → Vormund, der seine Rechte vertritt, bis es volljährig wird. Früher wurden diese Kinder in Waisenhäusern untergebracht. Heute versucht man, sie in Familien zu geben. Manchmal leben sie auch in → SOS-Kinderdörfern.

Wal: Die größten Säugetiere der Welt sind die Wale. Ein Blauwal kann bis zu 30 m lang und 130 Tonnen schwer werden. Er bringt jedes Jahr ein Junges zur Welt, das bei der Geburt 7 m lang ist und etwa 8 Tonnen (= 8 Autos) wiegt. Blauwale nehmen ihre Nahrung, den → Plankton, mit dem Maul auf. Sie pressen mit der Zunge das Wasser durch Hornplatten, die man *Barten* nennt. In diesen bleiben die Kleinstlebewesen hängen. Die Zunge des Blauwals ist so schwer wie ein Elefant! Der größte Zahnwal, der Pottwal, ist 20 m lang. Er gilt als der beste Taucher. Aber wie alle Wale muss auch er zum Atmen wieder an die Wasseroberfläche kommen.

Walgesänge

kennt man schon seit die Menschen die Meere befahren. Sie waren für die Seeleute oft unheimlich, denn sie schienen aus der Tiefe des Meeres aufzusteigen. Heute weiß man, dass die Männchen der Buckelwale mit hellen, reinen Tönen Weibchen anlocken. In ihren Gesängen wiederholen die Wale immer wieder ganz bestimmte Tonfolgen. Sie erreichen die tiefen Töne von Seebeben und die hohen von Wellen und Wind. Die längsten Gesänge dauern bis zu 35 Minuten. Das Pfeifen des Blauwals ist ein lauteres Geräusch als das einer vorbeifliegenden Düsenmaschine!

Wale sehen aus wie Fische. Beim Schwimmen schlägt ihre Schwanzflosse immer auf und ab.

Wald → S. 331.

Wald ist mehr als viele Bäume, die den Menschen Holz liefern!

Die drei Waldstockwerke

Der *Waldboden* bietet den Pflanzen Halt und Nahrung. In ihm leben Milliarden winziger Lebewesen von ➔ Bakterien bis zum Regenwurm. Auch Mäuse, Hamster und Dachse wohnen da. Auf dem Boden bilden sich oft Moospolster, die Wasser speichern und Kleintieren Wohnung geben. Kräuter, Gräser, Farne und Waldblumen bilden die *Krautschicht.* Sie ist die Heimat von Hase, Igel und anderen Kleintieren. Schmetterlinge und Käfer tummeln sich da. Die Krautschicht bietet auch den großen Pflanzenfressern Nahrung. Hirsche, Rehe und Wildschweine ernähren sich von diesen Pflanzen.

Zur *Gehölzschicht* gehören die größeren Sträucher und die Bäume. Bis zu 30 m ragen Bäume in gesunden Wäldern auf und bieten Eichhörnchen, Vögeln und vielen ➔ Insekten eine Wohnung. Die Kronen der hohen Bäume bilden das Dach des Waldes.

Das Leben im Wald ist ein Kreislauf

Abgefallenes Laub ist Nahrung für die Bodentiere. Sie zerlegen bei der Verdauung Laub, Nadeln und abgestorbene Pflanzenteile in ➔ Mineralien. Die Pflanzen nehmen die Mineralien als Dünger wieder auf. Aus dem mineralreichen Wasser des Bodens, aus Kohlendioxid der Luft und mit Sonnenlicht stellen sie die Kohlenhydrate her (mehr dazu unter ➔ Essen und Trinken), die sie zum Wachstum brauchen. Die Pflanzen sind wieder Nahrung der Pflanzen fressenden Tiere. Die kleinen Tiere sind die Nahrung der großen Tiere. Und alle Pflanzen geben Sauerstoff ab, den jedes Tier und jeder Mensch zum Leben braucht.

Waldorfschule: Die Waldorfschulen sind private Gesamtschulen. Die erste Waldorfschule wurde 1919 vom Direktor der Waldorf-Astoria-Zigaretten-Fabrik gegründet – für die Kinder der Arbeiter seiner Fabrik. Der erste Schulleiter, *Rudolf Steiner,* hat an dieser Schule seine Ideen verwirklicht: Künstlerische und handwerkliche Fähigkeiten werden sehr viel mehr gefördert als in staatlichen Schulen.

Walpurgisnacht ➔ Harz.

Wanze: 1. Wanzen erkennt man an der flachen Gestalt und an den harten Flügeln, die nur an den Spitzen häutig sind. Die Tiere haben stechend-saugende Mundwerkzeuge. Mit dem Speichel lösen sie die Nahrung auf und saugen sie dann ein. Durch Ausscheidungen der Wanzen-Stinkdrüse werden zum Beispiel Beeren ungenießbar. In vernachlässigten und unsauberen Wohnungen lebt die gefürchtete *Bettwanze.* Sie saugt Blut von Tier und Mensch. **2.** Versteckte Mikrofone werden auch als Wanzen bezeichnet.

Streifenwanze

Bettwanze

Wappen: Das Wort kam aus dem Niederländischen und hieß *Waffe*. Das hat seinen Grund: Im Mittelalter haben sich die Ritter im Kampf mit ➔ Panzer und Helm rundum geschützt und verdeckt. Sie erkannten nicht, wer Freund oder Feind war. So brachte man auf dem Schild ein Erkennungszeichen an. Aus diesem Zeichen auf dem Schild entstanden vor rund 850 Jahren in Europa die Wappen. Heute führen nur wenige Familien ein Wappen, aber Orte und Länder haben noch Wappen.

Deutschland

Österreich

Schweiz

Wasser bedeckt rund drei Viertel der Erdoberfläche. Es ist der häufigste auf der Erde vorkommende ➔ Stoff: Es gibt rund 1 Trilliarde Liter Wasser (das ist eine 1 mit 21 Nullen)! Aber nur 4 von 100 Litern sind auf dem Land, der Rest ist in den Ozeanen und ganz wenig in der Luft. Wasser ist ein großartiges Lösungsmittel. Schau auf dem Aufkleber einer Sprudelflasche nach, was alles darin gelöst ist. Wasser ist die Voraussetzung für alles Leben, weil es gelöste Nährstoffe in Menschen, Tieren und Pflanzen transportiert. Bei 0 °C erstarrt es zu ➔ Eis, bei 100 °C siedet es und wird zu ➔ Dampf.

Auf der Erde geht kein Wasser verloren. Es bewegt sich in einem ständigen Kreislauf.

Watt: **1.** An flachen Küsten mit ➔ Ebbe und Flut ist ein Teil des Meeresbodens nur bei Flut vom Meer bedeckt. Bei Ebbe ist er wasserfrei. Dieser Boden heißt Watt. Er besteht aus Sand und Schlamm und ist der Lebensraum für viele winzige Lebewesen. **2.** James Watt war ein englischer Ingenieur (1736–1819). Er erfand die neuzeitliche Dampfmaschine. Nach ihm nennt man die Maßeinheit für Leistung 1 Watt. Mein Auto zum Beispiel leistet 55 000 Watt = 55 kW (kW spricht man *Kilowatt*), das sind 75 PS.

Wehen: Während der Schwangerschaft liegt das ➔ Baby in der Gebärmutter. Damit es geboren werden kann, muss sich die Gebärmutter weit öffnen. Dieses Öffnen der Gebärmutter und die ➔ Geburt des Babys geschieht durch schmerzhaftes Zusammenziehen der Muskeln. Diese regelmäßigen Muskelkrämpfe nennt man Wehen.

Weihnachten: Zu Weihnachten feiern die Christen Jesu Geburt. Das genaue Datum seiner Geburt ist zwar unbekannt, aber man hat dieses Datum gewählt, weil jetzt die Tage wieder länger werden. Darüber freuen sich alle Menschen und feiern. Deshalb haben viele Weihnachtsbräuche ihren Ursprung bei den Germanen und Römern. Es gibt aber auch neuere Bräuche: Weihnachtsbäume schmückt man erst seit 300 Jahren, und den Weihnachtsmann kennt man seit weniger als 200 Jahren.

Weihnachten wird überall ein bisschen anders gefeiert. In England schmückt man das Weihnachtszimmer mit Mistelzweigen.

Wein: Weintrauben werden im Herbst gepflückt. Man nennt das *Lese.* Anschließend werden die Trauben zerquetscht, das ergibt Saft. Den lässt man in Fässern oder Tanks gären: Hefepilze nehmen den

Zucker aus dem Saft auf und gewinnen daraus Energie zum Leben. Dabei entsteht → Alkohol. Es gibt Weißwein, Rotwein, Rosé und Schaumwein (Sekt).

Weizen: Schon in der Steinzeit sammelten die Menschen Gräser, zermahlten die Samen und backten aus dem Mehl Brot. Bald begannen sie, Getreide zu züchten: Sie säten Grassamen aus und pflegten die Sprösslinge. Durch Auslese züchtete man immer größere Körner. Dabei entstanden Getreidesorten wie z. B. *Weizen, Gerste* und *Hafer.* Weizenmehl eignet sich am besten für Brot und Gebäck.

Wellensittich: Dieser Verwandte der Papageien stammt aus der australischen Steppe. Ursprünglich war der Vogel grün mit einer wellenförmigen Zeichnung auf seinen Federn. Diesen *Wellen* verdankt er seinen Namen. Heute gibt es viele Züchtungen in unterschiedlichen Farben.

Kann der Wellensittich sprechen?

Wellensittiche sind als Haustiere so beliebt, weil man sie züchten und zähmen kann und weil sie anhänglich und sprachbegabt sind. Werden sie als Einzelvogel aufgezogen, lernen sie, ganze Sätze nachzusprechen und Melodien nachzupfeifen. Allerdings wissen sie nicht, was sie sagen.

Weltall → S. 335.

Weltkriege nennt man so, weil viele Staaten auf der ganzen Welt gegeneinan-

Fortsetzung auf S. 336

Weltall, Weltraum, Universum oder Kosmos nennt man den ganzen Bereich der Welt einschließlich der Erde. Dazu gehören alle Himmelskörper und der Raum zwischen ihnen.

Mit dem Urknall fing alles an

Wissenschaftler nehmen an, dass es ursprünglich vor 20 Milliarden Jahren einen mächtigen *Urknall* (oder *Big Bang*) gab. Danach gab es nur winzige Elementarteilchen, viel kleiner als ➔ Atome, und ungeheure Energien. Zusammen bildeten sie den Weltraum. Etwa 1 Million Jahre später könnten sich erste ➔ Gase gebildet haben. Es entstand Wasserstoffgas. Dieses verdichtete sich während ein paar weiteren Millionen Jahren zu riesigen wolkigen Gebilden.

Die Galaxien

Vor vielleicht 15 Milliarden Jahren entstanden aus den Gasteilchen immer dichtere Gebiete, die *Galaxien.* Auch innerhalb der Galaxien verdichtete sich das Gas immer mehr zu riesigen glühenden Gaskugeln: den *Sternen.* Eine solche Galaxie ist das Milchstraßen-System, zu dem viele selbstleuchtende Sterne und ➔ Planeten gehören. Einer dieser Sterne ist unsere Sonne mit ihren neun Planeten. Dazu gehört unsere Erde mit dem Mond als ➔ Satellit.

Hat das Weltall ein Ende?

Weitere Galaxien befinden sich weit auseinander im Weltraum verteilt. Man weiß heute, dass sich die Galaxien immer weiter voneinander entfernen. Das bedeutet, dass sich der Weltraum weiter ausdehnt. Die meisten Wissenschaftler nehmen dennoch an, dass der Weltraum nicht unendlich ist. Sie vermuten, dass er irgendwann oder irgendwo zu Ende ist. Doch bis heute ist das nicht eindeutig geklärt.

der kämpften. Im Ersten Weltkrieg von 1914–1918 sind 10 Millionen Menschen getötet worden. Der Zweite Weltkrieg dauerte von 1939 bis 1945. Er wurde von Deutschland unter der Schreckensherrschaft von Adolf Hitler begonnen. Am Ende des Zweiten Weltkriegs waren mehr als 50 Millionen Menschen tot, der größte Teil der europäischen Juden ermordet, viele Städte in Schutt und Asche gelegt. Die UNO (➔ Vereinte Nationen) soll seitdem verhindern, dass es noch einmal zu einem Weltkrieg kommt.

Werbung soll Kunden zum Kauf einer Ware überreden. Man findet sie eigentlich überall: auf großen Plakaten an der Bushaltestelle, in der Zeitung, im Fernsehen und im Rundfunk. Die *Anzeigen* und *Werbespots* werden von Leuten gestaltet, die es schaffen, zum Beispiel einen Schokoriegel so darzustellen, dass man ihn unbedingt haben muss! Daran arbeiten Texter, Zeichner und Psychologen (= Menschen, die etwas von der Seele und den Gedanken verstehen).

Die meisten bekannten Sportler lassen sich die Werbung auf ihrer Kleidung gut bezahlen.

Werft: Eine Werft ist ein großes Unternehmen, das Schiffe baut und repariert. Dazu gehören Riesenkräne und Schiffsbauhallen, Werkstätten und Bürogebäude.

Wespen kannst du leicht an dem schwarzgelb gefärbten Leib erkennen. Sei vorsichtig, alle haben einen Giftstachel! Wespen bauen ihre Nester aus abgenagtem Holz und Speichel in Erdhöhlen oder frei hängend. Sie bilden einjährige Staaten.

Nur die Königin überlebt den Winter. Sie trägt in einer Samentasche Samen von männlichen Wespen des vorigen Jahres. Wenn sie im Frühjahr mit dem Eierlegen für ein neues Wespenvolk beginnt, werden die Eier mit dem Samen aus dem Samenvorrat befruchtet. Die ➔ Larven der Wespen werden mit zerkautem Fleisch erbeuteter Insekten gefüttert.

Wetter ➔ S. 337.

Wetter gibt es nur auf der Erde: Die Ursachen dafür sind unsere einzigartige ➔ Atmosphäre, die Sonne und die unterschiedliche Erdoberfläche. Wettererscheinungen sind Luftdruck, Lufttemperatur, Luftfeuchtigkeit, Nebel, Regen, Schnee, Wind, Wolken, Blitz und Donner.

Die Wirkung der Sonne
Schon in der Atmosphäre, der Luft, wird Sonnenlicht in Wärme umgewandelt. Auch die Erdoberfläche wandelt Sonnenlicht in Wärme um. Sie gibt diese Wärme wieder an die Luft ab. Das geschieht nicht gleichmäßig rund um die Erde. Denn die Erde dreht sich ständig und umkreist die Sonne. Deshalb ist es immer an anderen Stellen am wärmsten.

Die Wirkung der Atmosphäre
Luft dehnt sich beim Erwärmen aus. Sie steigt in kalter Luft hoch, weil 1 Liter warme Luft leichter ist als 1 Liter kalte Luft. In der Höhe kühlt die Luft wieder ab, weil sie weniger Wärme von der Erde bekommt. Dadurch sinkt sie ab. Also strömt Luft ständig auf und ab.

Die Wirkung der Erdoberfläche
Durch die Drehung der Erde verschiebt sich die Luft gegen die Erde. Berge oder Täler lenken sie ab. Über dem Meer nimmt die Luft mehr Feuchtigkeit auf als über dem Land. So lagert sich manchmal viel Luft übereinander. Sie drückt stark auf die Erde: Man spricht von einem *Hoch.* Wird weniger Luft übereinandergeschoben, ist der ➔ Luftdruck niedrig: Man spricht von einem *Tief.*

Forscher beobachten und messen das Wetter ständig weltweit. Sie heißen *Meteorologen.* Ihre Messgeräte sind in *Wetterwarten* oder *Wettersatelliten* eingerichtet. Ihre Beobachtungen zeichnen sie in *Wetterkarten* ein. Ihr Ziel ist eine möglichst genaue *Wettervorhersage.*

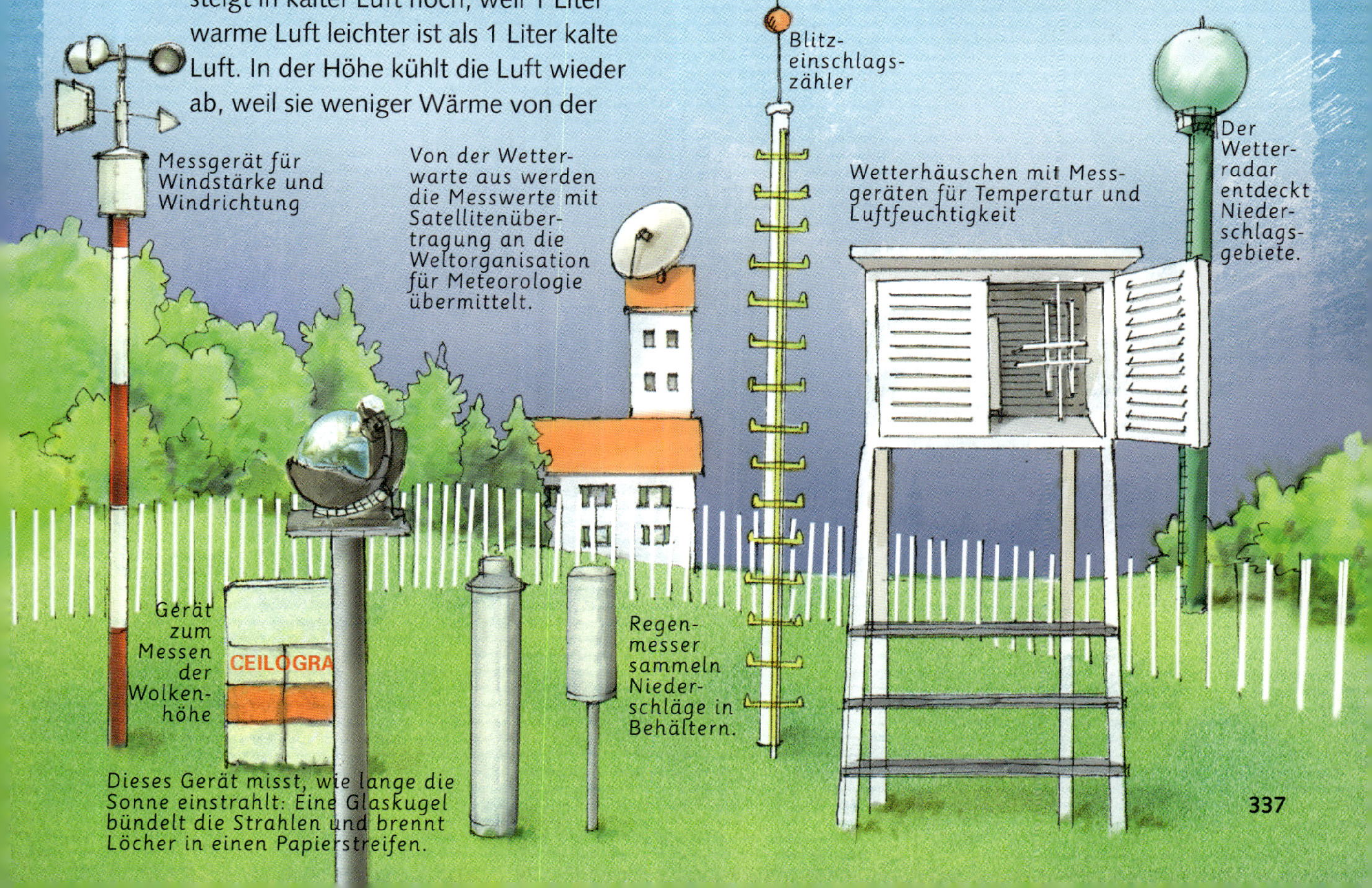

Wiesel im Sommer

Wiesel: Das große Wiesel wird auch *Hermelin* genannt. Es ist im Sommer braun mit weißer Unterseite, aber im Winter ist sein Fell ganz weiß. So ist das marderähnliche Raubtier zu jeder Jahreszeit gut getarnt. Das 15 bis 20 cm große Mauswiesel aber ändert seine Farbe nicht. Die Nahrung des Wiesels besteht hauptsächlich aus Mäusen. Es frisst aber auch Ratten, Vögel und Insekten. Manchmal stiehlt es sich auch ein Huhn aus dem Hühnerstall.

Wiesel im Winter

Wikinger sind eine nordgermanische Volksgruppe. Vor 1 000 Jahren haben sie sich von Skandinavien über weite Teile Europas ausgebreitet. Mit ihren Drachenschiffen erreichten sie sogar den amerikanischen Kontinent lange vor → Kolumbus. Aber keiner hat es damals gewusst! Die Wikinger waren wegen ihrer brutalen Raubzüge sehr gefürchtet. Einige der Wikinger, die Normannen, haben sich in der Normandie in Frankreich niedergelassen. Von da aus haben sie später England erobert.

Wildschwein: Eine Gruppe braunschwarzer Wildschweine bricht durch das Unterholz. Ihr keilförmiger Kopf und die dicke Haut mit dem borstigen Fell erleichtern ihnen das Durchstreifen der Waldgebiete. Gerne suhlen sie sich im Schlamm, so dass eine dicke Erdkruste an ihrem Körper festtrocknet. Diese schützt vor Insektenstichen. Wildschweine sind Allesfresser. Im Sommer finden sie Pilze, Wurzeln und Früchte, im Winter Eicheln und Kastanien. Auch Mäuse, Frösche und Schnecken verschmähen sie nicht.

Den Keiler – das ist das Männchen – erkennt man an den gebogenen Eckzähnen, den Hauern.

Die Bache – so heißt das weibliche Tier – passt auf die Jungen auf.

Wind: Durch die unterschiedliche Erwärmung von Luft über der Erde (➔ Wetter) bilden sich Hochdruckgebiete (= Hoch) mit stark gedrückter Luft und Tiefdruckgebiete (= Tief) mit weniger dichter Luft. Die Natur sucht aber stets nach einem Ausgleich. Deshalb strömt Luft vom Hoch zum Tief. Diese Luftströmung nennt man Wind. Die Windrichtung ist immer die Richtung, aus der der Wind kommt. Die Geschwindigkeit misst man in km/h mit einem *Anemometer.* Manchmal gibt man die Windstärke nach der *Beaufort-Skala* an.

Windmühle: Schon vor 3 000 Jahren bauten die Menschen Windmühlen und setzten die Kraft des Windes in eine Drehbewegung um. Damit trieb man große Mahlsteine an und mahlte Korn zu Mehl. Noch vor 100 Jahren waren im Küstenbereich viele Windmühlen zum Kornmahlen in Betrieb.

Bau dir ein Anemometer

Du brauchst 2 gleiche runde Plastikflaschen. An beiden durchbohrst du oben den Deckel. Von einer schneidest du den Boden ab und stülpst sie auf die andere drauf. Schneide in einen dicken Korken 4 Längsschlitze. In diese Schlitze steckst du 4 kleine Plastiklöffelchen. Einen davon bemalst du farbig. In die Mitte des Korkens steckst du eine Strumpfstricknadel. Das andere Ende der Nadel führst du erst durch eine Perle mit Loch, dann durch die beiden Deckellöcher der Plastikflasche. Das ist dein Anemometer. Miss damit die Windstärke, indem du die Umdrehungen pro Minute zählst

Windpocken gehören zu den harmlosen ansteckenden Krankheiten mit leichtem Fieber. Zuerst bilden sich Bläschen, die dann eintrocknen. Manchmal kratzt man sich die Haut auf, weil die erkrankten Hautstellen jucken. Der Arzt verschreibt dann Puder oder ein flüssiges Hautpflegemittel.

Winterschlaf: Manche Tiere verschlafen die nahrungsarme Zeit in der Natur. Die Körpertemperatur sinkt ab, der Herzschlag wird langsamer. So reicht der im Sommer und Herbst angefressene Fettvorrat sogar für einige Monate. Findet man einen Igel im *Winterschlaf,* darf man ihn nicht in warme Räume bringen und wecken. Manche Tiere, zum Beispiel die Kröten, senken ihre Temperatur noch mehr ab, sie werden ganz starr. Man nennt das *Winterstarre.* Das Eichhörnchen zum Beispiel schläft im Winter, wacht zwischendurch auf, holt sich Vorräte und schläft weiter. Das ist *Winterruhe.*

Wirbelsäule sagt man auch zum *Rückgrat.* Sie besteht beim Menschen aus 33 bis 35 Knochen, den *Wirbeln.* Zwischen diesen liegen die *Bandscheiben* und verhindern schmerzhafte Reibung. *Muskeln* und *Bänder* verbinden die Wirbel und geben der Wirbelsäule Halt. Die Wirbelsäule sitzt unten am → Becken auf und trägt oben auf den Halswirbeln den Kopf. In der hohlen Mitte der Wirbel ist das Rückenmark.

Wirbelsturm: Wird das Meer in tropischen Gebieten über 27 °C warm, so steigt feuchte warme Luft nach oben. Manchmal strömt an ihrer Stelle kühle Luft mit spiralförmiger Bewegung nach. Diese drehende Luftbewegung kann sehr heftig werden. Sie wächst zu einem *Orkan* an und reißt immer mehr Luft mit. Kommt er an Land, verwüstet er alles. Die Wirbelstürme im westlichen Atlantik werden *Hurrikane* genannt, diejenigen im westlichen Pazifik heißen *Taifune.*

Ein Wirbelsturm braut sich zusammen.

Wirtschaft: Menschen erzeugen oder leisten etwas. Die Bearbeitung des Bodens, um etwas ernten zu können, nennt man *Landwirtschaft.* Die *Bauwirtschaft* umfasst alles, was mit dem Bau von Gebäuden und Verkehrswegen zu tun hat. Alle Bereiche, in denen Menschen etwas leisten, bilden zusammen die Wirtschaft. Wird viel erzeugt und verkauft, spricht man von *Wirtschaftsboom* (sprich: *buhm),* läuft es schlecht, ist es eine *Wirtschaftskrise.*

Wolf: Vom Wolf glaubte man lange Zeit, er sei ein wildes, unberechenbares Raubtier, gefährlich für Mensch und Vieh. Das in Rudeln lebende Tier wurde erbarmungslos

gejagt und in fast allen ursprünglichen Verbreitungsgebieten ausgerottet. Heute weiß man, dass Wölfe sehr scheue Tiere sind und es niemals wagen würden einen Menschen anzugreifen. Schon seit einiger Zeit versucht man, Wölfe wieder bei uns anzusiedeln.

Wolken können ganz unterschiedlich aussehen.

Wolken: Wird Luft über dem Meer oder Land erwärmt, so kann sie viel Feuchtigkeit in sich aufnehmen. Wegen ihrer Ausdehnung steigt sie auch nach oben. In der Höhe kühlt sie ab, weil sie keine Wärme mehr vom Boden bekommt. Sie kann dann die Feuchtigkeit nicht mehr halten. Das gasförmige Wasser (➔ Dampf) bildet wieder winzige Flüssigkeitströpfchen. Die können so groß und schwer werden, dass sie schließlich zur Erde niederfallen: Dann regnet es.

Wie hoch sind die Wolken am Himmel?

Die Wolken bilden sich im unteren Bereich unserer ➔ Atmosphäre. Diesen Bereich nennt man TROPOSPHÄRE. Die Troposphäre reicht über dem Nord- und Südpol etwa 6 km hoch, über dem Äquator reicht sie fast 17 km hoch über den Erdboden. Da bei uns in Mitteleuropa die Troposphäre rund 10 km hoch ist, können Wolken über uns vom Bodennebel bis in rund 10 km Höhe gehen.

Wolkenkratzer sagt man manchmal zu Hochhäusern, die so hoch gebaut sind, dass ihre obersten Stockwerke bis in die Höhe der Wolken reichen. Weil ➔ Wolken aber auch sehr niedrig sein können, ist das eher ein spaßiger Name für Hochhäuser.

New York ist bekannt für seine vielen Wolkenkratzer.

Wolle: Die Haare von Tieren, wie zum Beispiel Schafen, Ziegen oder Kaninchen, werden abgeschnitten, *geschoren.* Anschließend werden sie gewaschen und getrocknet. Danach können die Fasern zu langen Wollfäden *gesponnen* werden. Anschließend werden mehrere Fäden *verzwirnt,* das heißt, sie werden zu einem dickeren Wollfaden zusammengedreht. Dadurch wird der Faden reißfester. Auch die Baumwollpflanze liefert Fasern, die sich zu Garnen verarbeiten lassen.

Wrack: Als Wrack bezeichnet man alte, untauglich gewordene oder gesunkene Schiffe. Gesunkene Schiffe sind meist begehrte Tauchorte, da man dort manchmal noch Schätze finden kann. Das wohl berühmteste Wrack ist das der *Titanic.*

Würmer: Unter dem Begriff Würmer hat man viele Tiergruppen eingeordnet. Manchmal haben sie nur die lange dünne Gestalt gemeinsam. Manche Würmer leben im Boden, andere in Tieren oder Menschen. Es gibt zum Beispiel bis zu 16 m lange *Bandwürmer.* Ihr Leib besteht aus 3 000 einzelnen Gliedern. Das Weibchen eines *Spulwurms* legt bis zu 60 Millionen Eier im Jahr. Zu den *Ringelwürmern* gehört auch unser Regenwurm. In Australien gibt es einen, der wird bis zu 3,45 m lang!

Wurzel: **1.** Mit den Wurzeln nehmen Pflanzen Wasser und Nährsalze aus dem Boden auf. Ein weit verzweigtes Wurzelsystem verankert Pflanzen, damit sie bei Sturm nicht umgerissen werden. **2.** Ein → Zahn hält sich mit seiner Wurzel im Zahnfleisch und im → Kiefer fest.

Die Sahara ist die größte Wüste der Welt. Sie erstreckt sich 6 000 km quer durch Nordafrika.

Wüste: Auf der Erde gibt es nicht nur *Sandwüsten,* wie wir sie aus vielen Filmen kennen, sondern auch *Steinwüsten* oder *Eiswüsten.* Man bezeichnet also Gegenden, in denen es wenige Tiere und Pflanzen gibt, als Wüsten. Solche Gegenden entstehen, wenn sie zum Beispiel durch ein Gebirge von den Regen bringenden Wolken abgeschirmt werden, wie die Wüste *Nevada* oder die Wüste *Gobi.* Die wohl bekannteste Wüste ist die *Sahara* in Afrika.

XY

Xylofon: Das Xylofon gehört zur Familie der Schlaginstrumente: Holzstäbe werden mit Holzschlägeln angeschlagen. Der Name kommt aus dem Griechischen und bedeutet *Holz-Klang.*

Yacht → Jacht.

Yak: Dieses Wildrind aus Zentralasien wird bis zu 3 Meter lang. Es lebt als langhaariges Bergtier in Höhen über 2 000 Meter. Es wurde vermutlich schon vor fast 5 000 Jahren als Haustier gehalten. Yaks, die auch *Grunzochsen* genannt werden, liefern Fleisch, Wolle, Fell, Leder und Horn. Ihr Mist wird als Brennmaterial verwendet. Wild lebende Tiere gibt es nur noch in abgelegenen Höhen bis zu 6 000 Meter. Bei Gefahr stellen sie sich mit den Köpfen nach außen im Kreis auf und richten die Hörner gegen den Feind.

Yoga – oder *Joga* – ist ein Verfahren, seinen Körper und seinen Geist in Einklang zu bringen. Die Yoga-Technik besteht aus Atmungs-, Konzentrations- und Entspannungsübungen. Yoga wurde vor sehr langer Zeit in Indien entwickelt. Dort glaubt man, dass die *Yogi* (= Menschen, die Yoga beherrschen) übernatürliche Kräfte entwickeln. Heute lernen Menschen durch diese Atem-Techniken und bestimmte Körperhaltungen, sich besser zu entspannen.

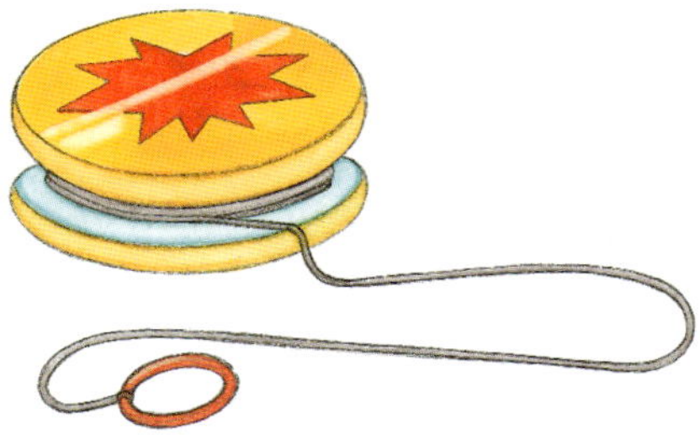

Yo-Yo kann man auch *Jo-Jo* schreiben. Es ist ein Geschicklichkeitsspiel: eine Spule aus Holz oder Plastik, die an einer Schnur befestigt ist. Durch geschicktes Auf- und Abbewegen der Hand schafft es ein Spieler, dass sich die Spule immer wieder an der Schnur auf- und abrollt.

Z

Zahl: Mit Zahlen beschreibt man bestimmte Mengen. Früher machte man dafür Kerben in einen Holzstab. Und für *Kerbe* sagten die Germanen *del* oder *tel.* So sind unsere Wörter Delle, Tal und Zahl verwandt. Heute schreiben wir Zahlen mit arabischen Ziffern. Die natürlichen Zahlen sind 1, 2, 3, 4, 5, … Alle sind das Vielfache der Zahl 1. Um besser rechnen zu können, führte man negative Zahlen ein. Dazu setzt man ein Minuszeichen davor. Steht auf dem Kontoauszug der Bank also *–100 Euro*, so hat man 100 Euro Schulden.

Warum muss man die Zähne putzen?

Karies oder Zahnfäule ist die häufigste Erkrankung der Zähne. Karies zerstört zunächst die harte Oberfläche der Zähne. Dann greift sie die darunter liegende knochenähnliche Masse des Zahnes an. Sie führt schließlich zu Entzündungen und der Zerstörung des Zahnes. Karies entsteht durch → Bakterien. Bakterien vermehren sich in Speiseresten. Nur wenn man diese Speisereste durch regelmäßiges Zähneputzen entfernt, kann man Karies verhindern.

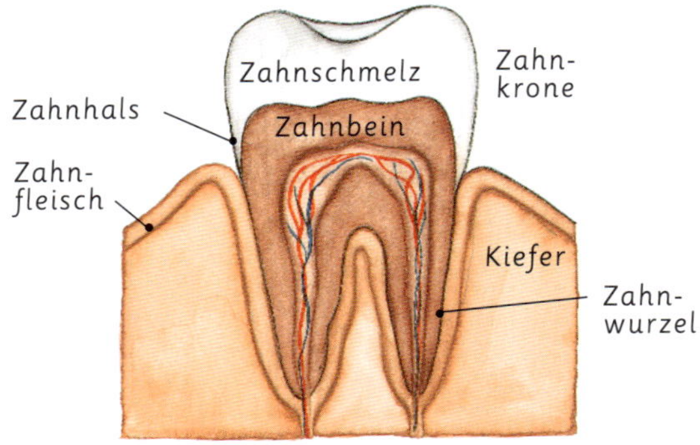

Querschnitt durch einen Backenzahn

Milchgebiss

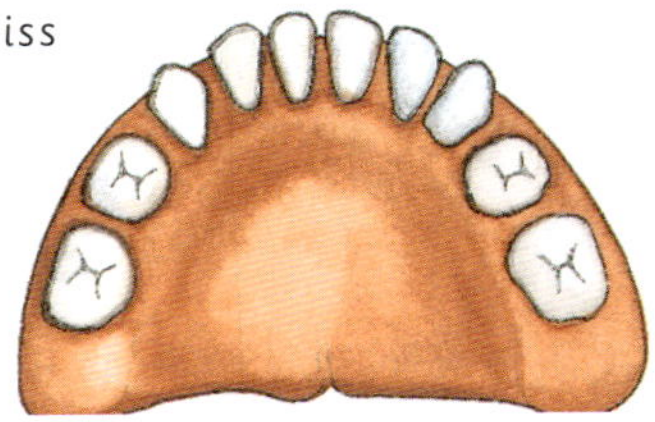

Erwachsenen-
gebiss

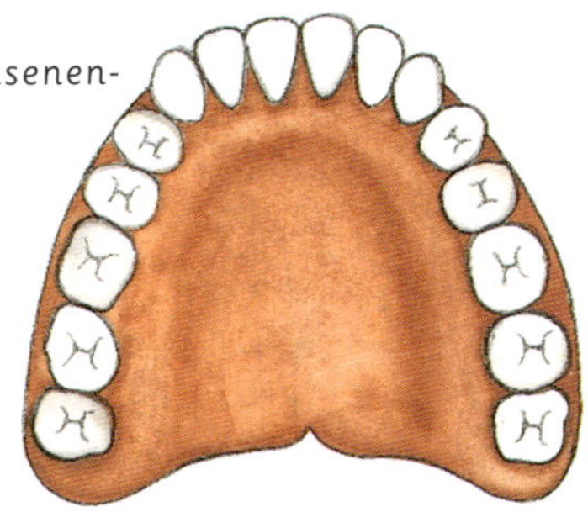

Zähne sind knochenähnliche → Organe bei Menschen und Tieren, die das Gebiss bilden. Sie dienen zum Festhalten und Zerkleinern der Nahrung. Kleinkindern wächst zuerst das Milchgebiss. Vom 6. bis 14. Lebensjahr wird es ersetzt durch das bleibende Gebiss. Das hat 32 Zähne: 8 Schneidezähne, 4 Eckzähne als Reißzähne, 16 Backenzähne und 4 Weisheitszähne als Mahlzähne. Ein einzelner Zahn besteht aus

Zahnkrone, Zahnhals und der Wurzel, die ihn mit dem ➔ Kiefer verbindet. Im Inneren eines Zahns liegen Blutgefäße und Nerven. Deshalb bekommt man Zahnweh, wenn ein Zahn ein Loch hat und dieses größer wird. Löcher müssen vom Zahnarzt ausgebohrt und dann abgedichtet (plombiert) werden.

Zahnrad: Mit Zahnrädern kann man Drehbewegungen oder Kräfte übertragen. Lässt man verschieden große Zahnräder ineinandergreifen, so kann man damit die Drehzahl und die übertragene Kraft verändern. Dreht sich ein großes Zahnrad 1-mal und ein kleineres dabei 2-mal, so nennt man das eine *Übersetzung.* Dreht sich ein kleines Zahnrad 2-mal, um ein großes 1-mal zu drehen, so ist das eine *Untersetzung.*

So funktioniert eine Zahnradbahn.

Zahnradbahn: An steilen Strecken würden die glatten Räder einer normalen Eisenbahn rutschen. Deshalb legt man zwischen die Schienen eine Zahnstange. In diese greifen ein ➔ Zahnrad oder mehrere ein. Diese Zahnräder werden vom Motor der Zahnradbahn angetrieben. Die anderen Räder sind nur Laufräder.

Zauberer: Ein Zauberer ist ein Künstler. Er arbeitet so schnell und geschickt, dass die Zuschauer getäuscht werden. Er kann zum Beispiel Gegenstände erscheinen oder verschwinden lassen, ohne dass man weiß, wie das geschieht. Das ist keine Hexerei, sondern Können und fleißiges Üben. Unsere Vorfahren aber glaubten an außerirdische, dämonische oder göttliche Kräfte. Was man nicht erklären konnte, war Zauber.

Der Zaunkönig baut sein kugeliges Nest gern im Gebüsch und in Hecken.

Zaunkönig: Diese kleinen, quicklebendigen Vögel sind etwa 9,5 cm groß. Du erkennst sie an ihren aufgerichteten Schwänzchen und an den großen Augen. Zaunkönige leben von Insekten und Spinnen. Selbst im Winter können sie Nahrung finden, weil sie mit ihrem feinen Schnabel in jede Ritze der Baumrinden kommen. Verwandte des Zaunkönigs gibt es nur in Amerika.

Zebra: Diese Steppenbewohner sind mit den Pferden verwandt. Man erkennt sie an ihren auffälligen schwarz-weißen Streifen. Zebras können sehr schnell galoppieren. Wenn sie angegriffen werden, erreichen sie Geschwindigkeiten bis zu 65 Kilometer in der Stunde.

Zecke: Zecken sind augenlose Milben. Sie zählen zu den Spinnentieren. Die Zeckenweibchen riechen Säugetiere, da diese immer etwas Buttersäure ausdünsten. Weil Hunde, Katzen oder Menschen Wärme ausstrahlen, finden die Zecken ihre Opfer leicht. Sie bohren ihren mit Widerhaken versehenen Kopf unter die Haut und saugen Blut. Dabei können sie gefährliche Krankheiten übertragen.

Links eine hungrige, rechts eine mit Blut vollgesogene Zecke

Zehnkampf ist ein sportlicher Wettbewerb, der aus zehn verschiedenen Leichtathletikübungen besteht: 100-m-Lauf, Weitsprung, Kugelstoßen, Hochsprung, 400-m-Lauf, 110-m-Hürdenlauf, Diskuswerfen, Stabhochsprung, Speerwerfen und 1500-m-Lauf. Wer insgesamt die höchste Punktzahl erreicht, ist Sieger.

Weshalb haben Zebras Streifen?

Um zu überleben, müssen sich Tiere entweder verteidigen oder schnell fliehen oder sich gut verstecken können. Bei den Zebras konnten sich die Tiere mit den auffälligen schwarz-weißen Streifen am besten tarnen: Ihr Fell ähnelt den hohen Gräsern im Spiel von Licht und Schatten. Aus der Ferne gesehen, lassen die Streifen die Umrisse der Tiere mit der Umgebung verschmelzen. Die Raubtiere entdeckten also die gestreifeten Zebras nicht so leicht. Diese lebten länger, bekamen Junge und konnten ihr Erbmerkmal weitergeben (→ Vererbung).

Zeichentrickfilm: An so einem → Film arbeiten ganz viele Menschen, denn er besteht aus lauter einzeln gezeichneten Bildern. Unzählige Kleinigkeiten müssen an jeder Zeichnung geändert werden, so dass beim Abspielen der Bilder eine Bewegung entsteht. Für jede Filmsekunde braucht man 16 Zeichnungen und für einen ganzen Film etwa 65 000! Der bekannteste Produzent von Zeichentrickfilmen ist der Amerikaner Walt → Disney.

Zeit ist eine sehr merkwürdige Größe in der Natur. Zeit kann man nicht festhalten. Zeit, die vor uns liegt, nennen wir *Zukunft.* Tritt sie ein, wird sie zur *Gegenwart.* Im nächsten Augenblick ist sie aber schon *Vergangenheit.* So kann man feststellen, dass Zeit vergeht. Die Menschen wollten schon immer ihre Zeit einteilen. Zuerst benutzte man dazu den Wechsel von Tag und Nacht, dann den Stand der Sonne. Genauere Einteilungen gelangen dann durch die Erfindung des → Kalenders und der → Uhr. Zeit wird in *Sekunden, Minuten, Stunden, Tagen, Wochen, Monaten* und *Jahren* gemessen. → Ist überall auf der Erde die gleiche Uhrzeit? S. 348.

Zeitlupe: Sie vergrößert keine Bilder, sondern die Zeiten zwischen den Bildern: Man verwendet diesen Begriff bei Filmaufnahmen. Bei der Zeitlupe spielt man einen fertigen Film langsamer ab, als er bei der Aufnahme lief. So sieht man die rasch nacheinander aufgenommenen Bilder langsamer auf der Leinwand. Für den Betrachter sieht das so aus, als ob alle Bewegungen im Film viel langsamer wären. Das Gegenteil von Zeitlupe nennt man *Zeitraffer.*

Beliebte Zeichentrickfilme

Schneewittchen und die sieben Zwerge

Bambi

Tom und Jerry

101 Dalmatiner

Die Biene Maja

Das Dschungelbuch

Pocahontas

König der Löwen

Findet Nemo

Himmel und Huhn

Filmausschnitt aus Walt → Disneys »König der Löwen«

Ist überall auf der Erde die gleiche Uhrzeit?

Auf ihrer Bahn um die Sonne dreht sich die → Erde auch um sich selbst. Dadurch wendet sie der Sonne immer einen anderen Teil zu. Sehen wir die Sonne von der Erde aus am höchsten Punkt des Himmels, ist es bei uns Mittag. Gleichzeitig ist es auf der entgegengesetzten Seite der Erde Mitternacht. Zur besseren Übersicht wurde die Erde in 24 ZEITZONEN eingeteilt. Die Zeitzonen verlaufen über die Erdkugel von Nordpol zu Südpol. Innerhalb einer Zeitzone gilt die gleiche Uhrzeit.

Zeitung: Eine Zeitung verbreitet regelmäßig Nachrichten in gedruckter Form. *Tageszeitungen* erscheinen täglich neu, *Wochenzeitungen* nur einmal in der Woche. Die Nachrichten sind sortiert nach Sachgebieten, die man *Rubriken* nennt: zum Beispiel Politik, Wirtschaft, Sport, Regionales. Überall auf der Welt sammeln *Reporter* oder *Korrespondenten* die neuesten Nachrichten. Sie schicken sie per Funk, Telefon, Fax oder E-Mail an die Zeitung, für die sie arbeiten oder an *Presseagenturen.* Ein Zeitungsverlag kann bei den Agenturen Nachrichten kaufen. Auch die *Anzeigen* sind wichtig, denn dafür bekommt der Zeitungsverlag Geld.

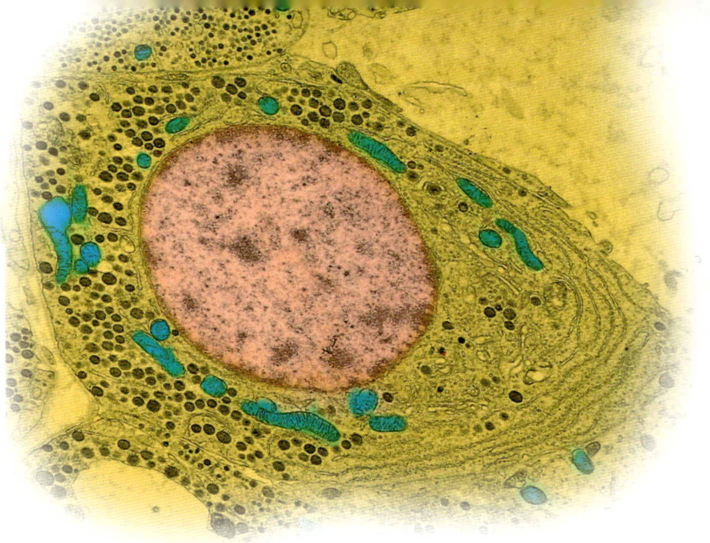

Zellen sind winzig. Durch Vergrößern mit einem Mikroskop wird sichtbar: Jede Zelle hat einen Zellkern und wird von einer dünnen Haut, der Zellmembran, umschlossen.

Zelle: 1. Kleine Zimmer in Klöstern oder Gefängnissen nennt man Zelle. **2.** Zellen heißen auch die Bausteine aller Lebewesen. Lebewesen beginnen mit einer einzigen Zelle, einer *Eizelle.* Wird diese durch eine *Samenzelle* befruchtet, beginnt sie zu wachsen und sich zu teilen. Die einfachsten Lebewesen haben nur eine Zelle, sie bleiben *Einzeller.* Bei höheren Lebewesen wiederholt sich der Teilungsvorgang ständig, bis zum Beispiel Billionen von Zellen einen Menschen bilden.

Zentrum nennt man die *Mitte* oder den *Mittelpunkt* von etwas. Und was im Zentrum ist, ist *zentral.* Wenn zum Beispiel das Haus, in dem du wohnst, in der Mitte eurer Stadt liegt, dann wohnst du im *Stadtzentrum*.

Zeppelin → Luftschiff.

Zeuge: Wenn ein Autofahrer dein Rad anfährt und du deshalb stürzt, so bekommst du nur Schadensersatz, wenn du die Schuld des Autofahrers beweisen kannst. Jetzt kannst du einen Zeugen brauchen. Er kann sagen, was er gesehen hat.

Zigeuner möchten die Roma oder Sinti nicht genannt werden. Denn dieser Begiff wird meistens beleidigend gebraucht. Sie kommen ursprünglich aus Indien. Die *Roma* sind ein Wandervolk. Viele ziehen heute noch mit ihren Wohnwagen von einem Ort zum anderen. Die *Sinti* sind seit langem in Deutschland sesshaft geworden.

Zweige des Zimtbaumes mit Früchten

Zimt verwendet man oft in Gebäck oder bei süßen Speisen. Das aromatisch riechende Gewürz stellt man aus der Rinde des Ceylon-Zimtbaumes her. Das Öl des Zimtbaumes verwendet man aber auch in der Parfümherstellung.

Zinsen bekommst du, wenn du einer Bank dein gespartes Geld überlässt. Am Jahresence schreibt die Bank einen zusätzlichen Betrag ins Sparbuch, den du nie eingezahlt hast: Das sind die Zinsen. Wer aber Geld leihen will, muss dem Verleiher Zinsen bezahlen – zusätzlich zur Rückzahlung des geliehenen Geldes. Zins bezahlt man auch für andere Sachen, die einem überlassen werden: Mietzins für die Wohnung oder Pachtzins für einen Garten.

Zirkus: Im Zirkus warst du sicher schon! In dem großen geschmückten Zelt treten → Akrobaten auf, → Clowns, → Zauberer und Tierdompteure. Wenn das Zirkusorchester spielt und du der schillernden Vorstellung zusiehst, merkst du gar nicht, welch harte Arbeit dahintersteckt. Leider bleibt der Zirkus nur kurze Zeit am selben Platz. Die Wohnwagen ziehen bald weiter und die Zirkuskinder gehen in der nächsten Woche schon wieder in eine andere Schule.

Ein Dompteur ist ein Tierbändiger. Er bringt den Tieren Kunststücke bei. Einen weiblichen Tierbändiger nennt man Dompteuse.

Zitronen wurden erst im sechzehnten Jahrhundert von dem portugiesischen Seefahrer João de Castro aus Hinterindien nach Europa gebracht. Längst gibt es die Zitronenbäume auch in Europa, vor allem in den Mittelmeerländern. Mit etwas Glück kann man auch bei uns kleine Bäumchen aus Zitronenkernen ziehen und an einem sonnigen Fenster halten. Die Blüten duften herrlich.

Der Zitronenbaum kann blühen und gleichzeitig Früchte tragen.

Zivilisation nennen wir das, was wir erreicht haben in Wissenschaft, Technik und in der Art, wie wir leben und miteinander umgehen. Wenn du beim Essen laut schmatzt, werden die anderen wahrscheinlich sagen: Benimm dich nicht so *unzivilisiert!*

Zoll: 1. Zoll ist ein altes Längenmaß. Es entspricht etwa der Breite des menschlichen Daumens. Heute benutzt man es nur noch als Maßeinheit für Rohrdurchmesser und Gewinde. Das Kurzzeichen dafür sieht so aus: ". 1 Zoll = 1 Inch = 2,54 cm. Das *Inch* ist in den USA und in Großbritannien noch üblich. **2.** Zoll heißt auch eine Abgabe, die man an Grenzen bezahlen muss, wenn man bestimmte Waren mitnimmt oder mitbringt. Die Leute, die dieses Geld einnehmen und verwalten, heißen *Zöllner.* **3.** Manchmal muss man auch für die Benutzung von Brücken oder Straßen Brückenzoll, Wegezoll oder *Maut* bezahlen.

Zoo → S. 352/353.

Zucker: Der süß schmeckende und wasserlösliche weiße oder braune Kristall wird meist aus der *Zuckerrübe* oder dem *Zuckerrohr* gewonnen. Die Zuckerrübe zum Beispiel wird geschnitzelt und mit heißem Wasser ausgelaugt. Man gewinnt daraus eine zuckerhaltige Lösung. Dieser wird dann das Wasser entzogen, bis sich Zuckerkristalle bilden. In vielen Nahrungsmitteln ist Zucker enthalten. Er ist für unsere Ernährung unentbehrlich, da er dem Körper lebenswichtige Energie liefert. Allerdings

Zuckerrübe

Zuckerrohr

sollte man nicht zu viel Zucker essen, denn Zucker macht dick und ist schlecht für die Zähne.

Zugvögel sind nicht immer bei uns. Die meisten dieser Vögel weilen nur um die Brutzeit bei uns. Sie könnten den Winter hier nicht überleben, weil sie nicht ausreichend Futter finden. Sie verbringen deshalb die Winterzeit in Süd- und Südwesteuropa oder gar in Afrika. Der Goldregenpfeifer und die Küstenseeschwalbe zum Beispiel legen sogar auf ihren Wanderungen eine Strecke von bis zu 36 000 km zurück. Zur Zeit beobachtet man, dass die Zugvögel durch Funktelefone in ihrem Flug beeinflusst werden.

Zunge: Die menschliche Zunge ist ein wichtiges Organ zum Tasten und Schmecken. Außerdem brauchen wir sie zum Formen vieler Laute beim Sprechen. Zum *Tasten* befinden sich auf der Zungenoberfläche viele kleine Zungenwärzchen mit feinen Spitzen. Zum *Schmecken* sind über die ganze Zunge Geschmacksknospen verteilt. Bestimmte Geschmacksrichtungen kann man nur mit bestimmten Bereichen der Zunge wahrnehmen.

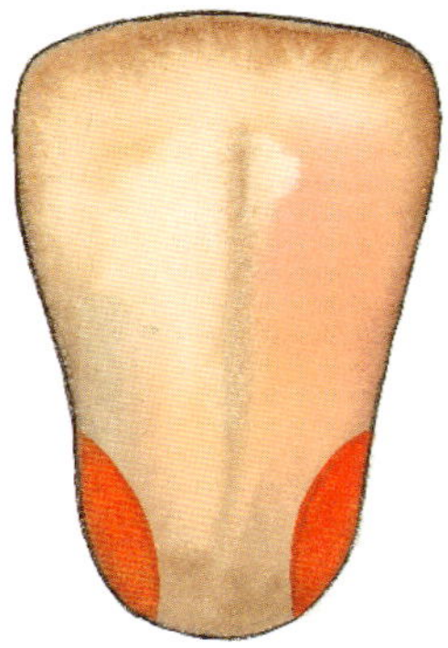

salzig

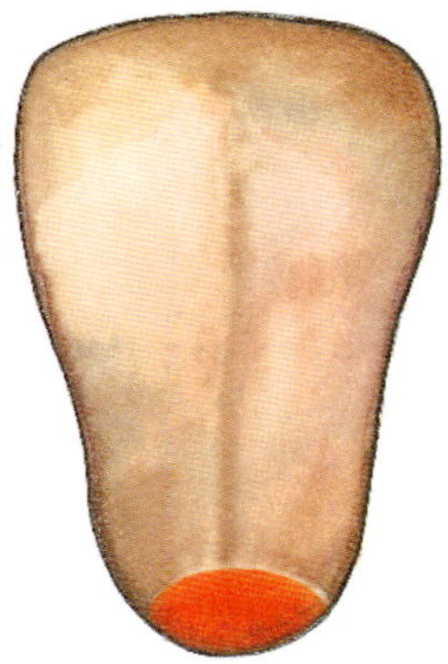

süß

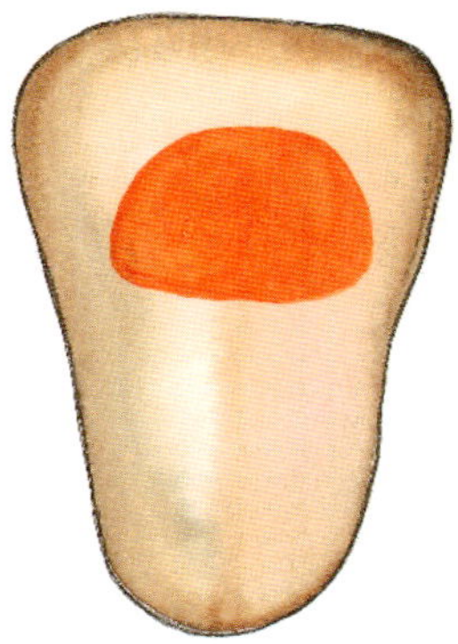

bitter

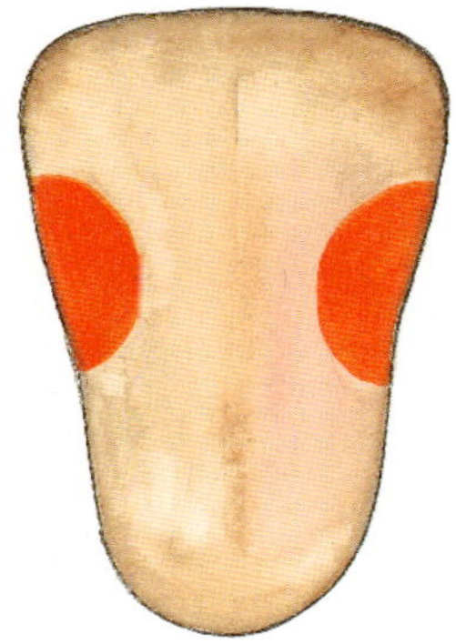

sauer

Zwerge sind im Märchen kleine, geisterhafte Wesen. Heutzutage trifft man sie in manchen Vorgärten an! Im wirklichen Leben ist der *Zwergwuchs* Folge eines Mangels an einem bestimmten Hormon oder eine ererbte Eigenschaft. Auch bei Pflanzen und Tieren gibt es Zwergwuchs. Lies nach bei → Liliputaner.

ZOO – VOM ZWINGER ZUM GEMEINSCHAFTSGEHEGE

Menagerien und Zwinger

Schon vor 4 000 Jahren hielten sich Fürsten in China eine große Anzahl von Tieren. In Europa wurden vor etwa 500 Jahren in größeren Städten Tierparks angelegt. Man baute *Menagerien,* in denen Tiere in Gebäuden lebten, die aussahen wie Moscheen oder indische Tempel. In Zwingern aus Eisengittern wurden Tiere wie Bären oder Löwen als »wilde Bestien« zur Schau gestellt. Die Tiere fühlten sich in den engen Käfigen nicht wohl. Viele starben beim Transport oder nach kurzer Zeit ihrer Gefangenschaft. Aber immer wieder wurden aus der Wildnis neue Artgenossen geholt.

Züchtung und Arterhaltung

Heute werden nur noch ganz selten Tiere gefangen. Die meisten lassen sich in den Zoos gut züchten. Oft tauschen zoologische Gärten dafür Zuchttiere aus. Man sagt, sie schicken sie auf Hochzeitsreisen. Man versucht sogar so, Arten zu erhalten, deren Bestand in der Wildnis gefährdet ist. Man hofft, dass man einige von ihnen wieder in ihren ursprünglichen Lebensraum zurückbringen kann.

Tierfreundliche Gehege

Um dies zu erreichen, müssen sich die Tiere im Zoo wohlfühlen. Verhaltensforscher haben herausgefunden, welche Umgebung sie dazu brauchen. Deshalb werden oft verschiedene Tierarten in einem großzügig angelegten Gemeinschaftsgehege untergebracht. Man achtet darauf, dass die Tiere neben offenen Plätzen auch Schutz- und Versteckmöglichkeiten haben.
Der Boden muss dem ihrer natürlichen Umgebung angepasst sein. Für einige Tierarten muss er aus Sand bestehen, andere brauchen zum Beispiel Sumpfgelände oder festen Grasboden. Raubkatzen liegen gerne auf hoch angebrachten Plattformen oder

Baumstämmen, Affen brauchen Schaukeln, Leitersprossen und Turngeräte.
Die Pflanzen im Gehege sollen denen des natürlichen Lebensraums ihrer Bewohner entsprechen. Volieren für die Vögel und Aquarien für die Fische müssen ebenfalls großräumig angelegt werden.

Nahrung für die Tiere

Viel Mühe macht oft auch die Nahrungsbeschaffung, vor allem für Nahrungsspezialisten, wie zum Beispiel den großen ➔ Panda, der nur Bambus verspeist, oder den ➔ Koala, der Eukalyptusblätter braucht. Seehunde und Seelöwen wollen frische Fische, für Elefanten, Giraffen und ähnliche Tiere muss unter anderem tonnenweise Heu bereitgestellt werden. Im Wirtschaftshof eines Zoos werden deshalb Unmengen von Nahrung gespeichert, die dann in Lastwagen zu den Gehegen gebracht werden. Für Zoobesucher ist Füttern mit ganz wenigen Ausnahmen verboten, weil Tiere bei falscher Fütterung krank werden.

So geht's zu im Zoo

In einem Zoo sind viele Leute beschäftigt: Tierpfleger, Tierarzt, Zoodirektor, Gärtner, Handwerker und Verwaltungsangestellte. Neben exotischen Tieren wie Affen, Elefanten, Bären und Kamelen, seltenen Vögeln und Fischen sind für Großstadtkinder aber auch einheimische Tiere wie zum Beispiel Schafe oder Ziegen interessant, besonders, wenn man sie im *Streichelzoo* auch anfassen und manchmal sogar füttern darf.

Zwiebel: Blumenzwiebeln sind Nährstoffspeicher für die Triebe der → Schneeglöckchen oder → Tulpen zum Beispiel. Deshalb wachsen diese so zeitig im Frühling. Speisezwiebeln sind nährstoffreich und deshalb sehr wichtig für unsere Ernährung. Außerdem sind sie ein gutes Gewürz für Salate, Soßen und viele andere Speisen.

Die Zwiebel kann sich vermehren, indem sie im Innern neue Zwiebeln, so genannte Ersatzzwiebeln, bildet.

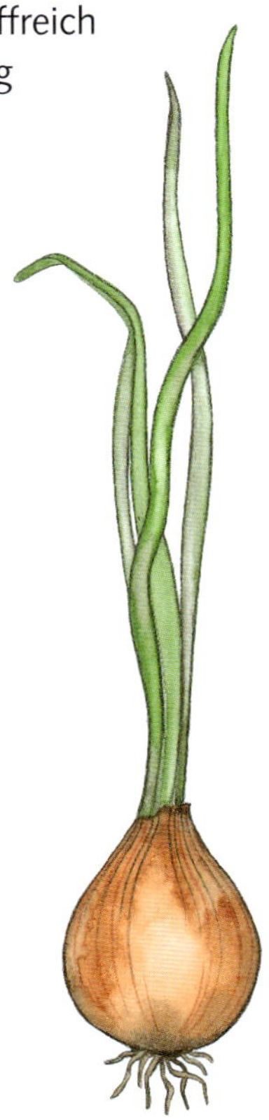

Speisezwiebel

Zwilling: 1. In der Astronomie ist dies ein Sternbild des Tierkreises (→ Tierkreiszeichen). **2.** Zwillinge wachsen in der Gebärmutter einer schwangeren Frau zur gleichen Zeit. Sie sind also Geschwister. Haben sich diese aus zwei Eiern entwickelt, sind es *zweieiige Zwillinge.* Das könnten dann auch ein Junge und ein Mädchen sein. Diese zweieiigen Zwillinge sehen – wie normale Geschwister – meist auch verschieden aus. Entwickelten sich die Geschwister aber aus einem Ei, so sind

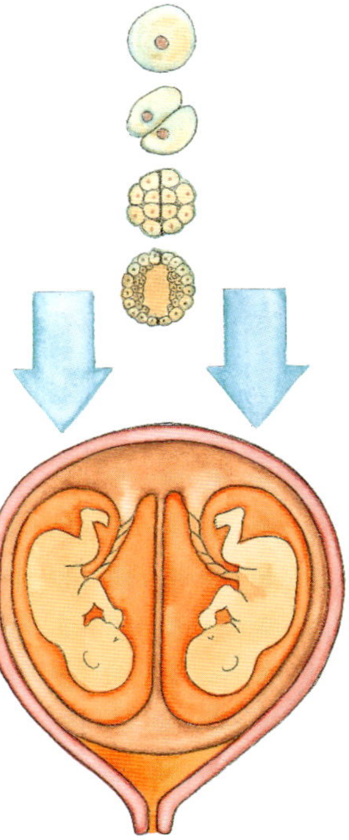

eineiige Zwillinge

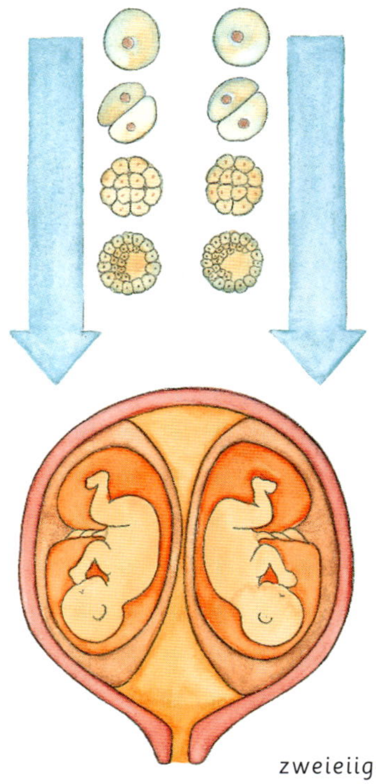

zweieiige Zwillinge

sie *eineiige Zwillinge.* Es sind entweder zwei Mädchen oder zwei Jungen. Eineiige Geschwister sehen genau gleich aus, so dass man sie auch später kaum auseinanderhalten kann. Ganz selten trennen sich bei der Entwicklung von eineiigen Zwillingen die Körper nicht vollständig. Sie bleiben an der Hüfte oder am Kopf miteinander verwachsen. Man nennt sie *siamesische Zwillinge.* Ärzte versuchen dann durch komplizierte Operationen, die zusammengewachsenen Zwillinge voneinander zu trennen. Zwillinge, besonders eineiige, sind beim Menschen nicht häufig. Mehrlingsgeburten, wie zum Beispiel Drillinge und Vierlinge, kommen noch seltener vor. Tiere dagegen bringen häufig mehrere Junge gleichzeitig zur Welt.

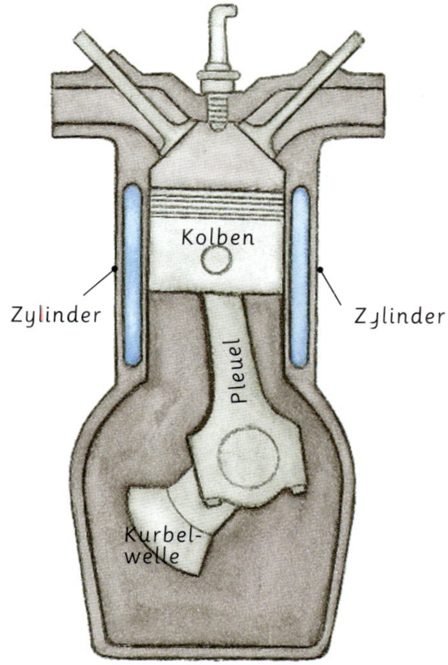

Zylinder: 1. In der Geometrie oder Raumlehre gibt es sehr unterschiedliche Zylinder. Der einfachste ist der gerade *Kreiszylinder,* ein Körper, dessen Grundfläche und Deckel kreisförmig sind.

2. In der Technik ist der Zylinder ein Hohlraum, in dem sich der Kolben bewegt. Kolbendampfmaschinen und die Motoren unserer Autos haben Zylinder.
3. Früher trugen Herren zu festlichen Anlässen einen hohen röhrenförmigen Hut mit schmaler Krempe, einen Zylinder. Manchmal wird er noch von Zauberern bei ihren Vorführungen benutzt.

DIE AUTOREN

Alles, was in diesem Lexikon steht, haben die Autoren Hertha Beuschel-Menze, Frohmut Menze, Ingbert und Helga Grimm sowie Klaus Hartmut Wiebel für dich geschrieben.

Hertha Beuschel-Menze, Lehrerin, Verlegerin, Autorin, mag große und kleine Kinder, denkt, dass Kinder schlauer sind, als manche meinen, und dass viele Bücher deshalb einfach zu albern sind. Sie versucht, das besser zu machen. Deshalb schreibt sie Lernhilfen und Sachbücher für Kinder, und das war auch der Grund, dass sie an diesem Lexikon mitarbeiten wollte.

Frohmut Menze, M. A., ist Lehrer, Soziologe, Verleger, Ehemann von Hertha Beuschel-Menze und der Vater ihrer Kinder Malte und Lilith. Er mag Spagetti mit Pesto, die Musik von Bach und Evora und keinen Stress.

Ingbert Grimm ist Lehrer und vor allem zuständig für den Fachbereich Chemie. Er ist Ansprechpartner für die Schüler, wenn große Discos mit vielen Show- und Lichteffekten organisiert werden sollen, daneben Spielleiter einer Laienspielgruppe. Er beschäftigt sich mit Lesen, Internet, Amateurfunk, Töpfern, Reiten, Kochen ...

Helga Grimm ist verheiratet mit Ingbert Grimm und hat zwei Söhne, Andreas und Florian. Sie ist Autorin und Lehrerin und unterrichtet in einer kleinen Grundschule. Sie möchte ihren Schulkindern ein ganzheitliches Lernen, ein Lernen mit allen Sinnen, vermitteln, weil Kinder Freude am Leben und am Lernen haben müssen.

Dr. Klaus Hartmut Wiebel ist der, der gerne Experimente für Kinder austüftelt. Er ist mit einer Lehrerin verheiratet und Vater von drei Kindern: Sabine, Dirk und Susanne. Auch er ist Lehrer, außerdem Diplompädagoge und Autor. An der Pädagogischen Hochschule Freiburg lehrt er Naturwissenschaften in der Primarstufe. In seiner Freizeit ist er ein leidenschaftlicher Bauhandwerker in seinem Haus und Konstrukteur von Versuchsgeräten.

DANKSAGUNG

Das Bertelsmann Kinderlexikon entstand unter einzigartigen Bedingungen: Rund 300 Kinder im Alter von 7 bis 12 Jahren haben das Lexikon für euch vorgetestet und Verbesserungsvorschläge gemacht. Diese Mitarbeit war für uns sehr nützlich, denn so haben wir Probleme rechtzeitig entdecken können. Hier sind ein paar Beispiele:

> *Am Waldrand äst ein Reh ...* stand beim Stichwort *Reh*. Einer unserer kleinen Mitarbeiter aus Rimsingen schrieb: »Da ist euch ein Schreibfehler unterlaufen, das muss heißen: Am *Waldrand ist ein Reh ...*«. Und nur so haben wir bemerkt, dass viele Kinder in eurem Alter gar nicht wissen, dass man das *äsen* nennt, wenn ein Reh frisst.
> Auch für Tipps wie *Es sollte auch dabei sein, welche Farbe das Ren hat; Ihr solltet aufschreiben, wie die Kröten aussehen; Den Satz versteht man nicht so gut* und *Dies Bild finden wir besser* waren wir sehr dankbar. Denn es ist uns wichtig, dass ihr das, was ihr in diesem Lexikon nachschlagt, versteht und interessant findet.

Für ihre aktive Mitarbeit und die vielen Ideen und Verbesserungsvorschläge danken wir den Schülerinnen und Schülern der Klasse 4e der Grundschule Alpirsbach-Peterzell, der Klasse 5e des Evangelisch Stiftischen Gymnasiums (Gütersloh), der Klassen 3a und 3b der Kapellen-Grundschule (Gütersloh-Avenwedde), der Klassen 3a, 3b und 4b der Overberg-Grundschule (Gütersloh), der Klasse 4b der Grundschule March-Hugstetten, der Klassen 3b und 4a der Grundschule Rheinau-Freistett und der Klassen 2b und 3a der Grundschule Rimsingen:

Manuel Armbruster, Martin Assenbaum, Bergita Badalli, Felix Baumann, John Bengs, Nicolas Berenbrink, Tobias Berkel, Melanie Blattmann, Alexandra Böhm, Joke de Boer, Karoline Böhme, Patrick Böhmer, Sahra Boruta, Laura Brinkmann, Carina Broenhorst, Charlotte Bührig, Christian Burkart, Christina Busch, Karina Buschsieweke, Benjamin Bykowski, Julia Chedid, Nadja Corsmeyer, Julia Daegele, Rahel Daemen, Andreas Datko, Lukas Davids, Tanja Deckert, Alice Dehmiyani, Judith Delker, Jessica Deppe, Annika-Marie Dinkel, Chantal Dinkel, Stefan Doll, Anna Dönecke, Lukas Drexler, Evelyn Drücker, Dennis Durban, Sina Eckardt, Sarah Eckerle, Pavlos Efthimoglou, Daniel Eggering, Josephine Ehlers, Florian Eimer, Nadine Ellwart, Roman Paul Eppler, Anja Eßer, Lynn Euting, Jasmin Eyyi, Theresa Fehn, Frederik Fiekas, Kristina Flesken, Nathalie Flis, Corinna Fraider, Lars Frenz, Christoph Frey, David Friedrich, Michael Fritz, Aileen Füchtjohann, Kamil Gajewski, Nina Gehring, Lisa-Katharina Geiger, Christoph Georgi, Nina Gerdtoberens, Bernadette Gippert, Vanessa Göries, Andrea Gort, Stephanie Gort, Marvin Götzke, Michael Granacher, Julia Grochtmann, Karina Großestrangmann, Sebastian Gruber, Lisa Maria Grüger, Sonja Gümus, Daniel Gutmann, Sebastian Hagenlüke, Marie Handwerk, Janine Hänel, Sean Hartmann, Moritz Heidermann, Benjamin Heinzelmann, Bianca Heitmann, Thomas Michael Helwig, Marvin Hemkendreis, Tim Hentschel, Elena Herz, Katharina Herzberg, Patrick Hetz, Patrick Himmelsbach, Anna Katrin Hirschberg, Robert Holzki, Tobias

Hörger, Cosima Hörmann, Daniel Hülsewig, Nicole Hummel, Niklas Hunsdiek, Beatrice Huschka, Lea Hütter-Quaas, Mediam Jalil, Hamdi Jashari, Florian Jörger, Manuel Jürgens, Marius Kaltenbach, Maike Kammüller, Adrian Karcher, Philipp Karcher, Lisa Kitiratschky, Hannah Klän, Arthur Kloster, Fabian Knies, Karolina Koch, Kathrin Koch, Manuel Koch, Matthias Koj, Juliane König, Dustin Kramer, David Kramme, Nicole Krestovska, Marina Krüger, Manuel Kusche, Laura Kuttig, Marc Lasch, Melvin Laustroer, Anna Leberer, Magalie Lienke, Maria Littner, Patrick Lohmann, Laura Melissa Lösch, Mathias Lückemeyer, Alexander Ludwig, Armin Lutz, Ronja Magnus, Miriam Mangen, Moritz Mannßhardt, Vanessa Maser, Viktoria Matwejew, Alexander Max, Josef Meier, Irina Merkel, Dominik Lars Merz, Christina Mielke, Nadja Motzki, Annika Müller, Lena Müller, Stefanie Müller, Anna Mutwill, Julia Nacke, Anne-Sophie Nagels, Alice Naundorf, Manuela Nehme, Chris Niehüser, Gerrit Niemöller, Katharina Nikl, Stefan Ogur, Daniela Pähler, Simone Peitz, Olga Penner, Karen Peter, Lena Rejane Petit, Sarah Philipp, Martin Pilot, Benjamin Piotrowski, Andrea Pollmüller, Dennis Pollmüller, Philipp Pollok, Friedemann Ponier, Nathalie Preuß, Janina Purkhart, Adrian Pusch, Florian Recknagel, Julia Reichelt, Ines Riegert, Nicolas Roggenkamp, Mareike Röhrig, Benjamin Rösch, Hannes Röske, Christian Rother, Matthias Ruggaber, Kai Rümmele, Julian Rüthschilling, Carina Sadowski, Katharina Sautner, Vanessa Bianca Schächtele, Julia Schädler, Jacqueline Schäfer, Maximilian Schauerte, Melanie Schienmann, Eduard Schildt, Sabrina Schilling, Felix Schillinger, Sarah Schmidt, Yasmin Schmidt, Maximilian Schmitt, Jennifer Schmolke, Alexander Schneider, Sandra Schneider, Patrick Schneidt, Lars Schröder, Mario Schröder, Alexander Schulz, Jennifer Schütter, Carina Schwab, Marie-Therese Seefelder, Roman Setter, Simon Siehl, Laura Siepe, Saskia Stahl, Hannes Stoll, Fabian Sturm, Sara Susmak, Timon Theiß, Laura Thiesbrummel, Mirko Thumel, Marius Tiesbohnenkamp, Sarah Tigges, Sabrina Tonn, Albulena Totaj, Dimitrios Tzallas, Dominik Verlsteffen, Sarah Voßhans, Nicole Walter, Jessica Weber, Sarah Wedig, Jannik Wefers, Christine Weggenmann, Stefanie Elisabeth Weggenmann, Sabrina Weidenbach, Katharina Weik, Angela Wember, Juliane Weser, Jan Westerbarkei, Catharina Westkämper, Jacqueline Wiehl, Moritz Wilking, Martin Wirth, Yasin Yoksul, Sinah Zaun, Lukas Zeller, Katrin Ziermaier, Nadine Zöllner.

Bedanken möchten wir uns auch bei allen Schülerinnen und Schülern, die mitgearbeitet haben, hier aber nicht namentlich erwähnt sind.

Für ihre Unterstützung und Einsatzbereitschaft bei der Durchführung des Projekts im Unterricht danken wir ganz herzlich allen beteiligten Lehrerinnen und Lehrern.

Für ihre fachliche Beratung und die Unterstützung bei der Recherche bedanken wir uns bei Florian Grimm (Abiturient), Angela Hübner (Kinderärztin), Pierre Lambert (Programmierer) und Traute Voigt-Lambert (Lehrerin). Ihnen verdankt dieses Buch viele Fakten und Details.

PROBIER ES SELBST!

Der Redaktion, den Autoren und Schülern hat die Arbeit am Lexikon sehr viel Spaß gemacht. Alle hätten gern viel, viel mehr geschrieben. Marius, Mathias und Andreas aus Gütersloh zum Beispiel haben das Stichwort »Scanner« geschrieben und Anne das Stichwort »Schleiereule«:

Scanner: Mit einem Scanner kann man Bilder oder Texte in einen Computer einlesen. Bilder und Texte sind auf einem Papier, das in den Scanner eingelegt wird. Der Scanner beleuchtet das Papier und sucht es nach hellen und dunklen Punkten ab. Er schickt die hellen und dunklen Punkte als Daten in den Computer. Diese Bilder und Texte können in Briefen und Malprogrammen verwendet oder weiterverarbeitet werden.

Schleiereule: Schleiereulen sind nachtaktive Tiere. Sie leben in Scheunen und Kirchtürmen und werden ungefähr 34 cm groß. Schleiereulen haben einen hellen Gesichtsschleier. Sie können sehr leise fliegen und sehr genau landen. Sie können ihren Kopf ganz nach hinten drehen, aber nur geradeaus gucken. Schleiereulen fressen Mäuse und Insekten. Sie schlingen ihre Beute auf einmal hinunter. Das was sie nicht verdauen können, spucken sie wieder aus. Man nennt es Gewölle.

Aber ein Lexikon kann eben nicht alles erklären. Das Wissen über die Welt ist heute so umfangreich, dass für ein Lexikon das Wichtigste ausgewählt werden muss. Es würde sonst viel zu dick und zu teuer werden. Aus Platzgründen konnten wir deshalb viele Stichwörter unserer jungen Redakteure nicht übernehmen. Weil die Stichworttexte aber so gut waren, hatten wir die Idee, ein paar Leerseiten in das Lexikon einzufügen, in denen jedes Kind eigene Stichwörter ergänzen kann. So hat jedes Kind die Möglichkeit, sein persönliches Lexikon zu gestalten und für sich wichtige Themen zu ergänzen. Vielleicht hast auch du Lust, selbst Stichwörter zu schreiben und dieses Lexikon durch deine eigenen Texte zu ergänzen? Dann blättere schnell um und fang an zu schreiben!

Und noch etwas zum Schluss: Wir haben natürlich sehr sorgfältig gearbeitet, aber niemand ist perfekt. Wenn du also irgendwo einen Fehler findest oder einfach anderer Meinung bist, freuen wir uns, wenn du uns schreibst. Gern würden wir auch erfahren, ob dir die Experimente gelungen sind, was dir an deinem Lexikon besonders gut gefällt und welche Stichwörter du geschrieben hast.

Unsere Adresse lautet:

Wissen Media Verlag
- Lexikonredaktion Handel -
Avenwedder Straße 55
33311 Gütersloh

MEIN PERSÖNLICHES LEXIKON

A

B

C

D

E

E

G

H

I

J

K

L

M

N

O

P

Q

R

S

I

U

V

W

XY

Z

BILDNACHWEIS

AISA, Barcelona: 7, 16, 39, 54, 152, 167, 239, 341; Archiv für Kunst und Geschichte, Berlin: 123, 125 l., 189 o., 193, 199, 200 o., 222 (Cameraphoto); Atrium Verlag AG, Zürich: 163; Bavaria, Gauting: 9 (Rosenfeld), 10 (Stock Imagery), 173 r. (VCL), 226 (VCL), 232 (Anton Glisser), 250 (Paul Gluske), 263 l. (Buchholz), 346 (Birgit Koch); Bertelsmann Lexikon Verlag GmbH, Gütersloh: 78 u., 82, 112, 114 u.l., 114 u.r., 115, 142 l., 154, 317, 318 l.; Bongarts, Hamburg: 38 (Charles Barkley), 83 o. (Mark Sandten), 129, 185, 309, 336; Bundesdruckerei GmbH, Berlin: 231 u.; Christoph & Friends, Essen: 128 (Dirk Eisermann), 145 u. (Peter Craig-Cooper); Cinetext, Frankfurt: 60 r., 70 r., 71, 103, 131 l., 188, 200 u., 237, 347; Corbis-Bettmann, New York: 23 (Reuters), 29 (UPI), 63 (AFP), 70 l., 93 (Reuters/Jeff Vinnick), 145 o. (UPI), 155 (UPI/David Vendrak), 171, 208, 235 r., 238, 246 (AFP); Deutsche Bahn AG, Berlin: 189 u.; Dokument-Vortragsring e.V., München: 15 (Detlef Fiebrandt), 20 (Walter Kremnitz), 342 (Hildegard Matthäi-Latocha); dpa, Frankfurt: 56 u. (Scheidemann), 230 (epa ansa Cito) 321, 329; ESA, Darmstadt: 245; Focus, Hamburg: 325; Hessischer Rundfunk, Frankfurt: 241; Käthe Kruse Puppen GmbH, Donauwörth: 240; Laenderpress, Mainz: 252 (ME/Laenderpress); Okapia K.G, Frankfurt: 24 (Ulrich Sapountisis), 43 (Dan McCoy/Rainbow), 53 (K.G. Vock), 134 (Ulrich Sapountisis), 137 (Raimund Cramm), 242 (F. Ehrenstrom), 243 (Dan McCoy), 256 (S. Camazine/NAS), 348 (Biophoto Associates/Photo Reserchers), 349 (Nils Reinhard); Petra Dorkenwald, München: 76, 180; Polizei, Gütersloh: 104; Presse- und Informationsamt der Bundesregierung, Bonn: 56 o., 117; Public Address, Hamburg: 173 l.; SCS Schwarz, Echterdingen: 59; Siegfried Lauterwasser, Überlingen: 60 l.; Siegloch Edition, Künzelsau: 304 u.; Siemens AG, München: 304 o.; SILOWOLFF, Lauenförde: 235 l.; Silvestris, Kastl: 21 (Meyers), 22 (Frank Hecker), 37 l., 37 r. (Bruno Schug), 42 (Riepl), 48 (Alfred Albinger), 55 (Dr. Hermann Brehm), 61 (The Daily Telegraph), 65 (Gerard Lacz), 67 (The Telegraph Colour Library), 75 (Ladislav Janicek), 78 o. (Anke Radtke), 79 (Kalden), 80, 83 u. (Walz), 87 o. (Heiner Heine), 91 (Lothar Lenz), 97, 99 o. (Frank Lane), 99 u. (Otto Stadler), 100 (Dr. Gerd Wagner), 105 (Wahl), 110 (Roland Gonter), 114 o.l., 114 o.r., 120 (Frank Lane), 125 r. (A.N.T.), 131 u. (Maier), 135, 142 (Konrad Wothe), 143 (Wilfried Egly), 144 o. (Wolfgang Redeleit), 144 gr. Foto (Fritz Hanneforth), 144 kl. Foto (Gerard Lacz), 147 l. (Hackenberg), 147 r., 158 l. (Heiner Heine), 158 r. (Hackenberg), 160 (Dr. Gerd Wagner), 161 (Schmid), 164 (Lothar Lenz), 170 (Silvestris GmbH), 176 (K.-H. Jacobi), 178 (Rudolf Schmidt), 181 (Heiner Heine), 184 (Cramm), 190 (Göhler), 195 (Manfred Danegger), 203 (Telegraph Colour), 204 l. (A.N.T.), 204 r. (Orion Press), 209 (Walter Rudolph), 211 (Naroska), 214 (Dennis), 215 (Kerscher), 216 (Dennis), 219 (Telegraph Colour/Dr. Simpson), 225 (Heiner Heine), 231 (K.-H. Jacobi), 248 (Alfred Albinger), 251 (Uwe Lochstampfer), 258 (Wolfgang Buchhorn), 260, 263 r., 265, 272 l., 272 r., 276 (Fritz Prenzel), 283 (Frank Lane), 289 (R. Francis), 291 (Hackenberg), 297 (Dr. Gerd Wagner), 300 (Siegfried Kerscher), 308 (NHPA), 311 (Siegfried Kerscher), 315 (Wilfried Egly), 319 (Konrad Wothe), 327 (Siegfried Kerscher), 334 l. (Lothar Lenz), 334 r. (Schulte), 339 (Rolf Gerhard), 340 (Telegraph Colour), 343 (Harald Lange), 350; Sipa Press, Paris: 66 (Stevens), 87 u. (Laski), 183, 296, 318 (Ripper); Sven Simon, Essen: 8; Umweltschutzverlag GmbH Greenpeace, Hamburg: 124; Westdeutscher Rundfunk, Köln: 257.

Illustrationen im Stichwortteil: Rita Reiser, Freiburg; Ganzseitige Illustrationen, Schmuckelemente, Vorsatzpapier und Papiti-Figuren: Petra Dorkenwald, München.

VORHANG ZU ...